Kyrer/Penker · Elementare mikro- und makroökonomische Theorie

Studienbücher VWL/BWL Band 1

Alfred Kyrer · Walter Penker

Elementare mikro- und makroökonomische Theorie

Springer Fachmedien Wiesbaden GmbH

Originally published by Westdeutscher Verlag GmbH, Opladen in 1974.
C. Bertelsmann, Vertretung für Wien, Gesellschaft mbH
Umschlaggestaltung: studio für visuelle kommunikation, Düsseldorf
Satz: Margit Seifert, Erkrath

ISBN 978-3-531-21124-4 ISBN 978-3-322-85556-5 (eBook)
DOI 10.1007/978-3-322-85556-5

Über dieses Buch

Die vorliegende Einführung in die mikro- und makroökonomische Theorie ist in zweifacher Weise *elementar.* Zunächst elementar, weil nur jene *Elemente der Wirtschaftstheorie* behandelt werden, die den Kernbestand wirtschaftstheoretischer Erklärungsmuster bilden. Das bestimmende Kriterium für die Aufnahme von Hypothesen in das vorliegende Buch war die *empirische Relevanz* der betreffenden Hypothesen, das heißt ihre Eignung zur *Erklärung raum-zeitlicher Sachverhalte.*

Freilich muß bei der „Durchforstung" des Hypothesenvorrats behutsam vorgegangen werden. So ist etwa die Nichtverwendung bestimmter Hypothesen (über einen bestimmten Zeitraum hin gesehen) *kein Kriterium* für die Brauchbarkeit und Bewährung dieser Hypothesen. Neben jenen Hypothesen, die Tag für Tag zur Erklärung und Interpretation empirischer Sachverhalte herangezogen werden, gibt es auch Hypothesen, die nur zu bestimmten Zeitpunkten, in bestimmten Gebieten zur Anwendung gelangen. Mit anderen Worten: die Auswahl der Hypothesen muß immer mit einer bestimmten „Bandbreite" erfolgen. Aus diesem Grund werden auch einige Hypothesen (insbesondere in Kapitel I., VII. und VIII.) berücksichtigt, denen die Autoren *nur geringe empirische Relevanz* beimessen. Bei diesen Hypothesen werden aber jeweils die (sonst meist stillschweigend vorausgesetzten) Prämissen explizit angegeben, um einer falschen Anwendung im Zuge von Diagnosen und Prognosen vorzubeugen.

Elementar bezieht sich aber auch auf die Art der *Präsentation des Stoffes.* Argumentationsniveau und Diktion werden weitgehend vom Adressaten bestimmt. Das Buch wendet sich vor allem an Studenten der Wirtschafts- und Sozialwissenschaften sowie der Rechtswissenschaften. Es wird daher bewußt auf hochgestochene, nur dem "*insider*" verständliche Formulierungen verzichtet. Von der Möglichkeit mathematischer Problemformulierung wird nur insoweit Gebrauch gemacht, als dies zum *Verständnis* der behandelten Erklärungsmuster *notwendig* ist. Der teilweise Verzicht auf den Gebrauch mathematischer Denkformen darf aber nicht als eine erneute, *indirekte Attacke* gegen die *„Reißbrettökonomie"* gewertet werden. Die Autoren sind der Meinung, daß zunächst ohne allzuviel formales Beiwerk das *Gerüst der Wirtschaftstheorie* vermittelt werden muß, bevor zur Formalisierung und Operationalisierung von Hypothesen bzw. Hypothesensystemen übergegangen werden kann.

Zum *Aufbau* des Buches. Der Stoff wird in *acht Theoriekreisen* angeboten: I. Produktionstheorie, II. Konsumtheorie, III. Markt- und Preistheorie, IV. Elemente der Volkswirtschaftlichen Gesamtrechnung, V. Geld und Kredittheorie, VI. Verteilungstheorie, VII. Entwicklungstheorie (Konjunktur- und Wachstumstheorie), VIII. Außenwirtschaftstheorie.

Dabei weist jedes Kapitel denselben Aufbau auf. In Teil A wird die jeweilige *Problemstellung* des betreffenden Theoriekreises kurz umrissen, in Teil B werden die *Grundbegriffe* definiert, soweit sie nicht im Zusammenhang mit den *Erklärungsmustern* im Abschnitt C mitbehandelt werden können (wie z. B. bei Kap. VII). In Teil D wird dann jeweils mit Hilfe von *Kontrollfragen* überprüft, inwieweit der Studierende sich den Stoff bereits eingeprägt hat; der Grundsatz, daß nur lückenlose Vorkenntnisse das Weiterkommen in einem Stoffgebiet ermöglichen, gilt ja nicht nur für die Mathematik, sondern auch für die Nationalökonomie. In die Kontrollfragen wurden auch *multiple-choice-Fragen* aufgenommen, allerdings nicht in so starkem Umfang wie in anderen Studientexten, da ein zu ausgiebiger Gebrauch dieser Methode nur allzu leicht ermüdet und zum „Raten" verleitet. In Teil E schließlich werden selektive *Literaturhinweise* gegeben, die dem Studierenden zeigen sollen, in welche Richtung er seine Kenntnisse der mikro- und makroökonomischen Theorie vertiefen kann. Teil E weicht von den üblichen Literaturverzeichnissen insofern ab, als die Literaturhinweise nicht alphabetisch, sondern *nach dem Erscheinungsjahr geordnet* wurden, wodurch gleichzeitig auch die *Genesis* der einzelnen Themenkreise besser ersichtlich wird. Im *Anhang* werden zunächst die in Teil D gestellten Kontrollfragen erläutert, wobei über die reine Beantwortung hinausgehend auch methodische und didaktische Hinweise gegeben werden. Neben einem *Autorenregister* und einem *Stichwortverzeichnis* enthält die Arbeit auch ein *Relationenregister,* welches das Auffinden von sachlichen Verknüpfungen erleichtern soll. Da die Register sehr ausführlich sind, wurde im Inhaltsverzeichnis nur die Grundgliederung der einzelnen Kapitel angegeben, um die Übersicht zu erleichtern.

Das vorliegende Buch ist aus *Übungen* hervorgegangen, die von den Autoren im Sommersemester 1973 sowie im Wintersemester 1973/74 an der *Rechts- und staatswissenschaftlichen Fakultät der Universität Salzburg* gehalten wurden.

Salzburg, im Januar 1974 *Alfred Kyrer/Walter Penker*

Inhalt

I. Produktionstheorie

I.A. Problemstellung

Unter *Produktion* versteht man die systematische Herstellung von Gütern mit Hilfe anderer Güter. Die meisten Güter können sowohl Produktionsfaktor als auch Produktionsergebnis sein. Dabei sollte der Begriff „Produktion" nicht zu eng gefaßt werden. Er umfaßt nicht nur die Be- und Verarbeitung von materiellen Gütern, sondern auch die Erzeugung von Dienstleistungen und Informationsgütern, wobei gleichgültig ist, ob diese Güter von privater oder staatlicher Seite erzeugt und angeboten werden. *Nicht* als Produktion im ökonomischen Sinn gelten jene Tätigkeiten, durch die zwar ebenfalls Güter – überwiegend Verbrauchsgüter – geschaffen werden, die jedoch innerhalb von privaten Haushalten stattfinden.

In ähnlicher Weise werden im Zuge der Volkswirtschaftlichen Gesamtrechnung (VGR) die bei Haushalten akkumulierten Konsumgüterbestände nicht erfaßt; mit anderen Worten: Konsumgüter, die von Haushalten gekauft und damit dem Endverbrauch zugeführt werden, gelten nach den Erfassungsregeln der VGR mit dem Kauf als aus dem Kreislauf ausgeschieden.

Die *zentrale Fragestellung* der Produktionstheorie besteht darin, zu erklären, von welchen Einflußfaktoren Investitions- und Produktionsprozesse abhängen und welche Wechselwirkungen zwischen diesen bestehen.

Dabei sind *zwei Perspektiven* der Analyse denkbar: erstens von einem bestimmten Produktionsergebnis – auch als Output bezeichnet – auszugehen und danach zu fragen, von welchen Faktoren die Erstellung dieses Produktionsergebnisses abhängt, oder umgekehrt zu untersuchen, in welcher Weise die Variation des Produktionsfaktoreinsatzes – auch Input genannt – das Produktionsergebnis beeinflußt.

Die Produktionstheorie gliedert sich *in drei Teilbereiche:*

1. Theorie der Produktionsfaktoren und der Investition,
2. Theorie der Produktion im engeren Sinn,
3. Theorie der Produkte.

Produktive Leistungen, die für den Markt produziert werden, entstehen in *Unternehmen*. Sie stellen rechtliche und ökonomische Einheiten dar, innerhalb denen ökonomische Entscheidungen getroffen werden. In *Betrieben* erfolgt hingegen nur die Produktion bestimmter Produkte (technische Produktionsstätten). Der Begriff Unternehmen ist daher umfassender als der des Betriebes. In der Literatur gibt es allerdings auch andere Ein- und Unterordnungsversuche.

Der *Zielkatalog eines Unternehmens* umfaßt folgende *Teilziele:*

Abb. 1: Unternehmensziele

Unternehmensziele

- Erfolgsziele
  - Erfolgsentstehungsziele
  - Erfolgsverwendungsziele

  Im Rahmen der Erfolgsziele der Unternehmen geht es um die Maximierung des Gewinns, d.h. die Differenz zwischen den Erträgen und den Aufwendungen soll so groß wie möglich sein. Im Rahmen der Erfolgsverwendungsziele geht es um eine möglichst günstige Verwendung des Gewinns (Reinvestition, Beteiligung, Forschungsausgaben, Diversifikation)

- Liquiditätsziele

  Unternehmen müssen bestrebt sein, jederzeit über so viel Zahlungsmittel zu verfügen, daß sie ihre fälligen Verbindlichkeiten erfüllen können. Die Liquidität ist insoweit ein Problem der Finanzierung, d.h. eine Aufgabe zeitgerechter Kapitalbeschaffung und -verwendung zur Überbrückung der Zeitspanne zwischen dem Beginn der Produktion und dem Eingang des Verkaufserlöses. Die Liquidität einer Unternehmung ist somit primär eine sogenannte Barliquidität.

- Produktionsziele
  - Produktartenziele
  - Produktmengenziele

  Im Rahmen der Produktziele von Unternehmen geht es um die Frage, welche Produkte produziert und abgesetzt werden sollen, bzw. um die Mengen, die von einem bestimmten Produkt in einem bestimmten Zeitraum hergestellt werden sollen.

Von *Baumol* stammt die Hypothese, daß Firmen in oligopolitischen Märkten nicht mehr primär die Renditen maximieren, sondern die *Marktanteile* unter Wahrung *angemessener* Renditen. Der Akzent verschiebt sich von der reinen Gewinnmaximierung zur Umsatzmaximierung. Dies dürfte vor allem darauf zurückzuführen sein, daß der *Planungshorizont* langfristig immer länger wird und die Manager der Unternehmen nicht mehr an der Gewinnerzielung wie Einzelunternehmer, sondern an der Erhaltung bzw. der Ausdehnung ihrer Marktposition interessiert sind.

Das Ausmaß, in dem obige Ziele erreicht werden, hängt sehr wesentlich von der Unternehmungsform ab. Folgende *private Unternehmungsformen* sind zu unterscheiden:

1. *Einzelunternehmung und stille Gesellschaft,*
2. *Offene Handelsgesellschaft (OHG),*
3. *Kommanditgesellschaft (KG)* mit der besonderen Form der *GmbH und Co. KG* und der *Kommanditgesellschaft auf Aktien,*
4. *Gesellschaft mit beschränkter Haftung (GmbH),*
5. *Aktiengesellschaft und Kommanditgesellschaft auf Aktien,*
6. *Genossenschaft,*
7. *Reederei, bergrechtliche Gewerkschaft, Stiftung.*[1]

Die zunehmende Bedeutung, die die öffentliche Hand im Wirtschaftsleben gewinnt, läßt es notwendig erscheinen, auch jene Betriebe kurz anzuführen, die allgemein als „öffentliche Betriebe" bezeichnet werden. Das Kriterium „öffentlich" ist jedoch kein Merkmal einer Unternehmungsform, sondern bezieht sich auf den Eigentümer bzw. Träger des Betriebes. Als wichtigste *öffentliche Betriebe* sind anzuführen:

a) *Reine Regiebetriebe,*
b) *Verselbständigte Regiebetriebe,*
c) *Autonome Wirtschaftskörper ohne Rechtspersönlichkeit,*
d) *Autonome Wirtschaftskörper mit Rechtspersönlichkeit,*
e) *Öffentliche Betriebe in privatrechtlicher Form.*[1]

Auf der einen Seite erzwingen bestimmte unternehmerische bzw. betriebliche Voraussetzungen die Wahl einer bestimmten Unternehmungsform, auf der anderen Seite schafft eine bestimmte rechtliche Unternehmungsform die Voraussetzungen für eine effiziente Produktion und/oder eine entsprechend starke Marktposition. *Kosten-, Gewinn- und Umsatzentwicklung* werden jedoch nicht nur von der *Unternehmungsform* sondern auch davon beeinflußt, über wie viele Betriebe die Unternehmung verfügt, welchen *Standort* diese Betriebe haben und welche Betriebsgröße sie aufweisen. Dies insbesondere deshalb, weil eine bestimmte *Betriebsgröße* die Voraussetzung für optimale *Losgrößen* darstellt, die ihrerseits wieder das Entstehen von steigenden *Skalenerträgen* ermöglichen (siehe S. 52).

1.B. Grundbegriffe

1.B.1. Produktionsfaktoren und Produktionsverfahren

Im Rahmen der Theorie der Produktionsfaktoren wird zwischen einer *Zeitpunktanalyse* und einer *Zeitraumanalyse* unterschieden. Im Rahmen der ersteren werden Bestände (engl. stocks), im Rahmen der letzteren Strömungsgrößen (engl. flows) analysiert.

Die Zeitpunktbetrachtung geht von der Frage aus, über welche Bestände, die im Zuge von Produktionsprozessen miteinander kombiniert werden können, ein Betrieb zu einem bestimmten Zeitpunkt verfügt. In der Zeitraumbetrachtung hingegen wird die Nutzung der Produktionsfaktorbestände, d. h. deren Einsatz untersucht.

Teilt man in Anlehnung an *Weizsäcker* die Produktionsfaktoren nach den beiden Kriterien „menschlich-sachlich" und „gewachsen-produziert" ein, so lassen sich vier Produktionsfaktoren unterscheiden:

Abb. 2: Produktionsfaktoren

	menschlich	sachlich
produziert	Wissen	Sachkapital
gewachsen	Arbeit	Boden

Die Zusammenhänge bzw. Verknüpfungen zwischen diesen Produktionsfaktoren werden im Abschnitt 1. C. Erklärungsmuster behandelt; hier interessieren nur bestehende Definitionen bzw. definitorische Beziehungen.

In der Regel rechnet man den Faktor Boden, soweit im Zusammenhang mit diesem Faktor Ausgaben getätigt wurden zum Faktor Kapital, so daß man dann – aus analytischen Gründen – mit drei Produktionsverfahren arbeiten kann. Ausbildungskosten rechnet man ebenfalls dem Faktor Kapital zu und bezeichnet sie als *Humankapital.*

Als *primäre Produktionsfaktoren* bezeichnet man menschliche Arbeitsleistungen, Nutzungen (also Leistungsabgaben) des Sachkapitals und importierte Vorleistungen einer bestimmten Periode, *primär* deshalb, weil diese Faktoren in der betreffenden Periode des Faktoreinsatzes erst hergestellt werden. Sämtliche Kosten, die mit dem Einsatz der Produktionsfaktoren verbunden sind, bezeichnet man als *Faktorkosten.*

Die Alternativ- oder Opportunitätskosten geben an, um wieviel bei gegebenem technischen Wissen und gegebener Faktorausstattung die Produktion eines Gutes eingeschränkt werden muß, um von einem anderen Gut mehr erzeugen zu können. Es liegt hier eine Art *Saldenmechanik im Bereich der Produktionstheorie* vor.

In welcher Weise die Produktionsfaktoren kombiniert werden, wie der Investitions- und Produktionsprozeß abläuft, und in welcher Menge ein bestimmter Output anfällt, hängt im wesentlich von den angewandten technischen *Produktionsverfahren* ab, d. h. von den mehr oder minder technisch determinierten Vorgangsweisen zur Erreichung bestimmter Produktionsziele. Andererseits bestimmt die erforderliche Qualität des Outputs (dies wieder im Hinblick auf eine bestimmte Nachfragestruktur) häufig,welches Produktionsverfahren angewandt werden muß.

Je nach der Art des Produktionsverfahrens unterscheidet man:

a) *einfache Produktion* und
b) verbundene Produktion oder *Kuppelproduktion.*

Zu a): Im Extremfall wird hier nur ein Produkt erzeugt. Werden mehrere Produkte gleichzeitig erzeugt, so laufen bei dieser Art von Produktion die technischen Produktionsprozesse unabhängig voneinander ab.

Zu b): Hier werden mindestens zwei Produkte mehr oder minder gleichzeitig erzeugt, wobei die Intensität der Koppelung verschieden sein kann. Bei *loser Koppelung* besteht die Möglichkeit der Variation der anfallenden Produktmengen, bei fester Koppelung jedoch nicht. Diese *feste Koppelung* ist auf nicht-ökonomische, technische (z. B. chemische) Vorgänge zurückzuführen. Dies ist insbesondere für ein Unternehmen dann unangenehm, wenn z. B. die Nachfrage nach dem anderen, zwangsläufig anfallenden Gut sinkt. So fallen die Erdölderivate Benzin, Heizöl – leicht bzw. Diesel und Heizöl – schwer bzw. Bitumen in nur geringfügig beeinflußbaren Outputmengen an (jeweils zu rund einem Drittel). Aus einer gegebenen Erdölmenge kann also auf Kosten von Benzin nicht mehr Heizöl erzeugt werden. Hier liegt demnach keine Saldenmechanik vor.

Damit technischer und/oder ökonomischer Fortschritt eintritt, ist

Innovation, d. h. die erstmalige Anwendung des betreffenden Verfahrens innerhalb von Produktionsprozessen notwendig. Zwischen der *Invention* (Entwicklung bzw. Erfindung) und der Innovation eines Verfahrens liegt meistens ein bestimmter time-lag, der im wesentlichen von den Markterfordernissen und dem Finanzierungsspielraum des Unternehmens abhängt. Ebenso zwischen der Innovation und der *Propagation,* d. h. der Anwendung des Verfahrens durch andere Unternehmen, die dieses Verfahren (als ein privates Informationsgut; siehe Seite 74) im Lizenzwege erworben haben.

In diesem Zusammenhang muß zwischen Grundlagenforschung, Zweckforschung und Entwicklung unterschieden werden:

Grundlagenforschung: die auf die Vermehrung eines Wissensbestandes oder die Erschließung neuer Forschungsgebiete zielende Tätigkeit, die nicht auf spezifisch praktische Ziele ausgerichtet ist.
Zweckforschung (angewandte Forschung): die auf spezifisch praktische Ziele ausgerichtete Forschung (insbesondere kommerzielle Verwertung).
Entwicklung: die systematische Verwertung der Ergebnisse der Grundlagen- und Zweckforschung, sowie von Erfahrung und überliefertem Wissen zwecks Einführung neuer Verfahren und deren Verbesserung, neuer Materialien und Produkte, einschließlich der Entwicklung von Prototypen und Versuchsanlagen.

Zum *technischen Fortschritt* ist dreierlei zu bemerken:

1. Der technische Fortschritt präsentiert sich in Form der *Prozeßinnovation* (Einführung eines Verfahrens im Rahmen eines Produktionsprozesses) sowie als *Produktinnovation* (der Einführung eines neuen Produktes). Auch *Konsumverfahren,* wie sie in Haushalten im Zuge der Nutzung von Konsumgütern Anwendung finden, stellen technischen Fortschritt dar. Die *Anwendung von neuen Lehr- und Lernmethoden* (z. B. Netzplantechnik, programmierter Unterricht, Verwendung von Overhead-Projektoren) ist ebenfalls technischer Fortschritt.
2. Nicht immer ist mit der Innovation eines Verfahrens, dessen Anwendung einen *technischen Fortschritt* darstellt, auch ein *ökonomischer Fortschritt* verbunden, d. h. zu Beginn der Innovation muß oft mit höheren Kosten pro Outputeinheit gerechnet werden. Dies hängt vor allem mit der Tatsache zusammen, daß sowohl die *hard-ware* als auch die *soft-ware* und das Personal relativ hohe Einführungskosten verursachen. *Kurzfristig* kann also ein technischer Fortschritt von einem ökonomischen Rückschritt begleitet sein.
3. Es ist jeweils zwischen faktorgebundenem und nicht-faktorgebun-

denem technischen Fortschritt zu unterscheiden. Beim *faktorgebundenen technischen Fortschritt* ist eine Innovation nur möglich mit Hilfe des Einsatzes von Produktionsfaktoren (engl: embodied technical progress).

Ein *nichtfaktorgebundener technischer Fortschritt* liegt vor, wenn die neuen technischen Verfahren mehr oder minder ohne neuen Einsatz von Arbeit und Kapital möglich sind. Dies gilt zum Beispiel im Fall von organisatorischen Verbesserungen. Dabei ist freilich zu berücksichtigen, daß diese neuen organisatorischen Verbesserungen einen *induzierten* technischen Fortschritt darstellen, d. h. zu ihrer Entwicklung waren Ausgaben in der Vergangenheit (Forschungs- und Entwicklungskosten) notwendig.

Man bezeichnet diese Ausgaben als *Organisationskapital.* Es ist notwendig, um sowohl die Produktion im engeren Sinn als auch die Beschaffung und den Absatz so zu gestalten, daß das betreffende Unternehmen wettbewerbsfähig wird bzw. bleibt. Meist stellt die eingespielte Organisation großer Unternehmen die größte Barriere für das Eindringen in neue Absatzmärkte dar. Das akkumulierte Organisationskapital äußert sich nicht zuletzt auch darin, daß der Kaufpreis eines Unternehmens wesentlich über den bilanzmäßigen Kapitalwerten liegt.

Legt man als Einteilungskriterium des technischen Fortschritts zugrunde, in welchem Umfang die Produktionsfaktoren Arbeit und Kapital zur Innovation notwendig sind, so lassen sich *drei Arten von technischem Fortschritt* unterscheiden:

1. *arbeitssparender* technischer Fortschritt
2. *kapitalsparender* technischer Fortschritt
3. *neutraler* technischer Fortschritt.

Entscheidendes Kriterium ist dabei die *Veränderung der Kapitalintensität.* Steigt die Kapitalintensität, so liegt arbeitssparender, sinkt sie, so liegt kapitalsparender technischer Fortschritt vor. Neutraler technischer Fortschritt liegt vor, wenn die Kapitalintensität konstant bleibt.

1.B.2. Produktionswerte, Wertschöpfung, Vorleistungen

Unter *Bruttoproduktionswert* versteht man das gesamte bewertete Produktionsergebnis, bezogen auf eine bestimmte Periode. Zum *Nettoproduktionswert* gelangt man, indem man die Vorleistungen,

Abb. 3: Zeitliche Verzögerungen zwischen Invention und Innovation bzw. Innovation und Propagation

Symbole[a]	OXY	CC	SP	NC	SL	FG[b]	TK	SCM[c]	ATL[c]	GA[d]
I. Jahr der erstmaligen Einführung (19 . .)										
Österreich	52	52	66	63	61		57			
Frankreich	56	60	65	57	53/54	66	49	60	47	66
Bundesrepublik Deutschland	57	54	65	62	54	66	59	53	54	
Italien	64	58	65	60	60	65	51	62	50	
Schweden	56	63	63	58	57		48	50	55	59
Vereinigtes Königreich	60	60	64	55	58	58	2	50	47	59
II. Geschwindigkeit der Einführung (Jahre)[e]										
Österreich	0	0	3	8	7		9			
Frankreich	4	8	2	2	0	8	1	10	0	7
Bundesrepublik Deutschland	5	2	2	7	1	8	11	3	7	
Italien	12	6	2	5	6	7	3	12	3	
Schweden	4	11	0	3	3		0	0	8	0
Vereinigtes Königreich	8	8	1	0	4	0	0[f]	0	0	0
III. Geschwindigkeit der Verbreitung (Jahre)[g]										
% der Produktion	*20*	*1*	*10*		*2*		*10*		*30*	*50*
Österreich	2	10	1		–		4			
Frankreich	12	–	2		–		12		–	–
Bundesrepublik Deutschland	8	9	2		6		2		1	
Italien	2	7	–		3		10		15	
Schweden	9	3	2		9		8		2	3
Vereinigtes Königreich	5	6	3		6		–[f]		10	4
IV. Gegenwärtige Verbreitung (%)[h] im Jahre 19 . .	67	66	68	66	68	66	66	66	68	68
Österreich	67	1,2	35	–	(5,0)	–	58	–	–	–
Frankreich	17	0,6	(25)	0,81	(8,5)	7	31	68	–	–
Bundesrepublik Deutschland	32	2,4	15	0,35	9,5	6	48	66	81	–
Italien	27	2,0	4	0,36	3,0	6	45	48	39	–
Schweden	33	2,2	52	–	2,4	–	59	80	97	48
Vereinigtes Königreich	28	1,6	24	0,88	8,0	25	12	36	52	70

a Die Symbole bedeuten: OXY = Oxygen-Stahlerzeugung, CC = Stranggußverfahren in der Stahlindustrie, SP = Spezialpressen in der Papiererzeugung, NC = Munerisch gesteuerte Werkzeugmaschinen, SL = Schützenlose Webmaschinen in der Baumwollindustrie, FG = Float-Glas-Prozeß, TK = Tunnelöfen in der Ziegelherstellung, SCM = Verfahren des Anreißens und Schneidens von Stahlblech im Schiffbau, ATL = Automatische Transferstraßen im Motorenbau für Personenkraftwagen, GA = Gibberellin-Säure im Mälzprozeß.

b FG wurde in Österreich und Schweden nicht angewendet.

c In Österreich sind keine Unternehmen vorhanden, die SCM oder ATL anwenden könnten.

d GA wird in Österreich, Deutschland und Italien nicht verwendet.

e Anzahl der Jahre, die zwischen der erstmaligen Einführung und der Einführung in dem betreffenden Land liegen.

f Extremwert, nicht berücksichtigt.

g Anzahl der Jahre, die vergehen, bis x % der Produktion auf das neue Verfahren entfallen.

h x % der Produktion, die auf das neue Verfahren entfallen; bei NC x % sämtlicher Werkzeugmaschinen; die %-Zahlen beziehen sich bei SL, TK, SCM und ATL auf die Erhebungsergebnisse, sonst auf die gesamte Produktion der jeweiligen Volkswirtschaft; Zahlen in Klammern sind Schätzungen.

Quelle: IFO-Wirtschaftskonjunktur, 21. Jg., Heft 3, 1969.

das sind sämtliche von anderen Unternehmen gekauften und in der gleichen Periode im Produktionsprozeß verbrauchten Produktionsfaktoren, abzieht.

Der Nettoproduktionswert wird auch als *Bruttowertschöpfung* bezeichnet. Vermindert man diese um die Abschreibungen so erhält man die *Nettowertschöpfung*, die – aus anderer Perspektive – die Summe aller Faktorenentgelte (= Faktoreinkommen) einschließlich des Betriebsgewinnes darstellt.

Abb. 4: Definitorische Zusammenhänge zu 1.B.2.

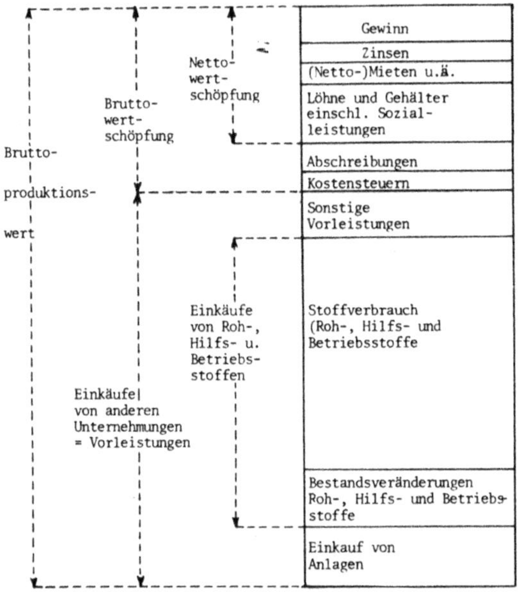

1.B.3. Investitionen, Abschreibungen, Kapitalstock, Kapitalkoeffizient

Unter einer *Investition* versteht man die Umschichtung von liquiden zu weniger liquiden Vermögensobjekten.

Diese Definition des Investitionsbegriffes hat den Vorteil, daß sie sowohl für *private* als auch für *öffentliche* Investitionen gilt. Sobald man Investitionen von den *Motiven* her definiert, müssen für private Investitionen und öffentliche Investitionen verschiedene *Investitionskriterien* entwickelt werden.

Von einer *Sach- oder Realinvestition* spricht man, wenn entweder Produktionsmittel gekauft oder Lagerbestände aufgebaut werden. Im Falle einer *Finanzinvestition* wird Geld in ertragbrindenden Vermögensobjekten angelegt. Unter *Bruttoinvestitionen* versteht man den Zuwachs an Realvermögen.

Abb. 5: Struktur der Bruttoinvestitionen

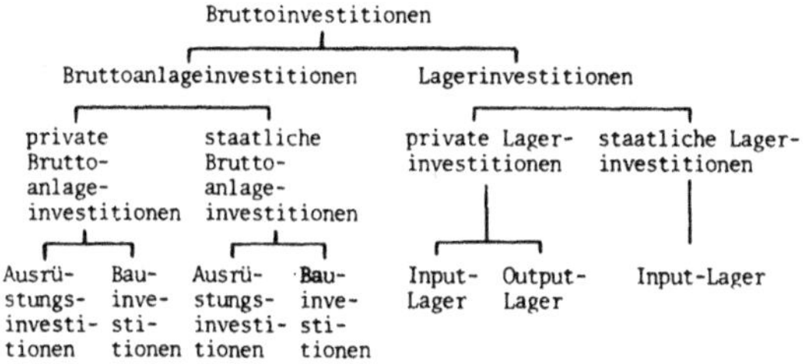

1 Maschinen, Fahrzeuge usw.
2 Wohngebäude, gewerbliche Bauten, Brücken, Straßen usw.
3 Input-Lager sind Bestände an Vorprodukten
4 Output-Lager sind Bestände an Fertigprodukten

Im Hinblick auf das Ziel, das man mit einer Investition verfolgt, kann man unterscheiden zwischen:

1. *Reine Ersatzinvestition:* vorhandene Produktionsanlagen werden durch neue, aber gleiche Anlagen ersetzt. Die betrieblichen Kapazitäten, die technischen Verfahren und die Struktur des Outputs, bleiben nach Durchführung der Investition unverändert.
2. Eine *reine Erweiterungsinvestition* liegt vor, wenn ein größerer Output mit bestimmten Produktionsverfahren hergestellt werden soll. Die Struktur des Outputs bleibt dabei unverändert. Es soll lediglich die Produktionskapazität vergrößert werden.
3. Von einer *reinen Rationalisierungsinvestition* spricht man, wenn der bisherige Output mit einem neuen, kostensenkenden technischen Verfahren, erzeugt werden soll.
4. *Erweiterungsinvestitionen,* die gleichzeitig *Rationalisierungsinvestitionen* darstellen: die betrieblichen Kapazitäten werden

quantitativ erhöht, wobei mit der Erweiterung gleichzeitig auch Rationalisierungseffekte verbunden sind.

5. *Ersatzinvestitionen,* die *gleichzeitig Rationalisierungsinvestitionen* darstellen: bisher vorhandene Anlagen werden durch neue Anlagen ersetzt, wobei die Neuanlagen jedoch leistungsfähiger sind als die alten Anlagen.

Abb. 6: Investitionsarten

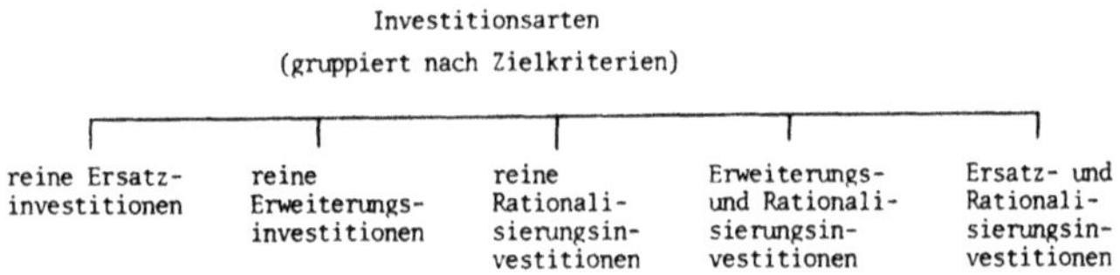

Normalerweise, d. h. in einer wachsenden Wirtschaft sind sowohl die Bruttoanlageinvestitionen als auch die Lagerinvestitionen einer Unternehmung und auch einer gesamten Volkswirtschaft größer als null. Es kommt aber auch vor, daß eine Unternehmung ihre Anlagenbestände nicht erhöht, ihre Bruttoanlageinvestition also gleich null ist, oder aber, daß sie ihre Lagerbestände abbaut, ihre Lagerinvestition also negativ ist. Entsprechende Vorgänge sind auch für eine ganze Volkswirtschaft möglich. Ganz allgemein könnte dies folgendermaßen dargestellt werden:

Abb. 7: Zusammenhänge zwischen Brutto-, Netto- und Reinvestition

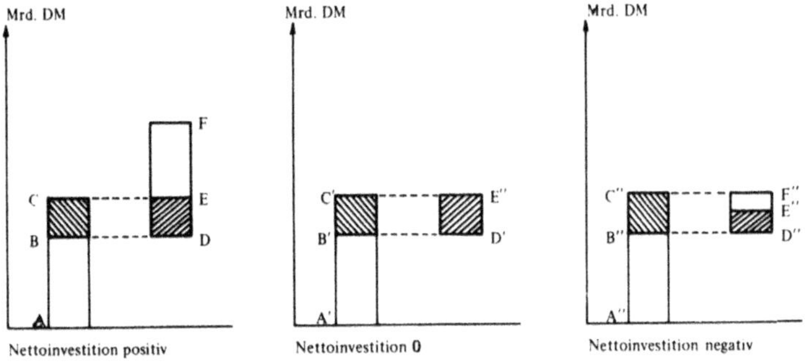

Der Produktionsapparat einer Volkswirtschaft zu Beginn einer Periode sei AC. Durch den Produktionsprozeß kommt es zu einer Abnutzung von dauerhaften Produktionsmitteln im Ausmaß von BC, die Abschreibung beträgt entsprechend ebenfalls BC. Die Bruttoinvestition während der Periode sei DF. Da die Größe DE benötigt wird, um den Verschleiß auszugleichen (= Reinvestition), ergibt sich eine positive Nettoinvestition von EF. Der Produktionsapparat hat sich demnach während der Periode um den Betrag der positiven Nettoinvestition EF vergrößert. Dies stellt den Regelfall einer wachsenden Wirtschaft dar.

Es kann jedoch auch vorkommen, daß die Bruttoinvestitionen genauso groß sind wie die durch die Abschreibung gemessene Abnutzung des Produktionsapparates, $D'E' = B'C'$. In diesem Fall wäre die gesamte Bruttoinvestition eine Reinvestition und die Nettoinvestition demnach gleich null. Der Produktionsapparat hat sich während der Periode der Höhe nach nicht geändert.

Beim dritten Fall in Abb. 7 ist die Bruttoinvestition $D''E''$ kleiner als die Abschreibungen $B''C''$. Die Bruttoinvestition stellt also zur Gänze eine Reinvestition dar, ist aber zu gering, um die Abnutzung des Produktionsapparates auszugleichen. Der Produktionsapparat wird um die negative Nettoinvestition $E''F''$ kleiner. Daraus ergibt sich auch, daß im Falle einer unterbleibenden Bruttoinvestition auch die Reinvestition null ist und die Nettoinvestition negativ in Höhe der Abschreibung wird. Der Produktionsapparat wird um die Abnutzung (Abschreibung) kleiner.

Abschreibungen sind, wie schon oben dargelegt, Wertäquivalente zur Abnutzung von dauerhaften Produktionsmitteln. Als wichtigste *Abschreibungsverfahren* wären

a) Verfahren mit gleichbleibender Abschreibungsquote und
b) Verfahren mit veränderlicher Abschreibungsquote zu nennen.

Zu a): Bei Abschreibungsverfahren mit *gleichbleibender Abschreibungsquote* (gleichmäßige, gleichbleibende oder lineare Abschreibung) ermittelt man die Abschreibungsquote a, indem man die Abschreibungssumme A (z. B. Anschaffungswert) durch die Abschreibungsdauer n dividiert (bei einem Restwert von null): $a = \frac{A}{n}$.
Den Abschreibungsprozentsatz p_A bezogen auf den Abschreibungsbetrag bzw. Anschaffungswert ermittelt man wie folgt: $p_A = \frac{100}{n}$.

Zu b): Bei Verfahren mit *veränderlicher Abschreibungsquote* hingegen sind die Abschreibungsquoten ungleich. Im Verlauf der Abschreibungsdauer können die Quoten fallen oder steigen, und zwar regelmäßig oder unregelmäßig. Die wichtigsten Formen dieser Abschreibungsverfahren sind die

- arithmetisch degressive (mit der Sonderform der digitalen Abschreibung) und die
- geometrisch degressive Abschreibung, sowie die

- arithmetisch progressive und die
- geometrisch progressive Abschreibung.

Die *arithmetisch degressive Abschreibung* ist durch eine stetige Abnahme der Abschreibungsquoten um den gleichen Betrag gekennzeichnet. Bei der Sonderform der *digitalen Abschreibung* ist die Differenz zwischen den einzelnen Gliedern der arithmetischen Reihe gleich der Abschreibungsquote im letzten Abschreibungsjahr. Diese konstante Differenz d ermittelt man, indem man den Abschreibungsausgangsbetrag durch die Summe der Abschreibungsperiodenziffern dividiert. Dazu ein Beispiel:

Abschreibungsausgangsbetrag (Anschaffungswert): DM 75.000,–, Abschreibungsdauer: 5 Jahre.

$$d = \frac{75000}{1+2+3+4+5} = \frac{75000}{15} = 5000.$$

Die Abschreibungsqouten des betreffenden Zeitraumes erhält man durch Multiplikation der Differenz d mit der jeweils zu Periodenbeginn verbleibenden Abschreibungsperioden.

Abschreibungsquoten:

im 1. Jahr	5 X 5000	=	25.000,– DM
im 2. Jahr	4 X 5000	=	20.000,– DM
im 3. Jahr	3 X 5000	=	15.000,– DM
im 4. Jahr	2 X 5000	=	10.000,– DM
im 5. Jahr	1 X 5000	=	5.000,– DM
			75.000,– DM

Die *geometrisch-degressive Abschreibung* ist durch veränderliche abnehmende Differenzen zwischen den Periodenabschreibungsbeträgen gekennzeichnet. Es wird mit gleichem Prozentsatz vom jeweiligen Restbuchwert (Anschaffungswert minus bereits getätigte Abschreibungen) abgeschrieben. Die jährlichen Abschreibungsquoten bilden dann eine geometrische Reihe. Unter der Annahme eines Restwertes (z. B. Schrottwert) nach Ablauf der Abschreibungsjahre berechnet man den auf den jeweiligen Restbuchwert bezogenen Abschreibungssatz p wie folgt:

$$p = 100 \cdot \left(1 - \sqrt[n]{\frac{R_n}{A}}\right).$$

n	=	Abschreibungsdauer
R_n	=	Restwert am Ende des n-ten Jahres
A	=	Abschreibungsausgangsbetrag

Als Verfahren mit steigender Abschreibungsquote sind schließlich noch die *arithmetisch-progressive* und die *geometrisch-progressive Abschreibung* anzuführen. Ihre praktische Bedeutung ist jedoch relativ gering. Sie kommen in der Regel dann zur Anwendung, wenn eine geplante anfängliche Überkapazität mit sehr großer Wahrscheinlichkeit im Verlauf der Abschreibungsdauer schließlich doch genutzt werden kann, beispielsweise in Forst- und Verkehrsbetrieben.

Will man das *Brutto-Anlagevermögen* einer *Volkswirtschaft* statistisch ermitteln, so ergibt sich dabei besonders das Problem der Lebensdauer. Da man jedoch die Unternehmen nicht Jahr für Jahr nach dem Altersaufbau und der Zusammensetzung ihres Produktionsapparates befragen kann, berechnet man statt dessen das gesamte Anlagevermögen an einem Stichtag als Summe aller bis dahin vorgenommenen Investitionen. Dabei entsteht die Frage, nach welcher Zeit die im Jahre t_0 investierten Anlagen, Gebäude und Maschinen wieder aus dem Produktionsprozeß ausscheiden.

Die der Wirklichkeit am nächsten kommende Annahme ist die, daß der Bestand eines jeden Investitionsjahrganges sich zunächst langsam verringert, dann schneller und in der Folge wieder langsamer. Dabei zeigt sich, daß auch nach Ablauf der durchschnittlichen Lebensdauer n noch ein nennenswerter Teil der betreffenden Produktionsmittel vorhanden ist. Eine Funktion, die nun den Bestand eines Investitionsjahrganges im Zeitablauf zeigt, nennt man *Überlebensfunktion.*

Abb. 8: Überlebensfunktion

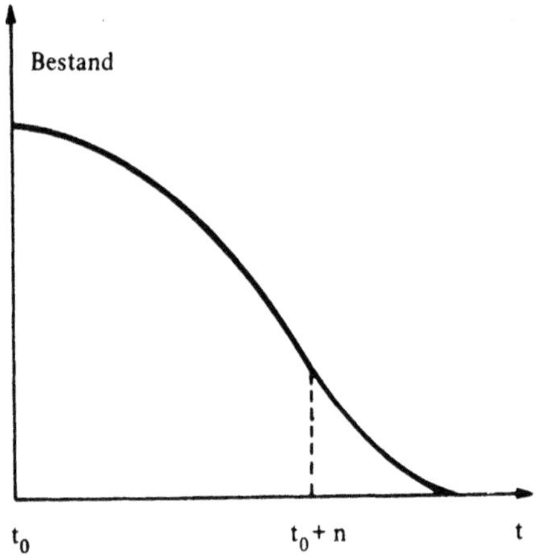

Nimmt man nun an, daß der Kurvenverlauf $\overline{AB}$ in Abb. 9 der technischen Leistungsfähigkeit entspricht und nimmt man zusätzlich an, daß z. B. infolge neuer leistungsfähigerer Maschinen der ökonomische Wert des betreffenden Investitions-Jahrganges gesunken ist, so läßt sich dieser Sachverhalt etwa – stark typisiert – wie folgt darstellen.

Abb. 9: Technische, ökonomische und steuerliche Wertkurven eines Investitionsjahrganges im Zeitablauf

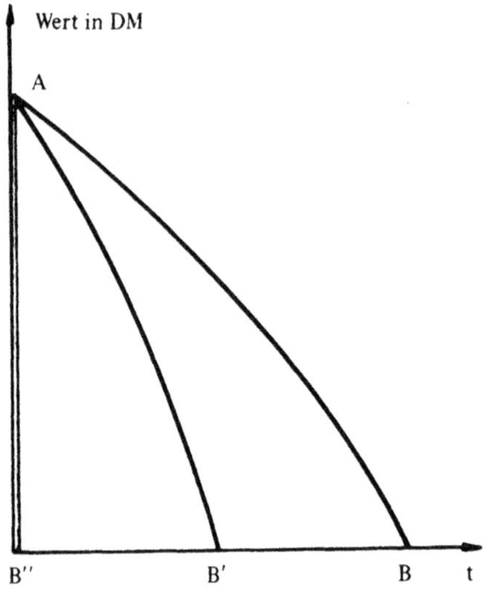

In Abb. 9 wurde gleichzeitig jener Fall berücksichtigt, in dem infolge steuerlicher Sonderabschreibungen Produktionsmittel sofort auf null abgeschrieben werden. In diesem Fall deckt sich die „Wertkurve" mit der Ordinate. In obiger Abb. ist also A – B die technische, A – B′ die ökonomische und A – B″ die steuerliche Wertkurve eines Investitionsjahrganges im Zeitablauf.

Die in einer bestimmten Periode vorgenommenen Netto-Investitionen vergrößern den Bestand an realen Produktionsmitteln. Man bezeichnet diesen Bestand als Realkapitalstock, oder nur kurz als *Kapitalstock.* Der Kapitalstock umfaßt stets nur dauerhafte Güter, deren Erwerb mit (Investitions-)Kosten verbunden war. Noch nicht erschlossene Bodenschätze sowie reine Bodenreserven zählen ***nicht*** zum Kapitalstock. Der *Kapitalstock besteht aus folgenden Komponenten:*

1. Anlagevermögen in Produktions- und Dienstleistungsbetrieben,
2. Lagerbestände,
3. Grund und Boden (soweit bearbeitet) sowie Pflanzen- und Viehbestand der Land- und Forstwirtschaft,
4. Bestand an Infrastruktur.

Der Kapitalstock ist die dominierende Bestandsgröße der Produktionstheorie. Der Kapitalstock kann unter zwei voneinander verschiedenen Perspektiven gesehen werden: von der Entstehungs- und von der Verwendungsseite.

Hypothesen, die sich mit der Entstehungsseite beschäftigen, bezeichnet man als akkumulationstheoretische Hypothesen, die sich mit der Nutzung des Kapitalstocks beschäftigen, als produktionstheoretische Hypothesen im engeren Sinn.

Im Rahmen der *akkumulationstheoretischen Hypothesen* werden darüber Aussagen gemacht, wie die Bestandsgröße Kapitalstock aus Einkommenströmen entsteht.

Produktionstheoretische Hypothesen i. e. S. befassen sich hingegen mit der Frage, in welcher Form die Nutzung des Kapitalstocks erfolgt oder – kreislauftheoretisch formuliert – wie sich die Bestandsgröße Kapitalstock in Strömungsgrößen auflöst und welche Konsequenzen bzw. Wirkungen ein unterschiedlicher Nutzungsgrad für den Kapitalstock bzw. die Struktur des Kapitalstocks für die Herstellung eines bestimmten Outputs hat.

Zu diesen beiden eher mikroökonomischen Aspekten kommen noch *allokationstheoretische* Gesichtspunkte. Hier geht es um Aussagen darüber, welches Kombinationsverhältnis der Produktionsfaktoren optimal ist, wobei in der Regel die tatsächliche Kombination der Faktoren auf der *mikroökonomischen* Ebene abweicht von dem *makroökonomisch* wünschbaren Kombinationsverhältnis. Auch die Frage, wie hoch der Kapitalstock einer Volkswirtschaft sein sollte – insbesondere unter konjunktur- und wachstumstheoretischen Gesichtspunkten – ist ein Problem der Allokation.

Die *Bewertung des Kapitalstocks* kann sowohl nach dem Kosten- als auch nach dem Kapazitätskonzept erfolgen.

Das *Kostenkonzept* (Bruttokonzept) besagt, daß der vorhandene Kapitalstock zu Wiederbeschaffungskosten zu bewerten ist.

Nach dem *Kapazitätskonzept* (Nettokonzept) ist der vorhandene Kapitalstock so zu bewerten, daß die im Kapitalstock steckenden Leistungsreserven im Wertansatz zum Ausdruck kommen. Die Fragestellung lautet hier: wie hoch sind die Kosten, wenn alte Anlagen durch neue Anlagen ersetzt werden. Grundsätzlich ist es gleichgültig, ob der gleiche Output mit vielen (weniger leistungsfähigen) Sachanlagen oder mit wenigen (leistungsfähigeren) Sachanlagen oder mit wenigen (leistungsfähigeren) Anlagen erzeugt wird, sieht man zunächst von der im Falle älterer Anlagen unter Umständen stärkeren Beanspruchung des Arbeitskräftepotentials ab.

Beispiel: In einem Betrieb mit 20 Maschinen sind zur Bedienung pro Maschine drei Arbeiter beschäftigt, die DM 1.000,– kosten und 4 Outputeinheiten hervorbringen. Durch ein neues technisches Verfahren kommt ein neues Maschinenmodell, das auch 3 Arbeiter erfordert, aber 8 Outputeinheiten hervorbringt, auf den Markt. Nach Einführung des Modells sind weiterhin 60 Arbeiter zur Bedienung und 20 Maschinen beschäftigt. Nach dem Kostenkonzept ist der Wert des bisherigen Kapitalstocks mit 20.000,– DM unverändert, nach dem Kapazitätskonzept beträgt er 40.000,– DM.

Im ersten Fall sinkt der Kapitalkoeffizient (wodurch die höhere Leistungsfähigkeit zum Ausdruck kommt), im zweiten Fall ist der Kapitalkoeffizient unverändert.

Neben den Fragen der *Bewertung* des Kapitalstocks treten noch Fragen der *statistischen* Erfaßbarkeit des Kapitalstocks. Da die Erfassung des Kapitalstocks einer Volkswirtschaft äußerst schwierig ist, empfiehlt es sich, die Schätzung des Kapitalstocks nach mehreren Methoden vorzunehmen, da die Daten in der Regel nur ungenau sind und auf diese Weise Kontrollmöglichkeiten geschaffen werden. Je mehr Ermittlungsmethoden Verwendung finden, desto enger kann der Fehlerbereich gehalten werden.

Folgende *Schätzmethoden* finden Verwendung:

1. Schätzung auf Grund von Bruttoinvestitionen in Bauten und Ausrüstungen vermindert um die Abschreibungen;
2. Schätzung unter Verwendung des Feuerversicherungswertes der Vermögen an Mobilien und Immobilien;
3. Schätzung mit Hilfe der Jahresbilanzen der Industrie;
4. Schätzung über das Rohvermögen der Einheitswertstatistiken;
5. Schätzung über eine Produktionsfunktion.

Setzt man den Kapitalstock oder Teile desselben in Beziehung zum Output so erhält man den *Kapitalkoeffizienten.* Der *Kapitalkoeffizient* ist ein Input-Output-Indikator (engl. capital-output-ratio). Beim *durchschnittlichen Kapitalkoeffizienten* wird eine *Bestandsgröße* zu einer *Strömungsgröße* in Beziehung gesetzt, nämlich der Kapitalstock am Anfang einer Periode zum Output der gleichen Periode. Beim *marginalen Kapitalkoeffizienten* hingegen gehen *zwei Strömungsgrößen* in den Kapitalkoeffizienten ein: der Zuwachs des Kapitalstocks und der Zuwachs des Outputs. Meist wird mit marginalen Kapitalkoeffizienten gearbeitet, da keine brauchbaren Schätzungen über den Wert der Produktionsanlagen vorliegen.

Der Kapitalkoeffizient kann sowohl als *Produktionskoeffizient,* als auch als *Investitionskoeffizient* interpretiert werden, da der Kapitalstock einerseits aus dem laufenden Produkt gewonnen wird, andererseits aber wieder zur Erstellung des laufenden Produktes beiträgt.

Abb. 10: Der Kapitalkoeffizient als Investitions- bzw. Produktionskoeffizient

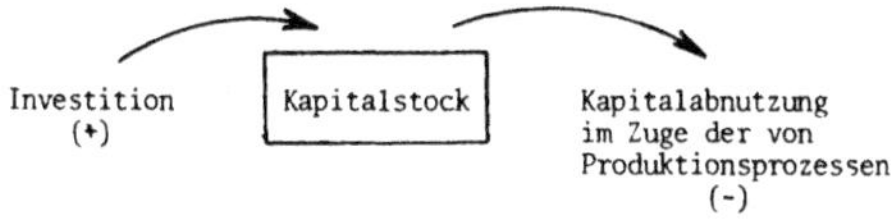

Als *Produktionskoeffizient* gibt er den Wert des Realkapitals an, das im Durchschnitt zur Erzeugung einer Einheit des Produktes notwendig ist, als *Investitionskoeffizient* gibt er an, wievielmal das laufende Produkt investiert werden müßte, um daraus das vorhandene Realkapital zu gewinnen.

Kapitalkoeffizienten kann man auf einzel- und gesamtwirtschaftlicher Ebene berechnen[2]. *Gesamtwirtschaftliche Kapitalkoeffizien-*

ten enthalten auch staatliche Ausgaben für die Infrastruktur – das sind Leistungen, denen zum Teil kein meßbarer Output entspricht – und sind daher wesentlich höher. Der gesamtwirtschaftliche Kapitalkoeffizient wächst (d. h. die gesamtwirtschaftliche Kapitalproduktivität sinkt), wenn

a) das Investitionsvolumen jener Sektoren, die einen überdurchschnittlich hohen Kapitalkoeffizienten aufweisen, stärker zunimmt, als das Investitionsvolumen jener Sektoren mit einem unterdurchschnittlichen Kapitalkoeffizienten,
b) wenn die Rationalisierungsinvestitionen relativ stärker zunehmen als die Erweiterungsinvestitionen,
c) der Auslastungsgrad der Produktionsanlagen abnimmt,
d) der Anteil der Infrastrukturinvestitionen am gesamten Investitionsvolumen zunimmt.

Langfristig betrachtet sinkt der Kapitalkoeffizient der Industrie und des privaten Sektors insgesamt, da viele private „Kapitalersparnisse" de facto *Verlagerungen der Investitionstätigkeit in den öffentlichen Sektor* darstellen. Die Entwicklung des gesamtwirtschaftlichen Kapitalkoeffizienten hängt auch ab von der Entwicklung neuer Transport-, Kommunikations- und Lagerkontrollmethoden. Auch der Auslastungsgrad der Produktionsanlagen (z. B. Ein- und Mehrschichtbetrieb) beeinflußt die Höhe des Kapitalkoeffizienten (siehe S. 70).

Der reziproke Wert des Kapitalkoeffizienten heißt *Kapitalproduktivität* und ist ein Output-Input-Indikator:

$$\frac{\text{Output}}{\text{Input}}.$$

1.B.4. Produktivität, Wirtschaftlichkeit, Rentabilität

Im folgenden werden die Begriffe *Produktivität, Rentabilität* und *Wirtschaftlichkeit* erläutert. Im Abschnitt 1.C.11. wird dann auch auf die grundsätzlich möglichen Zusammenhänge zwischen diesen Begriffen eingegangen.

(1) *Produktivität*
Die Grunddefinition der Produktivität lautet: Verhältnis von Output zu Input. Vier Arten von Produktivitätsmessungen und damit vier Arten von Koeffizienten sind möglich:

(1.1.) *faktorbezogene Produktivitäten*
Hier werden einzelne Inputfaktoren (Arbeit oder Kapital oder Material oder Energie) zum Output in Beziehung gesetzt. Setzt man etwa den Faktor Arbeit zum Output in Beziehung, so erhält man die statistische *Arbeitsproduktivität.*

Der reziproke Wert der *Arbeitsproduktivität* ist dann – in Analogie zum Kapitalkoeffizienten – der *Arbeitskoeffizient*, der angibt, wieviel Arbeit je Produkteinheit aufgewendet wurde.

$$\frac{\text{Output}}{\text{Input an Arbeit}} = \frac{q}{a}.$$

Sie gibt den durchschnittlichen Output je eingesetzter Arbeitseinheit an. Hier ergibt sich nun das Problem, den Arbeitsaufwand entweder als *Strömungsgröße in Arbeitsstunden* oder als *Bestandsgröße* durch die *Beschäftigtenzahl* zu messen. Für die Ermittlung technischer Verbesserungen und für den technischen Leistungsvergleich auf betrieblicher Ebene wird meist die Anzahl der Arbeitsstunden zugrundegelegt, wobei wieder die Frage auftaucht, ob die *geleisteten* oder die *bezahlten Arbeitsstunden* herangezogen werden sollen. Man wird die geleisteten Arbeitsstunden heranziehen, wenn die *technische Effizienz* im Vordergrund steht, die bezahlten Arbeitsstunden hingegen (die auch Urlaubs-, Krankheitszeiten usw. einschließen), wenn die *Kostenstruktur* ermittelt werden soll.

Nach dem Gesagten kann man die Arbeitsproduktivität auch als *Produktionsleistung je Arbeits-(Beschäftigten-)stunde* bezeichnen.

Die Vorliebe für arbeitsbezogene Produktivitätskoeffizienten erklärt sich größtenteils daraus, daß der Einsatz an Arbeitskraft statistisch leichter erfaßt werden kann als der Einsatz an Kapital. In kapitalintensiven Sektoren und gesamtwirtschaftlichen Zusammenhängen, etwa wenn das Produktionspotential einer Volkswirtschaft ermittelt werden soll, tritt die *Kapitalproduktivität* in den Vordergrund:

$$\frac{\text{Output}}{\text{Input an Kapital}} = \frac{q}{k}.$$

Die Kapitalproduktivität kann sowohl zunehmen, weil die technische Effizienz der Sachanlagen oder weil der Auslastungsgrad dieser Anlagen zugenommen hat. Die Berücksichtigung des Auslastungsgrades kann in der Weise erfolgen, daß man den Zähler und Nenner der Kapitalproduktivität mit der Kapazität der Anlagen multipliziert, nämlich

$$\frac{\text{Output}}{\text{Kapital}} = \frac{\text{Kapazität}}{\text{Kapital}} \cdot \frac{\text{Output}}{\text{Kapazität}}.$$

Das erste Glied auf der rechten Seite der Gleichung berücksichtigt die technische Effizienz der Sachanlagen bei Vollbeschäftigung (maximaler Kapazität), das zweite Glied die kurzfristigen Schwankungen im Auslastungsgrad der Anlagen.

Ganz gleich, welche Art von faktorbezogener Produktivität vorliegt, kann eine Produktivitätssteigerung erfolgen, indem der gleiche Output mit geringerem Faktoreinsatz oder mit gleichem Faktoreinsatz ein größerer Output erzeugt wird. Im ersten Fall spricht man von *einsatzorientierter Produktivitätssteigerung* und im zweiten Fall von *ausstoßorientierter Produktivitätssteigerung.* Eine höhere Produktivität bedeutet in beiden Fällen eine höhere Ergiebigkeit je Faktoreinheit und bewirkt eine *Senkung* der *realen Stückkosten.*

(1.2.) *Kombinierte Produktivitäten*

Hier werden einzelne meßbare Inputs zu einer Produktivitätsziffer zusammengefaßt.

(1.3.) *Globale Produktivitäten*

Bei globalen Produktivitätskoeffizienten wird die Gesamtheit der Inputfaktoren zum Output in Beziehung gesetzt. Eine globale Messung ist vor allem dann erforderlich, wenn man den Nettoeffekt einer Produktivitätssteigerung ermitteln will, sie setzt allerdings voraus, daß man Substitutionseffekte (z. B. Arbeit wird durch Kapital ersetzt) von den faktorsparenden (echten) Produktivitätsfortschritten (z. B. ein neues Verfahren „spart" Kapital) trennen kann.

(1.4.) *Gesamtwirtschaftliche Produktivitäten*

Die gesamtwirtschaftliche Produktivität wird meist definiert als reales Bruttoinlandsprodukt je Erwerbstätigen. Da hier Änderungen in der Arbeitszeit nicht berücksichtigt werden, wäre das reale Bruttoinlandsprodukt je Erwerbstätigenstunde ein besseres Produktivitätsmaß, doch kann man derartige Koeffizienten meist nur für bestimmte Sektoren (z. B. Industriesektor) ermitteln. Da die gesamtwirtschaftliche Arbeitsproduktivität die Summe aller sektoralen partiellen Arbeitsproduktivitäten ist, bewirken Arbeitskräftewanderungen aus Sektoren mit geringer Produktivität in solche mit höherer Produktivität eine Erhöhung der gesamtwirtschaftlichen Produktivität. Man bezeichnet diesen Sachverhalt als *Struktureffekte.*

Die *gesamtwirtschaftliche Arbeitsproduktivität* steigt daher sogar dann, wenn

a) der Output je Beschäftigten in den einzelnen Sektoren gleich bleibt,
b) der Output je Beschäftigten in einigen Sektoren zwar gesunken ist, die Struktureffekte aber so stark sind, daß der erstere Effekt kompensiert wird, etwa dann, wenn die Sektoren mit hoher Produktionsleistung je Beschäftigten dominieren.

Die hier behandelten Arbeits- und Kapitalproduktivitäten dürfen nicht verwechselt werden mit der sog. *Grenzproduktivität.* Die *Grenzproduktivität* mißt als partieller Differentialquotient die Veränderung des Produktionsvolumens, die bedingt ist durch die Veränderung der Einsatzmenge eines Faktors bei Konstanz aller übrigen Faktoreinsatzmengen, um auf diese Weise die (zusätzliche) Produktion einem Faktor zurechnen zu können. Bei den statistischen Arbeits- bzw. Kapitalproduktivitäten handelt es sich hingegen um nichtmarginale, einfache Verhältniszahlen, bei denen – wie oben dargelegt – der Output zum Input oder Teilen desselben in Beziehung gesetzt wird, ohne daß damit Aussagen verbunden sind über die Qualität oder den mengenmäßigen Beitrag einzelner Faktoren zum Gesamtoutput im Sinne einer „Zurechnung". Es werden lediglich Meßziffern gebildet, die für nationale und internationale intertemporäre Vergleiche benötigt werden.

Abb. 11: Darstellung der verschiedenen Produktivitätsbegriffe

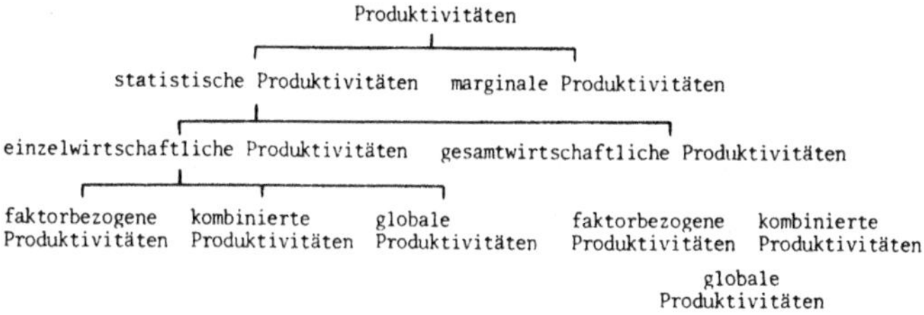

Zwischen der *Arbeitsproduktivität,* dem *Kapitalkoeffizienten* und der *Kapitalintensität* eines bestimmten Produktionsprozesses besteht folgende Beziehung: Kapitalintensität = Arbeitsproduktivität x Kapitalkoeffizient.

$$\frac{\text{Kapitalinput}}{\text{Arbeitsinput}} = \frac{\text{Output}}{\text{Arbeitsinput}} \cdot \frac{\text{Kapitalinput}}{\text{Output}}.$$

Die Beziehung gilt allerdings nur, wenn der Kapital- und Arbeitseinsatz auf Grund gleicher Meßvorschriften gemessen wurden.

(2) *Wirtschaftlichkeit*
Geht es bei den Produktivitäten nur um die Messung der technischen Leistungsfähigkeit, so steht bei der Wirtschaftlichkeit die wirtschaftliche Leistungsmessung – basierend auf der technischen Leistungsmessung – im Vordergrund. Unter *Wirtschaftlichkeit* versteht man das in Geldeinheiten bewertete Verhältnis von Erlös einer Produktionsleistung zu den Faktorkosten. Bildet die Wirtschaftlichkeit das Kriterium für die Vornahme von Investitionen, so handelt die Unternehmung nach dem *Wirtschaftlichkeitsprinzip.*

Zwei Arten des *Wirtschaftlichkeitsprinzips* sind zu unterscheiden:

Variante 1: Mit geringstmöglichem Einsatz an Faktoren (Input) einen bestimmten Erfolg (Output) zu erzielen (= *Minimalprinzip*).

Variante 2: Mit einem bestimmten Einsatz an Faktoren (Input) den größtmöglichen Erfolg (Output) zu erzielen (= *Maximalprinzip*).

Beiden Varianten gemeinsam ist das Bestreben, einen möglichst hohen (Netto-)Nutzeffekt zu erzielen.

Eine andere Möglichkeit der Bestimmung des Nutzeffektes stellt das Konzept der sog. *Opportunitätskosten* oder Alternativkosten dar. Es beruht auf folgenden Überlegungen. Der Einsatz von Produktionsfaktoren in einem Produktionsprozeß entzieht diese einer anderen Einsatzmöglichkeit, wo sie einen bestimmten Nutzen erbracht hätten. Man bewertet nun die eingesetzten Produktionsfaktoren mit ihrem entgangenen Nutzen (und zwar mit dem entgangenen Nutzen aus der besten alternativen Verwendungsmöglichkeit).

Fall 1: Erlös > Kosten: Erlös der eingesetzten Produktionsfaktoren ist höher als die Kosten (ausgedrückt in entgangenem Nutzen aus der besten alternativen Verwendungsmöglichkeit); dies bedeutet, daß die Ressourcen bestmöglich eingesetzt werden.

Fall 2: Erlös = Kosten: günstiges Ergebnis, da ja die eingesetzten Faktoren nach dem Nutzen in der besten alternativen Verwendung bewertet werden.

Fall 3: Erlös < Kosten: Faktoreinsatz ungünstig. Faktoren könnten anderweitig besser eingesetzt werden.

Zur Veranschaulichung des Begriffes Wirtschaftlichkeit sollen die auf den nächsten Seiten folgenden Beispiele dienen.

(3) *Rentabilität*
Unter Rentabilität versteht man den Quotienten aus Ertrag minus Kosten zum eingesetzten Kapital (Vermögen).

Fremd- oder Eigenkapital: z. B. $R_E = \frac{G.\,100}{K_E}$, wobei R_E die Rentabilität des Eigenkapitals bedeutet, G den Gewinn und K_E das Eigenkapital.

Der Zähler ist eine Strömungsgröße (periodenbezogen), der Nenner eine Bestandsgröße (stichtagbezogen). Der wirtschaftliche Erfolg wird als Differenz zwischen Ertrag und Aufwand bzw. Erlös und Kosten definiert. Im angloamerikanischen Bereich spricht man hier meist von *"return on investment"*. Dieser Erfolg wird seinerseits von folgenden Faktoren bestimmt, die untereinander wie folgt verknüpft sind: die gesamten *Verkaufserlöse* steigen bei festem Preis mit der Absatzmenge linear an. Sie sind das Produkt aus Menge und Stückpreis. Die *fixen Kosten* bilden einen festen Block. Sie sind bei jeder Ausbringung gleich, während die *produktionsabhängigen* (proportionalen, variablen) *Kosten pro Stück* zwar auch gleich bleiben, mit der produzierten Menge aber naturgemäß ansteigen. Erst wenn die Gesamterlöse höher als die Gesamtkosten (fixe plus produktionsabhängige) sind, entsteht ein *Gewinn.*

Abb. 12: Beziehungen zwischen Kosten, Erlösen, Absatzmenge und Gewinn

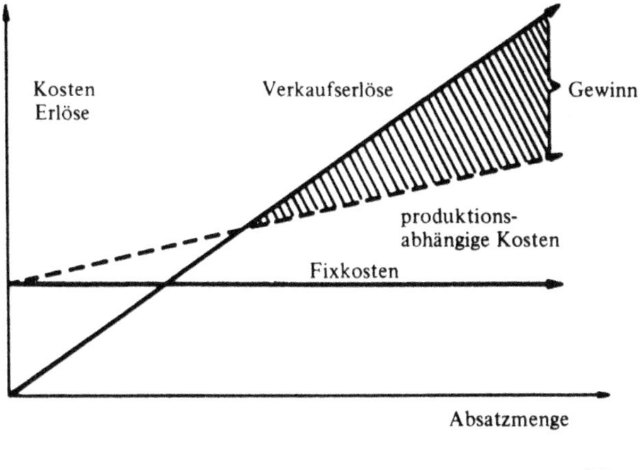

a) Wirtschaftlichkeitsvergleich I

Ausgangsdaten	Lagerdurchsatz von Hand	Lagerdurchsatz mit Gabelstapler
Ausstoß je Stunde	600 Kästen Flaschenbier	1200 Kästen Flaschenbier
Arbeitskräftebedarf	5 Lagerarbeiter	1 Lagerarbeiter 1 Gabelstapler
Brutto-Stundenlohn	4,65 DM	4,65 DM (Lagerarbeiter) 5,– DM (Gabelstaplerfahrer)
Eingesetzte Maschinen	–	1 Gabelstapler
Transportkosten je Stunde		
Lohnkosten Lagerarbeiter	23,25 DM	4,65 DM
Lohnnebenkosten	9,30 DM	1,90 DM
Betriebskosten Gabelstapler	–	4,45 DM
Lohnkosten Gabelstapler	–	5,– DM
Lohnnebenkosten	–	2,– DM
Transportkosten insgesamt	32,55 DM	18,– DM
Transportkosten je 100 Kästen Flaschenbierausstoß	5,40 DM	1,50 DM
Ersparnis	3,90 DM = 72 %	

Kostenrechnung des Gabelstaplers

Anschaffungswert 20 900,– DM
Nutzungsdauer 5 Jahre
Betriebsstunden / Jahr 2 000
Kosten / Jahr

– Abschreibung	4 180,– DM
– Zinsen	627,– DM
– Betriebskosten	1 490,– DM
– Wartung und Instandhaltung	2 400,– DM
– Sonstige Kosten	180,– DM
Kosten insgesamt	8 877,– DM

Kosten je Betriebsstunde 4,45 DM

b) Wirtschaftlichkeitsvergleich II

Ausgangsdaten	Spritzgießmaschine mit 450 Mp Schließkraft zur Herstellung eines 10-Liter-Eimers aus Kunststoff	
Baujahr	1957	1967
Anschaffungs- bzw. Wiederbeschaffungswert		
Spritzgießmaschine	200 000,– DM	190 000,– DM
Spritzgießwerkzeug	20 000,– DM	35 000,– DM
Nutzungsdauer Spritzgießmaschine	5 Jahre	5 Jahre
Spritzgießwerkzeug	3 Jahre	2 Jahre
Betriebsstunden / Jahr (Zwei-Schicht-Betrieb)	3250	3250
Leistung je Stunde	80 Eimer	380 Eimer
Arbeitskräfte je Schicht	1	1
Brutto-Stundenlohn	4,05 DM	4,05 DM
Spritzkosten je Fertigungsstunde		
Abschreibung	12,30 DM	11,70 DM
Zinsen auf das investierte Kapital	1,85 DM	1,75 DM
Raumkosten	0,40 DM	0,40 DM
Energie	5,– DM	5,80 DM
Wartung und Instandhaltung	4,05 DM	3,80 DM
Werkzeugkosten	2,05 DM	5,40 DM
Lohnkosten	4,05 DM	4,05 DM
Lohnnebenkosten, Hilfs- und Betriebsstoffe	2,10 DM	2,10 DM
Spritzkosten je Stunde	31,80 DM	35,– DM
Spritzkosten je Eimer	0,35 DM	0,10 DM
Ersparnis	0,25 DM = 71 %	

1.B.5. Finanzierungsarten

Unter *Finanzierung* versteht man die Beschaffung monetärer Mittel (Ressourcen) zur Bewältigung bestimmter Zielsetzungen. Folgende Finanzierungsmöglichkeiten bestehen:

1. *Eigenfinanzierung:* die Finanzierung erfolgt hier entweder durch Zufuhr von Eigenkapital oder durch Ausgaben von Aktien und sonstigen Beteiligungspapieren. Wesentlich ist dabei, daß der Kapitalgeber Eigentumsrecht an der Unternehmung erwirbt.
2. *Selbstfinanzierung:* Man versteht darunter die Aufbringung finanzieller Mittel im eigenen Tätigkeitsbereich, etwa aus nicht ausgeschütteten Gewinnen oder aus Abschreibungen (Lohman-Ruchti Effekt, siehe S. 44 ff.). Man könnte die Kosten dieser Finanzierungsart als Opportunitätskosten interpretieren, da die Unternehmen diese Mittel am Kapitalmarkt anlegen könnten und dafür Zinsen erhielten. Die Kosten sind somit gleich den Zinsen auf dem Kapitalmarkt.
3. *Fremdfinanzierung:* (Kreditfinanzierung): Die Finanzierung erfolgt hier über Bankkredite, Obligationen und dergleichen. Es entstehen fixe Zinszahlungen, die die Auswirkungen von Nachfrageschwankungen auf die Ertragssituation des Unternehmens noch verstärken. (Negative Wirkung auf die Liquidität der Unternehmung).

Eigen-(Beteiligungs-)finanzierung und Fremdfinanzierung werden auch unter dem Begriff *Außenfinanzierung* zusammengefaßt, weil bei beiden Arten das Kapital von außen dem Unternehmen zur Verfügung gestellt wird. Die Selbstfinanzierung könnte man hingegen auch als *Innenfinanzierung* bezeichnen.

Zu beachten ist in diesem Zusammenhang, daß sich die Selbstfinanzierung und Kreditfinanzierung keineswegs gegenseitig ausschließen. In der Regel ist es so, daß der Kreditbedarf um so stärker zunimmt, je größer die Möglichkeiten der Selbstfinanzierung sind, was vor allem mit dem Vorhandensein steuerlicher Anreize zusammenhängt. Der Grund für diesen Zusammenhang ist darin zu suchen, daß die nicht entnommenen Gewinne erst zur nachträglichen Konsolidierung der auf dem Kreditwege finanzierten Investitionen dienen. Die Gegenüberstellung von Selbstfinanzierung und Kreditaufnahme übersieht vielfach, daß die Kreditaufnahme in die Liquiditätssphäre, die Selbstfinanzierung in die Ertragssphäre eines Unternehmens gehört.

Der Finanzierungsspielraum eines Unternehmens kann durch Leasing und Factoring erweitert werden.

(1) *Leasing*

Nicht das Eigentum an Gütern ist entscheidend, sondern die Möglichkeit einer produktiven Nutzung dieser Güter. Für Zwecke der Produktion von Gütern ist es gleichgültig, ob Produktionsanlagen (a) gekauft, (b) gemietet, (c) auf dem Kreditweg finanziert werden. Zwei Arten von Leasing werden meist unterschieden: (1.1.) Finance Leasing, (1.2.) Operate Leasing.

(1.1.) *Finance Leasing*

Die Verträge laufen hier zwar über einen kürzeren Zeitraum als die durchschnittlich feststellbare betriebliche Nutzungsdauer eines Gutes. Sie werden jedoch für diesen Zeitraum irreversibel gestaltet. Durch einen derartigen Vertrag ohne Kündigungsklausel trägt der Leasingnehmer nicht nur die Gefahr des vorzeitigen „Unterganges" des Leasinggegenstandes, sondern er übernimmt auch das Risiko der vorzeitigen technischen Veralterung. Die technische Veralterung kann allerdings vertraglich ausgeschaltet werden, indem der Leasinggeber verpflichtet wird, jeweils die neuesten Maschinen zur Verfügung zu stellen. Diese Form von Leasing hilft den Unternehmen insbesondere dann, wenn Liquiditätsschwierigkeiten bestehen. Die anfänglichen Liquiditätsvorteile, die zugleich mehr oder minder große Kapazitätseffekte mit sich bringen, werden jedoch durch höhere Mietzahlungen auf längere Sicht abgewogen. Wesentlich ist beim Finance Leasing, daß das Risiko vom Leasingnehmer getragen wird. Inhalt des Geschäftes ist nicht nur die Nutzung des Objektes, sondern auch die Übertragung des Objektes. Formalrechtlich liegt eine Miete vor, wirtschaftlich hingegen eine Kreditgewährung.

(1.2.) *Operate Leasing*

Hier trägt der Leasinggeber das Risiko der technischen Veralterung. Im allgemeinen ist (1.1.) stärker verbreitet als (1.2.). Für die empirische Wirtschaftsforschung bestehen bei beiden Arten des Leasing statistische Erhebungsschwierigkeiten, da die Eigentümer der Leasingobjekte nicht mit den tatsächlichen Besitzern identisch sind.

(2) *Factoring*

Hier werden, zwecks Erweiterung des Finanzierungsspielraumes offene Forderungen monetarisiert. Der sog. *Faktor,* eine Bank, kauft bestimmte Forderungen eines Unternehmens. Factoring ist eine Kombination von Kreditversicherung, Absatzfinanzierung und Dienstleistung.

1.C. Produktionstheoretische Erklärungsmuster

1.C.1. *Zwischen Arbeit und Kapital sowie zwischen Wissen und Kapital besteht ein Komplementärverhältnis, zwischen Arbeit und Wissen überwiegt dagegen das Substitutionsverhältnis.* Ob eine *Faktorsubstitution* grundsätzlich *möglich* ist, wird weitgehend von den verfügbaren Produktionsverfahren bestimmt, ob sie *tatsächlich* auch erfolgt, hängt ab von den verfügbaren Faktormengen, den Faktorpreisen, der technischen und wirtschaftlichen Lebensdauer der Anlagen sowie institutionell-rechtlichen Einflußfaktoren.

„*Komplementär*" bedeutet hier, daß die Faktoren Arbeit und Kapital *immer gemeinsam* zur Herstellung eines bestimmten Outputs eingesetzt werden müssen, freilich in einem *unterschiedlichen quantitativen Kombinationsverhältnis,* das im wesentlichen von den *Produktionsverfahren* bestimmt wird. Der Faktor *Arbeit* kann also *nie zur Gänze substituiert* werden. In dem Umfang, in dem der Faktor Arbeit durch den Faktor Kapital ersetzt wird, führt dies zu einer *Erhöhung der Arbeitsproduktivität* und einer *Verringerung der Kapitalproduktivität.* Bleibt die Kapitalproduktivität *konstant,* so kann dies so interpretiert werden, daß die Wirkungen von Substitutionsprozessen auf die Kapitalproduktivität durch kapitalsparende Effekte des technischen Fortschrittes *kompensiert* worden sind bzw. daß sich der Auslastungsgrad geändert hat.

Das Ausmaß der Substitution von Arbeit durch Kapital spiegelt auch die sog. *Kapitalintensität* wieder. Sie ist das Verhältnis von Kapitaleinsatz zu Arbeitseinsatz und wird statistisch ermittelt, indem man das reale Bruttoanlagevermögen in Beziehung setzt zu einem Beschäftigten. Die Kapitalintensität ist auch ein Maß für den *Mechanisierungsgrad einer Volkswirtschaft.*

1.C.2. *Auch innerhalb der Faktoren Arbeit und Kapital besteht vielfach Substitutionskonkurrenz,* beispielsweise beim Faktor Kapital im Hinblick auf die verwendeten Rohstoffe (Materialien). So kann etwa Stahl durch Kunststoff ersetzt werden oder – wie zur Zeit aktuell – Kunststoff durch Stahl.

So werden beispielsweise in der UdSSR – im Gegensatz zu westlichen Ländern – Kühlschränke noch aus Stahl hergestellt, da ein Angebotsüberschuß an Stahl besteht, obwohl Kunststoffe billiger wären.

Als Ursachen für die Substitution eines Materials durch ein anderes, kommen insbesondere in Frage:

a) Kostengründe;
b) nachfragseitige Gründe etwa die Nachfrage kann nur dann stabilisiert oder ausgeweitet werden, wenn ein neues Design geschaffen wird, das nur aufgrund eines anderen Materials möglich ist;
c) neues technisches Produktionsverfahren macht anderes Material notwendig;
d) Ausmaß, in dem bestimmte Rohstoffe verfügbar sind.

1.C.3. *Durch die Innovation absolut oder relativ neuer Verfahren resultiert ein bestimmter technischer und ökonomischer Fortschritt.* Voraussetzung der Innovation ist die Verfügbarkeit der Verfahren, die entweder durch eigene Grundlagen- bzw. Zweckforschung oder durch den Erwerb von Lizenzen verfügbar gemacht werden, sowie die Schaffung der Bedingungen, die die effiziente Anwendung der Produktionsverfahren ermöglichen. Durch die Innovation neuer Verfahren, die bekanntlich auch in der Einführung organisatorischer Verbesserungen bestehen kann, wird der betriebliche Kapitalkoeffizient der Tendenz nach gesenkt, durch Substitution von Arbeit durch Kapital auf Grund neuer Verfahren steigt der Kapitalkoeffizient, was auch in einem Ansteigen der Kapitalintensität zum Ausdruck kommt.

1.C.4. *Investitionsentscheidungen führen zu einer Ausweitung der betrieblichen Kapazitäten.* Sie beruhen auf Plänen über die zweckmäßigste Kombination der Produktionsfaktoren sowie der wahrscheinlichen Nachfrageentwicklung, letzteres auch unter dem Gesichtspunkt der Wettbewerbsfähigkeit gegenüber anderen Unternehmen. Investitionsentscheidungen äußern sich auf den Faktormärkten als *Nachfrage. Produktionsentscheidungen* führen hingegen zu einer *Nutzung* der *vorhandenen* Kapazitäten. Sie äußern sich auf den Faktor- und/oder Konsumgütermärkten als *Angebot.*

1.C.5. *Das Ausmaß, in dem Investitionen vorgenommen werden, hängt ab von der Investitionsmöglichkeit,* die durch die Nachfragebedingungen, das Vorhandensein geeigneter, verfügbarer Produktionsverfahren, geeigneten Arbeitskräften und dem Finanzierungsspielraum begrenzt wird sowie der *Investitionsbereitschaft,* welche im wesentlichen durch Umsatz- und Gewinnerwartungen bestimmt wird. Darüber hinaus hängt das Investitionsniveau einer bestimmten

Periode auch noch vom Alter und der Struktur des Kapitalstocks, dem Volumen der in Vorperioden vorgenommenen Nettoinvestitionen sowie von der Innovationsbereitschaft der Unternehmensleitung ab.

1.C.6. *Mit jeder Investition sind Einkommen-, Kapazitäts- und Gütereffekte verbunden.* Diese treten je nach Art der Investition zu verschiedenen Zeitpunkten auf.

Einkommenseffekt: Entstehung von Einkommen durch die Vornahme von Investitionen.

Kapazitätseffekt: Entstehung von zusätzlichen Kapazitäten durch die Vornahme von Investitionen.

Es ist zwischen *drei* Arten von *Kapazitätsbegriffen* zu unterscheiden; ökonomische, technische und gesamtwirtschaftliche Kapazität. Der *ökonomische Kapazitätsbegriff* orientiert sich an den Produktionskosten. Volle Auslastung der Kapazitäten bedeutet Produktion in der Nähe des Kostenoptimums.

Der *technische Kapazitätsbegriff* bezieht sich auf die maximale Auslastung der vorhandenen Produktionsanlagen. Es wird der in einer Periode mögliche (maximale) Output gemessen.

Der *gesamtwirtschaftliche Kapazitätsbegriff* orientiert sich zwar am technischen, berücksichtigt aber soziale Faktoren, wie die begrenzte Bereitschaft zur Schichtarbeit und der Tendenz zur Verkürzung der Jahresarbeitszeit. Die gesamtwirtschaftliche Produktionskapazität ist demnach die Produktion, die beim Einsatz aller vorhandenen Produktionsanlagen unter *normalen* Arbeitsbedingungen erreicht werden kann.

Gütereffekt: Ausmaß, in dem durch die Vornahme von Investitionen Güter auf bestimmte Märkte gelangen.

Anhand einiger demonstrativer Beispiele wird in Abb. 13 gezeigt, in welcher zeitlichen Staffelung – stark stilisiert – die einzelnen Effekte auftreten können, wobei unter den Einkommenseffekten lediglich die Anschaffungs- und Errichtungskosten eines Projektes zur Erreichung der vollen Kapazität erfaßt sind (Reparaturen, usw. bleiben unberücksichtigt).

1.C.7. *Zwischen der Änderung der Nachfrage nach bestimmten Produkten, der eigentlichen Investition und der Produktion von Gütern liegt ein mehr oder minder großer Zeitabstand, der im wesentlichen von der Produktart,* die erzeugt werden soll, *und dem Produktionsverfahren abhängt.* Das *Produktionsverfahren* bestimmt im wesentli-

Abb. 13: Zeitliche Staffelung von Einkommens-, Kapazitäts- und Gütereffekten

Perioden bzw. Effekte / Beispiele	Periode 1			Periode 2			Periode 3			Periode 4			Periode 5		
	E	K	G	E	K	G	E	K	G	E	K	G	E	K	G
Investitionen i.d. Automobilindustrie	x			x	x		x	x	x			x			x
Investitionen i.d. Verbrauchsgüterindustrie	x	x	x			x	x		x			x			x
Investitionen i.d. Konsumgüterindustrie	x		x	x	x	x	x		x			x			x
Investitionen i.d. Rüstungsindustrie	x			x			x	x		x	x				
Investitionen im Energiesektor (Kraftwerksbau)	x			x			x			x			x	x	x
Investitionen im Verkehrssektor (z.B. Autobahnbau)	x			x			x			x	x				

E = Einkommenseffekt K = Kapazitätseffekt G = Gütereffekt

Abb. 14: Teilphasen eines Investitionsplanes

1. Änderung der Nachfrage 2. Analyse durch die Unternehmensleitung (Marktforschung, Entwicklung einer Marketing-Strategie, Planung von Werbung und Absatz) 3. Investitionsplanung, Offerteinholung (Investitionsentscheidungen) 4. Geldkapitalzuweisung und Bestellung von Produktionsmitteln und sonstigen Produktionsfaktoren 5. Lieferung der Produktionsmittel und Produktionsfaktoren 6. Aufstellung der Produktionsgüter	(1) Beschaffung
7. Produktion von Konsum (Gebrauchs- und Verbrauchs) gütern (Produktionsentscheidungen)	(2) Produktion
8. Lagerung von Fertigprodukten 9. Zusätzliche Absatzmaßnahmen 10. Verkauf von Fertigprodukten	(3) Absatz

chen, wie groß die betriebliche durchschnittliche Produktionsperiode (technische Durchlaufzeit) ist.

Unter der betrieblichen *Produktionsperiode* versteht man den Zeitabstand zwischen der Vornahme bestimmter Inputs und der Erzielung eines bestimmten Outputs (bestimmter Produkte), der in ursächlicher Weise mit dem Input zusammenhängt. Generell besteht die Tendenz der Vergrößerung des zeitlichen Abstandes zwischen dem Arbeitsinput und dem Output. Dies läuft hinaus auf eine *relative* Zunahme der Bedeutung des Faktors *Kapital* und hat in der weiteren Folge auch Konsequenzen auf die *Einkommensverteilung* (siehe S. 204 und 222).

1.C.8. *Das Ausmaß, in dem Unternehmen Rationalisierungsinvestitionen durchführen, hängt von folgenden Determinanten ab:*

a) dem *Verhältnis der Faktorpreise* (Lohn-Zins-Relation). Je größer das Lohn-Zins-Verhältnis, desto mehr wird die Substitution des Faktors Arbeit durch den Faktor Kapital begünstigt. Allerdings ist eine *Lohn-Zins-Relation,* die Rationalisierungsinvestitionen begünstigt, nur eine *notwendige,* aber nicht *hinreichende* Voraussetzung für die *Vornahme von Investitionen.*
b) neuen *technischen Verfahren,* durch die die Produktionskosten gesenkt werden können. Häufig stehen *mehrere* Produktionsverfahren zur Verfügung. Die Auswahl des geeignetsten Produktionsverfahrens stellt ein *Effizienzproblem* dar. Im Zuge der technischen Effizienz werden alle Produktionsverfahren eliminiert, die zur Herstellung eines bestimmten Outputs einen höheren mengenmäßigen Faktorinput gegenüber einem anderen technischen Verfahren erfordern würden. Zur Ermittlung der ökonomischen Effizienz werden bei den restlichen Verfahren die Inputs mit den betreffenden Faktorpreisen multipliziert. Das *Verfahren* mit den *geringsten Faktorkosten* wird zur Herstellung eines bestimmten Outputs herangezogen.
c) der *künftigen technischen und wirtschaftlichen Entwicklung des Sektors,* in dem das Unternehmen produziert, das heißt, es müssen relativ *stabile Erwartungen* gegeben sein, damit es überhaupt zu einer Investition kommt.
d) dem *Finanzierungsspielraum.* Der Finanzierungsspielraum eines Unternehmens wird bestimmt durch den Liquiditätsstatus und die Möglichkeit, Forderungen zu monetarisieren, die Kreditmöglichkeiten und das Ausmaß, in dem Abschreibungen anfallen.

1.C.9. *Werden vorgenommene Abschreibungen laufend reinvestiert, so tritt ein Kapazitätserweiterungseffekt ein, ohne daß neue finanzielle Mittel* (etwa durch Erhöhung des Eigenkapitals oder Aufnahme von Fremdkapital) *von außen zugeführt werden müssen.*

Mit Abschreibungen finanzieren heißt, die über den Preis in den Betrieb zurückgeflossenen Abschreibungsteile, die zeitweilig oder unbegrenzt freigesetzt werden, zur Deckung von Finanzierungserfordernissen heranzuziehen. Die Freisetzung kommt dadurch zustande, daß die Abschreibung der Anlagegüter sich über die *gesamte Nutzungsdauer* erstreckt, während die Summe der zurückgeflossenen Abschreibungen erst am *Ende der Nutzungsdauer* für eine Ersatzinvestition gebraucht wird. Daß die Freisetzung zum Teil sogar dauerhaften Charakters ist, geht auf die *unterschiedlichen Termine* der Ersatzbeschaffung und auf die durch die *Anlagenstückelung* nur für jeweils einzelne Güter erforderlichen Anschaffungsmittel zurück. Die durch die Freisetzung von Abschreibungen mögliche Kapazitätserweiterung wird umso größer, je weitergehend die Anlagenstückelung ist; durch die Summierung der freigesetzten Abschreibungen vieler Güter wird der Freisetzungseffekt erhöht.

Die dauerhaft freigesetzten Abschreibungen können sowohl im Anlagen- wie auch im Umlaufsektor Verwendung finden. Bezüglich der Verwendung gilt das zwar auch für die zeitlich begrenzt frei werdenden Abschreibungen, doch dienen diese der Zwischenfinanzierung; die anderweitige Beschaffung notwendiger flüssiger Mittel kann solange aufgeschoben werden, als entsprechende freigesetzte Abschreibungen zur Verfügung stehen. Die durch freigesetzte Abschreibungen beschafften Anlagen setzten über die Abschreibungsverrechnungen in den Preisen selbst wieder Abschreibungen frei. Durch die Freisetzung der Abschreibungen und deren Verwendung im Anlagenbereich tritt ein Erweiterungseffekt auf, der unter der Bezeichnung *„Lohmann-Ruchti-Effekt"* bekanntgeworden ist.

Die *Kapazitätserweiterung* durch freigesetzte Abschreibungen in einzelnen betrieblichen Teilbereichen hat natürlich ihre *Grenzen.* Sie endet sinnvollerweise dort, wo es nicht möglich ist, die übrigen Teilbereiche an das Niveau des Teilbereiches heranzuführen, der durch Freisetzung von Abschreibungen erweitert werden könnte. Mit anderen Worten: eine Erweiterung z. B. des betrieblichen Fuhrparks durch freigesetzte Abschreibungen hat nur dann Sinn, wenn es gelingt, die finanziellen Mittel aufzubringen, die durch den gleichzeitig sich erweiternden Bedarf im Bereiche der Bauten, des Personals usw. nötig werden. Die Intensität des Freisetzungseffektes ist nicht nur von der Anlagenstückelung, sondern auch vom Abschreibungsverfahren (linear, progressiv oder degressiv) (vgl. S. 21 ff.) und von der Höhe des Abschreibungsprozentsatzes, d. h. von der Nutzungsdauer, abhängig. Eine längere Nutzungsdauer ermöglicht auf lange Sicht eine größere Anlagenerweiterung.

Als *Beispiel für Kapazitätserweiterung* in einem betrieblichen Teilbereich diene die Annahme, daß zehn Maschinen à DM 25.000,– gleichzeitig angeschafft und mit 20 % linear p. a. abgeschrieben werden:

Abb. 15: Lohmann-Ruchti-Effekt I

Schluß des Jahres	Zahl der Maschinen	Gesamtwert der Maschinen	Summe der Abschreibungen	Reinvestition am Beginn des folgenden Jahres	Liquide Mittel (Abschreibungsrest nach Reinvestition)
1	10	250.000	50.000	50.000	–
2	10 2 12	200.000 50.000	50.000 10.000	50.000	10.000
3	10 2 2 14	150.000 40.000 50.000	50.000 10.000 10.000	75.000	5.000
4	10 2 2 3 17	100.000 30.000 40.000 75.000	50.000 10.000 10.000 15.000	75.000	15.000
5	10 2 2 3 3 20	50.000 20.000 30.000 60.000 75.000	50.000 10.000 10.000 15 000 15.000	100.000	15.000
6	2 2 3 3 4 14	10.000 20.000 45.000 60.000 100.000	10.000 10.000 15.000 15.000 20.000	75.000	10.000
7	2 3 3 4 3 15	10.000 30.000 45.000 80.000 75.000	10.000 15.000 15.000 20.000 15.000	75.000	10.000

Quelle: K. Lechner, Betriebswirtschaftslehre, Wien 1967, S. 65.

Wie die temporäre und dauerhafte Freisetzung vor sich geht, zeigt das folgende Beispiel. Es wird dabei angenommen, daß drei Maschinen mit einem Anschaffungswert von je 3.000,– DM in drei aufeinanderfolgenden Jahren angeschafft und mit 20 % linear abgeschrieben werden.

Abb. 16: Lohmann-Ruchti-Effekt II

Ende des Jahres	Buchwerte der Aggregate			Buchwert aller Aggregate	Jahres-Abschreibung	Gesamt-Abschreibung	Erneuerung	Freigesetzte Abschreibungsbeträge	Temporär freigesetzt	Dauernd freigesetzt
	I	II	III							
1	2400	–	–	2400	600	600	–	600	–	600
2	1800	2400	–	4200	1200	1800	–	1800	–	1800
3	1200	1800	2400	5400	1800	3600	–	3600	1800	1800
4	600	1200	1800	3600	1800	5400	–	5400	3600	1800
5	–	600	1200	1800	1800	7200	3000	4200	2400	1800
6	2400	–	600	3000	1800	6000	3000	3000	1200	1800
7	1800	2400	–	4200	1800	4800	3000	1800	–	1800
8	1200	1800	2400	5400	1800	3600	–	3600	1800	1800
9	600	1200	1800	3600	1800	5400	–	5400	3600	1800
10	–	600	1200	1800	1800	7200	3000	4200	2400	1800

Unter der Annahme einer linearen Abschreibung und einer Nutzungsdauer von fünf Jahren läßt sich die *prozentuale Kapitalfreisetzung* auch wie folgt berechnen[3]:

Addiert man die Jahre der Kapitalbindung ($^1/_5$ des Kapitals bleibt 1 Jahr gebunden, $^1/_5$ des Kapitals bleibt 2 Jahre gebunden, $^1/_5$ bleibt 3 Jahre gebunden . . . usw.) und dividiert diese durch die Nutzungsdauer, so ergibt sich daraus die durchschnittliche Bindungsdauer des Kapitals, also

$$1 + 2 + 3 + 4 + 5 = 15 : 5 = 3 \text{ Jahre.}$$

Daraus ergibt sich, daß das Kapital im Verhältnis 3 : 5 = 60 % dauerhaft gebunden ist bzw. 40 % des Kapitals freigesetzt werden. Der *Kapazitätserweiterungseffekt* beträgt somit 5 : 3 = 1,67.

1.C.10. *Steigt die Rentabilität in einer bestimmten Branche,* sind also die Gewinne in dieser Branche höher, als in anderen (beispielsweise hervorgerufen durch eine Vergrößerung der Nachfrage und eine dadurch bewirkte Preiserhöhung), *so ist damit der Anreiz für andere Unternehmer gegeben, auch in dieser Sparte einzusteigen.* Dadurch steigt dann wieder der *Output,* es erfolgt ein Druck auf die Preise, die Gewinne werden kleiner und damit auch die Rentabilität. Im Endeffekt läuft dieser Prozeß auf eine *Angleichung der Rentabilität* in sämtlichen Branchen hinaus (unter der Voraussetzung, daß dieser Verlagerung der Ressourcen keinerlei Beschränkungen entgegenstehen). Diese Verlagerung der Ressourcen braucht jedoch mehr oder weniger viel Zeit, so daß bis zur tatsächlichen Outputsteigerung oft beträchtliche Zeiträume verstreichen, innerhalb derer einzelne Unternehmungen große Gewinne machen können (nämlich die, die schon früh genug auf diese Branche gesetzt haben), andere wiederum in die Verlustzone geraten können.

1.C.11. *Solange die Faktorpreise* (Lohnkosten, Materialkosten usw.) *und die Preise der Fertigprodukte konstant bleiben, entwickeln sich Produktivität, Rentabilität und Wirtschaftlichkeit im Gleichschritt.* Bei gleichbleibenden Preisrelationen bewirkt eine Produktivitätserhöhung eine Erhöhung der Rentabilität und der Wirtschaftlichkeit. *Ändert* sich jedoch die *Preisstruktur,* dann kommt es zu einem *Auseinanderklaffen* dieser drei Größen. Zum Beispiel kann eine Steigerung der Arbeitslöhne und Rohstoffkosten bei gleichbleibenden oder nicht in gleichem Maße ansteigenden Preisen für die Fertigprodukte einer Industrie zu einem Sinken der Rentabilität und Wirtschaftlichkeit führen, obwohl die Produktivität gestiegen ist.

Mit anderen Worten: Grade der Wirtschaftlichkeit und Rentabilität spiegeln *Markteinflüsse* wider; sie sind ein Maßstab für die Fähigkeit eines Unternehmens oder einer Industrie, wechselnde Marktlagen zu ihrem Vorteil auszunutzen. Kennzahlen der Produktivität bezeichnen die Fähigkeit, eine bestimmte Erzeugungsmenge mit einem möglichst geringen Aufwand an Einsatzfaktoren herzustellen. Wirtschaftlichkeit und Rentabilität sind Begriffe, die über den Bereich der Produktion hinausgehen und deshalb von Marktschwankungen entscheidend beeinflußt werden[4].

Es können sich aber auch die Wirtschaftlichkeit und die Rentabilität *gegenläufig* entwickeln. Obwohl grundsätzlich die Wirtschaftlichkeit des Betriebes die Grundlage für die Rentabilität der Unternehmung bildet, können sich mitunter infolge des wirtschaftlichen und rechtlichen Spielraumes, den eine Unternehmung besitzt, Diskrepanzen zwischen Wirtschaftlichkeit und Rentabilität ergeben.

Abb. 17: Zusammenhänge zwischen Wirtschaftlichkeit und Rentabilität

Betrieb arbeitet	Unternehmung ist
wirtschaftlich[1]	rentabel[1]
wirtschaftlich	unrentabel (z. B. durch hohe Fremdkapitalzinsen, Beteiligungsverluste)
unwirtschaftlich	rentabel (z. B. durch Beteiligungsgewinne)
unwirtschaftlich	unrentabel

1 Dies ist der Normalfall.

1.C.12. *Produktionsfunktionen als Erklärungsmuster.* Die technischen Erfordernisse der Produktion werden, um im Rahmen der Wirtschaftstheorie überschaubar und handhabbar zu sein, zu einer *Produktionsfunktion* idealisiert. Auf der Produktionsfunktion baut dann die Kostenfunktion auf, die zusammen mit der Finanzlage der Unternehmung (Firma) bei vorgegebenen Zielsetzungen und Verhaltensweisen der Unternehmensleitung die Grundlagen liefert, die erforderlich sind, um Angebots- und Nachfragekurven der Unternehmung und optimale Preise und Produktionsmengen ableiten zu können. Dabei wird es praktisch nie möglich sein, alle Faktoren, die bei der Produktion mitwirken, zu erfassen, man wird sich auf die technisch und wirtschaftlich wichtigsten beschränken müssen.

Unter einer Produktionsfunktion versteht man die funktionale Beziehung zwischen den physischen Einheiten aller verwendeten Inputs und dem daraus resultierenden Output, jeweils pro Zeiteinheit. Es bestehen drei Möglichkeiten, diese quantitativen Zusammenhänge zu formalisieren:

a) in Form einer *mathematischen Funktion,* wie $x = f(v_1, v_2)$ bei 2 Produktionsfaktoren, bzw. allgemein $x = f(v_1, v_2 \ldots v_n)$. Diese Gleichung besagt etwa, daß in einer Unternehmung zur Herstellung eines bestimmten Outputs während eines Jahres so und soviele Tonnen Stahl ($= v_1$), eine bestimmte Anzahl Reifen ($= v_2$), eine bestimmte Menge Glas ($= v_3$), so und soviele Maschinenstunden ($= v_4$) und Arbeitsstunden ($= v_5$) etc. eingesetzt werden.
b) in Form einer *Tabelle.*

Abb. 18: Darstellung einer Produktionsfunktion in Matrixform

4	0	12	20	22	24
3	0	12	16	18	19
2	0	10	12	13	14
1	0	6	7	8	8
0	0	0	0	0	0
v_2 / v_1	0	1	2	3	4

oder:

c) in *graphischer* Form („Ertragsgebirge").

Graphisch können allerdings nur Produktionsfunktionen mit maximal zwei Variablen dargestellt werden.

Abb. 19: „Ertragsgebirge"

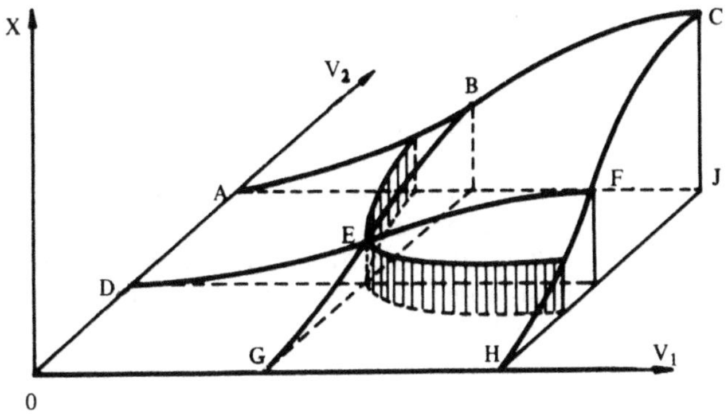

v_1 = Produktionsfaktor 1
v_2 = Produktionsfaktor 2
x = Output (Ertrag)

Anstelle der technisch schwierig zu handhabenden dreidimensionalen Darstellung projiziert man üblicherweise das Ertragsgebirge auf die Grundfläche. Legt man für einen bestimmten Ertragswert parallel zur Grundfläche einen Schnitt durch das Ertragsgebirge, so stellt seine äußere Begrenzungslinie alle Kombinationen der beiden Inputs dar, die diesen Output im Rahmen der Produktionsfunktion erzeugen. Durch Projektion dieser Linie auf die Grundfläche erhält man eine Kurve, die alle Inputkombinationen miteinander verbindet, bei denen gerade diese Outputmenge anfällt. Diese Kurve bezeichnet man als *Isoquante.*

Je nach dem, ob nun zwischen den zur Produktion eines bestimmten Outputs einzusetzenden Produktionsfaktoren eine technisch bedingte Koppelung der Einsatzfaktoren besteht oder nicht, spricht man von *Limitationalität* bzw. *Substitutionalität einer Produktionsfunktion.*

Limitationalität ist dann gegeben, wenn die Produktionsfaktoren in einem technisch bindenden Einsatzverhältnis zueinander stehen. Es kann durch verstärkten Einsatz eines einzelnen Faktors der Produktionsfunktion kein zusätzlicher mengenmäßiger Output erzielt werden, sondern es ist eine Ertragsvermehrung nur dann zu erreichen, wenn entsprechend der technischen Beziehungen ein veränderter Einsatz aller Produktionsfaktoren erfolgt. Wenn also beispielsweise für einen bestimmten Output technisch zwingend zwei Mengeneinheiten eines bestimmten Rohstoffes, zwei Zeiteinheiten einer Maschine und fünf Energieeinheiten einzusetzen sind, so kann man die Ausbringung nicht dadurch erhöhen, daß man einen der zitierten drei Produktionsfaktoren stärker einsetzt, sondern man müßte alle entsprechend der Koppelung verstärken. Limitationalität bedeutet jedoch nicht, daß die Produktionskoeffizienten konstant sein müssen, sondern es gibt limitationale Produktionsfunktionen mit konstanten (Leontieff-Funktion) und solche mit variablen Produktionskoeffizienten (Gutenberg-Funktion).

Substitutionalität heißt, daß die Produktionsfaktoren untereinander ausgetauscht werden können, ohne daß sich der mengenmäßige Output ändert. Durch die Substitution ändern sich dann auch die Produktionskoeffizienten. Im Gegensatz zur limitationalen Produktionsfunktion ist es demnach bei einer substitutionalen Funktion möglich, den Output durch Veränderung der Einsatzmenge eines Faktors bei Konstanz aller übrigen zu beeinflussen. Im allgemeinen unterscheidet man zwei Arten von Substitutionalität. Von einer *begrenzten oder peripheren* Substitution wird gesprochen, wenn die Produktionsfaktoren nur innerhalb bestimmter Grenzen ausgetauscht werden können, ein Produktionsfaktor also nicht völlig durch einen anderen ersetzt werden kann.

Im Gegensatz dazu kann bei *unbegrenzter oder alternativer* Substitution ein Produktionsfaktor durch Vermehren eines anderen Faktors völlig verdrängt werden. Scheidet ein Faktor durch Substitution völlig aus der Kombination aus, dann erfolgt ein Übergang zu einer anderen Produktionsfunktion.

Um den Output steigern zu können, müssen gleichzeitig die Einsatzmengen mehrerer Produktionsfaktoren geändert werden (unter Umständen auch gegenläufig); man kann dann nicht mehr von Substitutionalität sprechen, da ein Verfahrenswechsel vorliegt.

Die Homogenität einer Produktionsfunktion besagt, daß der Output in einer ganz bestimmten Weise steigt, wenn die Einsatzmenge der Produktionsfaktoren bei konstanter Faktoreinsatzverhältnissen vergrößert wird. Eine Produktionsfunktion ist homogen vom Grade t, wenn es eine Zahl t gibt, so daß für jede Zahl $\lambda > O$ gilt:

$$\lambda^{t} \cdot M = f(\lambda v_1, \lambda v_2 \, . \, . \, . \, . \, . \, . \, . \, . \, \lambda v_n).$$

Dabei ist:
v = Faktorverbrauch in der Planperiode
M = Output in der Planperiode (Ausbringungsmenge)
t = Exponent zur Kennzeichnung des Homogenitätsgrades einer Produktionsfunktion
λ = Faktor zur Variation des Inputs

Der Output wächst mit dem Faktor λ^t, wenn die Einsatzmenge der Produktionsfaktoren mit dem Faktor multipliziert wird. Der Homogenitätsgrad einer Produktionsfunktion gibt demnach die Beziehung zwischen der Veränderung der Faktoreinsatzmengen bei gleichen Proportionen und der daraus resultierenden Veränderung des Outputs an. Folgende drei Fälle sind denkbar:

1. *Konstante Skalenerträge:* Werden die Einsatzmengen aller Produktionsfaktoren verdoppelt, verdreifacht usw., so wird auch der Output verdoppelt, verdreifacht usw. Produktionsfunktionen mit solchen konstanten Skalenerträgen werden auch als linearhomogene Produktionsfunktionen bezeichnet.
2. *Abnehmende Skalenerträge:* Die Skalenerträge sinken mit wachsendem Output, bei einer Verdoppelung der Einsatzfaktoren steigt der Ertrag um weniger als das doppelte, bei einer Verdreifachung um weniger als das Dreifache usw. Solche Produktionsfunktionen sind unterlinear-homogen.

3. *Zunehmende Skalenerträge:* Bei einer Verdoppelung der Faktoreinsatzmengen steigt der Output um mehr als das Doppelte, bei einer Verdreifachung um mehr als das Dreifache usw. Man spricht in diesem Fall von überlinear-homogenen Produktionsfunktionen.

Skalenerträge sind definiert als: Wachstum der Ausbringungsmenge M als Funktion von λ. Im *Englischen* bezeichnet man die Skalenerträge als *returns to scale.*

Wir wollen uns nur auf einstufige Einproduktunternehmen beschränken und für diesen Fall die Grundzüge substitutionaler bzw. limitationaler Produktionsfunktionen darstellen.

Als Beispiel für eine *substitutionale Produktionsfunktion* soll das sog. *„Ertragsgesetz"* (Gesetz vom abnehmenden Ertragszuwachs) dienen. Es ist zwar im Hinblick auf seinen *empirischen Erklärungswert umstritten,* eignet sich aber gut als *didaktisches* Modell zur Demonstration produktionstheoretischer Zusammenhänge.

Für das *Ertragsgesetz* (Beziehung zwischen Faktoreinsatz und Ertrag) lassen sich *zwei Betrachtungsweisen* angeben:

1. Ein bestimmter Output O kann durch unterschiedliche Mengenkombinationen der Produktionsfaktoren hergestellt werden.
2. Bei Konstanz aller übrigen Produktionsfaktoren wird der Einsatz eines Produktionsfaktors sukzessive vermehrt.

Es wird also immer ein Faktor-Paket (bezeichnet als *fixer Faktor*) konstant gehalten (z. B. Boden, Kapital) und sukzessive mit Einheiten eines *variablen Faktors* (z. B. Arbeit) kombiniert. Der *Gesamtertrag* (z. B. Korn) wird gemäß dem Ertragsgesetz zuerst überproportional, später unterproportional ansteigen, schließlich wird er sogar abnehmen (ab Punkt D in der Abb. 21). Der *Durchschnittsertrag* wird hingegen bis zu dem Punkt steigen, wo sich Grenzertrag und Durchschnittsertrag schneiden, der *Grenzertrag* ist im Wendepunkt der Gesamtertragskurve am größten (Punkt B in Abb. 21).

Den Durchschnittsertrag berechnet man, indem man den Gesamtertrag durch die Anzahl der eingesetzten Arbeiter dividiert, der Grenzertrag hingegen drückt aus, wieviel eine zusätzliche eingesetzte Arbeitskraft dem Gesamtertrag hinzuzufügen vermag. Erhöht man z. B. die Anzahl der Arbeiter von 7 auf 8, so steigt der Gesamtertrag von 84 auf 96 Tonnen, der Grenzertrag des 8. Arbeiters beträgt somit 12 Tonnen.

Solange der Grenzertrag größer ist als der Durchschnittsertrag, wird letzterer steigen, (bis einschließlich zum 8. Arbeiter). Wird der

Grenzertrag kleiner als der Durchschnittsertrag, so fällt auch dieser. Wird der Grenzertrag schließlich negativ, dann beginnt auch der Gesamtertrag zu sinken.

Abb. 20: Tabelle der Ertragsentwicklungen

Arbeiter	Physischer Gesamtertrag in Tonnen	Grenzertrag in Tonnen	Durchschnittsertrag in Tonnen
1	5	5	5,0
2	13	8	6,5
3	25	12	8,3
4	39	14	9,7
5	55	16	11,0
6	70	15	12,0
7	84	14	12,0
8	96	12	11,8
9	106	10	11,4
10	114	8	11,0
11	121	7	10,3
12	126	5	10,0
13	130	4	10,0
14	132	2	9,4
15	132	0	8,3
16	130	– 2	8,1
17	127	– 3	7,5

Neben der oben gestellten Bedingung (Konstanthaltung eines Faktorpaketes, nur ein variabler Faktor) werden beim Ertragsgesetz noch folgende *Prämissen* gesetzt:

1. *Substitutionalität der Produktionsfaktoren,* d. h. die einzelnen Faktoren sind beliebig schnell und friktionslos austauschbar, z. B. Ersatz von Arbeitern durch Maschinen;
2. *Unveränderlichkeit der Faktorqualitäten,* d. h. alle eingesetzten Produktionsfaktoren bleiben in ihrer Qualität und damit in ihrer Leistungsabgabe pro Faktoreinheit gleich;
3. Herstellung nur *eines* Produktes.
4. Das Ertragsgesetz gilt für den *Gesamtbetrieb,* d. h. eine Betrachtung einzelner Aggregate ist im Rahmen des Ertragsgesetzes nicht möglich.

Abb. 21: Beziehungen zwischen Gesamtertrag, Grenzertrag und Durchschnittsertrag

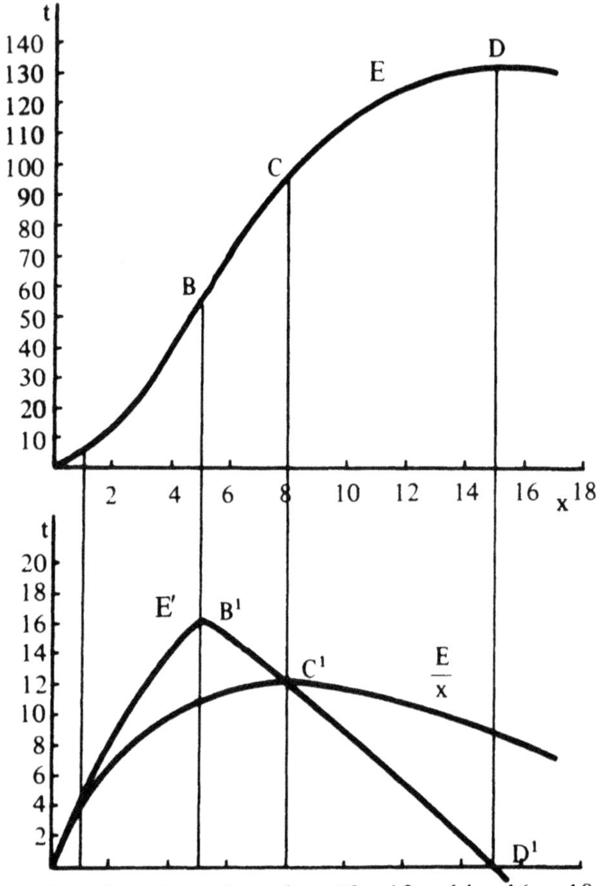

t = Tonnen (Korn)
x = Arbeiter
E = Gesamtertragskurve
E' = Grenzertragskurve
$\frac{E}{x}$ = Durchschnittsertragskurve
B = Wendepunkt der Gesamtertragskurve

5. Die *Produktionsdauer* ist *fest* vorgegeben, es ist also keine *zeitliche* Anpassung möglich.

Geht man jedoch von der Voraussetzung aus, daß die stetige Teilbarkeit und Substituierbarkeit aller Produktionsfaktoren nicht gegeben ist (die moderne Technologie führt immer mehr zu einer festen Koppelung aller Faktoren in einem bestimmten Verhältnis), sondern daß nur ***alle Produktionsfaktoren gemeinsam vermehrt oder vermindert*** werden können, so führt dies im einfachsten Fall zur *Walras-Leontieff-Produktionsfunktion.* Sie gibt die Beziehung zwischen dem Output und den Inputs wider, wenn alle Produktionsfaktoren nur in einem bestimmten Verhältnis wirkungsvoll eingesetzt werden können, (z. B. in einer vollautomatisierten Fabrik mit vielen Produktionsaggregaten und fester Koppelung von Rohstoffen, Maschinen und Arbeitern). Ist der variable Faktor (etwa Maschinen, Rohstoffe oder Arbeit) soweit vermehrt, daß die richtige Koppelung mit den übrigen vorhandenen Faktoren erreicht ist, dann ist jede weitere Vermehrung nutzlos. Bis dahin steigt die Produktion (der Ertrag) proportional.

Abb. 22: Limitationale Produktionsfunktion

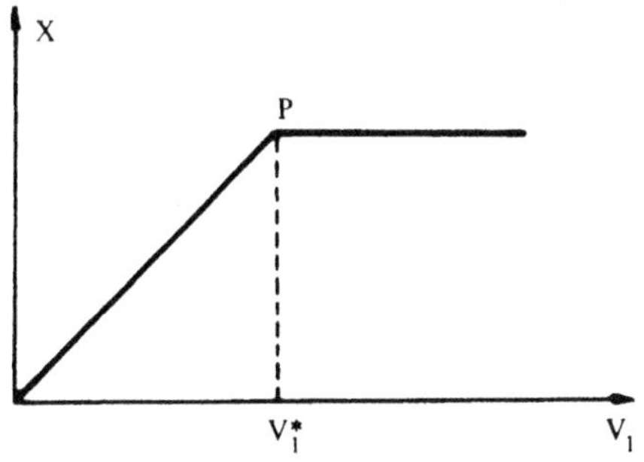

x = Produktionsmenge (Output)
v_1 = variabler Produktionsfaktor
P = Punkt effizienten Faktoreinsatzes

Die Verwirklichung des Punktes P ist in diesem Fall eine notwendige Bedingung für die Realisierung eines effizienten Produktionsverfahrens. Geringerer oder höherer Einsatz von v_1 als v_1^+ würde zu einer Faktorverschwendung führen (entweder von v_1, wenn $v_1 > v_1^+$, oder von anderen Produktionsfaktoren).

Die Kurve aller Inputkombinationen, bei denen der gleiche Output erzielt wird, (*Isoquanten*) sind jetzt *rechtwinklige geknickte Gerade.* Jede Vermehrung eines Faktors allein über die Optimalkombinationen A_1, A_2 bzw. A_3 ist bei Teilbarkeit der Faktoren sinnlos. Die Faktoren sind total komplementär (limitational). Der Output kann nur erhöht werden, wenn alle Faktoren erhöht werden.

Abb. 23: Isoquanten bei limitationaler Produktionsfunktion

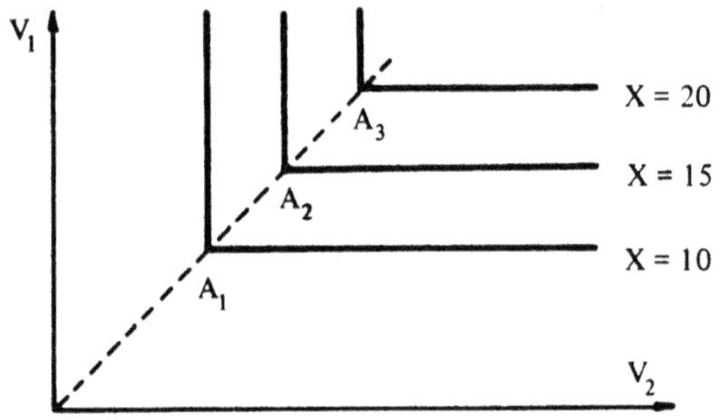

X = Produktionsmenge (Output)
v_1, v_2 = Produktionsfaktoren
A_1, A_2, A_3 = Optimalkombinationen

Das Ertragsgesetz kann auch umgekehrt formuliert werden, d. h. die erforderliche Quantität des variablen Faktors nimmt zuerst unter- und später überproportional zum physischen Gesamtertrag zu. Anfänglich erfordert eine zusätzliche Einheit des Endproduktes weniger Einheiten des variablen Faktors als in einem späteren Stadium. Diese Formulierung geht ganz in Richtung *Kostenfunktion,* d. h., es wird immer genau gesagt, welche Mengen an Produktionsfaktoren technisch eingesetzt werden müssen, um eine bestimmte Menge des Endproduktes herzustellen.

Um den monetären Einsatz (Kosten) zu erhalten, muß zusätzlich noch dem Preis des variablen Faktors Rechnung getragen werden.

Nehmen wir an, der Lohn betrage 1 000,– DM pro Woche, unabhängig davon, ob viele oder wenige Arbeiter beschäftigt werden. Der Produzent ist in diesem Falle also Mengenanpasser als Nachfrager auf dem Markt für Produktionsfaktoren: der Preis (Lohn) ist gegeben, der Produzent paßt die nachgefragte Faktormenge an. Außerdem sei

Abb. 24: Kostenfunktion

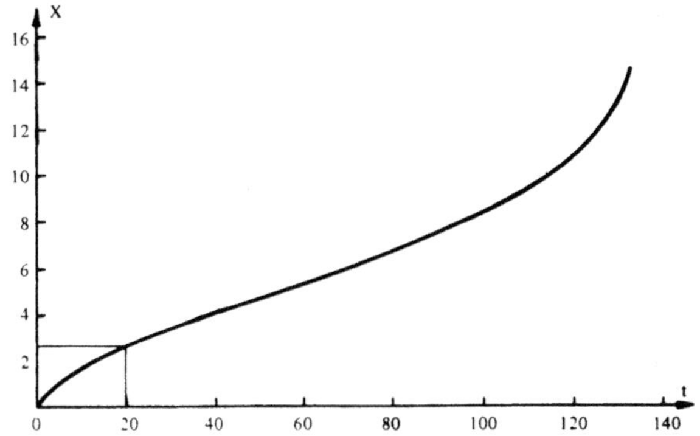

t = Tonnen (Output)
x = Arbeiter

Abb. 25: Variable Kosten

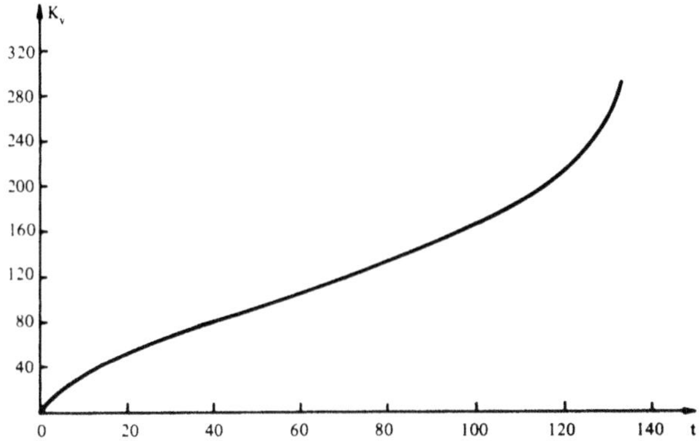

t = Tonnen
K_V = variable Kosten in Tausend DM

angenommen, daß die Arbeiter 20 Wochen beschäftigt sind. Da die Anzahl der Arbeiter immer mit demselben Betrag (20 X 1.000) multipliziert wird, zeigt die Kurve in Abb. 25 denselben Verlauf, wie in Abb. 24, nur mit dem Unterschied, daß nun auf der Ordinate der Betrag abgetragen ist, der eingesetzt werden muß, um einen bestimmten Output zu erreichen (= *variable Kostenkurve*).

Nehmen wir ferner an, daß außerdem noch *fixe Kosten* in der Höhe von DM 40.000,– entstehen, dann ergibt sich folgende Gesamtkostenkurve:

Abb. 26: Gesamtkosten

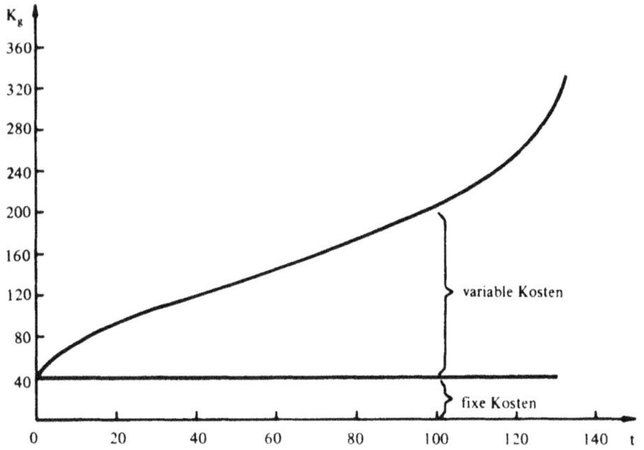

t = Tonnen
K_g = Gesamtkosten in Tausend DM

Fixe Kosten enthalten all jene Beträge, die für die Beschaffung, Bereithaltung und Unterhaltung der Kapazitäten und der Betriebsbereitschaft aufgewandt werden müsse, *variable Kosten* sind demgegenüber all jene Kosten, deren Höhe gewissermaßen „automatisch" mit dem Beschäftigungsniveau variiert.

Abb. 27: Tabelle der variablen Kosten

Produktion in Tonnen	Variable Kosten (in DM)	Produktion in Tonnen	Variable Kosten (in DM)
5	20.000	96	160.000
13	40.000	106	180.000
25	60.000	114	200.000
39	80.000	121	220.000
55	100.000	126	240.000
70	120.000	130	260.000
84	140.000	132	280.000

Um feststellen zu können, welchen Verlauf die Durchschnitts- und Grenzkosten haben werden, wollen wir zuerst in Tabellenform die *variablen Kosten* angeben. Sie werden berechnet aus den Zahlen der Tabelle auf Seite 58 und mit Hilfe der Annahme, daß jede Arbeitskraft 20 Wochen gegen eine Entlohnung von DM 1.000,– pro Woche arbeitet.

Abb. 28: Punktdiagramm variable Kosten

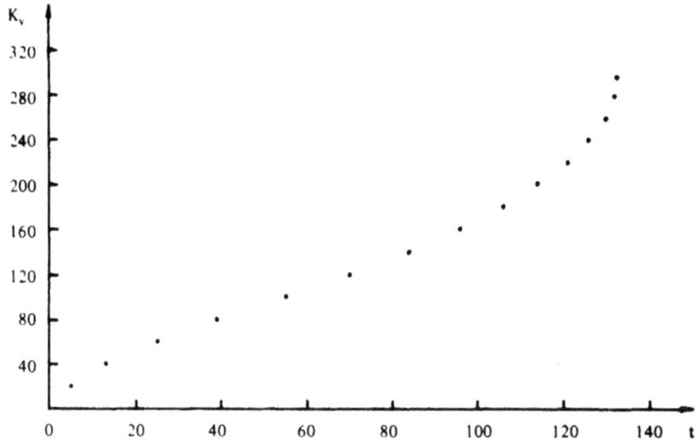

t = Tonnen
K_v = variable Kosten in Tausend DM

Abb. 29: Kurvendiagramm variable Kosten

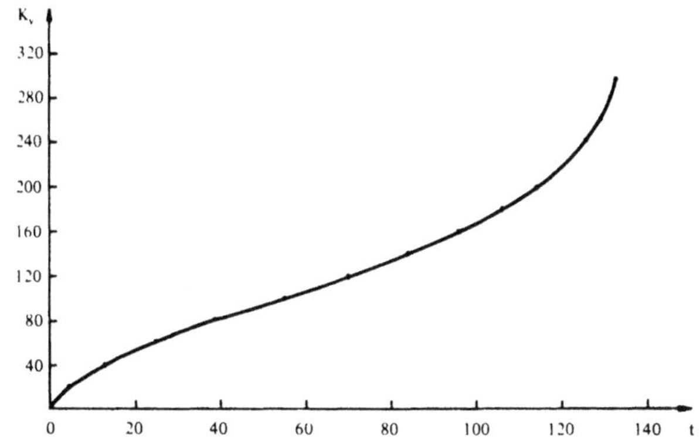

t = Tonnen
K_v = variable Kosten in Tausend DM

Legt man durch diese Punkte eine stetige Kurve, dann erhält man die Kurve der variablen Kosten. Dies bedeutet, daß wir für dazwischenliegende Produktionsmengen deren variable Kosten graphisch ermitteln können.

In einer Tabelle eingetragen, ergäben sich folgende *variable Kosten* (der Einfachheithalber nur für die Produktionsmengen von 1–25 Tonnen und gerundeten Beträgen):

Abb. 30: Variable Kosten

Produktion in Tonnen	Variable Kosten in DM	Produktion in Tonnen	Variable Kosten in DM
1	5.000	13	40.000
2	9.000	14	42.000
3	13.000	15	44.000
4	17.000	16	46.000
5	20.000	17	48.000
6	23.000	18	49.500
7	26.000	19	51.000
8	29.000	20	52.500
9	31.500	21	54.000
10	34.000	22	55.500
11	36.000	23	57.000
12	38.000	24	58.500
		25	60.000

Die Berechnung der *variablen Durchschnittskosten* erfolgt dann, indem man die variablen Kosten durch die Produktionsmenge dividiert $= \frac{K_v}{x}$.

Sie betragen z. B. bei 25 t DM 60.000,– : 25 = DM 2.400,– bei 70 t DM 120.000,– : 70 = DM 1.710,–. Stellt man die so ermittelten Ergebnisse graphisch dar, dann erhalten wir die Kurve der variablen Durchschnittskosten $\left(\frac{K_v}{x}\right)$, die in Abb. 31 eingezeichnet ist.

Man kann aus Abb. 30 aber auch die marginalen oder Grenzkosten ableiten. *Grenzkosten* = zusätzliche Kosten, die aufgewendet werden müssen, um die Produktion um eine Einheit auszudehnen.

Zum Beispiel: die Erzeugung einer Tonne kostet DM 5.000,–, die variablen Kosten für 2 Tonnen Getreide betragen DM 9.000,–, die Grenzkosten für die zweite Tonne betragen somit DM 4.000,–. Die Grenzkosten für die achte Tonne (also die Differenz der variablen Kosten der siebten und achten Tonne) betragen DM 3.000,– (siehe Abb. 30). Die Grenzkosten sind ebenfalls in Abb. 31 eingezeichnet.

Abb. 31: Grenzkosten und variable Durchschnittskosten

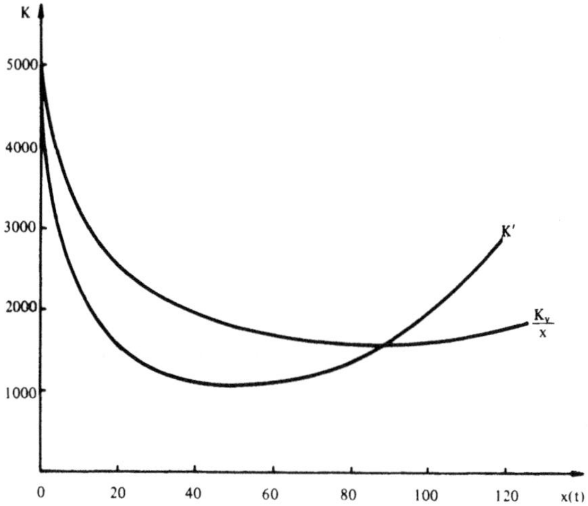

K = Kosten in DM
K' = Grenzkosten
$\frac{K_v}{x}$ = variable Durchschnittskosten
x = Output (in Tonnen)

Die *Grenzkostenkurve* und die *variable Durchschnittskostenkurve* schneiden einander im tiefsten Punkt der variablen Durchschnittskostenkurve. Solange die Grenzkosten niedriger sind als die variablen Durchschnittskosten, haben die variablen Durchschnittskosten einen fallenden Verlauf. Sind die Grenzkosten höher als die variablen Durchschnittskosten, dann steigen die variablen Durchschnittskosten. Daraus folgt, daß die Grenzkosten gleich den variablen Durchschnittskosten sind bei einer Produktionsmenge, bei der die variablen Durchschnittskosten weder steigen noch fallen, also im Minimum derselben.

Schließlich können wir noch die *fixen Durchschnittskosten* berechnen. Nehmen wir an, die fixen Kosten (K_f) betragen DM 40.000,–. Die fixen Durchschnittskosten $\left(\frac{K_f}{x}\right)$ fallen sehr schnell. Sie betragen z. B. bei 1 Tonne DM 40.000,–, bei 10 t DM 4.000,–, bei 100 t DM 400,–, usw.

Die Beziehung der fixen Durchschnittskosten zur Produktionsmenge x ist in Abb. 32 graphisch dargestellt.

Abb. 32: Fixe Durchschnittskosten

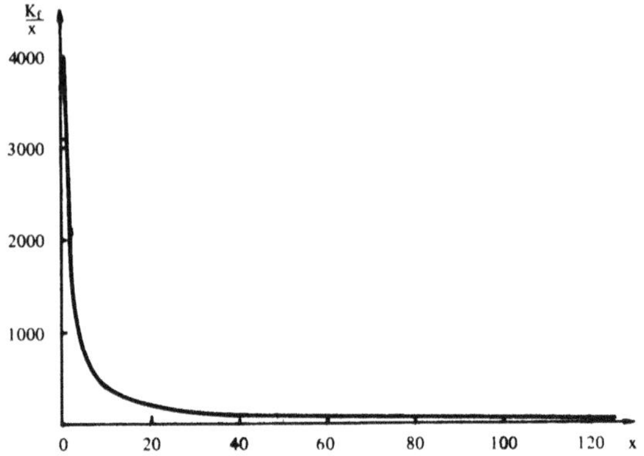

x = Output (in Tonnen)

$\frac{K_f}{x}$ = fixe Durchschnittskosten in DM

Die *totalen Durchschnittskosten* $\left(\frac{K_g}{x}\right)$ = Summe der variablen Durchschnittskosten $\left(\frac{K_v}{x}\right)$ und der fixen Durchschnittskosten $\left(\frac{K_f}{x}\right)$.

In Abb. 33 sind diese totalen Durchschnittskosten eingetragen (zusammen mit den variablen Durchschnittskosten und den Grenzkosten). Die Grenzkostenkurve K′ schneidet sowohl die totale als auch die variable Durchschnittskostenkurve im tiefsten Punkt der betreffenden Kurven. Der Abstand zwischen der totalen Durchschnittskostenkurve $\frac{K_g}{x}$ und der variablen Durchschnittskostenkurve $\frac{K_v}{x}$ wird um so kleiner, je größer die Produktionsmenge x ist, weil die fixen Durchschnittskosten bei zunehmender Produktionsmenge immer kleiner werden.

Änderungen der Technik (technischer Fortschritt), Preisänderungen der Produktionsmittel sowie Größenänderungen der konstant gehaltenen Produktionsfaktoren bewirken eine Verschiebung der Kostenfunktionen.

Abb. 33: Gesamte Durchschnittskosten, variable Durchschnittskosten und Grenzkosten

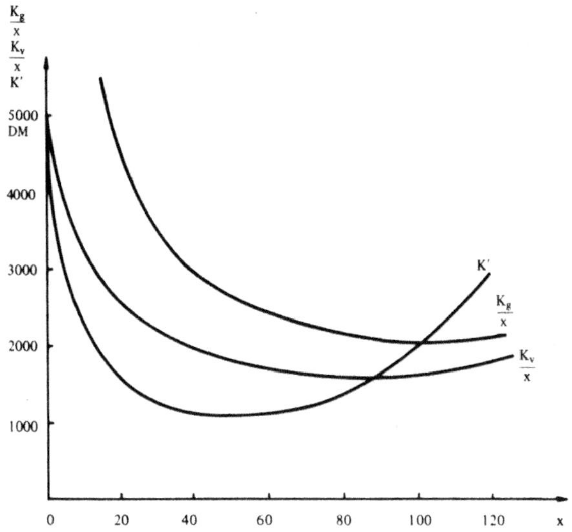

K = Grenzkosten in DM
x = Output (in Tonnen)
$\frac{K_g}{x}$ = Gesamtkosten Durchschnittskosten
$\frac{K_v}{x}$ = variable Durchschnittskosten
K' = Grenzkosten

Beziehungen zwischen den einzelnen Kosten

Im Wendepunkt A der totalen Gesamtkosten K_g, der zugleich auch Wendepunkt der variablen Gesamtkosten K_v ist, hat die Tangente an die Kurve die geringste Steigerung. Da eine Tangente an die totale oder variable Gesamtkostenkurve einen Winkel (a) mit der Abszisse bildet, dessen Tangens gleich den Grenzkosten ist ($\text{tg}\,\alpha = K'$), erreicht die Grenzkostenkurve bei diesem Output ihr Minimum (A'). Im Punkt B wird eine gerade Verbindung aus dem Nullpunkt der variablen Gesamtkosten mit der Kostenkurve zur Tangente. Da der Tangens einer beliebigen Geraden aus dem Nullpunkt der variablen Gesamtkostenkurve gleich den durchschnittlichen variablen Kosten ist

Abb. 34: Zusammenhänge zwischen Gesamt-, Grenz- und Durchschnittskosten

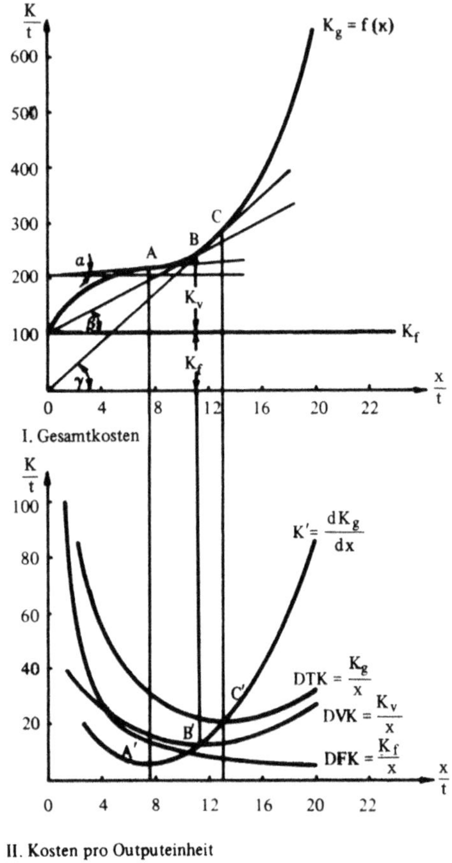

$\frac{K}{t}$ = Kosten pro Zeiteinheit

$\frac{x}{t}$ = Output pro Zeiteinheit

K_f = fixe Kosten

K_v = variable Kosten

K' = Grenzkosten

K_g = Gesamtkosten

(tg β = DVK), haben beim Output zu Punkt B die durchschnittlichen variablen Kosten ihr Minimum (B'); aus diesem Nullpunkt gibt es keine gerade Verbindung mit der Kostenkurve, deren Steigungswinkel kleiner sein könnte als β. Das Minimum der durchschnittlichen variablen Kostenkurve bezeichnet man als *Betriebsminimum* (Produktionsschwelle). Aus den gleichen Gründen hat beim Output zu Punkt C die Kurve der durchschnittlichen totalen Kosten (tg γ = DTK) ihr Minimum (C'), weil eine gerade Verbindung aus dem Koordinatenursprung zur Tangente der totalen Gesamtkostenkurve wird. Das Minimum der durchschnittlichen totalen Kostenkurve bezeichnet man als *Betriebsoptimum.*[5]

Die Produktionsfunktionen in der Industrie entsprechen jedoch nur in den seltensten Fällen denen des Ertragsgesetzes.

Je „industrieller" eine Produktion erfolgt, umso starrer sind die Koppelungen der Produktionsverfahren, je „handwerklicher", desto loser. In der Landwirtschaft oder im Handwerk sind Produktionsfaktoren viel eher substituierbar, man kann mit mehr oder weniger Arbeitskräften oder Maschinen den selben Output erreichen, wenn man dafür einen anderen Faktor substituiert. Man kann daher sagen: Sobald der bestimmende Sektor in einer Volkswirtschaft der industrielle Sektor ist, sind limitationale Produktionsfunktionen wirklichkeitsnäher als klassische.

Auf dem Energiesektor wirkt sich jedoch das Gesetz vom abnehmenden Ertragszuwachs trotz neuer Technologien aus. Soweit man heute die technische Entwicklung am Energiesektor überblicken kann, bestehen kaum Chancen auf Kostensenkungen. Im Gegenteil – will man zu einer die Rohstoffreserven schonenden Substitution gelangen, wird aller Voraussicht nach die heute relativ billig angebotene Primärenergie teurer werden müssen, sollen rechtzeitig Ersatzverfahren angewendet werden.

Im allgemeinen gelten hingegen bei *industriellen Fertigungsprozessen* die folgenden Voraussetzungen:

1. Es besteht *keine Substitutionalität* der Faktoren, weil diese nicht beliebig teilbar und somit frei variierbar sind.
2. Der industrielle Fertigungsprozeß ist durch *Limitationalität* der Produktionsfaktoren und eine beschränkte Dispositionsfreiheit der Unternehmungsleitung bei der Faktorsubstitution gekennzeichnet.
3. Die Produktionsfunktionen werden durch die *Verbrauchsfunktionen* der maschinellen Anlagen bestimmt.

Unter der *Verbrauchsfunktion (Gutenberg)* wird jene produktionstheoretische Beziehung verstanden, die die Abhängigkeit zwischen dem Verbrauch an Faktoreneinsatzmengen und der technischen Leistung eines Betriebsmittels zum Ausdruck bringt. Maßgebend hierfür sind die technischen Eigenschaften der Aggregate und Arbeitsplätze, die den Verbrauch an Faktoreinsatzmengen bestimmen. Zur Erstellung einer Leistung des Betriebsmittels müssen die verschiedenen Faktoren in bestimmten technisch bedingten Mengeverhältnissen eingesetzt werden. Eine Veränderung der Einsatzmengen eines Faktors ist in der Regel dabei nicht möglich, ohne nicht auch die Mengen der anderen Faktoren zu verändern. Jedes Betriebsmittel ist nämlich für eine bestimmte Dauerbelastung konstruiert, so daß zu geringe ebenso wie zu hohe Leistungsbeanspruchungen höhere Einsatzmengen pro Zeiteinheit erfordern.

Ein typisches Beispiel für die nicht linear verlaufende Verbrauchsfunktion eines Betriebsmittels ist der *Verbrauch eines Benzinmotors,* der bei der „optimalen Drehzahl" am günstigsten ist:

Abb. 35: Verbrauchsfunktion eines Benzinmotors

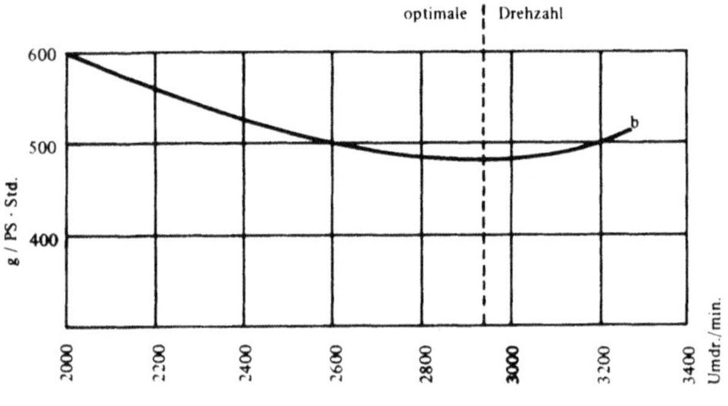

Die optimale Drehzahl ist einer der Faktoren, die bei der Festlegung von Temprolimiten (Tempo 100, Tempo 120 usw.) mitberücksichtigt werden. Daneben spielen freilich auch noch eine Reihe anderer Faktoren eine Rolle. Im Grunde beruhen sämtliche Schwellenwerte dieser Art infolge der Existenz nichtlinearer Verläufe auf marginalen Analysen.

An Stelle der Variierung der Einsatzmengen eines oder zweier Faktoren im Sinne des Ertragsgesetzes muß hier die Geschäfts- und Betriebsleitung (der dispositive Faktor) spezielle Anpassungsmaßnahmen an sich ändernde Kostensituationen treffen, soll eine Verbesserung der Kosten- und Ertragssituation erreicht werden.

Bei den Produktionsfunktionen der Industrie (Produktionsfunktion vom Typ B nach *Gutenberg*) sind demnach zwei Erscheinungen für die Kosten- und Ertragslage maßgebend:

1. Die Verbrauchsfunktionen der Betriebsmittel,
2. Die Anpassungsformen der Unternehmensleistung.

Auch die *Kostentheorie* geht von der Erkenntnis aus, daß in der Industrie im großen und ganzen das Ertragsgesetz nicht anwendbar ist. Soweit das Ertragsgesetz zutrifft, ist es für kostentheoretische Perspektiven nur in den Grenzen derjenigen Minimalkostenkombination anwendbar, bei der eine Teilbarkeit der betrachteten Faktoren und damit ein linearer Kostenverlauf vorausgesetzt werden können. In bestimmten abgesteckten Grenzen ist diese beliebige Teilbarkeit der variablen Faktoren gegeben, wobei die nicht innerhalb der Grenzen teilbaren Faktoren als konstante Faktoren durch fixe Kosten berücksichtigt werden. Innerhalb solcher bestimmter *Beschäftigungsintervalle* ergibt sich dann folgender Kostenverlauf:

Abb. 36: Linearer Kostenverlauf

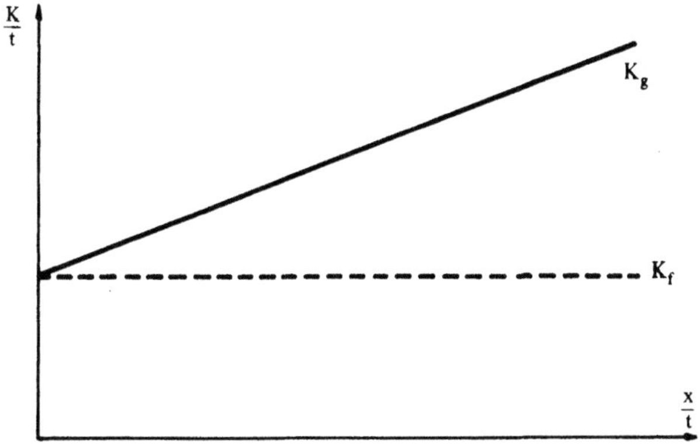

K_g	=	Gesamtkosten
K_f	=	fixe Kosten
$\frac{x}{t}$	=	Output pro Zeiteinheit
$\frac{K}{t}$	=	Kosten pro Zeiteinheit

Abb. 37: Grenzkosten und Stückkosten bei linearem Kostenverlauf

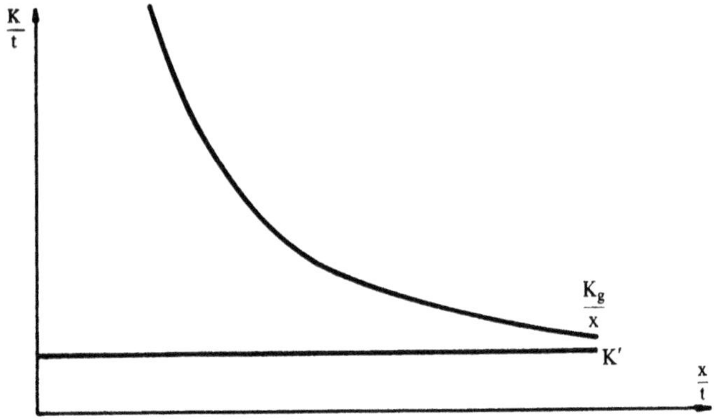

$\frac{K}{t}$	=	Kosten pro Zeiteinheit
$\frac{x}{t}$	=	Output pro Zeiteinheit
$\frac{K_g}{x}$	=	gesamte Durchschnittskosten (Stückkosten)
K'	=	Grenzkosten

Mit Ausnahme dieses Spezialfalles sei noch festgestellt, daß zwischen den Kosten und dem Beschäftigungsgrad keine unmittelbare Relation besteht.

Gutenberg nennt fünf *Hauptkosteneinflußgrößen:*

1. *die Faktorqualitäten:* Eine Änderung der Produktionsfaktoren hinsichtlich ihrer Qualität kann zu einem höheren oder niedrigeren Mengeneinsatz führen und damit die Kosten beeinflussen;
2. *die Faktorpreise:* Eine Veränderung der Faktorpreise beeinflußt die Kosten, da Kosten das Produkt aus Mengen mal Preisen sind, z. B. Überstundenlöhne, Löhne im Schichtbetrieb (Nachtarbeit);
3. *die Beschäftigung:* Die Änderung der Beschäftigung beeinflußt die Kosten, da der Betrieb im Rahmen seines Potentials an Produktionsfaktoren (seine Kapazität) sein Produktionsvolumen anpaßt (wichtigste Einflußgröße);
4. *die Betriebsgröße:* Sie ist dann eine Kosteneinflußgröße, wenn sich bei einer Erweiterung der Analgen die Betriebsanlagen ändern, also beispielsweise neue Verfahren eingeführt werden,
5. *das Fertigungsprogramm:* Wird ein Fertigungsprogramm geändert, so ergeben sich auch Änderungen in den Betriebsanlagen, in der

Ausnutzung und der Kombination der Produktionsfaktoren, wodurch auch Kostenänderungen entstehen.

Wichtig ist in diesem Zusammenhang die Überlegung, daß der Betrieb nicht eine einheitliche Kapazität bildet, sondern sich aus einer Reihe von *Teilkapazitäten* zusammensetzt, die alle unterschiedliche Faktorkombinationen und damit Kostenfunktionen haben. Jede Teilkapazität hat eine bestimmte Verbrauchsfunktion, die durch die technischen Eigenschaften und Arbeitsweisen der Aggregate bestimmt wird. Bei einer Beschäftigungsänderung ändern sich dann schon durch die Tatsache, daß die einzelnen Teilkapazitäten nicht mehr optimal ausgelastet sind, die Kosten (ganz abgesehen natürlich von der Änderung der Kosten, die direkt von der Beschäftigungsänderung abhängen).

In der neueren Kostentheorie liegt der Schwerpunkt der Betrachtung nicht mehr auf den fixen Kosten, sondern vielmehr auf den fixen und den variablen Kosten, wobei die *fixen Kosten* nicht als eine einmal gegebene Größe, sondern als *disponierbar* angesehen werden. Dadurch ist es aber nicht mehr möglich, einen allgemein gültigen Kurvenverlauf zu bestimmen. Es lassen sich vielmehr nur Aussagen über die Entwicklung der *variablen Kosten* machen, wenn man

- die jeweiligen Verbrauchsfunktionen und
- die gewählten Anpassungsformen berücksichtigt.

Da aber die Anpassung in erster Linie darin besteht, den fixen Kosten ihre Starrheit zu nehmen, muß man die fixen Kosten unterscheiden in

- absolute und intervallfixe Kosten und
- Nutz- und Leerkosten.

Absolutfixe Kosten sind solche, die keinesfalls teilbar sind, *intervallfixe Kosten* jene, die nur für ein bestimmtes Intervall fix verlaufen, sich aber von Intervall zu Intervall stufenförmig verändern (sprungfixe Kosten).

Fixe Kosten sind demnach solche, die bei Erhöhung der Produktion um mehr als eine Einheit konstant bleiben. Wie lange sie als fix betrachtet werden müssen, hängt von der Größe des Intervalls ab.

Der Teil der fixen Kosten, der dem Verhältnis des genutzten Teils des Intervalls zum gesamten Intervall entspricht, sind die *Nutzkosten*, die *Leerkosten* hingegen sind der Teil der fixen Kosten, der durch den nicht genutzten Teil des Intervalls verursacht wird.

Die *Anpassungsformen,* die der Betriebsleitung in der industriellen Produktion zur Verfügung stehen, sind folgende:

1. die intensitätsmäßige Anpassung,
2. die zeitliche Anpassung,
3. die quantitative Anpassung.

Bei der *intensitätsmäßigen Anpassung* bleiben Kapazität und Betriebszeit konstant, hingegen wird die Geschwindigkeit der Leistungserstellung variiert (z. B. die Laufgeschwindigkeit einer Maschine wird erhöht, die für den Reifeprozeß eines Produktes erforderliche Lagerdauer wird gesenkt). Durch die intensitätsmäßige Erhöhung des Beschäftigungsgrades werden Leerkosten zu Nutzkosten. Umgekehrt wird die Unternehmensleitung bei rückläufiger Konjunktur zunächst eine intensitätsmäßige Verringerung des Beschäftigungsgrades durchführen, um die Betriebskosten zu senken. Trotzdem wird jedoch dabei ein Teil der bisherigen Nutzkosten zu Leerkosten. Bei der *zeitlichen Anpassung* bleiben Kapazität und Kapazitätsausnutzung konstant, hingegen wird die Betriebszeit variiert. Typische Erscheinungsformen dieser Art der Anpassung sind Überstunden bzw. Kurzarbeit und die Schichtarbeit. Die Einführung der Schichtarbeit stößt jedoch häufig an die Grenzen des lokalen Arbeitsmarktes, während umgekehrt bei Produktionsprozessen, die nicht unterbrochen werden dürfen, ohne daß Wiederingangsetzungskosten auftreten (z. B. Hochofen), die Verkürzung der Arbeitszeit (Kurzarbeit) nicht eingeführt werden kann. Eine *quantitative Anpassung* liegt vor, wenn die Kapazität selbst verändert wird, die Betriebszeit und die Leistungsabgabe der eingesetzten Kapazität werden konstant gehalten. Kapazitätsteile werden entweder stillgelegt oder hinzugefügt. Voraussetzung hierfür ist, daß die quantitativ anzupassenden Produktionsfaktoren teilbar sind. Eine besondere Form der quantitativen Anpassung liegt bei der dimensionalen Anpassung vor. Diese ist dann gegeben, wenn durch den Einsatz moderner Betriebsmittel mit höherem Niveau eine neue Dimension des Betriebes entsteht und auch die Faktorkombinationen verändert werden (wenn z. B. zwei oder drei kleinere Maschinenaggregate durch ein großes ersetzt werden und dabei das Verhältnis von Betriebsmittel- und Arbeitskrafteinsatz verändert wird).

Die wesentlichen *Unterschiede* zwischen der *traditionellen* und der *neueren Kostentheorie* lassen sich wie folgt gegenüberstellen[6]:

Die traditionelle Betrachtung:

1. *Funktionaler bzw. stochastischer Zusammenhang zwischen Kosten und Beschäftigung:*

Es wird unterstellt, daß zwischen der Entwicklung der Kosten und der Beschäftigung ein direkter und mathematisch darstellbarer Zusammenhang besteht.

2. *Zugrundelegung der Gesamtkapazität des Betriebes:*
   Der Betrieb wird als eine technische Produktionseinheit betrachtet.
3. *Darstellung einer idealtypischen Gesamtkostenkurve:*
   Durch wesentliche Vereinfachungen des Modells ist es möglich, eine S-förmige Gesamtkostenkurve als typisch für den Kostenverlauf darzustellen.
4. *Betrachtung des unmittelbaren Einflusses der Beschäftigungsveränderungen auf die Kosten:*
   Veränderungen des Beschäftigungsgrades werden unmittelbar mit den Kostenveränderungen in Beziehung gesetzt.
5. *Aufstellen eines mathematischen Modells der Marginalanalyse:*
   Die im Modell vorgenommenen Vereinfachungen führen mit Hilfe der analytischen Geometrie und der Differentialrechnung zur Aufstellung eines umfangreichen mathematischen Systems, in dem insbesondere der Verlauf der Grenzkosten (Marginalkosten) analysiert wird.

Die neuere Betrachtung:

1. *System von fünf Hauptkosteneinflußgrößen:*
   Die Beschäftigung ist zwar die wichtigste Einflußgröße für die Kosten, aber nicht die einzige.
2. *Zerlegung des Betriebes in Teilkapazitäten:*
   Dem technischen Leistungsprozeß entsprechend wird erkannt, daß der Betrieb aus einer Fülle von Teilkapazitäten besteht, die alle ihre eigenen Produktionsbedingungen haben.
3. *Feststellung der Abhängigkeit der Kosten von den Anpassungsformen:*
   Es wird erkannt, daß die Beziehungen zwischen Kosten und Beschäftigungsgrad durch die von der Geschäftsleitung gewählten Anpassungsformen verschieden sind.
4. *Untersuchung der Anpassungsformen:*
   Man stellt fest, daß die Anpassungsformen von zwei Dingen abhängen, nämlich:
   - der fertigungstechnischen Eigenart des Betriebes bzw. der Betriebsmittel;
   - dem Verhalten der Geschäftsleitung.

5. *Verzicht auf Differentialrechnung und Einschaltung der Verbrauchsfunktionen:*
Dadurch, daß erkannt wird, daß sich in der Industrie zwischen Kosten und Beschäftigung die technisch bedingten Verbrauchsfunktionen der Aggregate schieben, werden diese Funktionen genau untersucht. Das führt zwar auch zu einer analytisch-geometrisch funktionalen Betrachtung zwischen Einflußgrößen (Faktoreinsatz und Leistung), gleichzeitig aber zum Verzicht auf Ansätze aus der Differentialrechnung.

1.C.13. Theorie der Produkte

Innerhalb der *Theorie der Produkte* sind nur *tendenzielle* Aussagen möglich. Hier besteht die Gefahr, daß auf dem Wege einer *Definition* Merkmale, die nur für bestimmte *Dienstleistungen* charakteristisch sind, *generalisiert* werden bzw. Merkmale, die wesentlich zur näheren Kennzeichnung bestimmter Dienstleistungsarten sind, durch Weglassung *„wegdefiniert"* werden. So ist es zwar tendenziell richtig, daß bei vielen Dienstleistungen Produktion und Konsum zeitlich zusammenfallen, da vielfach die Möglichkeit einer *Lagerung* von Dienstleistungen *nicht* besteht. Zu behaupten, daß dieses Merkmal *generell* für sämtliche Dienstleistungen gilt, wäre falsch, da es auch Dienstleistungen gibt, die mit Hilfe von EDV-Anlagen gespeichert und erst *auf Abruf* bereitgestellt werden. Unter dieser Perspektive ist auch die Behauptung falsch, daß Dienstleistungen generell *standortgebunden* seien, daß also *Angebot* von und *Nachfrage* nach Dienstleistungen *am gleichen Ort* erfolgen müsse. Auch hier ist z. B. die Möglichkeit der Datenfernübertragung zu berücksichtigen. Es bestehen vielfach – sieht man von den entstehenden Kosten ab – keine technischen Restriktionen. Da diese Kommunikation auch über die Grenzen hinweg möglich ist, stimmt streng genommen auch die Behauptung nicht mehr, Dienstleistungen könne man nicht *importieren* bzw. exportieren.

Die Schwierigkeiten einer allseitig befriedigenden *Klassifikation der Güter* resultieren daraus, daß die gleichen Güter, je nach der Stellung im Produktionsprozeß, sowohl einen *Produktionsfaktorinput* als auch einen *Produktionsoutput* stellen können. Entscheidend für die Klassifikation ist die *Funktion* der Güter im Produktionsprozeß. Dies soll an Hand einiger Beispiele gezeigt werden:

Beispiel 1: Konsum- und Verbrauchsgüter stellen *Produktionsfaktoren* dar, wenn sie zur Produktion von *anderen Gütern* (z. B. Investitionsgütern) dienen.

Beispiel 2: Die Produktionsfaktoren von Beispiel 1 sind jedoch *Konsum-* bzw. *Gebrauchsgüter,* wenn ihre Erzeugung das *eigentliche Ziel* der Produktion bildet.

Beispiel 3: Ein Pkw, der von einem Handelsvertreter in Ausübung seines Berufes als Transportmittel verwendet wird, stellt einen *Produktionsfaktor,* der gleiche Pkw eines deutschen Urlaubers in Österreich stellt ein *Konsumgut* dar.

Beispiel 4: Einzelhandelsunternehmen verkaufen *materielle* Güter, die Tätigkeit des Einzelhandels stellt jedoch eine *Dienstleistung* dar.

Beispiel 5: Im Falle der *Vermietung* einer Eigentumswohnung ist das *Mietobjekt* ein *materielles Gut,* der *Vorgang der Vermietung* hingegen stellt eine *Dienstleistung* dar (der Mieter erwirbt gegen Bezahlung eines entsprechenden Entgeldes ein *Nutzungsrecht*).

Beispiel 6: *Materielle Güter* (Investitions-, Konsum- und Gebrauchsgüter) und *immaterielle Güter* (z. B. Leistungen der Rechtsabteilung eines Unternehmens, ferner neues technisches Wissen in Form technischer Verfahren) dienen zur Herstellung von *neuen materiellen Gütern,* etwa von Lastkraftwagen.

In Fortführung von Gedankengängen, die in Beispiel 6 enthalten sind, soll der Begriff der Metaproduktion erläutert werden. Ziel der *Metaproduktion*[7] ist die Entwicklung neuen Wissens. Dieses neue Wissen stellt einen Output dar, der notwendig ist, um andere Outputs herstellen zu können, ist also strenggenommen nur ein Vorprodukt. Es besteht in hinreichendem Maße Grund zu der Annahme, daß der Anteil der Metaproduktion an der Gesamtmenge wirtschaftlicher Aktivität im Zeitablauf weiter zunehmen wird[8].

Zu beachten ist, daß in der Regel die durchschnittliche *Produktionsperiode* bei der Erstellung von Metaprodukten länger ist als bei der Erstellung von *materiellen Gütern* (z. B. eines neuen technischen Verfahrens). Auf Grund der gemachten Aussagen empfiehlt es sich, im Rahmen einer Theorie der Produkte auf die *Marktfähigkeit* der Güter (Produkte) abzustellen und den Begriff Gut als Überbegriff für *folgende Güterarten* zu nehmen: materielle Güter (Sachgüter), immaterielle Güter, die weiter unterteilt werden in Dienstleistungen und Informationsgüter.

Während bei *materiellen Gütern* immer eine sachliche und zeitliche Trennung von Produktion und Tausch möglich ist, fällt Produktion und Tausch bei *immateriellen Gütern* (Dienstleistungen und Informationsgütern) sehr häufig zusammen. Überdies kommt bei *Informationsgütern* noch dazu, daß die marktmäßige Verwertung dieser Güter schwierig ist, da im Falle einer Weitergabe des produzierten Wissens an einen Personenkreis, der nicht an der Entwicklung dieses Wissens beteiligt war, eine *ökonomische Nutzung zu einem Preis* ermöglicht wird, der in keinem Verhältnis zu den Kosten steht, die notwendig waren, um das neue Wissen zu produzieren. Man muß also hier zwischen einer *Primärproduktion* von Informationsgütern (Wissen) und einer *Sekundärproduktion* von Informationsgütern unterscheiden. Ist eine Anwendung des Ausschlußprinzips möglich, so kann auch das Äquivalenzprinzip bei diesen Gütern angewandt werden, und einer marktmäßigen Verwertung dieser Informationen – z. B. auf dem Wege von Lizenzgebühren – steht nichts im Wege.

Die Marktfähigkeit privater Informationsgüter (z. B. Patente und Lizenzen) ist in der Regel größer als die öffentlicher Informationsgüter. In der EDV-Sprache formuliert, könnte man bestimmte Informationsgüter als „Software" bezeichnen im Gegensatz zur „Hardware" der Maschinen.

Unter *Ausschlußprinzip* versteht man jenes grundlegende marktwirtschaftliche Prinzip, demzufolge derjenige vom Markt ausgeschlossen werden *kann,* der keine marktwerten Leistungen (Kaufkraft, Arbeitsleistungen usw.) anzubieten hat. So hat z. B. ein Konsument für ein bestimmtes Konsumgut einen bestimmten Kaufpreis zu entrichten. Ist er hierzu nicht bereit, so wird er vom Konsum dieses Gutes „ausgeschlossen". Das Ausschlußprinzip ist nur bei jenen Gütern anwendbar, bei denen die *Leistungsabgabe* (d. h. also die Nutzung bzw. die Nachfrage) in *individueller Form* möglich ist.

Unter Äquivalenzprinzip verstehen wir jenes marktwirtschaftliche Prinzip, demzufolge für jede *Leistungsinanspruchnahme* ein *entsprechendes („äquivalentes") Entgelt* zu entrichten ist. Anstelle von Äquivalenzprinzip spricht man auch vom *Gegenseitigkeitsprinzip,* vom *do-ut-des-Prinzip.* Das *Äquivalenzprinzip* ist nur dort anwendbar, wo auch das *Ausschlußprinzip* anwendbar ist. Ist das Ausschlußprinzip – wie bei vielen vom Staat bereitgestellten Informationsgütern – nicht anwendbar, dann kann auch das Äquivalenzprinzip nicht angewandt werden. Die Beziehungen zwischen materiellen Gütern, Dienstleistungen und Informationsgütern lassen sich am besten mit folgender Skizze veranschaulichen, wobei das Ausmaß der Marktfähigkeit der einzelnen Güterarten *tendenziell von außen nach innen* abnimmt.

Abb. 38: Abgrenzung materielle Güter, immaterielle Güter und Informationsgüter

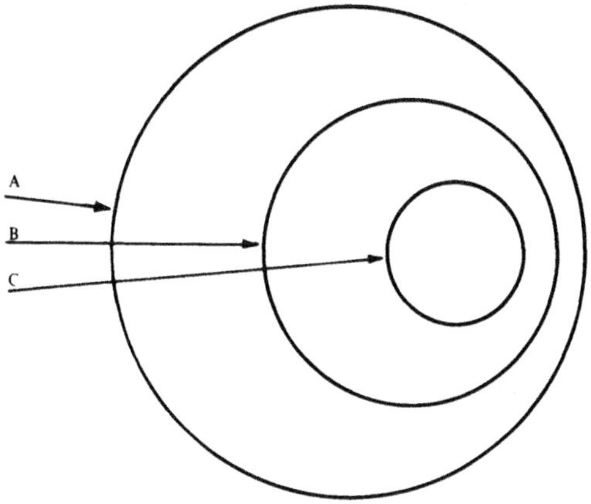

A = alle Güter
B = immaterielle Güter (Dienstleistungen und Informationsgüter)
C = Informationsgüter

Viele Güter durchlaufen in der Regel *vier Entwicklungsphasen:*

1. eine *Experimentierphase,*
2. eine *Expansionsphase,*
3. eine *Reifephase* und
4. eine *Stagnationsphase.*

ad 1: Jedes neue Gut (Produkt) verdankt seine Existenz entweder dem Zufall oder systematischer Forschungs- und Entwicklungsarbeit. Diese Phase zeichnet sich durch geringe absolute, jedoch stark steigende Umsätze und noch wenige Konkurrenten aus. Durch die Innovation (Neueinführung) entstehen hohe Kosten im Produktions- und Vertriebsbereich, die, bezogen auf den noch geringen Umsatz, meist erhebliche Initialverluste verursachen.

ad 2: Sie ist durch starken Anstieg der Umsätze gekennzeichnet. Die Stückerlöse sinken, jedoch bewirkt die starke Erhöhung des Produktionsvolumens überproportionale Stückkostensenkungen, woraus hohe Gewinne resultieren. Die gute Umsatz- und Gewinnentwicklung, hervorgerufen durch einen bestehenden Nachfrageüberhang, stellt einen Anreiz dar, gleiche oder ähnliche Güter auf den Markt zu bringen.

ad 3: Der Primär- oder Erstbedarfsmarkt nähert sich der Sättigung, der kleinere Ersatzbedarfsmarkt gewinnt an Bedeutung. Die Angebotskapazitäten beginnen regelmäßig die Nachfrage zu überschreiten. Die große Zahl der Konkurrenten, deren Kapazitätsüberschüsse sowie die abnehmende Nachfrage bewirkten einen starken Druck auf Preise und und Gewinne. Bestrebungen zur Rationalisierung und zum Zusammenschluß gewinnen an Intensität; Branchenführer treten hervor und für Unternehmen, die erst in dieser Phase als Erzeuger und Anbieter eintreten, ist es schwierig, in den betreffenden Markt einzudringen.

ad 4: Der Umsatz geht absolut zurück oder nimmt einen stationären Verlauf ein. Neue Güter, neue Wege der Befriedigung der gleichen Grundbedürfnisse gewinnen an Bedeutung. Zwar können Produktverbesserungen, die auf eine Vergrößerung der objektiven und subjektiven Verwendungsvielfalt abgestellt sind, den Umsatzrückgang verzögern, auf lange Sicht jedoch kaum verhindern.

So werden z. B. auch technische Verfahren nach ihrer Innovation laufend verbessert, um dann nach Erreichen der maximalen Effizienz durch ein anderes, besseres Verfahren abgelöst zu werden.

In diesem Zusammenhang ergibt sich die Frage, wie sich die Kosten der Werbung auf die Stückkosten der jeweiligen Güter auswirken. Befindet sich ein Gut in der Expansionsphase, so ist es wahrscheinlich, daß die Werbung zu Kostendegressionen führt, jedenfalls solange die durchschnittlichen Produktionskosten stärker sinken als zusätzliche Werbekosten pro Stück entstehen. Anders sieht die Sache in der Ausreifung bzw. Stagnationsphase aus. Ist der Markt weitgehend gesättigt, und ist überdies eine oligopolistische Marktstruktur vorhanden, wo die einzelnen Anbieter um die Sicherung des Marktanteils kämpfen, so ist eine kostensenkende Tendenz der Werbung nicht wahrscheinlich, eher dürften die Kostensteigerungen zu erwarten sein.

Abb. 39: Entwicklungsphasen eines Gutes (Produktes)

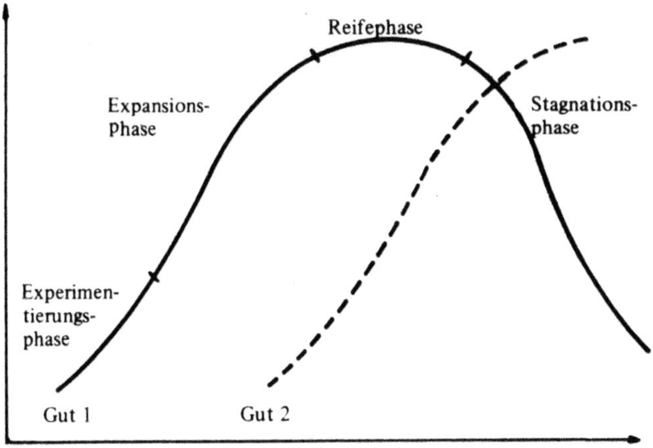

1.D. *Kontrollfragen*

1. Wodurch unterscheiden sich „Betriebe" von „Unternehmen"?

2. Wieviele Produktionsfaktoren gibt es und in welchem Verhältnis können diese Produktionsfaktoren zueinander stehen?

3. Was sind ökonomische Güter und welche Arten von Gütern können unterschieden werden?

4. Was ist das Anliegen der Produktionstheorie?

5. Welche Faktoren bestimmen die Investitionsmöglichkeiten eines Unternehmens?

6. Welche Faktoren beeinflussen die Investitions*bereitschaft*?

7. Welche kreislaufrelevanten Wirkungen können durch die Vornahme einer Investition auftreten?

8. Nennen Sie einige Faktoren, die die Höhe des Kapitalkoeffizienten beeinflussen.

9. Welche Faktoren bestimmen den Finanzierungsspielraum eines Unternehmens?

10. Was versteht man unter Produktion?

11. Erläutern Sie den Unterschied zwischen Grenzproduktivitäten und statistischen Arbeits- bzw. Kapitalproduktivitäten!

12. Definieren und interpretieren Sie die folgenden Strukturkoeffizienten:
(12.1.) Kapitalkoeffizient
(12.2.) Kapitalintensität

13. Wie hoch ist der Kapitalstock eines Unternehmens nach dem Kostenkonzept und wie hoch wäre er nach dem Kapazitätskonzept, wenn Sie folgende Annahmen der Berechnung zugrundelegen: In einem Unternehmen sind drei Arbeiter zur Bedienung von 20 Maschinen, die DM 10.000,– kosten und 4 Outputeinheiten hervorbringen, beschäftigt. Im Zuge der Innovation eines neuen technischen Verfahrens kommt ein neues Maschinenmodell auf den Markt, das ebenfalls 3 Arbeiter zur Bedienung erfordert aber 8 Outputeinheiten hervorbringt. Der Preis der neuen Maschine beträgt unverändert DM 10.000,–. Nach Einführung des Modells sind weiterhin 60 Arbeiter zur Bedienung der insgesamt 20 Maschinen beschäftigt.

14. Versuchen Sie eine Abgrenzung der Begriffe „Investition" und „Konsum"!

15. Inwiefern beeinflußt die Wahl einer bestimmten Unternehmensform die Kosten und die Gewinnentwicklung des betreffenden Unternehmens?

16. Inwieweit beeinflussen die folgenden drei Einflußfaktoren die Höhe des Outputs eines Betriebes:
(16.1.) Faktormengen
(16.2.) Wirkungsgrad der Produktionsverfahren
(16.3.) Auslastungsgrad

17. Wie würden Sie die sog. „Kuppelproduktion" erklären?

18. Was versteht Weizsäcker unter „Metaproduktion"?

19. In welche Teilbereiche zerfällt die Produktionstheorie?

20. Welche Bedeutung kommt der Marginalanalyse im Rahmen der Produktionstheorie zu?

21. Was versteht man unter technischem Fortschritt und auf welche Weise können die Wirkungen, die von neuen technischen Verfahren ausgehen, gemessen werden?

22. Unter einer Produktionsfunktion versteht man die ..... Beziehung zwischen den .... Einheiten aller verwendeten Inputs und dem daraus resultierenden ....

23. Kann es vorkommen, daß mit einem technischen Fortschritt – kurzfristig gesehen – ein ökonomischer Rückschritt verbunden ist? Wenn ja, in welcher Form äußert sich dieser Rückschritt?

24. Was versteht man unter „Lohmann-Ruchti-Effekt"?

25. Weshalb ist es zweckmäßig zwischen ökonomischer Kapazität, technischer Kapazität und gesamtwirtschaftlicher Kapazität zu unterscheiden?

26. Beschreiben Sie die Zusammenhänge zwischen Brutto-, Netto- und Re-investitionen!

27. Was versteht man unter Finanzierung und welche Finanzierungsarten gibt es?

28. Welche analytische Bedeutung kommt dem Konzept der „Opportunitätskosten" bzw. „Opportunitätsnutzen" zu?

29. Interpretieren Sie die folgenden Begriffe:
(29.1.) Produktivität
(29.2.) Wirtschaftlichkeit
(29.3.) Rentabilität

30. Nennen Sie die wichtigsten Prämissen des sog. „Ertragsgesetzes"!

31. Wie beurteilen Sie die Nützlichkeit fiktiver Produktionsfunktionen?

32. Was versteht man unter „Skalenerträgen" und worauf sind sie zurückzuführen?

33. Was versteht man unter dem „Lebenszyklus" eines Produktes?

34. Welche Faktoren beeinflussen die Standortwahl eines Unternehmens?

35. Was versteht man unter "basic"- bzw. "non-basic"-Sektoren?

36. Limitationalität einer Produktionsfunktion ist dann gegeben, wenn die Produktionsfaktoren in einem . . . . Einsatzverhältnis zueinander stehen.

37. Substitutionalität einer Produktionsfunktion heißt, daß die Produktionsfaktoren untereinander . . . . werden können, ohne daß sich der . . . . ändert.

38. Die Homogenität einer Produktionsfunktion besagt, daß der . . . . in einer ganz bestimmten Weise steigt, wenn die . . . . der Produktionsfaktoren bei . . . . Faktoreinsatzverhältnissen vergrößert wird.

39. Worin liegt der hauptsächliche Unterschied zwischen dem sog. "finance-leasing" und dem "operate-leasing"?

40. Als Betriebsoptimum bezeichnet man das Minimum der durchschnittlichen ....

41. Nennen Sie die fünf Hauptkosteneinflußgrößen nach Gutenberg.

42. Welche Anpassungsformen stehen der Betriebsleitung in der industriellen Produktion zur Verfügung und versuchen Sie, diese zu beschreiben.

43. Erläutern Sie die wesentlichen Unterschiede zwischen der traditionellen und der neueren Kostentheorie.

44. Ziel der sog. „Metaproduktion" ist die Entwicklung neuen ....

45. Erklären Sie die Begriffe „Ausschlußprinzip" und „Äquivalenzprinzip".

46. Unter welchen Voraussetzungen gäbe es keine "economies of scale"?

47. Wir betrachten einen chemischen Betrieb mit fester Koppelung der Produktionsfaktoren:
    (47.1.) Welche Produktionsfunktion würden Sie diesem Betrieb im einfachsten Fall zugrunde legen,
    (47.2.) wie erfolgt dabei eine Erhöhung des Outputs und
    (47.3.) welche Gestalt haben die Isoquanten bei dieser Art von Produktionsfunktion?

48. Vervollständigen Sie folgende Systematik:

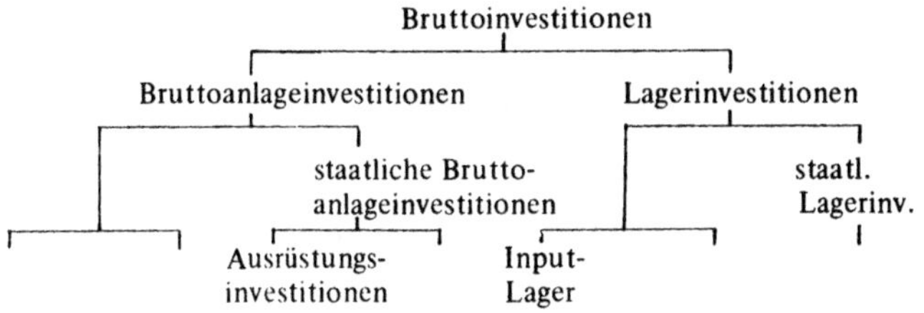

49. Gehören die durch die Abschreibungen gemessenen Nutzungen einer Maschine bei einem Produktionsunternehmen zu den Vorleistungen? Wie muß die Antwort lauten, wenn das Unternehmen die Maschine gemietet hat?

50. Versuchen Sie, die möglichen Auswirkungen einer Krise der Automobilindustrie der BRD auf andere Sektoren der Wirtschaft anzugeben!

51. Was würden Sie als Instrumentvariable eines Unternehmens bezeichnen?

52. Wann spricht man von „sprungfixen" Kosten?

53. Was verstehen Sie unter „fixen" und was unter „variablen" Kosten?

54. Unter Grenzkosten versteht man jene zusätzlichen Kosten, die aufgewendet werden müssen, um die Produktion um . . . . auszudehnen.

55. Kann es vorkommen, daß ein bestimmter Betrieb wirtschaftlich arbeitet, die gesamte Unternehmung jedoch unrentabel ist?

56. Was versteht man unter dem sog. „Lundberg-lag"? In welche Teilverzögerungen zerfällt er?

57. Was verstehen Sie unter der Produktionselastizität?

58. Nennen Sie die wichtigsten Abschreibungsverfahren.

59. Der Anschaffungswert einer Maschine beträgt DM 75.000,–, die Abschreibungsdauer 5 Jahre. Abschreibungsverfahren: digitale Abschreibung.
Wie groß ist die konstante Differenz (d) und wie hoch sind die Abschreibungsquoten der einzelnen Abschreibungsjahre?

60. Eine Maschine wurde um DM 100.000,– gekauft und soll nach 4 Jahren bis auf den Restwert von DM 10.000,– abgeschrieben sein. Abschreibungsverfahren: geometrisch degressive Abschreibung. Wie hoch müßte der Abschreibungssatz p angesetzt werden?

61. Was versteht man unter „Überlebensfunktionen" im Rahmen der Investitionstheorie?

62. Warum könnte man zwischen *optischer* und *faktischer* Produktivität unterscheiden?

63. Welche Bedeutung kommt technischen Verfahren im Rahmen von Produktionsprozessen zu und welche Arten von Verfahren sind zu unterscheiden?

64. Welche Möglichkeiten einer kurzfristigen Kapazitätserweiterung bestehen auf Unternehmensebene bei relativ engem Finanzierungsspielraum?

65. Bringen Sie einige Beispiele für private und öffentliche Informationsgüter!

66. Wodurch unterscheiden sich die Produktion von Dienstleistungen von der materieller Güter?

67. In manchen Lehrbüchern werden die Güter in Investitionsgüter und Konsumgüter eingeteilt. Warum ist diese Klassifikation nicht sehr sinnvoll?

1.E. *Literaturhinweise*

Menger, K., Bemerkungen zu den Ertragsgesetzen. Zeitschrift für Nationalökonomie, 1936.

–, Weitere Bemerkungen zu den Ertragsgesetzen, in: Zeitschrift für Nationalökonomie, 1936.

Beckmann, M., Aktivitätsanalyse der Produktion und des Wirtschaftens, in: Zeitschrift für die gesamte Staatswissenschaft, 1953.

Reuss, G., Produktivitätsanalyse, Basel-Tübingen 1960.

Albach, H., Zur Verbindung von Produktionstheorie und Investitionstheorie, in: Zur Theorie der Unternehmungen, Wiesbaden 1962.

Heister, M., Rentabilitätsanalyse von Investitionen. Ein Beitrag zur Wirtschaftlichkeitsrechnung, Köln-Opladen 1962.

Eder, R., Volkswirtschaftliche Theorie des technischen Fortschritts, Berlin 1967.

Pfanzagl, J., Über die Aggregation von Produktionsfunktionen, in: Zeitschrift für Betriebswirtschaft, 1962.

Krelle, W., Ersetzung der Produktionsfunktion durch preis- und kapazitätsabhängige Produktionskoeffizienten, in: Jahrbücher für Nationalökonomie und Statistik, 1964.

Oettle, K., Selbstfinanzierungsmöglichkeiten und Investitionsentscheidungen, in: Zeitschrift für betriebswissenschaftliche Forschung, N. F. 1964.

Beckmann, L., Die betriebswirtschaftliche Finanzierung, Stuttgart 1964.

Frisch, R., Theory of Production, Dordrecht 1965.

Illetschko, L. L., Betriebswirtschaftslehre für Ingenieure, Wien-New York 1965.

Weizsäcker, C., Ch. v., Zur ökonomischen Theorie des technischen Fortschritts, Göttingen 1966.

Kosiol, E., Die Unternehmung als wirtschaftliches Aktionszentrum, Reinbek 1966.

Lechner, K., Betriebswirtschaftslehre, Wien 1967.

Theuer, G. und H. Schuster, Leasing in Österreich, in: Leasing-Handbuch, 2. Aufl., Frankfurt 1968.

Lenel, H. O., Die Bedeutung der großen Unternehmen für den technischen Fortschritt, Tübingen 1968.

Heyke, H. E., Über die Nützlichkeit fiktiver Produktionsfunktionen, in: Schmollers Jahrbuch (88), 1968.

Tichy, G., Warum investieren die Unternehmen?, in: Wirtschaftspolitische Blätter, Jg. 1968.

Wittmann, Waldemar, Produktionstheorie, Berlin-Heidelberg-New York 1968.

Weizsäcker, C., Ch. v., Möglichkeiten methodischer Neuansätze in der Wachstumstheorie, in: Beiträge zur Wachstumstheorie, hrsg. von W. G. Hoffmann, Tübingen 1969.

Gutenberg, E., Grundlagen der Betriebswirtschaftslehre, 16. Aufl., 3 Bde., Berlin 1969.

Krelle, W., Produktionstheorie, Teil 1 der Preistheorie, 2. Aufl., Tübingen 1969.

Helmstädter, E., Der Kapitalkoeffizient, eine kapitaltheoretische Untersuchung, Stuttgart 1969.

Joschke, H., Praktisches Lehrbuch der Betriebswirtschaft, München 1970.
Schmidt, R. B., Unternehmungsinvestitionen. Strukturen, Entscheidungen, Kalküle, Reinbek bei Hamburg 1970.
Lücke, W., Produktions- und Kostentheorie, 2. Aufl., Würzburg-Wien 1970.
Schneider, D., Investition und Finanzierung, 3. Aufl., Opladen 1973.
Küssel, N. M., Factoring, in: Quartalshefte der Girozentrale, Heft 3/1970.
Heertje, A., Grundbegriffe der Volkswirtschaftslehre, Berlin-Heidelberg-New York 1970.
Weizsäcker, C. Ch. v., Die zeitliche Struktur des Produktionsprozesses und das Problem der Einkommensverteilung zwischen Kapital und Arbeit, in: Weltwirtschaftliches Archiv (106), 1971.
Schönfeld, H. M., Kostenrechnung, 5. Aufl., 2. Bde., Stuttgart 1970.
Illetschko, L. L., Unternehmenstheorie. Elemente rationaler Betriebslenkung, Wien-New York 1964.
Bombach, G., Konsum oder Investition für die Zukunft, in: Qualität des Lebens, Bd. 7, Frankfurt 1972.
Schneider, D., Selbstfinanzierung als Entscheidungsproblem, in: Wirtschaftswissenschaftliches Studium (wist), 10/1972, S. 435 ff.
Adam, D., Grundzüge der betriebswirtschaftlichen Produktionstheorie I, II, III, WISU 4, 5, 6/1972.
Heubes, J., Primär- und Sekundärwirkungen des technischen Fortschritts – Zur Klassifizierung des technischen Fortschritts, in: Wirtschaftswissenschaftliches Studium, (wist), 3/1973, S. 108 ff.
Fleck, Florian, Die ökonomische Theorie des technischen Fortschritts und seine Identifikation, Meisenheim 1973.
Maleri, R., Grundzüge der Dienstleistungsproduktion, Berlin 1973.

II. Konsumtheorie

2.A. Problemstellung

Aufgabe der *Konsumtheorie* ist es, alle jene Einflußfaktoren in ihrer gegenseitigen Verknüpfung darzustellen, die ein bestimmtes Konsumniveau und eine bestimmte Konsumstruktur bewirken. Die Betrachtungsweise ist hier notgedrungenermaßen mikroökonomischer Natur, d. h. es wird das Verhalten einzelner Konsumenten, beziehungsweise einzelner Haushalte, untersucht. Vorausgesetzt wird dabei die Existenz bestimmter Einkommensströme, deren Determinanten in Kapitel V behandelt werden; in Kapitel VII werden die Fragestellungen der Konsumtheorie wieder aufgegriffen, wobei dort allerdings *makroökonomische* Kriterien an die gleichen Sachverhalte angelegt werden. Es muß davon ausgegangen werden, daß sich sämtliche Ziele, die von Konsumenten verfolgt werden, in drei Gruppen einordnen lassen:

1. *Einkommensziele.* Hierbei geht es um die Maximierung und Stetigkeit von Einkommensströmen über die Zeit.
2. *Liquiditätsziele.* Im Rahmen von Liquiditätszielen erstreben Haushalte einen Bestand an finanziellen Mitteln, der ausreicht, um geplante Konsumtransaktionen entweder aufgrund des erzielten Einkommens oder auf dem Kreditwege finanzieren zu können. Man spricht in diesem Fall auch von der sogenannten Transaktionskasse. Daneben werden Haushalte bestrebt sein, auch finanzielle Mittel für die Zwecke ertragbringender Geldanlagen bereitzuhalten, sie werden daher Teile der verfügbaren Liquidität in einer sogenannten Spekulationskasse halten (Siehe Kapitel IV, Geldtheorie).
3. *Güterziele.* Haushalte sind bestrebt, jene Güter zu erwerben, die am besten geeignet sind, ihre speziellen Bedürfnisse zu befriedigen. Sie werden dabei jene Güterarten vorziehen, die ihren Erwartungen im Hinblick auf Preis, Qualität und Quantität am besten entsprechen.

Abb. 40: Konsumziele

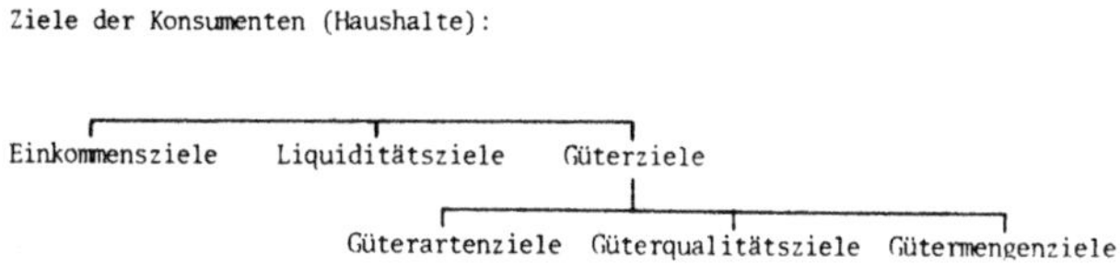

2.B. Grundbegriffe

Traditionellerweise bezeichnet man die oben angeführten Güterziele als *Bedürfnisse* und die Summe aller Bedürfnisse und ihr Verhältnis zueinander als *Bedarfsstruktur.* Im Hinblick auf diese Bedarfsstruktur haben daher sowohl die Einkommensziele als auch die Liquiditätsziele instrumentalen Charakter, d. h. sie sind letztlich die Voraussetzung für die Erreichung von Güterzielen (Bedürfnissen).

Man könnte daher die *Instrumente,* über die die Konsumenten bzw. Haushalte verfügen, wie folgt einteilen:

1. Das *verfügbare Einkommen* als Grundlage von Konsumentscheidungen.
2. Das *Ausmaß an Liquidität,* das entweder mit dem erzielten verfügbaren Einkommen positiv korreliert ist, oder aber in Abhängigkeit steht zum Liquiditätsgrad des vorhandenen Real- und Geldvermögens, oder aber von der Möglichkeit der Kreditaufnahme beeinflußt wird.
3. *Information* über die Art und Menge des vorhandenen Einkommens bzw. der vorhandenen Liquidität, über die Effizienz des Einsatzes der Konsuminstrumente bezüglich der Zielerreichung. In Anlehnung an *Streissler* versteht man unter Information in der Konsumtheorie immer eine subjektive Entscheidungsgrundlage.

Als *Informationsbereiche im Konsum* gelten:

a) die Lage der verschiedenen Versorgungsquellen sowie Arten und Preise ihres Angebots,
b) die Höhe des gegenwärtig verfügbaren,sowie des künftig erwarteten Einkommens und der sonstigen einsatzfähigen finanziellen Mittel,
c) die zukünftigen Preise bzw. mengenmäßigen Versorgungslagen (insbes. Eingpässe und Schwemmen).

Vier Arten von *Konsumhandlungen* sind zu unterscheiden, wobei bei den einzelnen Handlungen unterschiedliche Kriterien zur Anwendung gelangen.

(1) *Rationale Konsumhandlungen:* Darunter versteht man den bewußten und überlegten (reflektierten) Einsatz von Mitteln zur Erreichung von Zielen unter bestmöglicher Verwertung verfügbarer Information, (starke Preis- und Einkommensabhängigkeit der Konsumhandlungen). Obwohl die Nachfragetheorie sich vorwiegend mit dem Rationalverhalten beschäftigt hat, sind in der Realität beim Konsum die folgenden Aktionstypen wesentlich bedeutsamer.

(2) *Impuls- oder Affekthandlungen:* Diese erscheinen als rein zufällig bestimmt, ökonomisch nicht näher erklärbar, d. h. bei ihnen finden die typischen ökonomischen Variablen Preis- und Einkommen keine direkte Berücksichtigung. Impulshandlungen sind vor allem bei Bagatellekäufen wahrscheinlich, darüber hinaus bei Gütern, die in besonderem Maße den Schönheitssinn ansprechen.

Welche Aufgaben infolge der relativen Geringfügigkeit des zu entrichtenden Preises als Bagatelleausgabe empfunden wird, hängt ab:

a) von Persönlichkeitseigenschaften des Konsumenten,
b) von seinem Einkommen,
c) von der seit der Auszahlung des Einkommens verflossenen Zeitspanne,
d) vom Beschäftigungsausmaß des Konsumenten,
e) von den Kaufgewohnheiten seiner sozialen Umgebung.

Je höher das Einkommen, je jürzer es vorher ausgezahlt wurde und je größer die Zeitknappheit (je größer das Beschäftigungsausmaß), desto größer ist wahrscheinlich die Ausgabe, die noch als Bagatelle betrachtet wird.

(3) *Gewohnheitshandlungen:* Sie sind abhängig von früheren Konsumakten und beruhen überindividuell auf überkommenen sozialen Traditionen, individuell auf dem geringeren psychischen Widerstand bei Wiederholung von Handlungen. Gewohnheitshandlungen sind vor allem bei Gütern des täglichen Bedarfs, insbesondere also beim Kauf von Nahrungsmitteln und bei Genußmitteln wahrscheinlich.

(4) *Sozial abhängige Handlungen:* Hier tritt die Abhängigkeit von den Handlungen der Mitmenschen und deren Wertschätzungen in den Vordergrund. Dies wird besonders bei Modeartikeln klar erkenntlich, und zwar sowohl bei Geschmacksführern wie bei Nachahmern. Denn so-

wohl der Wunsch, sich von der Masse abzuheben, wie der, nicht als Außenseiter betrachtet zu werden, führen zu Verhaltensweisen, die am Urteil der Mitwelt orientiert sind. Wie weit der Kreis modischer Güter gespannt ist, wird je nach der durchschnittlichen Bedeutung gesellschaftsbezogenen Handelns von Gesellschaft zu Gesellschaft differieren.

Grundsätzlich ist zwischen zwei Konsumbegriffen zu unterscheiden: dem Konsum im weiteren Sinn und dem Konsum im engeren Sinn. – Unter *Konsum im engeren Sinn* versteht man die Nachfrage der Letztverbraucher, d. h. also die Einkommens- und/oder Geldvermögensverwendung für Zwecke des Konsums. Unter *Konsum im weiteren Sinn* hingegen versteht man die Nutzung des konsumtiven Vermögens eines Haushaltes. – Der Konsum im engeren Sinn stellt dabei eine Strömungsgröße, das konsumtive Vermögen eines Haushaltes eine Bestandgröße und der Konsum im weiteren Sinn wieder eine Strömungsgröße dar; z. B. der Kauf eines Pkws im Zeitpunkt der Zahlung des Kaufpreises (bzw. über die Perioden der Zahlung des Kaufpreises im Falle eines Ratenkaufes) stellt einen Konsum im engeren Sinn dar, während der Perioden der Verwendung des Pkws (bis zur Verschrottung) hingegen kommt es zu einem Konsum im weiteren Sinn.

Der Begriff „*Nutzen*" zählt – wie auch der Begriff „Wert" zu jenen zunächst undefinierten Begriffen, die ihren Begriffsinhalt erst durch das zugehörige theoretische System erhalten. Außerdem ergeben sich bei der Definition des Nutzens folgende *Schwierigkeiten:*

a) Nutzenvorstellungen werden mitunter in einem sehr langwierigen und komplexen Lernprozeß entwickelt. Darüber hinaus können oft nur größere Nutzenunterschiede klar erkannt werden, die dann in der Folge zu Änderungen der Disposition führen.
b) Mit ein und demselben Gut können auch mehrere Bedürfnisse befriedigt werden (z. B. Autokauf: Fortbewegung, ästhetische Belange, Prestige usw.); bzw. mehrere Güter eignen sich zur Befriedigung eines Bedürfnisses.

Beim Ansatz des Nutzens müssen wir zwischen Gesamtnutzen und Grenznutzen unterscheiden. Der *Gesamtnutzen* ist der Nutzen, den ein Gut oder die konsumierten Einheiten eines Gutes insgesamt in einer Zeitperiode zu stiften vermögen. Als *Grenznutzen* bezeichnet man hingegen den Nutzen, den eine weitere (die jeweils letzte) Einheit eines Gutes pro Zeiteinheit zu stiften vermag. Dabei ist die praktische und analytische Bedeutung des Grenznutzens insofern umstritten, als das Konzept nur schwer operationalisiert werden kann. Wobei allerdings nicht bestritten werden soll, daß es bestimmte Güter gibt, bei denen der Nutzen mit zunehmender Befriedigung des Bedürfnisses ständig abnimmt (*1. Gossensches Gesetz*). Dies gilt z. B. für lebensnotwendige Güter, die überwiegend physiologisch notwendig sind. Bei einer Reihe von Gütern, insbesondere bei solchen, die vom Staat angeboten werden (Informationsgüter, Güter im Rahmen von Infrastrukturleistungen) wird wahrscheinlich die Nutzenstiftung nicht ab sondern eher zunehmen. Die Schwäche der Argumentation der Grenznutzentheorie liegt überdies darin, daß beim *1. Gossenschen Gesetz* nur die Beziehung zwischen dem Gesamt- und dem Grenznutzen eines einzigen Gutes untersucht wird.

Auch der Begriff der Präferenz muß hier erwähnt werden. Man wird der Sache wohl am besten gerecht, wenn man die *Präferenz* als Nutzenunterschiede zwischen zwei oder mehreren Gütern interpretiert. Die Analyse der *bekundeten Präferenz* (revealed preference analysis) entstand aus dem Bestreben, die Nachfrage des Konsumenten nicht – wie bei der Indifferenzkurvenanalyse – aus seinen Nutzenvorstellungen zu allen möglichen Gütermengenkombinationen, sondern aus einem beobachtbaren Verhalten abzuleiten. Sie stellt also ein empirisches Konzept dar. Dabei geht man von folgender Grundvorstellung aus:

Ein Konsument entscheidet sich für den Kauf einer bestimmten Gütermengenkombination A (Güterbündel A) entweder, weil er dieses Güterbündel A einem anderen Güterbündel B vorzieht, das er mit seinem Einkommen auch hätte kaufen können, oder weil A billiger als B ist. Sind nun die Güterpreise von A und B bekannt, und ist A nicht billiger als B, dann bleibt als einzige plausible Erklärung: A wird gewählt, weil der Konsument dieses Güterbündel der Kombination B vorzieht.

Ist eine Präferenz für ein bestimmtes Gut nicht feststellbar, so liegt der Fall der *Indifferenz* vor. Jenen Bereich der Konsumtheorie, der sich mit diesen Fällen beschäftigt, bezeichnet man als *Indifferenzkurvenanalyse.* Man geht von der Tatsache aus, daß jeder Konsument, dem Präferenzen auszudrücken möglich ist, auch Indifferenzen ausdrücken kann, d. h. er kann sagen, daß der Nutzen einer bestimmten Güterkombination für ihn gleich groß ist wie der einer anderen. Üblicherweise wird dieser Sachverhalt wie folgt dargestellt:

Abb. 41: Indifferenzkurven

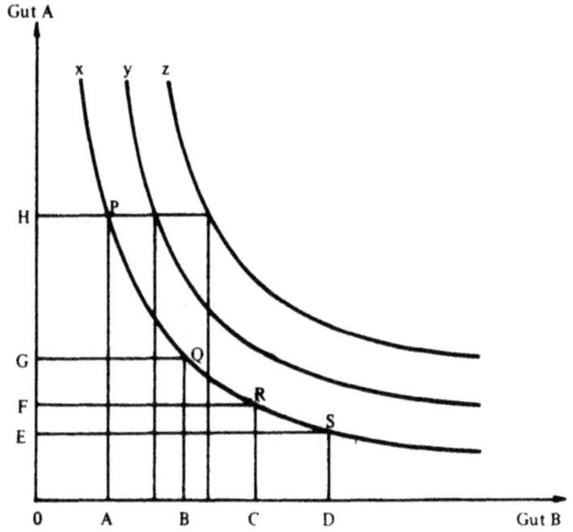

Die Güterkombination OA – OH stiftet denselben Nutzen wie OB – OG. Alle Werte, die denselben Nutzen stiften wie diese Kombinationen, liegen auf der Indifferenzkurve X. Je weiter nun die Indifferenzkurve vom Ursprung entfernt ist, desto größer ist der Nutzen, den die auf ihr befindlichen Güterkombinationen stiften (sämtliche Güterkombinationen auf der Indifferenzkurve Y ergeben also einen größeren Nutzen als jene auf der Indifferenzkurve X). Warum sind nun die Indifferenzkurven zum Ursprung hin gekrümmt?

Die Güterkombination P, Q, R und S auf der Indifferenzkurve X stiften also denselben Nutzen. Der Konsument ist jedoch offenbar bereit, zuerst mehr Einheiten vom Gut A für eine zusätzliche Einheit vom Gut B einzutauschen (bei Änderung der Kombination von P nach Q), als in der Folge (von Q nach R bzw. R nach S). Je geringer der Vorrat an Gut A, desto weniger will davon demnach der Konsument für eine zusätzliche Einheit vom Gut B eintauschen. Der zusätzliche Nutzen (*Grenznutzen*), den ein Konsument einer Einheit seines Gütervorrats zumißt, ist also umso größer, je kleiner der Vorrat ist (siehe *1. Gossensches Gesetz*).

Gegen ein zu ausgiebiges Operieren mit *Indifferenzkurven* müssen jedoch *Bedenken* angemeldet werden:

1. aus den Gründen, die zuvor beim Begriff des Nutzens geltend gemacht wurden,
2. da die Annahmen so rigoros sind (2 Güter), daß in realen Situa-

tionen die Umsetzung des Konzeptes größte Schwierigkeiten bereitet und nur Trivialitäten ausgesagt werden können. Auch *Lipsey* hat in seiner „Einführung in die positive Ökonomie" auf eine umfassende Darstellung der Indifferenzkurvenanalyse verzichtet.

Schließlich muß unter den Grundbegriffen der Konsumtheorie noch die sogenannte *Konsumentensouveränität* Behandlung finden. Der Begriff der *Konsumentensouveränität besagt im deskriptiven Sinne,* daß in einer Marktwirtschaft die Produktion letztlich immer darauf ausgerichtet ist, den Wünschen des Konsumenten zu entsprechen; die Leistungen des Marktes richten sich also nach den Wünschen der Konsumenten.

Im *normativen Sinne besagt die Konsumentensouveränität*, daß die Leistung einer Wirtschaft danach beurteilt werden sollte, bis zu welchem Grad sie die Wünsche der Konsumenten erfülle. Diese normative Verwendung des Begriffes bildet eine Grundlage der Wohlfahrtsökonomik.

Bei der Anwendung des rein theoretischen Begriffes der Konsumentensouveränität in der Praxis ergeben sich zahllose Schwierigkeiten. Die *Einwände* gegen eine normative Verwendung des Begriffs sind im wesentlichen folgender Art:

1. Es sei falsch, die Konsumtion als die alleinige Zielsetzung des Wirtschaftens hinzustellen; vielmehr habe dieses auch einen Selbstzweck, nämlich die Befriedigung des Menschen aus seiner Leistung. Ferner sei ein höheres Ziel als die Souveränität einzelner die Freiheit der Gesamtheit, zu deren Sicherung nötigenfalls die Souveränität des einzelnen oder einer Gruppe eingeschränkt werden müßte (*Egner, Boulding*).
2. Der Konsument werde nur über den Markt wirksam; auf jedem Markt gebe es wesentlich zwei Parteien, Anbieter und Nachfrager; man könne daher bestenfalls behaupten, daß in einer Marktwirtschaft die den Wirtschaftsprozeß bestimmenden Entscheidungen sowohl von den Unternehmen als auch von den Haushalten getroffen würden (*Lipsey*).
3. Die Vorstellung, daß die Kundgabe der Konsumentenpräferenzen in der Marktentnehme entscheidend den Wirtschaftsprozeß bestimme, sei schon deshalb unnötig, weil sie weit über das hinausgehe, was die einzelnen Konsumenten mit der Marktentnahme bezweckten, nämlich die Realisierung ihres Lebensstandards – und dafür genüge Konsumfreiheit (*Rothenberg*).

Nach *Jerome Rothenberg* hat die *Konsumentensouveränität* heute auch in ihrer *deskriptiven* Verwendung keine Gültigkeit mehr, weil in Folge ihrer weitgehenden Fremdbestimmtheit die Geschmacke nicht mehr als Ausdruck von Konsumentenentscheidungen angesehen werden könnten (z. B. durch den Einfluß der Werbung, durch den Konsum anderer Personen usw.).

2.C. Konsumtheoretische Erklärungsmuster

2.C.1. Determinanten von Konsumausgaben

Die *Bedarfsstruktur* (also die Summe aller Bedürfnisse und ihr Verhältnis zueinander) variiert mit dem Alter der Wirtschaftssubjekte, mit der Situation in der Gesellschaft, in der diese Wirtschaftssubjekte leben, der jeweiligen Situation, in die diese geraten, der Motivation, der Menge verfügbarer Informationen (Werbung) und den finanziellen Mitteln, die zur Bedürfnisbefriedigung zur Verfügung stehen.

Das *Ausgabenniveau* und die *Ausgabenstruktur eines Haushaltes* wiederum werden von sehr unterschiedlichen Einflußfaktoren bestimmt, die sich teils verstärken, teils abschwächen; es sind dies insbesondere folgende:

1. die Zahl der in einem Haushalt lebenden Wirtschaftssubjekte,
2. die Präferenzen des Haushaltes (Vorliebe der Wirtschaftssubjekte für bestimmte Güter),
3. die Preise der Güter, die nachgefragt werden,
4. die Preise anderer Güter (Komplementärgüter bzw. Substitutionsgüter),
5. die Art und Zusammensetzung der vorhandenen Konsumgüterbestände,
6. der Finanzierungsspielraum, der seinerseits wieder abhängt vom vergangenen, gegenwärtigen und zukünftigen Einkommen, von der Höhe des Real- und Geldvermögens und den Kreditmöglichkeiten, die ihrerseits wieder vom Einkommen bzw. der Höhe des Gesamtvermögens abhängen.

Aus dem Gesagten ergibt sich, daß das Ausgabenniveau gleich ist der Summe aller effektiven Nachfragemengen nach den von einem Haushalt benötigten Einzelgütern.

Die Nachfrage eines Haushaltes nach einem einzelnen Gut kann man auch in Form von Nachfragekurven (Nachfragefunktionen) *graphisch darstellen.* Dabei ergibt sich allerdings immer die Schwierigkeit, daß nur zwei, maximal drei, der zuvor angeführten Determinanten berücksichtigt werden können. Wenn vor einem übertriebenen Gebrauch der ceteris paribus-Klausel gelegentlich gewarnt wird, so gilt dieser Einwand vor allem bei Nachfragefunktionen. Man könnte hier mit *Birck* in Hinblick auf die Realität sagen: ceteris is never paribus!

Trotzdem kann die Ableitung von Nachfragekurven nur mit Hilfe der ceteris paribus Bedingung erfolgen, d. h. der Einfluß einer Variablen auf die Nachfrage nach einem Gut wird unter Konstanthaltung der anderen Einflußvariablen untersucht. Wir nehmen also alle obigen Faktoren außer dem Preis eines bestimmten Gutes als konstant an und kommen dann zu folgender Nachfragefunktion:

$N_i = f(p_i)$ = Die Nachfrage nach einem bestimmten Gut ist eine Funktion des Preises des betreffenden Gutes.

N_i = Nachfrage nach der Ware Q_i (in einer bestimmten Zeiteinheit)

p_i = Preis der Ware Q_i

Normalerweise wird nun die gewünschte Menge pro Zeiteinheit umso größer sein, je geringer der Preis ist (und umgekehrt). Es liegt also eine normale Reaktion vor. Es gibt aber auch Güter, bei denen die Nachfrage steigt, wenn der Preis steigt (Prestigedenken, sogenannter *Veblen*effekt); es liegt dann eine *anormale Reaktion* vor.

Die Nachfragekurven könnten demnach folgendes Aussehen haben (Abb. 42).

Die Benennung der Ordinate als Preisachse und der Abszisse als Mengenachse geht auf *Marshall* zurück (in der analytischen Geometrie müßte der Preis als unabhängige Variable auf der Abszisse aufgetragen werden).

Wenn der Preis sinkt, z. B. von p_1 auf p_2, so erfolgt eine Bewegung entlang der Nachfragekurve von Q_1 auf Q_2 (die Menge steigt also). Steigt der Preis, so ist es umgekehrt. Der Berührungspunkt der Nachfragekurve mit der Preisachse ergibt einen sogenannten Prohibitivpreis (bei diesem Preis wird nichts mehr abgesetzt), der Berührungspunkt mit der Mengenachse ergibt den Sättigungspunkt.

Eine Verschiebung der Nachfragekurve erfolgt hingegen, wenn sich ein bisher als konstant angesehener Einflußfaktor ändert (siehe Abb. 43).

Rechtsverschiebung: Zu einem bestimmten Preis wird eine größere Menge nachgefragt als vorher, wie z. B. im Falle einer

Abb. 42: „Normale" und „anormale" Reaktion der Nachfrage

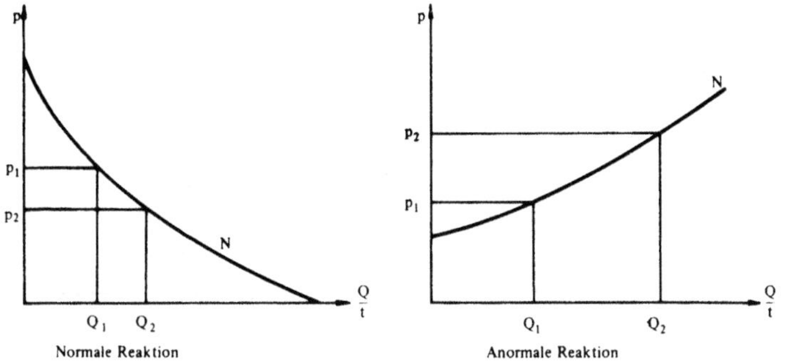

p = Preis
$\frac{Q}{t}$ = nachgefragte Menge pro Zeiteinheit
N = Nachfragekurve

- Präferenzänderung zugunsten der betreffenden Ware,
- Einkommenssteigerung,
- Preiserhöhung eines Substitutionsgutes,
- Preissenkung eines Komplementärgutes.

Analog dazu wird es zu einer *Linksverschiebung* der Nachfragekurve kommen, wenn beispielsweise folgendes eintritt:

- Präferenzänderung zuungunsten der betreffenden Ware,
- Einkommensveränderung,
- Preissenkung eines Substitutionsgutes,
- Preiserhöhung eines Komplementärgutes.

Setzt man ceteris paribus die Nachfrage in Abhängigkeit vom Einkommen, also $N_i = f(Y)$, N_i = Nachfrage nach dem Gut i, Y = persönlich verfügbares Einkommen, so sind drei verschiedene Funktionszusammenhänge möglich, die in Abb. 44 dargestellt sind.

Abb. 43: Verschiebung von Nachfragekurven

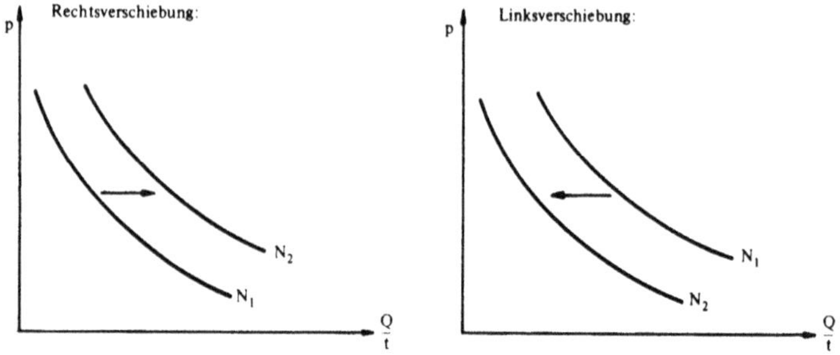

p = Preis
$\frac{Q}{t}$ = nachgefragte Menge per Zeiteinheit
N_1,N_2 = Nachfragekurven

Abb. 44: Funktionszusammenhänge zwischen Einkommen und Nachfrage

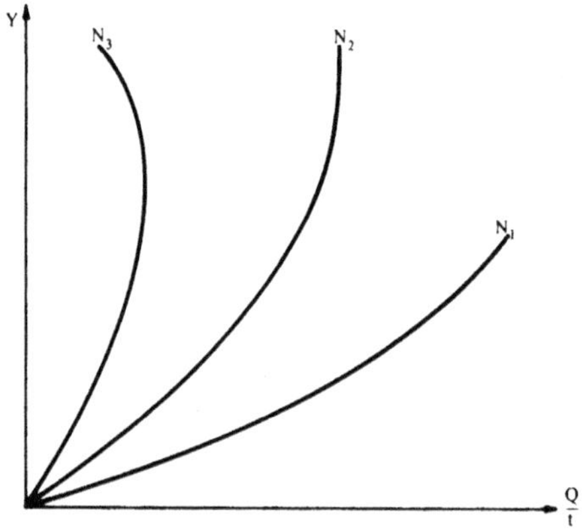

Y = persönlich verfügbare Einkommen
$\frac{Q}{t}$ = nachgefragte Menge pro Zeiteinheit
N_1 = Nachfragekurve Nichtsättigungsgut
N_2 = Nachfragekurve Sättigungsgut
N_3 Nachfragekurve inferiores Gut

N_1 = Normalfall: Das Einkommen steigt, es steigt die Nachfrage ;
N_2 = Sättigungsgut: Ab einer bestimmten Einkommenshöhe bleibt die nachgefragte Menge konstant (Salz);

N_3 = inferiores Gut: Ab einer bestimmten Einkommenshöhe wird auf höherwertige Güter umgestiegen, z. B. von Pferdefleisch auf Rindfleisch, von Kaffee-Ersatz auf Bohnenkaffee („Giffen-Effekt").

Grundsätzlich kann zwischen zwei Gütern eine komplementäre oder eine substitutive Beziehung bestehen. Zwischen zwei Gütern besteht *Komplementarität,* wenn die Verwendung des einen Gutes den Gebrauch des anderen bedingt, z. B. Automobil-Treibstoff, Briefpapier-Briefumschlag, Ski-Skibindung usw. Umgekehrt besteht ein *substitutives* Verhältnis, wenn die Güter einander ersetzen können, z. B. Butter-Margarine, Schwarzbrot-Weißbrot u. a.

Findet nun eine Preiserhöhung eines Komplementärgutes (Auto) statt, so wird dies die Nachfrage nach dem anderen Gut (Treibstoff) vermindern, es kommt zu einer Linksverschiebung der Nachfragekurve bei Treibstoff, d. h. es wird zum selben Preis weniger nachgefragt. Umgekehrt bewirkt eine Preissenkung eines Komplementärgutes eine Steigerung der Nachfrage nach dem anderen Gut, es kommt zu einer Rechtsverschiebung der Nachfragekurve.

Bei einem Substitutionsgut (Butter) führt hingegen eine Preissenkung zu einer Verminderung der Nachfrage nach dem anderen Gut (Margarine) bzw. eine Preiserhöhung eines Substitutionsgutes zu einer Erhöhung der Nachfrage nach dem anderen Gut. Bei einem substitutiven Verhältnis führt also eine Preissenkung des einen Gutes zu einer Linksverschiebung der Nachfragekurve des anderen Gutes, eine Preiserhöhung aber zu einer Rechtsverschiebung. Die Nachfrage nach Margarine wird demnach umso größer sein, je höher der Butterpreis ist und umgekehrt, natürlich immer unter der Annahme, daß keine preis- und einkommensunabhängigen, sogenannten autonomen Änderungen oder Geschmackswandlungen auftreten.

Die *Ausgabenstruktur* und der *Lebensstandard eines Haushaltes* hängen nicht nur vom Einkommen, sondern auch von seiner Zusammensetzung (Zahl, Alter, teilweise auch Geschlecht und Familienstand der Haushaltsmitglieder) ab. Diese verschiedenen Einflüsse können einander teils verstärken und teils entgegenwirken.

Im einzelnen sind folgende Wirkungen (abgesehen von persönlichen Präferenzen) anzuführen:

1. Mit steigendem Familieneinkommen wird unter sonst gleichen Voraussetzungen relativ (im Vergleich zu den Gesamtausgaben) weniger für unelastische Bedürfnisse (z. B. Nahrungsmittel) verwendet – (Engel-Kurve, siehe S. 101 ff.).
2. Je mehr Personen von einem bestimmten Haushaltseinkommen

leben müssen, desto geringer ist der Lebensstandard pro Kopf. Wachsende Haushaltsgrößen bei gleichen Gesamteinkommen haben demnach annähernd die gleiche Wirkung auf die Ausgabenstruktur wie sinkende Einkommen bei gleicher Haushaltsgröße (man spricht hier vom sogenannten „Verarmungseffekt" durch wachsende Haushaltsgröße).

3. Die negativen Effekte einer steigenden Haushaltsgröße (bei gleichem Einkommen) werden jedoch teilweise dadurch kompensiert, daß in größeren Haushalten Einsparungen (economies of scale, positive interne Effekte) möglich sind. Diese "economies of scale" stellen spezifische Einsparungen dar. Beispielsweise beim Einkauf, bei der Lagerung und bei der Zubereitung bestimmter Güter usw. Dadurch kommt es zu einem indirekten Einkommenseffekt. Der „Einkommensüberschuß" kann entsprechend einem höheren Lebensstandard für den Ankauf zusätzlicher Güter verwendet oder gespart werden.

Abb. 45: "Economies of scale" im Verbrauch bei unterschiedlichen Haushaltsgütern

	spezifische Einsparung	Einkommens-elastizität	einkommens-effektive Wirkung	Gesamt-wirkung
Mehlspeisen	– 0,22	0,25	+ 0,03	– 0,19
Molkereiprodukte	– 0,16	0,43	+ 0,06	– 0,10
Gemüse	– 0,15	0,52	+ 0,07	– 0,08
Obst	– 0,08	1,04	+ 0,13	0,05
Fisch	– 0,17	0,70	+ 0,09	– 0,08
Fleisch	– 0,21	0,53	+ 0,07	– 0,14
Miete	– 0,67	0,56	+ 0,07	– 0,60
Heizung	– 0,50	0,52	+ 0,07	– 0,43
Kleidung	+ 0,01	1,01	+ 0,13	+ 0,14
langlebige Haushaltsgegenstände	+ 0,18	1,98	+ 0,26	+ 0,44

Einkommens- und spezifischer Effekt haben im allgemeinen (mit Ausnahme der inferioren Güter) entgegengesetzte Vorzeichen.
In großen Haushalten werden nach obiger Tabelle 19 % pro Person für Mehlspeisen weniger ausgegeben als in kleinen Haushalten. Diese Einsparung geht zu 22 % auf spezifische Ersparnisse bei der betreffenden Gütergruppe zurück, die mit 3 % durch den Einkommenseffekt aufgewogen werden usw.

4. Kinder haben meist einen geringeren Bedarf als Erwachsene. Haushalte mit Kindern schneiden daher bei gleichen Haushaltseinkommen besser ab als Erwachsenenhaushalte mit gleicher Kopfzahl.
5. Das Alter des Haushaltsvorstandes oder die Phase des Familienzyklus spiegelt sich in bestimmten Konsumgewohnheiten, die die anderen konsumbestimmenden Faktoren zum Teil überlagern.

2.C.2. Zur Theorie der Engelkurven

Unter *„Engel-Kurven"* versteht man *graphische Darstellungen* der Beziehungen zwischen der *Höhe der Verbrauchsausgaben* oder Verbrauchsmengen und alternativen *Höhen des Einkommens* eines Haushaltes[9]. Im weiteren Sinne wird der Begriff auch auf algebraische Formulierungen dieser Beziehungen angewendet. Eine nach *Sigurd Klatt* (Die Theorie der Engel-Kurven, Jahrbuch für Sozialwissenschaft, Bd. 4/10, S. 277, 1959) auszugsweise wiedergegebene Tabelle zeigt folgende Zusammenhänge:

Abb. 46: Abhängigkeit der Ausgaben für Nahrung vom Einkommen

Einkommen in Fr.	Ausgaben in v. H.	(Elastizität)	Einkommen in Fr.	Ausgaben in v. H.	(Elastizität)
200	72,96	0,94	1600	60,25	0,87
300	71,48	0,92	1700	59,79	0,87
400	70,11	0,91	1800	59,37	0,88
500	68,85	0,90	1900	58,99	0,88
600	67,70	0,89	2000	58,65	0,89
700	66,65	0,88	2100	58,35	0,90
800	65,69	0,88	2200	58,08	0,90
900	64,81	0,88	2300	57,84	0,91
1000	64,00	0,87	2400	57,63	0,92
1100	63,25	0,87	2500	57,45	0,93
1200	62,55	0,86	2600	57,30	0,94
1300	61,90	0,86	2700	57,17	0,95
1400	61,30	0,87	2800	57,06	0,95
1500	60,75	0,87	2900	56,06	0,96
			3000	56,90	–

„. . . je ärmer eine Familie ist, ein desto größerer Anteil von den Gesamtausgaben muß zur Beschaffung *der Nahrung aufgewendet* werden."

Abb. 47: Beispiele für Engel-Kurven

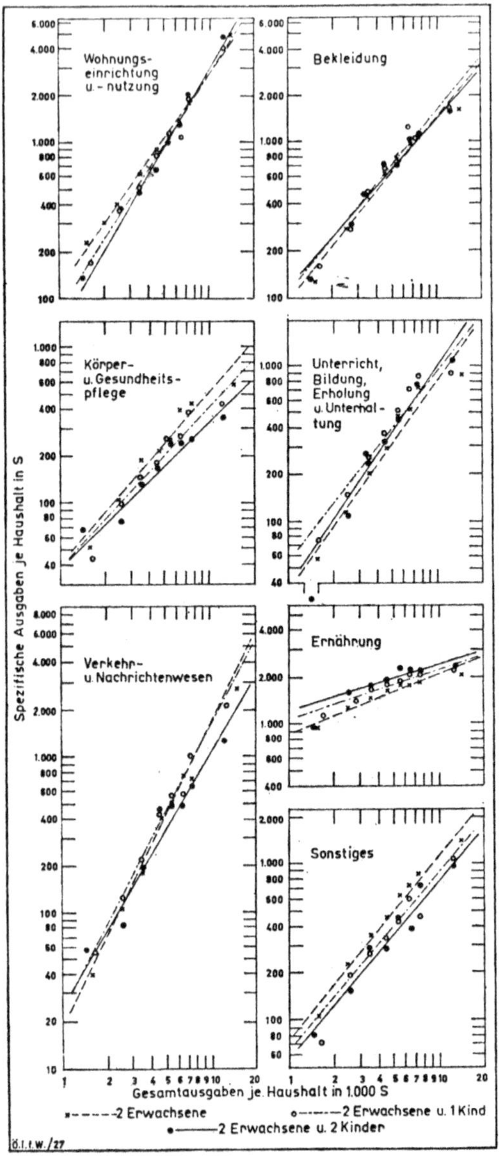

Quelle:
Grete Kohlhauser, Der Konsum verschiedener Haushaltstypen in Österreich, in: Monatsberichte des Österreichischen Instituts für Wirtschaftsforschung, 4/1969, S. 166.

Engelkurven können jedoch nicht nur für Nahrungsausgaben konstruiert werden, sondern für alle möglichen anderen Ausgabenkategorien, z. B. Bekleidung, Körperpflege, Erholung.

Engelkurven können graphisch verschieden dargestellt werden (linear, parabolisch, hyperbolisch). Ihre Aussagefähigkeit hängt nämlich auch zum Teil von der Wahl der geeignetsten graphischen Form ab.[10]

Bei Engelkurven im ursprünglichen Sinn (Nahrungsmittel) ist jedoch zu beachten, daß die Gültigkeit ihrer Aussagen mit steigendem Wohlstand relativiert werden muß, d. h. die Einkommenselastizität der Nachfrage wird die Tendenz zum Steigen aufweisen, da mit wachsendem Wohlstand die Bereitschaft zunimmt, Grundnahrungsmittel durch anderweitige Nahrungsmittel (Fertigprodukte, die zum Teil als Luxusgüter anzusehen sind), zu ersetzen. Eine ähnliche Wirkung tritt dadurch ein, daß in verstärktem Maße Dienstleistungen von Restaurants in Anspruch genommen werden.

2.C.3. Interdependenz der Bedarfsstruktur

Im Abschnitt 2.C.1. wurde zunächst bewußt vereinfachend davon ausgegangen, daß sich die Bedarfsstrukturen der einzelnen Wirtschaftssubjekte gegenseitig nicht beeinflussen. Diese Vereinfachung wird nun fallen gelassen: in der Realität ist vielmehr sogar sehr häufig der Fall einer Interdependenz der Bedarfsstrukturen festzustellen (siehe Kapitel VII., "Permanent Income Hypothese"). Die Nachfrage nach einem Gut kann nämlich auch dadurch zunehmen, weil andere das gleiche Gut konsumieren (Mitläufereffekt), sie kann zunehmen, weil das betreffende Gut mehr kostet als andere Güter (Veblen-Effekt) bzw. abnehmen, weil andere Wirtschaftssubjekte das gleiche Gut konsumieren (Snobeffekt).

Der *Mitläufer-Effekt* erklärt das Phänomen, daß Wirtschaftssubjekte ein Gut nachfragen, weil es auch von anderen Wirtschaftssubjekten nachgefragt wird. Die Nachfrage wird also gesteigert durch die Tatsache, daß das Gut auch von vielen anderen konsumiert wird. Man tut dies, um zu einer Gruppe von Leuten gezählt zu werden, der man angehören will, um modisch zu sein oder stilvoll. Gesellschaftliche Tabus wirken wie ein Mitläufer-(Bandwaggon)-Effekt mit umgekehrtem Vorzeichen. Manche Leute fragen Güter nicht nach, weil sie auch von manchen (oder vielen, oder allen) anderen Konsumenten nicht nachgefragt werden. So könnte es sein, daß ein Gut, trotz seiner objektiven Nützlichkeit, nicht nachgefragt wird, weil es tabuisiert ist.

Der *Snobeffekt* hat das Phänomen zum Gegenstand, daß die Nachfrage nach einem Konsumgut abnimmt, weil es von vielen anderen Wirtschaftssubjekten konsumiert wird. Das Gut wird nicht mehr gekauft (konsumiert), weil es „sowieso schon jedermann hat". Darin drückt sich das Streben nach Exklusivität, der Wunsch, möglichst wenig mit der „Masse" zu tun zu haben, aus. Am deutlichsten zeigt sich der Snob-Effekt bei einer Preisverschiebung: bei einem gegebenen Preis p_1 sei die Nachfrage a. Wenn nun der Preis von p_1 auf p_2 gesenkt wird, verlassen die Snobs den Markt (fragen das Gut nicht nach) und die Nachfrage nimmt nicht in dem Maß zu, wie man es aufgrund des niedrigeren Preises annehmen hätte können (siehe Abb. 49).

Der *Vebleneffekt* erklärt die Erscheinung, daß die Nachfrage nach einem Gut zunimmt, obwohl, oder gerade weil, sein Preis steigt. Der Unterschied zwischen dem Snob- und dem Vebleneffekt ist der, daß der erstere auf den Konsum des Gutes, der zweite auf seinen Preis abstellt. Der *Vebleneffekt* wird auch Theorie des auffälligen Konsums genannt, weil der Nutzen eines Gutes, das zu Zwecken des auffälligen Konsums verwendet wird, nicht nur in den (extravaganten) Eigenschaften dieses Gutes selbst zu bestehen braucht, sondern auch in dessen Preis. Diesen Preis kann man in zwei Arten aufgliedern: den tatsächlichen Preis, das ist der in Geldeinheiten ausgedrückte Preis und den „auffälligen" Preis, das ist der, von dem die anderen glauben, daß ihn der Auffallende bezahlt habe. Im Normalfall sind die beiden Preise wahrscheinlich annähernd gleich; das muß aber nicht so sein, man bedenke nur zum Beispiel, jemand habe besonders günstig eingekauft oder einen Sonderrabatt bekommen. Die Höhe des Nutzens eines auffälligen Gutes bestimmt sich natürlich nach dem „auffälligen" Preis.

Mitläufer-, Snob- und Veblen-Effekt treten nicht bei Gütern auf, die nicht oder nur schwer substituierbar sind (z. B. Grundnahrungsmittel wie Milch, Brot, etc.).

Abb. 48: Mitläufereffekt; Preissenkung $p_1 \rightarrow p_2$ würde Nachfragesteigerung $a \rightarrow x$ entsprechen, tatsächliche Steigerung aber $a \rightarrow b$

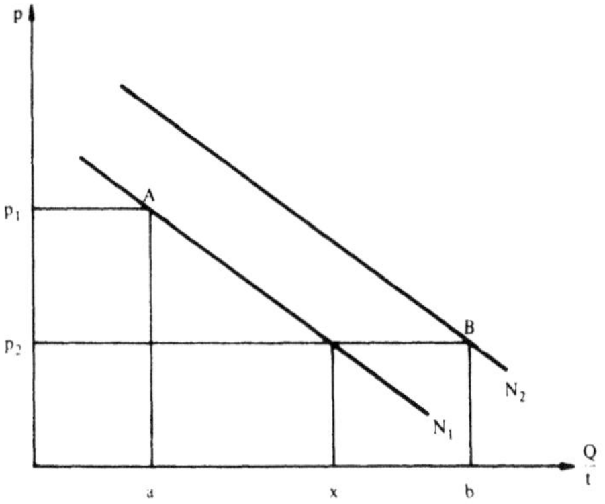

p = Preis

$\frac{Q}{t}$ = nachgefragte Menge pro Zeiteinheit

N_1 = Nachfragekurve ohne Mitläufereffekt bzw. Snobeffekt

N_2 = Nachfragekurve mit Mitläufereffekt bzw. Snobeffekt

Abb. 49: Snobeffekt; Preissenkung $p_1 \rightarrow p_2$ würde Nachfragesteigerung $a \rightarrow x$ entsprechen, tatsächliche Steigerung aber nur $a \rightarrow b$

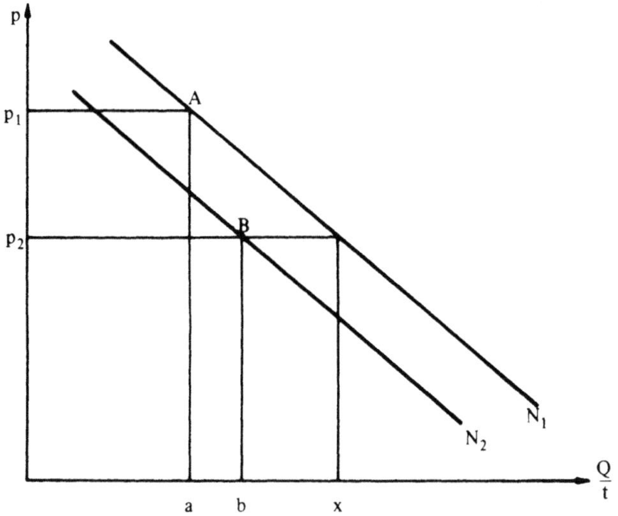

Abb. 50: Veblen-Effekt; Preissenkung $p_1 \rightarrow p_2$ würde ohne Veblen-Effekt Nachfragesteigerung a → x entsprechen, durch Veblen-Effekt jedoch Nachfrageverminderung a → b, somit gesamter Veblen-Effekt x, b

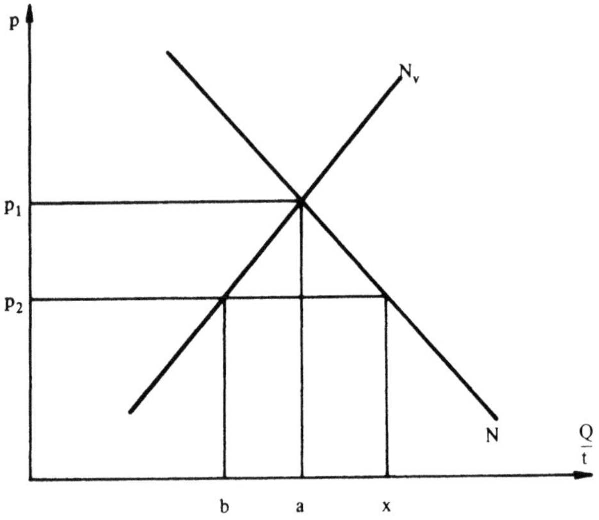

p = Preis

$\frac{Q}{t}$ = nachgefragte Menge pro Zeiteinheit

N = Nachfragekurve ohne Veblen-Effekt

N_V = Nachfragekurve mit Veblen-Effekt

2.D. *Kontrollfragen*

1.Was verstehen Sie unter rationalen Konsumhandlungen?

2.Welche anderen Arten von Konsumhandlungen kennen Sie?

3.Unter Konsum im weiteren Sinn versteht man die .... des konsumtiven Vermögens eines Haushaltes.

4.Erklären Sie den Begriff der Konsumentensouveränität (im deskriptiven und normativen Sinn). Bringen Sie Einwände gegen die normative Verwendung dieses Begriffes.

5.Nennen Sie fünf Einflußfaktoren, die das Ausgabenniveau und die Ausgabenstruktur eines Haushaltes beeinflussen.

6.Von einer normalen Reaktion der Nachfrage spricht man dann, wenn eine Preiserhöhung eine .... der Nachfrage zur Folge hat.

7.Nennen Sie einige Beispiele für Komplementärgüter und beschreiben Sie die Wirkung einer Preissenkung eines Komplementärgutes auf die Nachfrage nach dem anderen Gut.

8.Bei einem substitutiven Verhältnis zweiter Güter führt eine Preissteigerung des einen Gutes zu einer

(8.1.)	Nachfragesteigerung	☐
(8.2.)	Nachfrageverminderung	☐
(8.3.)	Preissenkung des anderen Gutes	☐

9.Was verstehen Sie unter dem sog. „Grenznutzen"?

10.Gibt es sog. "economies of scale" auch in Haushalten?

11.Nehmen wir an, die Nachfrage nach einem bestimmten Gut steigt, weil es von vielen gekauft wird. Man bezeichnet dieses Phänomen als:

(11.1.) Mitläufereffekt ☐
(11.2.) Snobeffekt ☐
(11.3.) Vebleneffekt ☐

12.Der Unterschied zwischen dem Snob und dem Vebleneffekt ist der, daß der erstere auf den .... des Gutes, der zweite auf seinen .... abstellt.

13.Welcher analytische Unterschied besteht zwischen folgenden Feststellungen:

(13.1.) Der Preis eines bestimmten Gutes war zu einem bestimmten Zeitpunkt höher, daher war die Nachfrage nach diesem Gut geringer.
(13.2.) Es stieg die Nachfrage nach einem bestimmten Gut – daher stieg auch der Preis dieses Gutes.

14.Was versteht man unter Engel-Kurven?

15.Erklären Sie die sogenannte permanent-income Hypothese von Friedman.

16.Welche der folgenden Größen können von Haushalten und welche von Unternehmen *direkt* beeinflußt werden:

(16.1.) Konsumgüterpreise ☐ H ☐ U
(16.2.) Absatzmenge ☐ H ☐ U
(16.3.) Einkommen ☐ H ☐ U
(16.4.) Faktorkosten ☐ H ☐ U

17. Welche Faktoren beeinflussen den Finanzierungsspielraum eines Haushaltes?

18. Durch welche Faktoren wird die Bedarfsstruktur eines Haushaltes beeinflußt?

19. Wann spricht man von einem sog. inferioren Gut?

20. Wie lauten die beiden „Gossenschen Gesetze"?

21. Auf welcher Grundvorstellung beruht die Analyse der bekundeten Präferenz (revealed preference analysis)?

22. Wodurch versuchen Unternehmen die Präferenzen der Konsumenten gezielt zu beeinflussen?

23. Welche Bedenken würden Sie gegen die Indifferenzkurvenanalyse vorbringen bzw. gegen deren Annahmen?

Schultz, Henry, The Theory and Measurement of Demand, Chicago 1938.
Carell, Erich, Über die Voraussetzungen und den Erkenntniswert des Indifferenzkurvensystems des Haushaltes, in: Wirtschaftstheorie und Wirtschaftspolitik. Festgabe für Adolf Weber, hrsg. von Alfred Kruse, Berlin 1951.
Egner, Erich, Der Haushalt, München-Berlin 1952.
Müller, J. Heinz, Grundlagen einer allgemeinen Theorie der Wahlakte. Jahrbücher für Nationalökonomie und Statistik, 1952.
Mahr, Alexander, Indifferenzkurven und Grenznutzenniveau, Zeitschrift für Nationalökonomie 14, 1954.
Klatt, Sigurd, Die Theorie der Engelkurven, in: Jahrbuch für Sozialwissenschaft, 1959.
Katona, George, Das Verhalten der Verbraucher und Unternehmer, Düsseldorf-Wien 1960.
Gäfgen, Gérard, Theorie der wirtschaftlichen Entscheidung, Tübingen 1963.
Irwin, F. W., Smith, W. A. S., Wert, Kosten und Information als Determinanten der Entscheidung, in: Die Motivation menschlichen Handelns, hrsg. von Hans Thomae, Köln-Berlin 1965.
Streissler, Erich und Monika (Hrsg.), Konsum und Nachfrage, Köln-Berlin 1966.
Kohlhauser, Grete, Der Konsum verschiedener Haushaltstypen in Österreich, in: Monatsberichte des österreichischen Instituts für Wirtschaftsforschung, Heft 4/1969.
Knorring, E. v., Die makroökonomische Konsumtheorie – Ein Überblick, in: Wirtschaftswissenschaftliches Studium (wist), 1. Jahrgang, 1972, H. 7, S. 288 ff.
Müller-Heumann, G., Consumerism, in: Wirtschaftswissenschaftliches Studium (wist), 1. Jg. 1972, H. 12, S. 567.
Luckenbach, Helga, Zur konsum- und wohlfahrtstheoretischen Relevanz der Konsumentensouveränität, in: Wirtschaftswissenschaftliches Studium (wist), 2. Jg. 1973, H. 8/9, S. 399 ff.

III. Markt- und Preistheorie

3.A. Problemstellung

Ausgangspunkt der Markttheorie ist die Tatsache, daß es für fast alle in Kapitel I. unter 1.C.3. behandelten Güterarten *Märkte* (mit unterschiedlicher Funktionsfähigkeit) gibt.

Unter *Gütern* verstehen wir hier sämtliche Arten von Gütern und Dienstleistungen, gleichgültig ob sie nun für produktive Zwecke (Produktionsgüter) oder konsumtive Zwecke (Konsumgüter) nachgefragt werden. Da Geld ebenfalls ein Gut ist – das liquideste Gut –, spricht man auch von einem monetären Markt, wenn es um die Nachfrage bzw. das Angebot von Geld geht.

Anliegen der Markttheorie ist die *Strukturierung* von *Angebot* und *Nachfrage* auf diesen Märkten. Insbesondere wird untersucht, welche einfachen und gegenseitigen Abhängigkeiten zwischen Anbietern und Anbietern, Nachfragern und Nachfragern, Anbietern und Nachfragern bestehen und welche Wirkungen sich bei bestimmten Marktkonstellationen ergeben, insbesondere wie die Preisbildung erfolgt. Folgende Marktkonstellationen werden in Kapitel III. behandelt: Preisbildung bei vollkommener Konkurrenz (ohne staatliche Aktivität), Preisbildung bei Monopolen, Preisbildung bei monopolistischer Konkurrenz, Preisbildung beim Oligopol. In Abschnitt 3.C.7. wird gezeigt, wie Elastizitäten als Instrumente bei markt- und preistheoretischen Analysen Verwendung finden können.

3.B. Grundbegriffe

Zunächst sollen die Grundbegriffe einer elementaren Nachfrage- und Angebotstheorie erläutert werden. Mikroökonomisch versteht man unter *Nachfrage* jene Menge an Gütern, die zu einem bestimmten Preis von bestimmten Wirtschaftssubjekten gekauft werden wollen. Mit *Angebot* bezeichnet man jene Menge an Gütern, die zu einem bestimmten Preis von bestimmten Wirtschaftssubjekten verkauft werden möchten. Unter einem *Markt* versteht man dann die Summe sämtlicher stattfindenden Tauschbeziehungen zwischen Anbietern und Nachfragern eines bestimmten Gutes oder einer Gruppe von Gütern innerhalb eines bestimmten Raumes für einen bestimmten Zeitpunkt, wobei die Tauschbeziehungen zu einem bestimmten Preis abgewickelt werden.

Von einem Käufer- (Verkäufer-)markt spricht man, wenn sich der Käufer (Verkäufer) bei der Fixierung der Konditionen (Preis *und* sonstige Konditionen) in einer starken Position befindet.

Zwei Arten von *ökonomischen Transaktionen* sind zu unterscheiden:

1. Leistungstransaktionen und
2. Finanztransaktionen.

Unter *Leistungsaktionen* versteht man den Tausch von Gütern und Dienstleistungen zwischen zwei Wirtschaftssubjekten, z. B. Kauf einer Werkzeugmaschine durch ein Unternehmen, Kauf eines Pkws durch einen Haushalt.

Zu den Leistungstransaktionen gehören aber auch einseitige Transaktionen ohne Gegenleistung, wie z. B. Renten, Pensionen, Arbeitslosenunterstützungen.

Von *Finanztransaktionen* spricht man beim Tausch von Forderungen ohne Güter- oder Leistungsbezug vom Partner der Transaktion. Hierher gehören z. B. die Emission von Schuldverschreibungen oder die Abhebung von einem Sparguthaben.

Insgesamt können *Märkte* folgende *Funktionen* erfüllen:

1. *Preisbildungsfunktion von Märkten:* durch den Austausch von Gütern bilden sich auf den Märkten Preise, deren Höhe in der Regel durch die Knappheit und Nützlichkeit des betreffenden Gutes sowie die Marktstellung der Marktteilnehmer („Käufermärkte", „Verkäufermärkte") bestimmt wird. Die *Preisbildung* ist jedoch keine Funktion, die immer auf Märkten festzustellen ist, da es durch staatliche Einflußnahme Märkte gibt, auf denen die Preisbildungsfunktion ganz oder teilweise eingeschränkt ist (öffentliche Tarife, Höchstpreise, Mindestpreise).
2. *Koordinierungsfunktion von Märkten:* die von bestimmten Wirtschaftssubjekten (Haushalte, Unternehmer) aufgestellten Wirtschaftspläne werden über den Markt zur Abstimmung gebracht. Das Ausmaß, in dem dies gelingt, entscheidet unter anderem über die Intensität von konjunkturellen Schwankungen (s. Kapitel VII).
3. *Allokationsfunktion von Märkten:* volkswirtschaftlich kommt den Märkten neben den beiden ersten genannten Funktionen auch

die Funktion zu, die vorhandenen (knappen) Ressourcen so auf die produktiven und die konsumtiven Zwecke zu verteilen, daß – ganz allgemein gesprochen – die Nutzenstiftung möglichst hoch ist. Dies gilt sowohl für den privaten als auch für den öffentlichen Sektor. Die *Allokation der Ressourcen* hängt von der Struktur der relativen Preise, also vom Preisgefüge ab. Bleibt die Struktur der relativen Preise unverändert, so kommt es auch zu keiner Reallokation der Ressourcen. Eine Veränderung des Preisgefüges bedeutet in der Regel auch eine Veränderung der Nachfragestruktur.

Aus Abb. 51 wird ersichtlich, daß man sämtliche grundsätzlich mögliche Märkte zunächst in *monetäre Märkte* und nicht-monetäre Märkte oder reale Märkte einteilen kann. Bei den *Realmärkten* sind dann wieder zu unterscheiden Produktionsfaktormärkte, Konsumgütermärkte und Verbrauchsgütermärkte, Dienstleistungsmärkte (hier: tertiärer Sektor) sowie Informationsgütermärkte. Die Produktionsfaktormärkte sind dann weiter zu unterscheiden in Arbeitsmärkte, Sachgütermärkte (Ausrüstungsinvestitionen), Grundstücksmärkte und Roh- und Betriebsstoffmärkte.

Die *monetären Märkte* lassen sich einteilen in:

- internationale monetäre Märkte (z. B. Devisenmärkte) und
- nationale monetäre Märkte, die ihrerseits wieder in 5 Teilmärkte zerfallen:
- Geldmärkte (auf dem Überschußreserven zwischen Banken gehandelt werden)
- Kapitalmärkte (Markt für langfristige Wertpapiere)

Die *Wertpapiere des Kapitalmarktes* lassen sich gruppieren in:
- Dividendenpapiere (Aktien, Kuxe) und
- festverzinsliche Wertpapiere (Bankschuldverschreibungen, Industrieobligationen, Anleihen, Kassenobligationen öffentlicher Haushalte, Schuldscheine), wobei die Bankschuldverschreibungen wiederum unterteilt werden können in Pfandbriefe, Kommunalobligationen und Kassenobligationen.

- Bankkreditmärkte (auf den kurzfristige und langfristige Bankkredite umgesetzt werden)
- Bankeneinlagemärkte (auf dem das kurzfristige und langfristige Mittelaufkommen der Banken angeboten und nachgefragt wird) und
- Märkte der Finanzierungsinstitutionen (Märkte, auf denen Institutionen, die keine Banken sind, wie private und halböffentliche

Abb. 51: Arten der Märkte

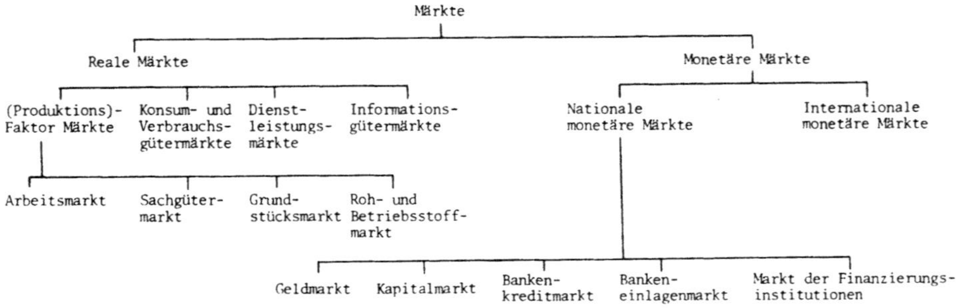

Versicherungsgesellschaften, Kredite und Einlagen anbieten oder nachfragen).

Von einem *vollkommenen Markt* spricht man dann, wenn folgende Voraussetzungen erfüllt sind:

1. Wenn sowohl die Zahl der Anbieter und Nachfrager als auch die Preise, zu denen ein Angebot und eine Nachfrage erfolgt, bekannt sind. Dies schließt meist die Kenntnis über die Qualität des zu einem bestimmten Preis angebotenen bzw. nachgefragten Gutes mit ein.
2. Wenn die Preise echte Knappheitsrelationen widerspiegeln, so daß die oben erwähnte Allokationsfunktion von Märkten zum Tragen kommen kann.
3. Wenn der Marktzugang für neue Anbieter und Nachfrager offen ist, sofern diese bestimmte Voraussetzungen erfüllen.

Es versteht sich von selbst, daß diese Voraussetzungen in der Realität nur selten erfüllt sind, schon allein aus dem Grund, daß der Staat auf einzelnen Märkten in Verfolgung von wirtschaftspolitischen Zielsetzungen interveniert und auch z. B. das Ausmaß der Preisangemessenheit vielfach nicht feststellbar ist. Sind die oben angelegten Kriterien 1. – 3. nicht oder nur teilweise erfüllt, so spricht man von *unvollkommenen Märkten.*

Es darf darauf hingewiesen werden, daß in der Literatur andere Begriffsinhalte von vollkommenen Märkten bzw. unvollkommenen Märkten existieren, die jedoch viele, rein fiktive Prämissen enthalten (z. B. keine Unterschiede zwischen den einzelnen Nachfragern und Anbietern, keine räumlichen, zeitlichen und personellen Unterschiede . . . . usw.).

Auf Märkten sind drei Konstellationen denkbar: eine *Konkurrenzsituation,* eine *Koalitionssituation* und eine *Monopolsituation,* wobei die jeweilige Marktkonstellation über die Intensität der Konkurrenz, des Monopols und der Koalition entscheidet.

Vollkommene Konkurrenz herrscht auf einem Markt dann, wenn die angebotenen Güter relativ gleichartig (homogen, fungibel) sind, die Zahl der Marktteilnehmer groß, deren Marktanteil gering ist, sowie Markttransparenz hinsichtlich Preis- und Angebotsmenge gegeben ist und der Marktzugang keinen wesentlichen Beschränkungen unterliegt.

Jede Konkurrenz ist ihrem Wesen nach Substitutionskonkurrenz. Bisweilen ist es jedoch notwendig, zwischen einer *Preiskonkurrenz* und einer *Qualitätskonkurrenz* zu unterscheiden.

Als Beispiel für einen Markt mit hohem Fungibilitätsgrad kann die *Börse* angeführt werden. Bei Börsenmärkten können allerdings mehr oder minder weitgehende Marktzugangsbeschränkungen bestehen.

Diese extremen Voraussetzungen sind jedoch in der Realität nur selten erfüllt. Hier dominieren Marktformen, die zwischen dem Extrem vollkommener Konkurrenz und dem eines Monopols liegen, also Mischformen, wie der Fall der polypolistischen Konkurrenz (siehe S. 121) oder des heterogenen Oligopols (siehe S. 131 ff.). Die extreme Situation des *Monopols* liegt dann vor, wenn für ein bestimmtes angebotenes Gut entweder keine oder aber nur ganz geringe Substitutionsmöglichkeiten gegeben sind. Werden Substitute angeboten, dann geht die Monopolanalyse in der unvollkommenen Konkurrenz auf. Es ergibt sich somit ein Wettbewerb zwischen Anbietern verschiedener aber ähnlicher Güter. Man bezeichnet diese Konkurrenz auch als *monopolistische Konkurrenz.*

Unter *Marktpreis* versteht man einen Preis, der auf Grund von bestimmten Angebots- und Nachfragekonstellationen ohne staatliche Interventionen zustande kommt.

Administrierte Preise hingegen sind solche Preise, die von staatlichen Behörden in mehr oder minder größerer Unabhängigkeit von den tatsächlichen Marktverhältnissen entweder auf einem bestimmten Niveau fixiert werden (Tarifpreise) oder für die bestimmte Schwellenwerte (Höchst- und Mindestpreise) festgelegt werden.

Kaufpreise sind all jene Preise, die auf soundsoviel Geldeinheiten je Stück oder soundsoviel Geldeinheiten je Kilogramm lauten. *Bestandshaltepreise* lauten hingegen auf einen bestimmten Betrag je Objekt für einen bestimmten Zeitraum (z. B. Mieten, Pachten, Zinssätze).

Daneben muß noch unterschieden werden zwischen Tagespreisen und Schuldinhaltsbestimmungszahlen. Der Nennbetrag einer Anleihe wäre eine solche *Schuldinhaltsbestimmungszahl,* der Kurswert jedoch ein *Tagespreis.*

Absolute Preise sind beispielsweise Kaufpreise, von *relativen Preisen* spricht man hingegen dann, wenn absolute Preise zueinander in Beziehung gesetzt werden, man also auch das Preisgefüge darstellen möchte.

Schließlich muß noch der Begriff der Elastizität im Rahmen der markt- und preistheoretischen Grundbegriffe erläutert werden. Grundsätzlich setzen *Elastizitäten* die relative Veränderung einer

Wirkungsgröße (y) in Verhältnis zur relativen Veränderung einer anderen Größe (hier x), der man die Wirkung *zuschreibt,* wobei die Möglichkeit einer Rück- und Wechselwirkung (Interdependenz) sowie sonstige Einflußfaktoren, die nicht im Elastizitätskoeffizienten berücksichtigt wurden (etwa ein Faktor z), ausgeschaltet sind.

Ähnlich wie bei bestimmten Strukturkoeffizienten der Produktionstheorie (Arbeitsproduktivität, Kapitalproduktivität) sollte man daher von Preis-Nachfrage-*bezogenen* Elastizitäten, Einkommens-Nachfrage-*bezogenen* Elastizitäten etc. sprechen. Überdies empfiehlt es sich aus Gründen der Sprachregelung stets zunächst die *mögliche* Ursache, die stets im Nenner steht, und dann die Wirkung, die im Zähler steht, anzuführen; dies um Unklarheiten und Mißverständnisse auszuschließen.

Die Elastizität der Funktion y = f(x) in einem bestimmten Punkt ist definiert als $\epsilon = \frac{\frac{dy}{y}}{\frac{dx}{x}} = \frac{dy}{dx} \cdot \frac{x}{y}$ und somit das Produkt aus der Steigung einer Kurve im betreffenden Punkt und dem Verhältnis der dortigen Koordinatenabschnitte.

Weniger exakt kann der Begriff der Elastizität jedoch auch als Prozentverhältnis aufgefaßt werden: $\epsilon = \frac{\text{prozentuelle Änderung von } y}{\text{prozentuelle Änderung von } x}$.

Elastizitäten sind *dimensionslose Größen* und haben daher den Vorteil, daß ihr Wert von der Wahl der Einheit unabhängig sind. Sie sind stets unbenannte Zahlen (siehe dazu auch Seite 136 ff.).

Abb. 52: Arten der Elastizität

Die häufigsten im Rahmen von ökonomischen Analysen verwendeten Elastizitäten lassen sich wie folgt gruppieren:

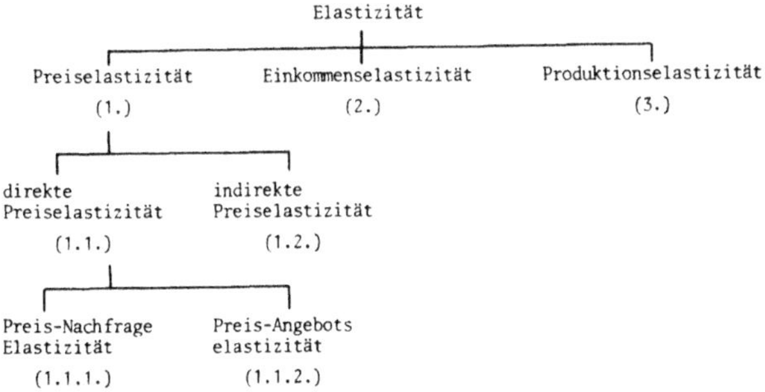

Aus Abb. 52 wird ersichtlich, daß es nicht nur Preis-Nachfrage-Elastizitäten und Einkommens-Nachfrage-Elastizitäten gibt, sondern daß man beliebig viele Elastizitäten konstruieren könnte, geht es doch, wie bereits oben dargelegt, immer um die Bildung von Kennzahlen, die *mögliche* Relationen und deren Veränderungen zum Ausdruck bringen sollen. Das Anwendungsfeld der Bildung von Elastizitäten hat sich seit der Neoklassik ungeheuer erweitert. Wurden damals Elastizitäten lediglich als Instrument von Konsum(niveau)änderungsanalysen verwendet, so dienen sie heute in fast allen Bereichen der Wirtschaftstheorie zur Analyse von Angebots-, Kosten-, Einkommens-, Output- und Geldmengenveränderungen. So versteht man etwa unter *Produktionselastizität* jene betragsmäßige Erhöhung des Outputs bei einem geringen Mehreinsatz der variablen Faktoren.

3.C. Markt- und preistheoretische Erklärungsmuster

3.C.1. *Anbieter und Nachfrager bringen ihre Pläne auf Märkten zur Abstimmung, wo sie zueinander und/oder zu anderen Anbietern und Nachfragern in Konkurrenz stehen.* Auf *Faktormärkten* treten die Unternehmen als Nachfrager und die Haushalte als Anbieter von Produktionsfaktoren auf. Auf *Konsumgütermärkten* treten die Unternehmen als Anbieter und die Haushalte als Nachfrager auf. Ob ein bestimmter Output zu einem *marktmäßigen Angebot* führt, hängt ab vom Nachfrageniveau und der Nachfragestruktur, der Preissituation auf dem betreffenden Markt zu einem bestimmten Zeitpunkt, den Preiserwartungen hinsichtlich der eigenen Produkte und denen von vergleichbaren Konkurrenzprodukten.

Die *marktmäßige Nachfrage* nach einem Gut wird beeinflußt von den Präferenzen des Nachfragers, den Präferenzen anderer Wirtschaftssubjekte, dem Preis des betreffenden Gutes, den Preisen anderer vergleichbarer Produkte, dem Einkommensniveau des Nachfragers, der Zahl der Anbieter und der Werbeintensität dieser Anbieter.

3.C.2. *Den Gegensatz zu marktmäßigen Konkurrenzbeziehungen bilden einerseits Koalitionen zwischen Anbietern und Nachfragern, andererseits die Marktform des Monopols (Monopsons; Monopson:* es existiert nur ein Nachfrager).

Jeder *Monopolist* hat zwei Aktionsparameter: den Preis und die Menge, kann also – im Gegensatz zum Polypolisten – Preis und

Mengenfixierer sein. Wird der Preis autonom fixiert, dann bestimmt das Verhalten der Nachfrager, welche Mengen zu diesem Preis abgesetzt werden können. Wird hingegen die Menge als Aktionsparameter verwendet, dann bestimmt das Verhalten der Nachfrager, welcher Preis bei alternativ angebotenen Absatzmengen zustandekommt.

3.C.3. *Die Intensität der Konkurrenz hängt ab von der Zahl der Marktteilnehmer auf einer Marktseite, sowie vom Grad der Vollkommenheit bzw. Unvollkommenheit des Marktes.* Auf einem vollkommenen Markt sind die Konkurrenzbeziehungen zwischen Anbietern und Nachfragern intensiver als auf unvollkommenen Märkten. Die Tendenz zur Bildung von Koalitionen hängt ab von der Intensität der Konkurrenz. Je größer sie ist, umso größer die Tendenz Koalitionen zu bilden und umgekehrt.

3.C.4. *Kapitalintensität der Produktion und die damit verbundenen Konzentrationsbestrebungen führen zu oligopolitischen Marktformen.* Oligopolitische Anbieter tendieren umso mehr zur gemeinsamen Gewinnmaximierung, je stärker sie voneinander abhängen, je leichter es ist, geheime Abkommen zu treffen, je größer die Marktzutrittsbeschränkungen sind und je bessere Informationen über die Marktstruktur verfügbar sind. Je mehr sich oligopolitische Anbieter der gegenseitigen Abhängigkeit bewußt sind, desto näher wird der Preis dem der gemeinsamen Gewinnmaximierung entsprechen. Die gegenseitige Abhängigkeit ist insbesondere dann ausgeprägt, wenn nur wenig Oligopolisten auf dem Markt sind, die ungefähr gleiche Marktanteile besitzen und (quasi) homogene Güter anbieten. Die Maximierung des Gesamtgewinnes (bzw. Gesamtumsatzes) ist bei stillschweigenden Vereinbarungen umso eher möglich, je genauer die Kenntnis der gegenseitigen Abhängigkeit ist und je sicherer die Erwartungen der einzelnen oligopolitischen Anbieter im Hinblick auf die zukünftige Kosten- und Nachfrageentwicklung sind. Existieren stillschweigende Vereinbarungen, so wird in der Regel die Preisflexibilität gering sein, da häufige Preisänderungen Kosten verursachen. Sie wird umso geringer sein, je geringer die Zahl der Oligopolisten ist und je mehr die Nachfrageentwicklung eine steigende Tendenz aufweist.

3.C.5. *Güter mit hohem Preis haben niedrigere Preis- und Einkommenselastizitäten der Nachfrage als entbehrlichere Güter.* Infolge von Substitutionsschwierigkeiten zwischen sehr unterschiedlichen Gütern sind große Bedarfskategorien „notwendiger" als ihre Einzelgüter. Die Nachfrage ist daher unelastischer. Daher ist auch die Nachfrage nach dem Gut eines Unternehmers elastischer als die Nachfrage nach dem Angebot der gesamten Branche. Die Nachfrageelastizität auf einer bestimmten Produktions- oder Absatzstufe ist ferner umso höher, je näher diese zum Endverbraucher hin liegt. Infolge des zum Abbau von Gewohnheiten und zur Erkennung von Datenänderungen benötigten Reaktionsverzögerungen der Nachfrage (time lags) ist die langfristige Nachfrage gesehen elastischer als die kurzfristige. Infolge von (permanenten) Preissteigerungen besteht eine sinkende Tendenz der kurzfristigen Preiselastizitäten. Je größer die Zahl der substitutiv verwendbaren Güter ist und je höher das Maß an Substituierbarkeit ist, umso elastischer wird die Nachfrage sein, d. h. einen umso größeren Wert wird die Preisnachfrageelastizität annehmen.

3.C.6. *Grundsätzlich steigt der Preis eines Gutes, wenn dieses Gut knapp wird. Um wieviel der Preis steigt, wird davon abhängen, wie stark die Nachfrage nach dem betreffenden Gut bei steigendem Preis zurückgeht und um wieviel das Angebot durch das Steigen des Preises erhöht wird.* Je preiselastischer nun die Nachfrage und das Angebot sind, desto geringer wird der Preisanstieg sein, der erforderlich ist, damit einander Nachfrage und Angebot wieder entsprechen. Handelt es sich jedoch, wie beispielsweise jetzt beim Erdöl, um ein nicht in beliebigen Mengen zu produzierendes Gut, dessen Angebot noch zusätzlich künstlich beschränkt wird, dann ist das Angebot unelastisch, im Grenzfall starr. Ist nun dieses Gut darüber hinaus noch ein wichtiger Produktionsfaktor, der in einem relativ festen (limitationalen) Einsatzverhältnis zu anderen Produktionsfaktoren steht, dann ist auch die Nachfrage unelastisch. Bei unelastischer Nachfrage *und* unelastischem Angebot ist aber ein sehr großer Preisanstieg erforderlich (sehr groß im Verhältnis zur Entwicklung der anderen Preise), um die Nachfrage soweit zu dämpfen, daß sie dem verringerten Angebot entspricht. Wenn es jedoch technisch möglich ist – und bei steigendem Preis auch immer lohnender wird – das betreffende Gut durch ein anderes zu ersetzen, dann kann der Preisanstieg geringer ausfallen. Ist dieses Gut ein Produktionsfaktor, so vollzieht sich diese Substitution auf zweierlei Weise. Zum einen werden Erdöl und Erdölprodukte in den Produktionsprozessen durch andere Energieträger und Rohstoffe ersetzt, und zwar umso mehr, je höher ihr Preis in Relation zu den Preisen der Substitutionsgüter steigt und je länger der Zeitraum ist, für den die Verknappung zu erwarten ist. Zum anderen ändern sich aber auch die nachgefragten Mengen der Verbrauchsguter, weil sich die Preise dieser Güter unterschiedlich entwickeln. Dieser Wandel in den Verbrauchsgewohnheiten, hervorgerufen durch die Veränderung der relativen Preise, braucht jedoch Zeit. Noch länger wird es hingegen dauern, bis dieser Wandel in der Nachfragestruktur eine entsprechende Anpassung in der Produktionsstruktur zur Folge hat.[11]

3.C.7. *Herrscht auf einem Markt vollkommene Konkurrenz, dann ist der Gleichgewichtspreis wie folgt abzuleiten* (es handelt sich dabei um hypothetische Funktionen, die aussagen, was Konsumenten und Produzenten bei alternativen Preisen tun würden): bei einem Preis von p_1 ist das Angebot zwar hoch, die Nachfrage jedoch sehr niedrig. Die Anbieter werden sich gegenseitig überbieten und als Folge davon wird der Preis sinken.

Bei einem Preis von p_2 ist das Angebot niedrig, die Nachfrage groß. Es werden sich also die Nachfrager überbieten – der Preis wird steigen!

Bei p_0 entspricht das Angebot der Nachfrage, der Markt ist im Gleichgewicht = *Gleichgewichtspreis.*

Abb. 53: Gleichgewichtspreis

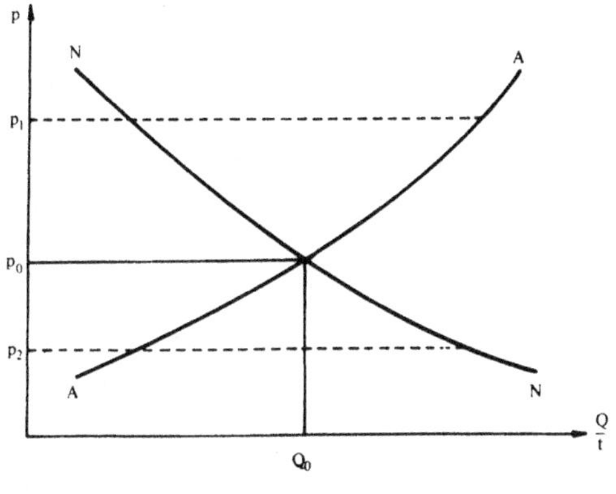

p = Preis

$\frac{Q}{t}$ = nachgefragte Menge pro Zeiteinheit

A = Angebotskurve

N = Nachfragekurve

p_0 = Gleichgewichtspreis

Bei *freier Preisbildung* (Zustandekommen eines Preises bei vollkommener Konkurrenz ohne staatliche Eingriffe) kommt also stets nur ein Preis zustande, nämlich p_0. Bei diesem Preis ist die nachgefragte Menge gleich der angebotenen, es herrscht *Gleichgewicht*.

Bei der Entwicklung der Funktionalbeziehung zwischen dem Preis und der nachgefragten Gütermenge, haben wir folgende Größen als konstant angenommen:

a) die Bedürfnisskala der Konsumenten,
b) die Einkommen der Konsumenten,
c) die Zahl der Konsumenten, die Güter kaufen,
d) die Preise aller anderen Güter.

Ändert sich eine der Größen, so kann beim selben Preis mehr oder weniger nachgefragt werden, die Nachfragekurve verschiebt sich.

Auch die *Gesamtangebotskurve* kann sich verschieben; die Ursache dafür kann sein:

a) der Stand der Technik,
b) der Preis der Produktionsmittel,
c) die Zahl der Anbieter,
d) die Veränderung der Produktionsfaktoren.

Man muß unterscheiden zwischen *Verschiebung von Angebots- und Nachfragekurve* und einer Veränderung von nachgefragter bzw. angebotener Gütermenge als Folge einer *Bewegung entlang der Kurve*.

Eine Verschiebung beruht auf Veränderung der Modelldaten, eine Bewegung entlang der Kurve ist die Folge von Änderungen der angebotenen und/oder nachgefragten Gütermengen, verursacht durch Preisänderung bei gleichbleibenden Modellarten (Abb. 54).

Gewinnmaximum eines einzelnen Betriebes bei vollständiger Konkurrenz:

Für einen einzelnen Betrieb verläuft die Nachfragekurve bei vollständiger Konkurrenz parallel zur x-Achse (für ihn ist der Preis ein Datum), seine Gesamterlöskurve hat ein konstantes Steigungsmaß.

Neben der Nachfrage muß ein Unternehmen bei seinem Angebot jedoch auch die Kosten berücksichtigen (wir unterstellen zuerst abnehmende, dann steigende Gesamtkosten, somit u-förmiger Verlauf der Durchschnittskosten- bzw. Grenzkostenkurve).

Abb. 54: Gleichgewichtspreise bei verschiedenen Angebots- bzw. Nachfragekurven

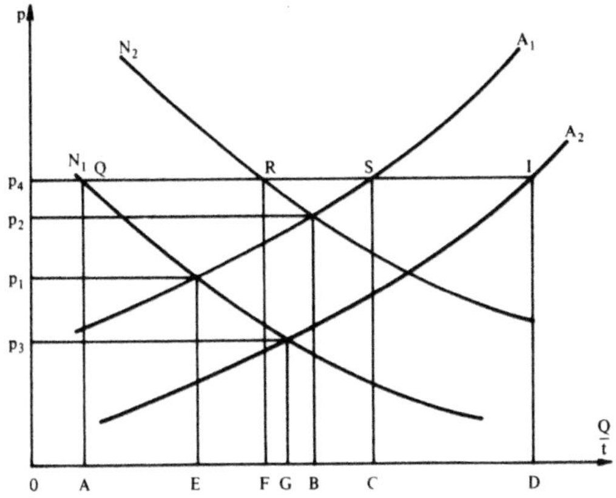

E, B, G	=	Gleichgewichtsmengen
p	=	Preis
$\frac{Q}{t}$	=	nachgefragte Menge pro Zeiteinheit
A_1, A_2	=	Angebotskurven
N_1, N_2	=	Nachfragekurven
p_1, p_2, p_3	=	Gleichgewichtspreise

Aufgrund der Abb. 55 ergibt sich, daß für den Unternehmer nur solche Absatzmengen relevant sind, die zwischen den Absatzmengen x_1 und x_3 liegen, denn nur in diesem Bereich erzielt er einen Gewinn. Unterstellen wir als Zielsetzung das Gewinnmaximierungsprinzip, dann liegt das Gewinnmaximum bei maximalem Abstand zwischen Gesamterlös- und Gesamtkostenkurve.

Ableitung des Gewinnmaximums: Solange bei einer Produktionsausdehnung die Kosten nicht stärker steigen als die Erlöse, ist das Gewinnmaximum noch nicht erreicht. Das Maß für den Anstieg des Gesamterlöses ist der Grenzerlös, für den Anstieg der Gesamtkosten die Grenzkosten. Das Gewinnmaximum ist dann erreicht, wenn der Grenzerlös gleich groß ist wie die Grenzkosten.

Bei vollständiger Konkurrenz ist nun der Preis ein Datum, die Gesamterlöskurve hat eine konstante Steigung, der Grenzerlös ist identisch mit dem Preis. Das Gewinnmaximum ist also dann erreicht, wenn die Grenzkosten gleich sind dem Preis (in unserer Abbildung bei der Ausbringung x_2). Oder auf die Gesamtgrößen bezogen: im Gewinnmaximum verläuft die Tangente an die Gesamtkosten-

Abb. 55: Gewinnmaximum eines einzelnen Betriebes bei vollständiger Konkurrenz

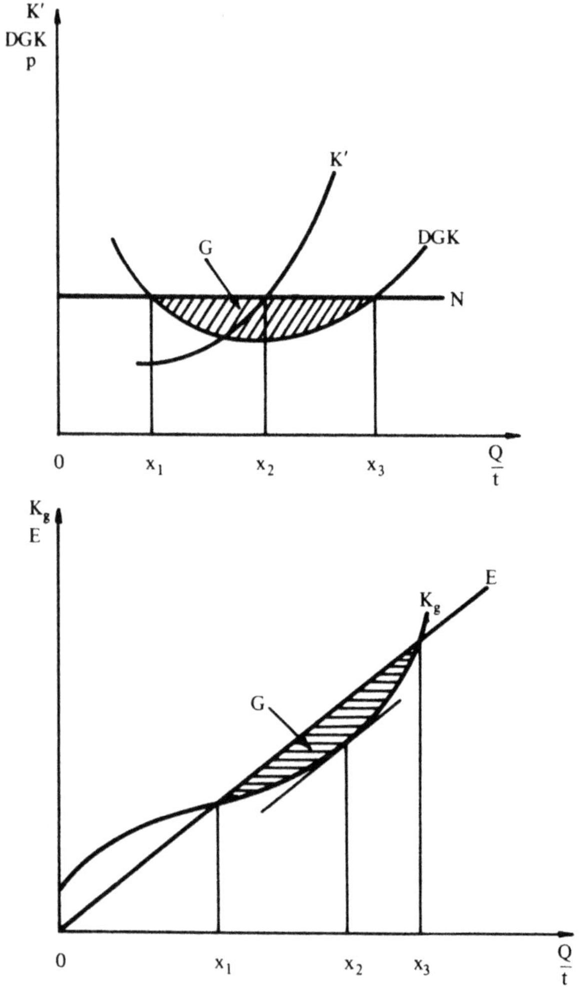

K = Grenzkosten
DGK = durchschnittliche Gesamtkosten
p = Preis
N = Nachfragekurve
E = Gesamterlöse (p · x)
G = Gewinnzone
x_1, x_2 = Gewinnbereich

$\frac{Q}{t}$ = Absatzmenge pro Zeiteinheit
K_g = Gesamtkosten

kurve parallel zur Gesamterlöskurve, die Gesamterlöskurve und die Gesamtkostenkurve haben also gleiche Steigungsmaße.

3.C.8. *Wird nun die freie Preisbildung durch Eingriffe des Staates beeinträchtigt, z. B. indem er Höchstpreise festsetzt* (Brot), ergibt sich folgendes: bei p_{max} liegt kein Gleichgewicht vor. Die nachgefragte Gütermenge ist größer als die angebotene. Der Gleichgewichtspreis p liegt höher. Es müssen daher weitere Maßnahmen erfolgen (z. B. Rationierung).

Abb. 56: Höchstpreis und Gleichgewichtspreis

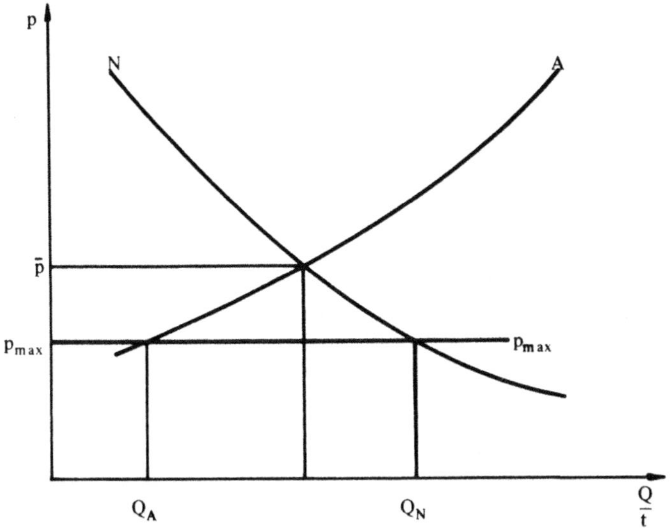

p = Preis
$\bar{p}$ = Gleichgewichtspreis
p_{max} = festgesetzter Höchstpreis
N = Nachfragekurve
A = Angebotskurve
$\frac{Q}{t}$ = nachgefragte Menge pro Zeiteinheit

Ebenso kann der Staat *Mindestpreise* festsetzen (zum Schutz von Unternehmen, die durch eine temporär schwächere Nachfrage die Produktion einstellen müßten, weil der Gleichgewichtspreis zu stark gesunken ist). Es ist dann ebenfalls kein Gleichgewicht gegeben, weitere Maßnahmen des Staates werden nötig sein. Werden vom Staat *Subventionen* an die Produzenten bezahlt, dann verschiebt sich die Angebotskurve nach rechts, es werden bei geringerem Preis größere Mengen angeboten. Die Subventionen kommen aber auch den Nachfragern zugute, da sich ja der Preis verringert, jedoch nicht im vollen Ausmaß der Subventionsgewährung. Maßgebend für das Ausmaß der Preissenkung aufgrund einer Subventionsgewährung ist die Form der Nachfragekurve. Je unelastischer nämlich die Nachfrage ist (Preis- Nachfrageelastizität kleiner als 1), desto mehr können die Konsumenten vom Subventionskuchen profitieren.

Abb. 57: Preisbeeinflussung durch Subventionen

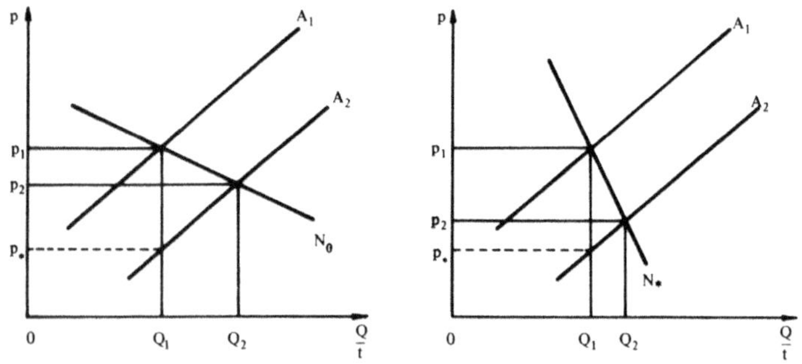

p = Preis
A_1 = Angebotskurve vor Subvention
A_2 = Angebotskurve nach Subvention
N_0 = relativ elastische Nachfragekurve
N_* = relativ unelastische Nachfragekurve
$\frac{Q}{t}$ = Menge pro Zeiteinheit
p_1, p_* = volles Ausmaß der Subvention, wovon
p_1, p_2 dem Konsumenten zugute kommt.

Als nächste Möglichkeit der Preisbeeinflussung durch den Staat soll eine *Erhöhung der Verbrauchssteuer* (Mengensteuer) auf eine Ware analysiert werden. Durch die Erhöhung der Verbrauchssteuer erfolgt eine Linksverschiebung der Angebotskurve, d. h. der Marktpreis steigt, die Verkaufsmenge sinkt. Nach Abzug der Steuer ist der Preis jedoch geringer als vorher, da die Steuer meistens nicht zur Gänze auf den Konsumenten überwälzt werden kann, zumindest dann nicht, wenn die Nachfragekurve nicht völlig unelastisch ist. Auch für den Anteil der Steuerüberwälzung ist also die Form der Nachfragekurve ausschlaggebend. Je unelastischer die Nachfrage (Preis-Nachfrageelastizität kleiner als 1) desto höher kann die Steuerüberwälzung sein. Die Konsumenten sind bei Gütern, die sie unbedingt kaufen wollen, offensichtlich eher bereit, zusätzlich die Steuer zu tragen.

Abb. 58: Auswirkungen einer zusätzlichen Steuer (Verbrauchssteuer) auf den Preis

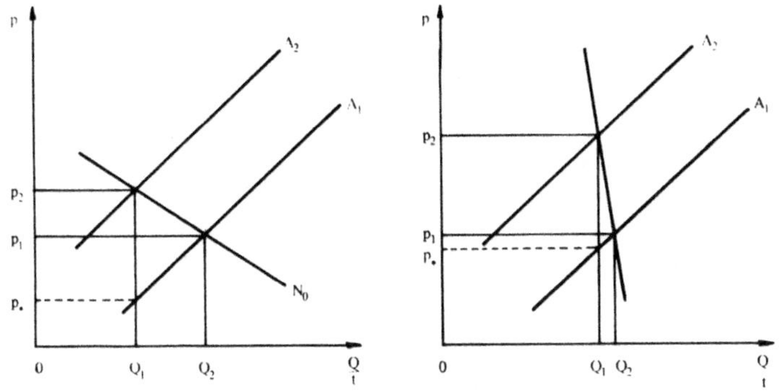

p = Preis
A_1 = Angebotskurve vor zusätzlicher Steuer
A_2 = Angebotskurve nach zusätzlicher Steuer
N_0 = relativ elastische Nachfragekurve
N_* = relativ unelastische Nachfragekurve
$\frac{Q}{t}$ = Menge pro Zeiteinheit
p_2, p_* = volle Höhe der Steuer; wovon die Konsumenten p_2, p_1 tragen.

3.C.9. *Beim Angebotsmonopol gibt es nur einen einzigen Anbieter,* der das *betreffende Gutauf den Markt bringt.* Der Monopolist kann den Preis für sein Produkt selbst setzen. Die Höhe des Absatzes muß er allerdings seinen Abnehmern überlassen (oder der Monopolist fixiert die Absatzmenge, dann ergibt sich der Preis aus der Absatzfunktion). Man kann dabei unterstellen, daß mit sinkendem Preis der Absatz steigt. Die Nachfragekurve des Monopolisten ist demnach eine Gerade, die von links oben nach rechts unten fällt (siehe Abb. 59). Es wird angenommen, daß der Monopolist jene Kombination von Preis und Absatz wählt, bei der sein Gewinn maximal ist. Der Preis kann jedoch nicht willkürlich hochgetrieben werden, da bei einem zu hohen Preis der Absatz Null wird. *Der Gewinn ist dann maximal, wenn die Grenzkosten gleich dem Grenzerlös sind.*

Abb. 59: Maximaler Gewinn beim Monopol

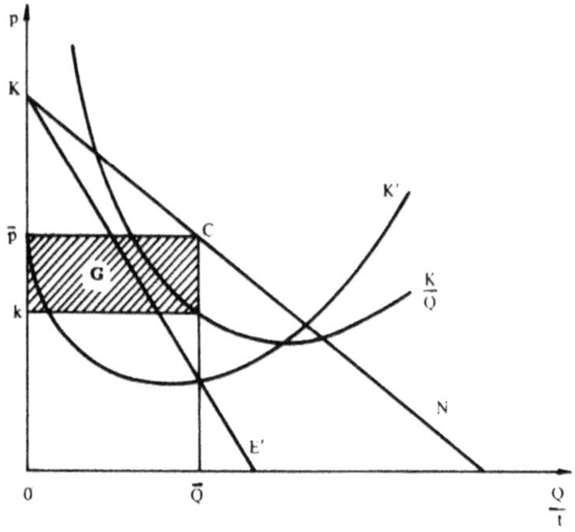

p	=	Preis
K'	=	Grenzkosten
$\frac{K}{Q}$	=	gesamte Durchschnittskosten
E'	=	Grenzerlös
N	=	Nachfragegerade
$\frac{Q}{t}$	=	Menge pro Zeiteinheit
C	=	Cournot'scher Punkt
G	=	Gewinn

Die *Grenz-* und *Durchschnittskosten* (K' und $\frac{K}{Q}$, siehe Kapitel I; Seite 60 ff.) können genau so gezeichnet werden, wie bei vollkommener Konkurrenz. Der *Grenzerlös* ist jedoch in diesem Fall gleich dem Erlös der letzten Einheit, reduziert um die Ertragsminderung, die die Folge eines Preisnachlasses ist, der auf die übrigen verkauften Einheiten gegeben werden muß. Zum Beispiel: wenn 10 Einheiten zum Preis von je DM 2,–– verkauft werden können oder 11 Einheiten zu je DM 1,90, so ist der Grenzerlös (der zusätzliche Erlös der 11. Einheit) gleich DM 1,90 vermindert um 10 x DM 0,10 (Preisminderung der vorigen Einheiten), also DM 0,90. Der Grenzerlös ist also kleiner als der Preis. Die Kurve der Grenzerlöse verläuft demnach links von der Absatzfunktion. Im Falle einer linearen Absatzfunktion ist die Grenzerlöskurve ebenfalls eine Gerade. Die Steigung der beiden Kurven ist negativ!

Zusammen mit der Kostenfunktion können wir nun das Gewinnmaximum bestimmen. Bei einer Gütermenge von $\bar{Q}$ sind die Grenzkosten gleich dem Grenzerlös ($K' = E'$), der *Gewinn ist maximal.* Der Preis beträgt $\bar{p}$, der Stückgewinn $\bar{p} - k$. Der Gewinn beträgt $(\bar{p} - k) . \bar{Q}$, also Stückgewinn multipliziert mit der Zahl der abgesetzten Einheiten.

Punkt C auf der Absatzfunktion = *Cournot'scher Punkt,* Punkt des maximalen Gewinns für den Monopolisten.

Monopolisten können jedoch auf die Dauer schwer ihre Marktstellung halten. Der wichtigste Grund dafür liegt in der Existenz von *Substitutionsgütern,* deren Zahl im Zuge der wirtschaftlichen Entwicklung immer größer wird.

Vergleicht man die Marktform der *vollkommenen Konkurrenz* mit der des *Monopols,* so ergibt sich folgendes:

Nimmt man gleiche Kostenverläufe an, so geht aus Abb. 60 hervor, daß beim Monopol der Preis höher und die abgesetzte Menge kleiner ist als bei vollkommener Konkurrenz. Der gewinnmaximale Preis p_m des Monopolisten ist höher als der gewinnmaximale Preis p_{vk} bei vollkommener Konkurrenz (zur Erinnerung: bei vollkommener Konkurrenz ist der Gewinn dann maximal, wenn die Grenzkostenkurve die Nachfragekurve – Preisgerade –, schneidet.

Damit scheint die Versorgung einer Volkswirtschaft mit Gütern im Monopolfall schlechter zu sein als unter Konkurrenzbedingungen. Außerdem scheint durch die geringere Produktion die Gefahr der Arbeitslosigkeit durch Monopole größer.

Dabei muß man jedoch folgendes beachten:

- beim Monopol wird möglicherweise der technische Fortschritt besser gefördert;
- die Kosten sind im Monopol eventuell durch die viel günstigeren Produktionsbedingungen (Kosteneinsparungen durch Massenproduktion) oft weitaus geringer als bei vollständiger Konkurrenz, so daß unter Umständen der Monopolpreis unter dem Konkurrenzpreis liegt;
- eine durch hohe Monopolgewinne hervorgerufene Investitionsgüternachfrage kann das geringere Beschäftigungsvolumen wieder ausgleichen.

Eine *Anti-Monopol-Politik* erscheint demnach nur dann gerechtfertigt, wenn die Monopolbildung erfolgt, um den Markt durch Ausschaltung des Wettbewerbes zu beeinflussen, denn dann gilt die ursprüngliche These, daß der *Monopolpreis höher* sei als der Konkurrenzpreis.

Abb. 60: Vergleich Monopol – vollkommene (vollständige) Konkurrenz

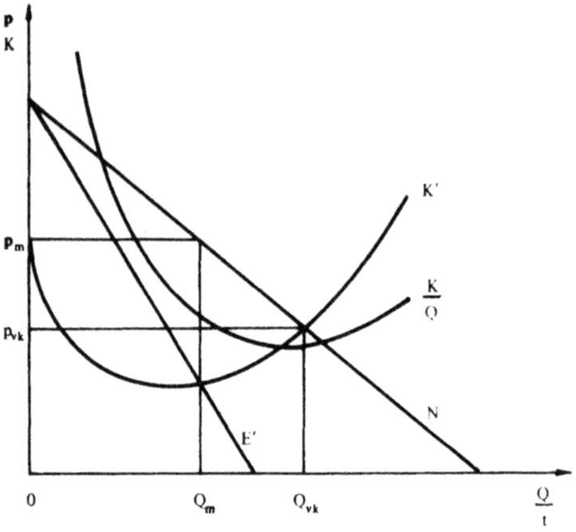

p	=	Preis
$\frac{Q}{t}$	=	Menge pro Zeiteinheit
K'	=	Grenzkosten
$\frac{K}{Q}$	=	gesamte Durchschnittskosten
N	=	Nachfragegerade
E'	=	Grenzerlös
p_m	=	gewinnmaximaler Preis des Monopolisten
p_{vk}	=	gewinnmaximaler Preis bei vollkommener Konkurrenz

3.C.10. Weder beim reinen Monopol noch bei vollständiger Konkurrenz spielt sich auf der Angebotsseite das ab, was man Wettbewerb nennen könnte. *Wettbewerb im eigentlichen Sinne des Wortes ergibt sich vor allem dort, wo der Einzelne gewissen Einfluß auf die Höhe des Preises hat und sich nicht anpassen muß.* Dies ist der Fall bei der sogenannten *monopolistischen Konkurrenz – d. h. die Güter sind nicht homogen,* sondern mehr oder weniger unterschiedlich (*heterogen*): es bestehen räumliche, sachliche, persönliche Präferenzen, die ein Gut vor anderen gleichen Gütern (gleichen Verwendungszwecke) auszeichnen. Anbieter heterogener Güter haben daher einen gewissen monopolistischen Spielraum, innerhalb dessen sie die Preise selbst festlegen können.

Abb. 61: Monopolistischer Spielraum

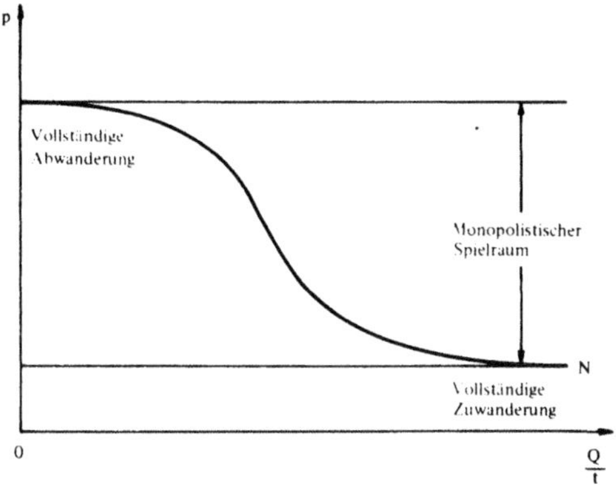

p = Preis
N = Nachfragekurve
$\frac{Q}{t}$ = Menge pro Zeiteinheit

Der mittlere Teil der für einen Anbieter relevanten Nachfragekurve verläuft wie beim Monopol, der obere und der untere Teil wie bei vollständiger Konkurrenz. Im mittleren Bereich gilt – wie beim Monopol – die Gewinnmaximierung $K' = E'$ (Grenzkostenkurve schneidet Grenzerlöskurve). Oberhalb dieses mittleren Bereiches (der bestimmt wird durch die Substitutionsverhältnisse zwischen heterogenen Gütern) gehen die Nachfrager immer mehr auf andere Güter über, bei niedrigerem Preis wandern mehr und mehr Kunden zu. Der Vorteil dieser Analyse liegt darin, daß sie neben dem Preis andere Parameter ins Blickfeld rückt. Wenn Präferenzen eine so große Rolle spielen, dann werden *Produktgestaltung, Werbung* und *Verkaufsorganisation* zu wichtigen Absatzinstrumenten. Dies gilt nicht für den Fall einer großen Zahl von Anbietern, sondern in gleicher Weise für das Oligopol.

3.C.11. *Ein Oligopol liegt vor, wenn ein Gut nur von einer begrenzten Anzahl von Anbietern angeboten wird, so daß Änderungen der Aktionsparameter eines Unternehmens (Menge, Preis) im Absatzbereich der anderen Anbieter spürbar sind.*

Von anderen Marktformen unterscheidet sich das Oligopol

durch die gegenseitige Abhängigkeit der Oligopolisten (oligopolistische Interdependenz), d. h. wenn ein Oligopolist entweder seinen Preis oder seine Absatzmenge ändert, so muß er mit Reaktionen seiner Konkurrenten rechnen, z. B.:

Unternehmer A senkt den Preis – die Konkurrenten reagieren nicht oder senken auch den Preis (vielleicht noch unter den Preis von A);

Unternehmer A erhöht den Preis – die Konkurrenten reagieren nicht oder erhöhen auch ihren Preis (entweder um denselben Betrag, um mehr oder weniger).

Durch diese Interdependenz muß folglich der Oligopolist bei seinen preispolitischen Maßnahmen jede mögliche Reaktion seiner Konkurrenten berücksichtigen. Da er aber diese Reaktionen nicht kennt, kann er nur gewisse Vermutungen über das Verhalten der Rivalen anstellen (in neuerer Zeit versucht man mit Hilfe von spieltheoretischen Ansätzen zu einer Lösung zu gelangen).

In Anlehnung an die Wirklichkeit können im Oligopolfall folgende vier Situationen als charakteristisch angesehen werden:

1. die Verdrängungspolitik,
2. die Preisstarrheit,
3. die Preisführerschaft,
4. die oligopolistische Zusammenarbeit (gemeinsame Gewinnmaximierung.

Langfristig kann die *Verdrängungspolitik* nur dann erfolgreich sein, wenn der preissenkende Oligopolist eine günstigere Kostenstruktur aufzuweisen hat als sein Konkurrent (bzw. seine Konkurrenten).

Dabei muß er auch noch folgende Gefahren berücksichtigen:

a) das mit größeren Kosten belastete Unternehmen kann größere finanzielle Reserven haben. Es könnte Verluste länger durchhalten bzw. seinen Preis unter den Preis des kämpfenden Oligopolisten senken. Ist dieser finanziell schwach, kann er so Opfer des von ihm begonnenen Krieges werden;
b) wenn aufgrund beschränkter Kapazität der Gesamtmarkt nicht oder nur zu eventuell stark steigenden Kosten beliefert werden kann, dann kann selbst bei gleicher Finanzlage der Konkurrent nicht verdrängt werden.

Diese Gefahren führen vielfach dazu, daß die Oligopolisten an ihren ***Preisen festhalten,*** weil sie befürchten müssen, durch Preissenkungen einen „Preiskampf" heraufzubeschwören (die Konkurrenten senken auch die Preise). Außerdem können sich die Oligopolisten durch Preissenkungen selbst den Markt verderben: an niedrige Preise gewöhnte Verbraucher setzen sich gegen spätere Preiserhöhungen zur Wehr.

Auch gegen Preiserhöhungen sprechen verschiedene Gründe: die durch Preiserhöhungen hervorgerufenen höheren Gewinne verstärken die Substitutionskonkurrenz, wenn die Konkurrenten die Preiserhöhung nicht mitmachen, führt dies zu erheblichen Absatzverlusten, außerdem rufen Preissteigerungen sehr oft den Staat, die Gewerkschaften und die Öffentlichkeit auf den Plan. Aufgrund der Annahme, daß ein Oligopolist bei Preissenkung damit rechnen muß, daß die Konkurrenten ebenfalls ihre Preise senken und daß sie bei einer Preiserhöhung ihre Preise nicht hinaufsetzen, ergibt sich eine geknickte Nachfragekurve.

Abb. 62: Geknickte Nachfragekurve beim Oligopol

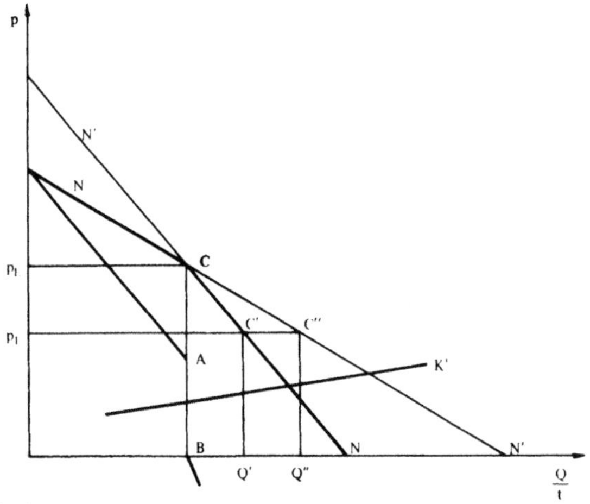

p = Preis
$\frac{Q}{t}$ = Menge pro Zeiteinheit
C = Cournot'scher Punkt
E' = Grenzerlös
K' = Grenzkosten

Der Anbieter (ein Oligopolist) hat die Preismengenkombination C verwirklicht. Senkt nun dieser Anbieter den Preis von p_E auf p_1, so muß er damit rechnen, daß die Konkurrenten mit Preissenkungen folgen. Wenn nicht, wäre der Mengenzuwachs größer (bei nachziehender Konkurrenz von C auf C' ohne Preissenkung der Konkurrenz von C nach C''). Bei oligopolistischer Konkurrenz reagiert deshalb die Nachfrage bei Preissenkung unelastischer (C auf C') als beim Monopol (C auf C'').

Bei Preiserhöhung werden die Konkurrenten möglicherweise nicht nachziehen, da ihnen die Nachfrage zuwächst, die der preiserhöhende Anbieter verliert. Als alleiniger Anbieter operiert er bei Preiserhöhungen auf der Kurve CN', hat er Konkurrenten auf CN. Bei C weist die *Nachfragekurve NN des Oligopolisten einen Knick* auf. Wegen dieses Knickes hat der positive Teil der Grenzerlöskurve einen Unbestimmtheitsbereich AB, so daß selbst ein Kostenanstieg die gewinnmaximale Situation nicht ändert, solange K' durch AB verläuft.

Dieser Verlauf der Nachfragekurve gilt jedoch nicht in konjunkturellen Expansionsphasen. Bei großen Auftragsbeständen werden die Unternehmer bei Preissenkungen nicht reagieren, weil sie kaum einen Nachfrageausfall befürchten müssen. Bei Preiserhöhungen werden sie hingegen mitziehen, weil auf Grund der steigenden Einkommen die Preisforderungen erfüllt werden. Zum Teil resultieren die Preissteigerungen im konjunkturellen Aufschwung auch daraus, daß der Kostenrückstau auf Grund der günstigen Marktlage abgebaut wird. Während bei Preisstarrheit die einzelnen Oligopolisten noch mehr oder weniger autonom handeln, können sie bei wachsendem Sicherheitsbedürfnis dazu übergehen, eine kollektive Preispolitik zu betreiben und eine sogenannte *Preisführerschaft* zu entwickeln. Als sogenannten Preisführer kann man entweder den größten Oligopolisten wählen (dieser setzt den Preis fest, die Konkurrenz paßt sich an), oder aber den Oligopolisten mit der besten Marktübersicht. Auf diese Weise wird verhindert, daß sich die Oligopolisten untereinander ruinöse Konkurrenz machen.

Die Orientierung an einem Preisführer kann sehr leicht den Übergang zu einer noch engeren Bindung zur Folge haben, nämlich zu direkten Vereinbarungen zwischen den Oligopolisten. Die Unternehmen arbeiten dann nicht mehr gegeneinander, sondern miteinander. Man spricht in diesem Zusammenhang auch von einer *gemeinsamen Gewinnmaximierung (Kartelle).* Die Anbieter wissen, daß sie voneinander abhängig sind. Der Gesamtgewinn und seine Verteilung wird im Oligopol durch ihr Verhalten bestimmt. Die *Anbieter maximieren* daher ihren *Gesamtgewinn, wenn sie sich verhalten wie ein Angebotsmonopolist* (sowohl bezüglich Preis als auch Menge). Die Nachfrage wird dabei als gegeben angenommen, dann wäre die Preismengenkombination am günstigsten, die der Monopolist verwirklichen würde (*Cournot'*-scher Punkt). Ein einzelner Oligopolist kann zwar auf Kosten der anderen seinen Marktanteil vergrößern, sein Verhalten reduziert dann aber den gemeinsamen Gewinn aller.

Die Anbieter tendieren umso mehr zu einer gemeinsamen Gewinnmaximierung:

- je stärker die Abhängigkeit voneinander (sehr ähnliche Produkte und Produktionsmethoden, gleiche Marktanteile, kleine Zahl der Anbieter) ist;
- je schwieriger der Marktzutritt (Patente, Marken) ist;
- je leichter geheime Abkommen zu treffen sind und
- je ähnlicher die Erwartungen der Unternehmer betreffend zukünftiger Wirtschaftslagen sind.

Die Zusammenarbeit kann auf mündlicher Absprache beruhen (sogenannte „Frühstückskartelle") oder aber die Kooperation erfolgt aufgrund vertraglich vereinbarter Kartellabsprachen. Dadurch wird der freie Wettbewerb gefährdet (es werden oft ineffiziente Produktionsmethoden weitergeführt) und es kommt zur Konzentration an wirtschaftlicher und unter Umständen politischer Macht. Durch Kartellgesetze versucht der Staat, Nachteile, die sich daraus für Konsumenten und freien Wettbewerb ergeben, zu verhindern.

3.C.12. *Ebenso wie Produkte können auch Märkte verschiedene Entwicklungsphasen durchlaufen,* nämlich: eine Experimentierungsphase, eine Expansionsphase, eine Ausreifungsphase und eine Stagnationsphase. Versucht man mit Heuss[12] eine Zuordnung von *Marktphasen* und *Marktformen,* so ergibt sich das in Abbildung 63 gezeigte Bild.

Die Verläufe von A, B und C geben verschiedene Entwicklungsmöglichkeiten der behandelten Marktformen während der einzelnen Marktphasen wieder. Der Verlauf A zeigt beispielsweise, daß mit der Expansion eines Marktes auch die Anbieterzahl zunimmt, wobei sich dann in der Ausreifungsphase sowohl die Expansion der Produktion als auch die Zunahme der Zahl der Anbieter verlangsamt.

Abb. 63: Entwicklungsphasen von Märkten

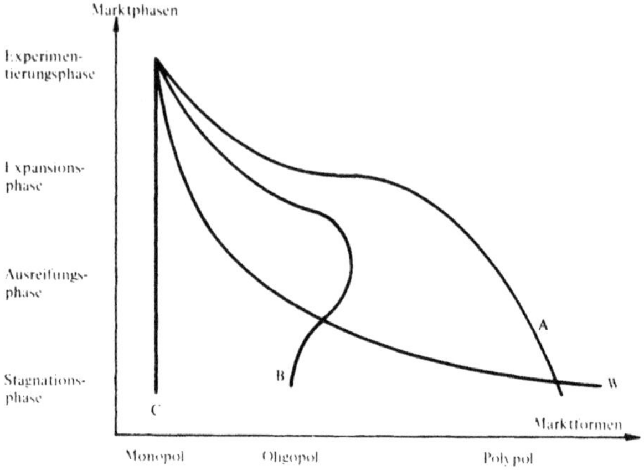

Elastizitäten als Instrumente markt- und preistheoretischer Analysen

3.C.13. *Preis-Nachfrage-Elastizität:* Da bei ***normaler Reaktion der Nachfrage*** nach einem Gut die Preis- und Mengenänderungen gegenläufig sind (eine Preissenkung bewirkt eine Erhöhung der nachgefragten Menge), ist normalerweise die *Preis-Nachfrage-Elastizität* eine ***negative Größe***. Da sich jedoch aus dem Zusammenhang ergibt, wie der Ausdruck verstanden werden soll, kann man das Vorzeichen weglassen und die Elastizität als absolute Größe auffassen (bzw. durch Multiplikation mit -1 erhält man eine positive Größe, mit der leichter zu rechnen ist).

N = f(p), somit Preis-Nachfrage-Elastizität $\eta = \frac{dN}{dp} \cdot \frac{p}{N}$.
(N = Nachfrage, p = Preis)

Anhand einer *linearen Nachfragekurve* kann man obigen Sachverhalt wie folgt darstellen (siehe Abb. 64).

Sinkt der Preis um EF (BG), so steigt die nachgefragte Menge um HI (oder GC). Setzt man die Streckenabschnitte ein in die Formel oben, so ergibt sich $\eta = \frac{GC}{BG} \cdot \frac{OE}{OH}$. Da die Dreiecke BGC und BHD ähnlich sind, kann man auch schreiben $\eta = \frac{HD}{HB} \cdot \frac{OE}{CH}$ oder da OE = HB $\eta = \frac{HD}{CH}$ oder $\frac{BD}{AB}$ oder $\frac{OE}{AE}$.

Abb. 64: Preis-Nachfrage-Elastizität

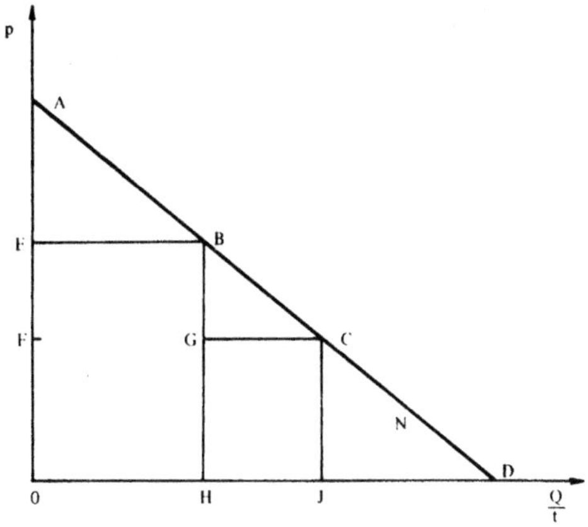

p = Preis
N = Nachfragekurve (-gerade)
$\frac{Q}{t}$ = nachgefragte Menge pro Zeiteinheit

Abb. 65: Elastizitätsbereiche

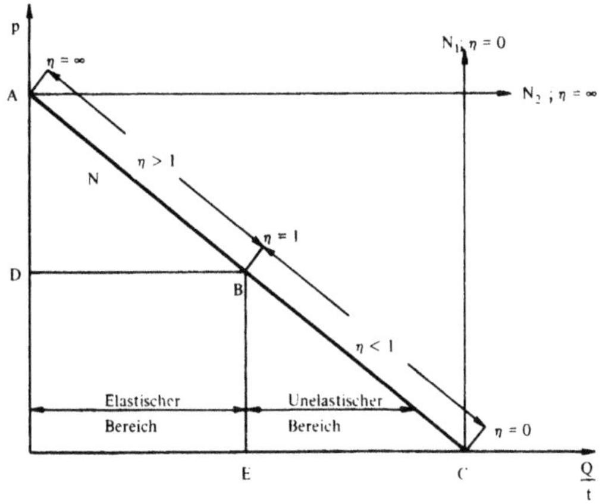

Die *Preis-Nachfrage-Elastizität* ist also das Verhältnis des rechten Teils zum linken Teil einer linearen oder einer Tangente an eine nichtlinearen Nachfragekurve, durch den Meßpunkt in zwei Teile zerlegt. Durch die Entsprechung kann die Elastizität auch auf der Abszisse oder der Ordinate gemessen werden.

Die Elastizität im Punkt B ist gleich dem Verhältnis der Strecken EC zu OE. Falls EC > OE, dann ist die Elastizität > 1, sonst < 1. In unserem Fall sind beide Strecken gleich lang, daher Elastizität = 1.

Die Elastizität ist für jeden Punkt der Nachfrage verschieden. Auch eine Nachfragegerade hat *keine konstante* Elastizität, sondern weist alle Elastizitätswerte von ∞ (Berührungspunkt mit der Preisgeraden) über 1 (Halbierungspunkt der Kurve) bis 0 (Berührungspunkt mit der Abszisse) auf.

Weitere Möglichkeit zur Elastizitätsbestimmung: man zieht eine verlängerte Diagonale durch C und B. Schnittpunkt mit der Tangente zu Punkt A links oben: Elastizität > 1 – Schnittpunkt rechts unten: Elastizität < 1.

Abb. 66: Graphische Elastizitätsbestimmung

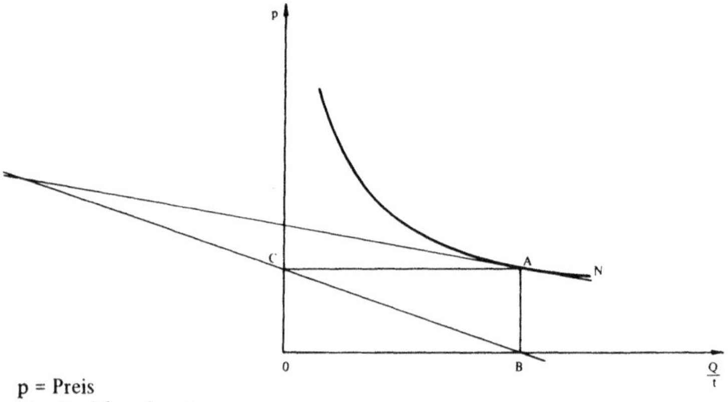

p = Preis
N = Nachfragekurve
$\frac{Q}{t}$ = nachgefragte Menge pro Zeiteinheit

Die Preis-Nachfrage-Elastizität kann sein:

∞ *vollkommen elastische Nachfrage.* Wenn beispielsweise eine Preissenkung bewirkt, daß eine bisher überhaupt nicht gekaufte Ware nachgefragt wird,

Abb. 67: Verschiedene Preis-Nachfrage-Elastizitäten

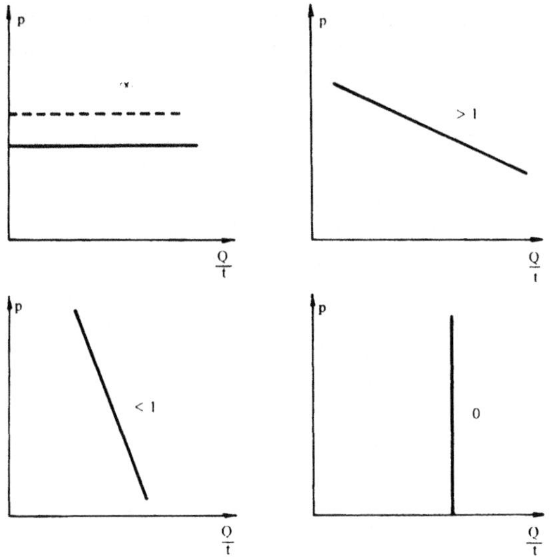

p = Preis

$\frac{Q}{t}$ = nachgefragte Menge pro Zeiteinheit

>1 *elastische Nachfrage.* Preisänderungen haben große Auswirkungen auf die Nachfrage, hauptsächlich bei sogenannten Luxusartikeln (z. B. Fernsehapparate) anzutreffen,

<1 *unelastische Nachfrage.* Preisänderungen haben relativ geringe Auswirkungen auf die Nachfrage, hauptsächlich bei sogenannten lebensnotwendigen Gütern (z. B. Brot, Milch) anzutreffen,

0 *starre Nachfrage.* Preisänderungen haben überhaupt keinen Einfluß auf die Nachfrage, es wird immer dieselbe Menge (z. B. Salz) nachgefragt.

Für die Höhe der *Preis-Nachfrage-Elastizität* eines Gutes sind *Substitutionsmöglichkeiten* von Bedeutung. Ausweichmöglichkeiten auf Substitute erhöhen nämlich die Preis-Nachfrage-Elastizität. Wenn beispielsweise der Preis für Butter steigt, kann die Nachfrage nach Butter beträchtlich zurückgehen, da die Konsumenten auf Margarine ausweichen können. (Die Werbung für Butter sucht dem Rechnung zu tragen: „Butter kann durch nichts ersetzt werden.") Andere Güter wiederum sind nicht (oder fast nicht) substituierbar, z. B. Salz, daher geringe Preis-Nachfrage-Elastizität bzw. Elastizität 0.

In erster Linie ist die Preis-Nachfrage-Elastizität eines Gutes jedoch davon abhängig, wie eng oder wie weit das betreffende Gut definiert wird. Die Preis-Nachfrage-Elastizität nach einem Auto einer bestimmten Firma wird beispielsweise einen anderen Wert haben, als wenn alle PKWs zu einer Warengruppe „Auto" zusammengefaßt werden. Im ersten Fall bestehen genügend Substitutionsmöglichkeiten, nämlich andere Automarken. Im zweiten Fall kämen als eventuelle Substitute nur in Frage: Fahrrad, Motorrad bzw. öffentliche Verkehrsmittel.

Die indirekten Preis-Elastizitäten:

Man bezeichnet damit die *Reaktion der Nachfrage* auf Änderungen bei den *Preisen anderer Güter.* Die zugrundeliegende Nachfragefunktion lautet also: $N_a = f(p_b)$, d. h. die Nachfrage nach der Ware a ist abhängig vom Preis der Ware b.

$$a, b = \frac{dNa}{dp_b} \cdot \frac{p_b}{Na}$$

oder $\dfrac{\text{prozentuale Änderung der Nachfrage von Gut A}}{\text{prozentuale Änderung des Preises von Gut B}}$

Die indirekte Preis-Elastizität kann von minus unendlich bis plus unendlich variieren. Komplementargüter werden negative und Substitutionsgüter positive indirekte Preis-Elastizitäten aufweisen. Der numerische Wert der indirekten Preis-Elastizität wird dabei umso größer sein, je enger die Relation der Substituierbarkeit bzw. Komplementarität ist. Haben die beiden Güter wenig Beziehung zueinander, dann wird ihre indirekte Preis-Elastizität nahe an Null herankommen.

Die indirekten Preis-Elastizitäten bezeichnet man häufig auch als *Kreuzpreis-Elastizitäten,* da die Nachfrageänderungen nicht auf Preisänderungen bei dem gleichen Gut, sondern auf Preisänderungen eines anderen Gutes zurückzuführen sind. Daneben ist noch der Fall denkbar, daß Preis- und Nachfrageveränderungen von 2 oder mehreren Gütern kreuzweise verknüpft sind.

3.C.14. *Preis-Angebots-Elastizität:* Die Unternehmer werden normalerweise umso größere Mengen eines bestimmten Gutes anbieten, je höher der Preis des betreffenden Gutes ist. Das Angebot (A) ist also eine Funktion des Preises (p), A = f(p).

Die *Preis-Angebots-Elastizität* wird demnach definiert als:

$$= \frac{dA}{dp} \cdot \frac{p}{A} \text{ oder } \frac{\text{prozentuale Änderung der angebotenen Menge}}{\text{prozentuale Änderung des Preises}}.$$

Die Preis-Angebots-Elastizität kann ebenso wie die Preis-Nachfrage-Elastizität alle Werte von Null bis Unendlich annehmen.

Die Preis-Angebots-Elastizität kann sein:

∞ *vollkommen elastisches Angebot.* Eine Preiserhöhung bewirkt beispielsweise, daß bisher nicht verkaufte Ware angeboten wird.

> 1 *elastisches Angebot.* Eine relativ geringe Preisänderung bewirkt eine größere Änderung des Angebotes, z. B. bei Plastikspielzeug.

Abb. 68: Preis-Angebots-Elastizitäten

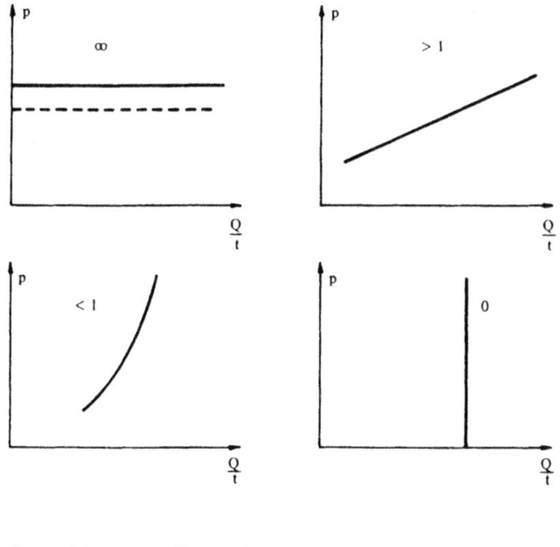

p = Preis

$\frac{Q}{t}$ = nachgefragte Menge pro Zeiteinheit

< 1 *unelastisches Angebot.* Eine relativ große Preisänderung hat eine geringere Angebotsänderung zur Folge, beispielsweise bei Weizen.

0 *starres Angebot.* Trotz einer Preisänderung erfolgt keine Änderung des Angebotes; ein einzelner Fischer wird seinen Tagesfang zu jedem Preis anbieten, da seine Ware sonst verdirbt (unter der Annahme, daß keine entsprechenden Lagermöglichkeiten bestehen).

Die *Preis-Angebots-Elastizität* hat jedoch die Tendenz, im *Zeitablauf größer* zu sein als in der Augenblickssituation (*Marshall*). Dies hat seine Ursache in der Reaktionszeit des Angebots auf veränderte Preissituationen. Jede Produktion von Gütern erfordert nämlich eine gewisse Zeit, die von Gut zu Gut verschieden ist. Somit kann die Preis-Angebots-Elastizität zu einem bestimmten Zeitpunkt t_0 gleich Null sein, im Zeitablauf jedoch größer werden. Dazu ein Beispiel: es kann nicht mehr Weizen angeboten werden, als zu einem bestimmten Termin verfügbar ist, auch wenn der Preis sehr hoch wäre. Der hohe Preis wird aber für die Produzenten einen Anreiz liefern, mehr Weizen anzubauen. Erst im Zeitpunkt der nächsten Ernte (t_1) wird dann möglicherweise mehr Weizen angeboten werden können. Das Ansteigen des Preises für Weizen führt also nicht sofort zu einem Anstieg des Angebotes, sondern erst nach Ablauf der nächsten Produktionsperiode: im Zeitpunkt t_0 wäre somit die Preis-Angebots-Elastizität O, im Zeitraum t_0 bis t_1 jedoch größer als 0.

3.C.15. *Einkommenselastizität der Nachfrage:*

$$N = f(Y);\quad \text{Elastizität}\quad r = \frac{dN}{dY} \cdot \frac{Y}{N} \quad \text{oder}$$

$$r = \frac{\text{prozentuale Änderung der nachgefragten Menge}}{\text{prozentuale Änderung des Einkommens}}.$$

Im Normalfall ist die Einkommenselastizität positiv ($< 1, >1$). Für Nahrungsmittel gilt das *Engel*sche Gesetz, d. h. die Einkommenselastizität ist für diese Güter < 1. Bei einem inferioren Gut ist die Einkommenselastizität negativ. bei einem Sättigungsgut Null.

Die *Einkommenselastizität* eines bestimmten Gutes ändert sich, wenn sich das Einkommen ändert, d. h. die Reaktion der Nachfrage auf Änderungen und Einkommen ändert sich mit dem Einkommensniveau. Bei einem sehr geringen Einkommen eines Konsumenten wird beispielsweise überhaupt nichts für Bekleidung aus feiner Wolle ausgegeben, die Einkommenselastizität der Nachfrage ist Null. Steigt das Einkommen des Konsumenten, so wird er auf billige Substitutionsgüter verzichten können, und seine Nachfrage nach Wollkleidung wird rasch zunehmen, die Einkommenselastizität wird hoch sein. In einer gewissen Einkommenslage wird der Konsument eher in der Lage sein, jede gewünschte Bekleidung zu kaufen, die Nachfrage wird auch bei einer weiteren Erhöhung seines Einkommens unverändert bleiben, die Einkommenselastizität der Nachfrage ist innerhalb eines bestimmten Bereiches wieder gleich Null. Jenseits eines bestimmten Punktes, also bei noch höherem Einkommen, wird der Konsument möglicherweise für einen Teil seines Konsums von Wolle auf Seide überwechseln, die Nachfrage wird abnehmen, die Einkommenselastizität der Nachfrage wird negativ.

Abb. 69: Änderungen der Einkommenselastizität der Nachfrage

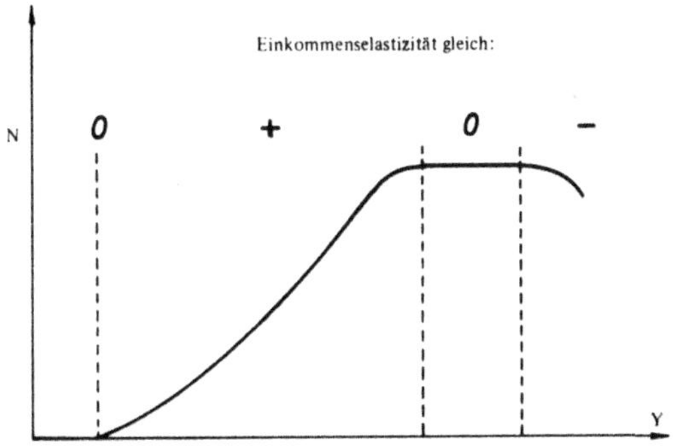

N = Nachfrage nach einem bestimmten Gut
Y = Einkommen

Diese Variabilität der Reaktion der Nachfrage auf Veränderungen des Einkommens ist eine der Hauptursachen für die Re-Allokation der Ressourcen einer Volkswirtschaft und einer der Hauptgründe, weshalb es im Zuge eines Strukturwandels dazu kommt, daß bestimmte Sektoren *expandieren* während andere *schrumpfen.*

(1) Dabei wird der *nachfragebedingte Expansionseffekt* in jenen Wirtschaftszweigen am stärksten sein, deren Güter sowohl eine hohe Einkommenselastizität aufweisen als auch sich obendrein noch infolge besonders rascher *Produktivitätsfortschritte* relativ zu anderen verbilligen (z. B. dauerhafte Konsumgüter).

(2) Auch in Wirtschaftszweigen, die von den *Einkommenselastizitäten hochgradig begünstigt* werden, aber andererseits infolge geringer Produktivitätsfortschritte den Nachteil einer *relativen Verteuerung* aufweisen, sind starke nachfragebedingte *Expansionseffekte* möglich (z. B. Dienstleistungen).

(3) Jedoch können auch starke *relative* Preissenkungen infolge raschen Produktivitätsfortschritts sehr *geringe* Einkommenselastizitäten in ihrem Effekt auf die Nachfrage nicht überwinden, so daß Wirtschaftszweige, die diesen Bedingungen unterliegen, dennoch relativ schrumpfen werden (z. B. die Landwirtschaft).

Ist eine *Engel-Kurve* gegeben, so ist es, abgesehen von der rechnerischen Ermittlung von Einkommenselastizitäten auch möglich, die Werte der Einkommenselastizitäten auf graphischem Wege einfach und schnell zu schätzen:

Abb. 70: Graphische Ermittlung von Einkommenselastizitäten der Nachfrage bei Engel-Kurven

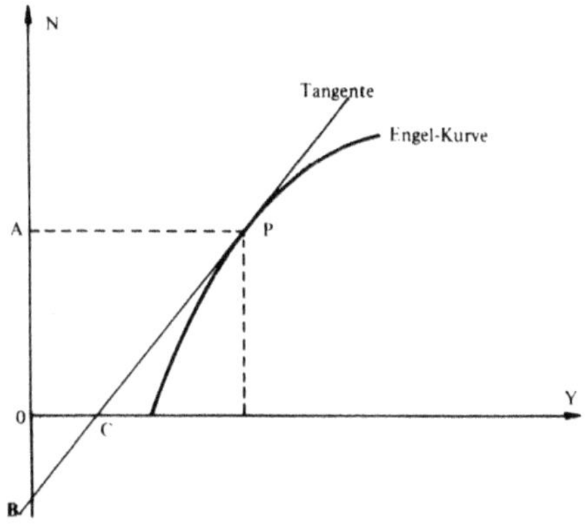

N = Nachfrage
Y = Einkommen

Die Einkommenselastizität im Punkt P der Engel-Kurve ist gleich $\frac{dN}{dY} \cdot \frac{Y}{N}$. Die Einkommenselastizität wird folglich wiedergegeben durch $\frac{BA}{PA} \cdot \frac{AP}{OA} = \frac{BA}{OA}$.

$\frac{BA}{OA}$ entspricht $\frac{BP}{OP}$. Dieses Stechenverhältnis auf der Tangente an die Engel-Kurve führt zu dem Satz: die Einkommenselastizität in P ist gleich dem Verhältnis des Tangentenabschnittes zu den beiden Achsen. Wenn die Tangente durch den Ursprung geht, ist der Berührungspunkt mit der *Engel-Kurve* gleichzeitig der Trennungspunkt zweier unterschiedlicher *Elastizitätsbereiche:* in diesem Punkt ist die Nachfrageelastizität gleich eins, links von diesem Punkt sind die Elastizitäten größer, rechts kleiner als 1. Werden die Verbrauchsausgaben für das betreffende Gut rückläufig (bei steigendem Einkommen), bezeichnet man das Gut als *inferior,* die Nachfrageelastizität wird negativ.

Demnach sind bei dem allgemeinen Typ der Engel-Kurven zwei „*Äste*" zu erkennen: der Ast positiver Elastizitäten und der negativer. Jeder Kurvenast ist in die Bereiche elastischer und unelastischer Nachfrage zu trennen[13]:

Abb. 71: Elastizitätsbereiche von Engel-Kurven

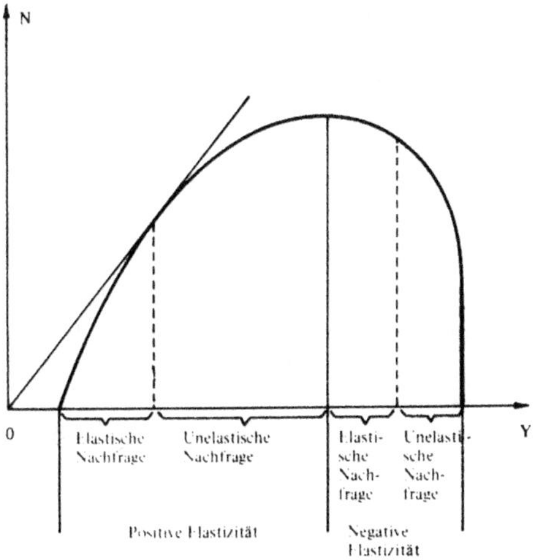

N = Nachfrage
Y = Einkommen

3.C.16. *Produktionselastizität:* (Input-Output-Elastizität) Hier geht es darum, einen Zusammenhang zwischen der Änderung des Inputs und der Änderung des Outputs zu formulieren:

$$\frac{\text{\% Änderung des Outputs}}{\text{\% Änderung der Inputs}}.$$

Die *Höhe dieses Elastizitätskoeffizienten* wird im wesentlichen davon abhängen:

1. wie schnell das Management des betreffenden Unternehmens reagiert;
2. ob die vorhandenen Kapazitäten ausgelastet sind oder nicht;
3. sind sie nicht ausgelastet, so wird es hier wieder davon abhängen, welche Güter produziert werden sollen, welche technischen Verfahren zur Verfügung stehen usw.

Kurz gesagt, es werden alle jene Einflußfaktoren zum Tragen kommen, die wir bereits im Bereich der Produktionstheorie als outputrelevant kennengelernt haben.

An dieser Stelle ist es wesentlich, auf den grundsätzlich immer bestehenden *Time-lag* zwischen dem Anfallen des Outputs und dem marktmäßigen Angebot des betreffenden Produktes bzw. der betreffenden Produkte hinzuweisen. Denn das Vorhandensein eines bestimmten Outputs bedeutet noch nicht, daß das betreffende Gut auch auf dem Markt angeboten wird. Ob nämlich ein bestimmter *Output* zu einem marktmäßigen *Angebot* führt, hängt ab vom Nachfrageniveau und der Nachfragestruktur, der Preissituation auf dem betreffenden Markt zu einem bestimmten Zeitpunkt, den Preiserwartungen hinsichtlich der eigenen Produkte und denen von vergleichbaren Konkurrenzprodukten.

Es sind sehr wohl Fälle denkbar, in denen ein bestimmter Output bewußt „gehortet" wird, um entweder einen besseren Erlös zu erzielen, oder aber eine bessere Versorgung des Marktes zu erreichen. Ist etwa die Streikintensität im Land A relativ groß, so wird ein Importeur im Land B Fertigprodukte aus dem Land A in wesentlich größerem Umfang auf Lager nehmen, als dies die augenblickliche Marktlage erfordern würde. Man könnte in diesem Fall von *strategischen Outputlagern* sprechen.

Bisher wurde von der vereinfachten Annahme ausgegangen, daß

zwischen der im Nenner stehenden Ursache und der im Zähler stehenden Wirkung ein Time-lag von 0 liegt, d. h. daß beide Größen auf denselben Zeitpunkt bezogen sind. Diese Vereinfachung wird nun fallengelassen; es muß realistischerweise davon ausgegangen werden, daß etwa im Falle einer Preis-Nachfrage-Elastizität eine Preisänderung (Preissenkung oder Preiserhöhung) nicht in der *gleichen* Periode zu einer Nachfrageänderung führen wird. Man bedenke etwa nur den Zeitraum, der notwendig ist, um vorhandene Gewohnheiten abzubauen und erfolgte Datenveränderungen zu erkennen (Erkennungsverzögerung).

Robertson arbeitet (bei den Einkommenselastizitäten) etwa mit einem Time-lag von einer Periode, d. h. das Einkommen einer Periode t_0 wird erst in der Periode t_1 nachfrage(-ausgabe) wirksam. Im Hinblick auf die Produktionselastizität könnte man mit dem *Lundberg-lag* argumentieren, demzufolge eine Periode zwischen der Änderung der Nachfrage und der Änderung des Outputs verstreicht.

Berücksichtigt man das zeitliche Element, sind folgende Fälle denkbar, auf die *Streissler* hingewiesen hat:

a) Wegen der zum Abbau von Gewohnheiten und des Bewußtwerdens veränderter Daten benötigten Zeitspanne ist die *langfristige Nachfrage elastischer als die kurzfristige,* wobei die langfristige Elastizität als die Summe aller kurzfristigen Elastizitäten definiert ist. Preisänderungen benötigen daher oft eine erhebliche Zeit, bis ihre volle Wirkung sichtbar wird.

b) Eine *anhaltende Inflation* führt wahrscheinlich zu einer *Senkung* insbesondere der *kurzfristigen Preiselastizitäten* (Preissteigerungen werden als alltäglich hingenommen und stoßen auf geringeren Kaufwiderstand). In der Reaktion auf eine Preissteigerung wird vom Konsumenten *nicht* mehr die Annahme der *Kostanz,* sondern eine vage Annahme der ungefähren *Parallelentwicklung aller Preise* getroffen. Die genannte Veränderung gilt für die *Preiselastizität* von Gütergruppen, während andererseits die Preiselastizität bezüglich verschieden hoher Preisnachlässe bei Anbietern gleicher (Marken-) Waren steigen kann. Das Sinken der Elastizität dürfte bei entbehrlicheren Gütern besonders stark sein, da diese in einer Inflation meist auch noch durch eine Differenzierung der Einkommensverteilung begünstigt werden.

3.D. *Kontrollfragen*

1. Was verstehen Sie unter dem Begriff „Markt"?

2. Erklären Sie die folgenden Funktionen von Märkten:
   (2.1.) Preisbildungsfunktion
   (2.2.) Koordinierungsfunktion
   (2.3.) Allokationsfunktion

3. Wodurch ist die vollständige Konkurrenz gekennzeichnet?

4. Elastizitäten setzen grundsätzlich die relative Änderung einer . . . . im Verhältnis zur . . . . Änderung einer anderen Größe, der man die . . . . der Wirkung zuschreibt.

5. Wann erfolgt eine Bewegung entlang der Nachfragekurve, wann erfolgt hingegen eine Verschiebung derselben?

6. Zeigen Sie die möglichen Auswirkungen eines staatlich festgesetzten Höchstpreises, der unter dem Gleichgewichtspreis liegt, auf.

7. Einer der Hauptgründe für die Reallokation der Ressourcen einer Volkswirtschaft ist die Variabilität der Reaktion der Nachfrage auf Veränderungen der . . . .

8. Warum hat bei monopolistischer Konkurrenz der Anbieter einen Einfluß auf die Höhe des Preises?

9. Worin liegt die Ursache der Tatsache, daß die Preis-Angebotselastizität die Tendenz hat, im Zeitablauf größer zu sein als in der Augenblickssituation?

10.Warum können Monopolisten auf die Dauer nur schwer ihre Marktstellung halten?

11.Welche Größe der Preis-Nachfrageelastizität würden Sie für Zigaretten angeben:
(11.1.) gegen 0 . . . . □
(11.2.) < 1 . . . . □
(11.3.) > 1 . . . . □
(11.4.) gegen ∞ . . . . □

12.Je . . . . die Nachfrage ist, desto mehr kommen die Konsumenten in den Genuß einer Subvention, die z. B. den Unternehmen gewährt wird.

13.Erklären Sie die Hypothese der gemeinsamen Gewinnmaximierung der Oligopolisten.

14.Beschreiben Sie die Elastizitätsbereiche der Preis-Nachfrageelastizität bei einer Nachfragegeraden von links oben nach rechts unten.

15.Wann ist beim Monopol der Gesamtgewinn maximal?

16.Was verstehen Sie unter asymetrischer Preisstarrheit bei Oligopolen?

17.Erklären Sie den Begriff der monopolistischen Konkurrenz.

18.Für einen einzelnen Betrieb verläuft die Nachfragekurve (Nachfragegerade) bei vollständiger Konkurrenz . . . . zur Mengenachse.

19.Bei vollständiger Konkurrenz (ohne staatliche Eingriffe) kommt stets nur ein Preis zustande, der sog. . . . .

20.Ein Oligopol liegt vor, wenn ein Gut nur von einer .... von Anbietern angeboten wird, so daß Änderungen der Aktionsparameter eines Anbieters im .... der anderen Anbieter spürbar sind.

21.Was versteht man unter dem sog. „Cournotschen Punkt" des Monopolisten?

22.Die Preis-Nachfrageelastizität auf einer bestimmten Produktions- oder Absatzstufe ist um so höher, je näher diese zum Endverbraucher hin liegt. Begründen Sie diese Hypothese.

23.Das Gewinnmaximum eines einzelnen Betriebes bei vollständiger Konkurrenz ist dann erreicht, wenn die .... gleich dem .... (Preis) sind; oder auf die Gesamtgrößen bezogen: wenn die .... an die Gesamtkostenkurve parallel zur .... verläuft.

24.Wodurch wird Ihrer Meinung nach die marktmäßige Nachfrage nach einem Gut beeinflußt?

25.Wann spricht man von einem vollkommenen Markt?

26.Was verstehen Sie unter indirekten Preiselastizitäten?

27.Wie wirken sich die im folgenden aufgezählten Einflußfaktoren auf die Preis-Nachfrage-Elastizität aus?
(27.1.) Höhe des Preises eines Gutes
(27.2.) Grad der Substituierbarkeit
(27.3.) Notwendigkeit eines Gutes (z. B. Luxusgut)
(27.4.) Permanente Preissteigerungen

3.E. *Literaturhinweise*

Rothschild, K. W., Price Theory and Oligopoly, in: Economic Journal (47), 1947.

Weintraub, S., Price Theory, New York 1949.

Ott, A. E., Marktform und Verhaltensweise, Stuttgart 1959.

Rose, K., Kreuz-Preiselastizitäten und Konkurrenzbeziehungen, in: Jahrbücher für Nationalökonomie und Statistik, 1958.

Brandt, K., Preistheorie, Ludwigshafen/Rh. 1960.

Stigler, G. J., The Theory of Price, 5. Aufl., New York 1961.

Krelle, W., Preistheorie, Tübingen-Zürich 1961.

Kade, G., Die Grundannahmen der Preistheorie, Berlin-Frankfurt 1962.

Kyrer, A., Der „Markt" in volkswirtschaftlicher Sicht, in: Der Markt, Heft 3, 1965.

Arndt, H., Mikroökonomische Theorie, 1. u. 2. Bd., Tübingen 1966.

Tuchtfeldt, E., Organisierte Markttransparenz und Wettbewerb, in: Schweizerische Zeitschrift für Volkswirtschaft und Statistik, 102 Jg., Heft 1, 1966.

Ott, A. E., Preistheorie, in: Kompendium der Volkswirtschaftslehre (1), hrsg. von W. Ehrlicher, I. Esenwein-Rothe, H. Jürgensen, K. Rose, Göttingen 1967.

Preistheorie, hrsg. von A. E. Ott, 3. Aufl., Köln-Berlin 1968.

Scherhorn, G., Der Wettbewerb in der Erfahrungswissenschaft. Ein Beitrag zur Allgemeinen Theorie des Marktes, in: Hamburger Jahrbuch für Wirtschafts- und Gesellschaftspolitik, 1969/14.

Hayek, F. A. von, Der Wettbewerb als Entdeckungsverfahren, in: Freiburger Studien, Tübingen 1969.

Jansen, B., Die Bedeutung der Information in der Preis- und Wettbewerbstheorie, Berlin 1970.

Heuss, E., Das Oligopol, in: Wirtschaftswissenschaftliches Studium (wist), 1. Jg., H. 2, S. 53 ff., 1972.

Sondergutachten des Sachverständigenrates „Zu den gesamtwirtschaftlichen Auswirkungen der Ölkrise", Drucksache 7/1456 vom 19. Dezember 1973.

IV. Elemente der Volkswirtschaftlichen Gesamtrechnung

4.A. Problemstellung

Volkswirtschaftliche Gesamtrechnungen sind angewandte Kreislaufanalysen. Durch sie sollen alle quantifizierbaren Wirkungen, die von ökonomischen Transaktionen in einer bestimmten Periode (meist ein Jahr) ausgehen, erfaßt werden. Zu diesem Zweck müssen makroökonomische Aggregate gebildet werden und zwar in zweifacher Hinsicht: einerseits müssen die individuellen Wirtschaftseinheiten zu *Sektoren* zusammengefaßt werden (institutionelle Aggregation), andererseits müssen aus mikroökonomischen Einzelgrößen makroökonomische *Aggregate* gewonnen werden (funktionelle) Aggregation).

Grundsätzlich erfüllen Volkswirtschaftliche Gesamtrechnungen folgende Funktionen:

1. Auswahl und Testen von makroökonomischen Hypothesen,
2. Bereitstellung von Informationen für wirtschaftspolitische Entscheidungen,
3. Kontrollgrundlage zur Überprüfung, ob und inwieweit bestimmte wirtschaftspolitische Ziele erreicht wurden oder nicht.

In Kapitel IV. werden nur jene Grundbegriffe und definitorischen Zusammenhänge der Volkseinkommens- und Volksvermögensrechnung behandelt, die zum Verständnis der Erklärungsmuster in Kapitel V.– VIII. erforderlich sind.

4.B. Grundbegriffe

Grundsätzlich ist zwischen einer institutionellen und einer funktionellen Aggregation zu unterscheiden.

Im Zuge der *institutionellen Aggregation* werden die individuellen Wirtschaftseinheiten zu folgenden Sektoren zusammengefaßt:

1. Staat;
2. private Haushalte einschließlich privater Organisationen ohne Erwerbscharakter;
3. Unternehmen;
4. Ausland.

ad (1): Der *Staat* umfaßt den Bund sowie die Gebietskörperschaften der Länder und Gemeinden, ferner Zweckverbände, soweit sie Aufgaben erfüllen, die denen der Gebietskörperschaften entsprechen, die Sondervermögen des Bundes sowie die Sozialversicherungen.

ad (2): In den Sektor der *privaten Haushalte* sind die privaten Organisationen ohne Erwerbscharakter eingeschlossen, wie Kirchen, religiöse und weltanschauliche Organisationen, karitative, kulturelle und wissenschaftliche Organisationen, politische Parteien, Gewerkschaften usw.

ad (3): Zu den *Unternehmen* rechnen alle Institutionen, die vorwiegend Waren und Dienstleistungen produzieren bzw. erbringen und diese gegen spezielles Entgelt verkaufen, das in der Regel Überschüsse abwirft oder mindestens die Kosten deckt. Hierzu gehören unter anderem auch landwirtschaftliche Betriebe, Handwerksbetriebe und freie Berufe, ferner Unternehmen, unabhängig von ihrer Rechtsform. Einbezogen in den Unternehmenssektor ist auch die Wohnungsvermietung einschließlich der Nutzung von Eigentumswohnungen.

Bei der *funktionellen Aggregation* werden gleichartige Aktivitäten in vier Gruppen zusammengefaßt:

1. Produktion;
2. Einkommensverteilung;
3. Vermögensbildung;
4. Auslandsbeziehungen.

Neben den in Kapitel III. besprochenen *Leistungs-* und *Finanztransaktionen* muß hier noch auf zwei *weitere Transaktionsarten* eingegangen werden:

1. laufende und vermögenswirksame Transaktionen,
2. unterstellte Transaktionen.

ad (1): In der Volkswirtschaftlichen Gesamtrechnung ist die Unterscheidung in *laufende und vermögenswirksame Transaktionen* umstritten. *Ex definitione* wird die *Ersparnis* bei sämtlichen Sektoren als Überschuß des Einkommens über die laufenden Ausgaben als vermögenswirksame Variable behandelt. *Real gesehen* schlägt sich die Vermögensänderung in Nettoanlageinvestitionen und Vorratsveränderungen bei Unternehmen und öffentlichen Haushalten nieder. *Konsumausgaben* werden beispielsweise als laufende Ausgaben behandelt, weil Haushalte aufgrund der Definitionen der Volkswirtschaftlichen Gesamtrechnung kein Sachvermögen bilden können.

ad (2): Unterstellte Transaktionen („In-sich-Transaktionen") sind immer dort notwendig, wenn Sachverhalte im Rahmen der Volkswirtschaftlichen Gesamtrechnung aufgezeichnet werden sollen, die kreislauftheoretisch gesprochen keinen Strömungscharakter besitzen. Daher auch die Bezeichnung „In-sich-Transaktionen". So wird beispielsweise in der Volkswirtschaftlichen Gesamtrechnung der Mietwert einer Eigentumswohnung sowohl als Konsumausgabe (Miete) als auch als Einkommen der Besitzer der Eigentumswohnung behandelt. Auch der Eigenverbrauch in der Landwirtschaft wird als eine Form einer unterstellten Transaktion erfaßt.

Da es nur zu einer Transaktion kommt, wenn ein Anbieter einen Nachfrager findet, ist das Angebot (die Verkäufe) einer Periode gleich der Nachfrage (den Käufen) der gleichen Periode. Es ist dies ein trivialer, aber für das Verständnis gesamtwirtschaftlicher Zusammenhänge grundlegender Zusammenhang, auf den noch – vor allem in der Geldtheorie – zurückzukommen sein wird.

Das *effektive Angebot* an Gütern und Dienstleistungen einer Periode ist in der Regel größer als der Output der laufenden Periode und zwar im Umfang des Lagerabbaues, der sich sowohl auf Input-Lager als auch auf Output-Lager erstrecken kann, und den Importen. Die *effektive Nachfrage* einer Periode besteht aus folgenden Komponenten: den Investitionen, den Vorleistungen, dem Konsum und den Exporten. Unter *Output* (Ausstoß oder Bruttoproduktionswert) versteht man, wieviel Güter und Dienstleistungen in einer bestimmten Periode erbracht wurden, gleichgültig, ob diese nun in der gleichen Periode verkauft werden konnten oder nicht.

Zwei Arten von Outputs sind zu unterscheiden:

a) *autonome Outputs,* das sind Güter, die für die Endnachfrage bestimmt sind,

b) *intermediäre Outputs* (oder Zwischennachfrage), das sind Güter, die für die Weiterverarbeitung bestimmt sind. Vermindert man den Output um die Vorleistungen, so erhält man die *Bruttowertschöpfung* (= Nettoproduktionswert). Zieht man von dieser noch die Position „Abschreibungen" und die Position „indirekte Steuern abzüglich Subventionen" ab, so erhält man die *Nettowertschöpfung*. Sie ist gemeint, wenn man kurz von der *Wertschöpfung* spricht.

Der gesamte Output besteht aus zwei Komponenten: der Zwischennachfrage und der Endnachfrage.

Unter *Zwischennachfrage* versteht man die Summe der von allen Sektoren erbrachten Vorleistungen. Diese Vorleistungen (sekundärer Input oder intermediärer Input) können aus drei Quellen stammen: aus der laufenden Inlandsproduktion, aus einem Lagerabbau und aus Importen.

Die *Endnachfrage* besteht aus dem Konsum, den Bruttoinvestitionen und dem Export.

Der *Input* besteht aus dem sekundären Input (Intermediärer Input, Vorleistungen), und dem primären Input.

Der *primäre Input* stellt die von den Produktionsfaktoren in einer bestimmten Periode erbrachten Leistungen dar. Er wird meist residual als Differenz zwischen Output und sekundären Inputs ermittelt und besteht aus folgenden fünf Bestandteilen:

a) Importe,
b) Gewinne,
c) Löhne,
d) indirekte Steuern minus Subventionen,
e) Abschreibungen.

Die *volkswirtschaftliche Abschreibung*, die sich von der betriebswirtschaftlichen unterscheidet, wird vom jeweiligen *Wiederbeschaffungswert* gerechnet (und nicht vom Anschaffungswert) und sie berücksichtigt nur die *technische Abnutzung* (tatsächliche Lebensdauer) der Investitionsgüter, nicht aber das Risiko der wirtschaftlichen Entwertung. Den Abschreibungen ist die Annahme unterstellt, daß das sachliche Anlagevermögen einen jährlich gleichbleibenden Teil seines Wertes verliert, der in den Wert der erzeugten Produkte eingeht.

Wertmäßig entspricht dem primären Input das *Bruttoinlandsprodukt zu Marktpreisen*. Vermindert man dieses um die Abschreibungen (zu Wiederbeschaffungspreisen), so erhält man das *Nettoinlands-*

produkt zu Marktpreisen. Dieses wieder reduziert um die sog. indirekten Steuern und ergänzt um die Subventionen, da diese bei den Unternehmen eine zusätzliche Quelle für Leistungseinkommen darstellen, ergibt das *Nettoinlandsprodukt zu Faktorkosten* (siehe Abb. 72). Der Präfix „brutto" bedeutet also im Bereich der Volkseinkommensrechnung stets, daß in dem jeweiligen Begriff Abschreibungen enthalten sind. „Netto" bedeutet demgegenüber, daß Abschreibungen bereits abgezogen wurden. „Zu Marktpreisen" bedeutet, daß die Position „indirekte Steuern minus Subventionen" noch im jeweiligen Begriff enthalten ist, „zu Faktorkosten" aber, daß die gleiche Position bereits abgezogen wurde.

Bleibt noch die Erläuterung des Begriffspaares „nominelle Rechnung – reale Rechnung". Sowohl Nationalprodukt wie Volksvermögen werden in Geldeinheiten ausgedrückt. Erfolgt diese Berechnung zu laufenden Preisen, dann spricht man von einer *nominellen Rechnung.*

Da sich die Aggregate der Volkswirtschaftlichen Gesamtrechnung sowohl mengen- als auch preismäßig laufend verändern, und daher untereinander nicht mehr vergleichbar wären, muß man versuchen, Preisschwankungen zu eliminieren. Dies kann auf zwei Wegen geschehen:

1. durch die Bildung von Indices,
2. durch die Methode der realen Rechnung.

Ist etwa das Bruttonationalprodukt um 4,5 % gestiegen, so möchte man wissen a) ob das Produktionsvolumen gestiegen, b) die Preise gestiegen oder c) beide Effekte eingetreten sind.

Durch die Methode der *realen Rechnung* werden Preisänderungen ausgeschaltet, indem man die Produktionswerte nicht mehr zu laufenden Preisen, sondern in Preisen eines bestimmten Basisjahres bewertet.

4.C. Definitorische Zusammenhänge

4.C.1. Volkseinkommensrechnung

Es bestehen drei Methoden der Berechnung des Volkseinkommens:

1. *Entstehungsrechnung:* hier wird ermittelt, was an Gütern und

Abb. 72: Struktur von Input- und Outputgrößen der Volkseinkommensrechnung

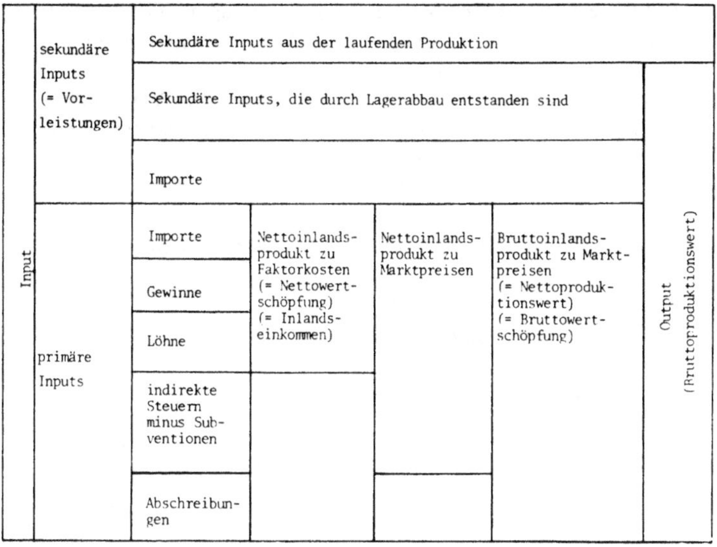

Dienstleistungen neu geschaffen wurde; es geht somit um die Erfassung der Nettowertschöpfung der einzelnen Sektoren.

2. *Verteilungsrechnung:* Es wird ermittelt, was den (Produktions-) Faktoren als Entgelte für ihre Mitwirkung im Rahmen von Produktionsprozessen (Faktoreinkommen) zugeflossen ist.
3. *Verwendungsrechnung:* Es wird ermittelt, was für Konsum und Investition bzw. Außeninvestition zur Verfügung steht; es werden also die Ausgaben für verschiedene Verwendungszwecke erfaßt.

Die statistische Qualität der nach den verschiedenen Berechnungsarten erhobenen Daten ist unterschiedlich.

Für das Bruttonationalprodukt als ganzes wird der Bereich der möglichen Schätzungsfehler mit 5 % angegeben. Der Genauigkeitsgrad ist bei den Konten Staat und Sozialversicherung sowie bei den Positionen „Arbeitnehmereinkommen" und „Anlageinvestitionen" sehr hoch, bei den übrigen Einkommensarten und dem privaten Konsum geringer. Besondere Erfassungsschwierigkeiten bestehen bei der Erfassung der Lagerveränderungen und der Berücksichtigung von Abschreibungen.

Grundsätzlich werden alle Daten unabhängig voneinander erstellt. Am besten fundiert ist die Entstehungsrechnung. Die Zuverlässigkeit der Verteilungs- und Verwendungsrechnung hängt weitgehend davon ab, mit welcher Fehlerquote die Ausgangspositionen der Entstehungsrechnung ermittelt wurden.

Da es sich bei der Entstehungs-, Verteilungs- und Verwendungsrechnung um drei *saldenlose* volkswirtschaftliche Bilanzen handelt, kann man diese in Form eines Würfels zur Darstellung bringen, wobei die Oberfläche des Würfels unterschiedlich strukturiert ist.

Abb. 73: Entstehungs-, Verteilungs- und Verwendungsrechnung.

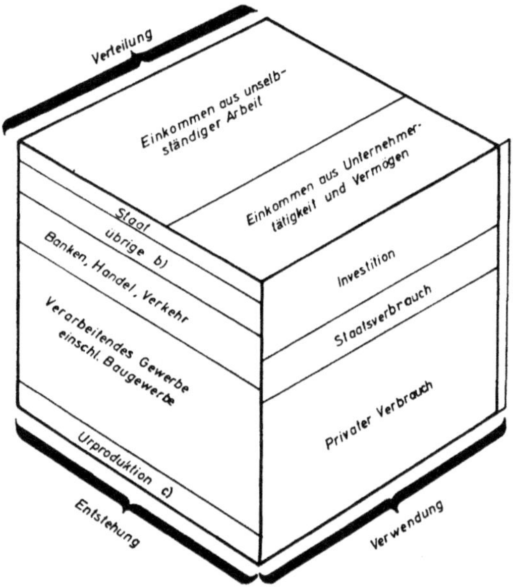

Nach: Ingeborg Esenwein-Rothe, Theorie der Wirtschaftsstatistik, in: Kompendium der Volkswirtschaftslehre, Band II, Göttingen 1968, S. 509.

Zu (1) Entstehungsrechnung: Aus der Perspektive der Entstehungsrechnung ist das Volkseinkommen die Summe aller sektoralen Nettowertschöpfungen. Das *Bruttonationalprodukt* zu Marktpreisen errechnet sich als Summe der gesamten Bruttowertschöpfung und umfaßt den Gesamtwert der Güter und Leistungen der letzten Verwendungsstufe (d. h. diese Werte sind von allen Doppelzählungen bereinigt), die in einem bestimmten Zeitraum von der Wohnbevölkerung eines Landes erzeugt werden.

Dabei werden alle jene Güter und Leistungen in den Begriff der Produktion einbezogen, die gegen Geld getauscht werden.

Das *Volkseinkommen* oder *Nettonationalprodukt zu Faktorkosten* wird über die Entstehungsrechnung als Summe der gesamten Nettowertschöpfung, welche bei der Produktion von Gütern und Dienstleistungen entsteht, berechnet.

Summe aller Outputs	=	Bruttoproduktionswert
– *Vorleistungen*		
= Nettoproduktionswert	=	Bruttonational(sozial)produkt zu Marktpreisen = Summe aller Bruttowertschöpfungen
– *Abschreibungen*		
– *indirekte Steuern + Subventionen*		
= Nettonational(sozial)produkt zur Faktorkosten = Volkseinkommen = Summe aller Nettowertschöpfungen		

Zu (2) Verteilungsrechnung: In der Verteilungsrechnung wird ermittelt, was den Trägern der Produktionsfaktoren in einer Periode an Einkommen als Entgelt für wirtschaftliche Leistungen zugeflossen ist. Bei der zu verteilenden Größe geht es somit um das *Volkseinkommen,* welches alle Leistungsentgelte umfaßt, die der Wohnbevölkerung eines Landes (physische und juristische Personen) in einem Jahr aus ihrer wirtschaftlichen Tätigkeit zufließen.

Direkte Steuern zählen zum Volkseinkommen, indirekte Steuern dagegen nicht. Begründet wird dies dadurch, daß *direkte Steuern* aus Einkommen bezahlt werden müssen (z. B. Einkommensteuer), während *indirekte Steuern* (z. B. Umsatzsteuer) durch Berücksichtigung im Preis auf die Käufer abgewälzt werden, wodurch sie die Preise, aber nicht die Einkommen berühren. *Abgeleitete Einkommen* oder *Transfereinkommen* (Renten, Pensionen, Unterstützungen, Sozialleistungen, Beihilfen) werden nicht zum Volkseinkommen gerechnet, da sie kein Entgelt für Leistungen darstellen. In der *Verteilungsrechnung* des Volkseinkommens wird unterschieden, zwischen Einkommen aus unselbständiger Arbeit und Einkommen aus Unternehmertätigkeit und Vermögen.

Das *Bruttoeinkommen aus unselbständiger Arbeit* umfaßt die Bruttolohn- und -gehaltssumme zuzüglich der Arbeitgeberbeiträge zur Sozialversicherung. Wegen fehlender statistischer Unterlagen sind bestimmte freiwillige Sozialleistungen, wie Aufwendungen zur zusätzlichen Alters- und Krankenvorsorge, noch nicht einbezogen. Das *Bruttoeinkommen aus Unternehmertätigkeit und Vermögen* enthält das Einkommen der privaten Haushalte und des Staates aus Gewinn, Zinsen, Nettomieten und -pachten, und zwar nach Abzug der Zinsen auf Konsumentenschulden bzw. auf die öffentliche Schuld. Dazu kommen die nicht ausgeschütteten Gewinne der Unternehmen mit eigener Rechtspersönlichkeit (Kapitalgesellschaften, Genossenschaften usw.). Die Anteile der Sektoren am Volkseinkommen enthalten noch die direkten Steuern, diejenigen der privaten Haushalte außerdem die Beiträge zur Sozialversicherung.

Erhöht man den Anteil der privaten Haushalte (und privaten Organisationen ohne Erwerbscharakter) am Volkseinkommen um die Renten, Pensionen, Unterstützungen und ähnliches, die die privaten Haushalte usw. vom Staat und von der übrigen Welt bezogen haben, und zieht man von dieser Summe die von ihnen an den Staat geleisteten direkten Steuern, Sozialversicherungsbeiträge und sonstigen laufenden Übertragungen sowie die an die übrige Welt geleisteten laufenden Übertragungen ab, ergibt sich das *verfügbare Einkommen* des Haushaltssektors. Das verfügbare Einkommen der privaten Haushalte kann sowohl einschließlich als auch ohne nichtentnommene Gewinne der Einzelunternehmen und Personengesellschaften dargestellt werden. Dasselbe gilt für die *Ersparnis der privaten Haushalte,* die man erhält, wenn man vom verfügbaren Einkommen den privaten Verbrauch abzieht.

Zu (3) Verwendungsrechnung: Im Zentrum der Verwendungsrechnung steht die Berechnung der Investitionen, des privaten und öffentlichen Konsums sowie des Außenbeitrages in Form der Gegenüberstellung von Importen i. e. S. und Exporten i. e. S. bzw. Importen i. w. S. und Exporten i. w. S.

Die *Investitionen* werden eingeteilt in Anlageinvestitionen (Ausrüstungen und Bauten) und Lagerinvestitionen.

Die *Anlageinvestitionen* umfassen die gesamten privaten und staatlichen Käufe dauerhafter Produktionsmittel sowie die selbsterstellten Anlagen. Als dauerhaft werden in diesem Zusammenhang diejenigen Produktionsmittel angesehen, deren Nutzungsdauer mehr als ein Jahr beträgt und die normalerweise aktiviert und abgeschrieben werden; ausgenommen sind geringwertige Güter. Die Anlageinvestitionen werden unterteilt in Ausrüstungsinvestitionen (Maschinen und maschinelle Anlagen, Fahrzeug usw.) und Bauinvestitionen (Wohngebäude, Verwaltungsgebäude, sonstige gewerbliche Bauten, Straßen, Brücken, Wasserwege usw.).

Die *Lagerinvestitionen* werden zu Wiederbeschaffungspreisen bewertet und sind damit frei von Scheingewinnen und -verlusten, die aus den preisbedingten Änderungen der Buchwerte resultieren konnten.

Der *private Konsum* umfaßt die Güter- und Dienstleistungskäufe der inländischen privaten Haushalte für Konsumzwecke sowie den Eigenverbrauch (Käufe minus Verkäufe, ohne Investitionsgüter) der privaten Organisationen ohne Erwerbscharakter. Neben den tatsächlichen Käufen sind auch bestimmte unterstellte Käufe inbegriffen, wie der Eigenverbrauch der Unternehmer, der Wert der Nutzung von Eigentümerwohnungen und ähnliches. Der Verbrauch von Geschäftskosten wird nicht zum privaten Verbrauch gerechnet, sondern zu den Vorleistungen der Unternehmen. Nicht enthalten sind ferner die Käufe von Grundstücken und Gebäuden, die zu den Investitionen zählen.

Der *öffentliche Konsum* entspricht den Aufwendungen des Staates für Verwaltungsleistungen, die der Allgemeinheit ohne spezielles Entgelt zur Verfügung gestellt werden. Zu den Aufwendungen für Verwaltungsleistungen zählen die Waren- und Dienstleistungskäufe des Staates (ohne Käufe von Investitionsgütern für zivile Zwecke), die Einkommen der im Staatsdienst Beschäftigten, ferner unterstellte Nettomieten für die vom Staat benutzten eigenen Gebäude und Abschreibungen auf diese Anlagen und das bewegliche Sachvermögen. Um den Staatsverbrauch zu ermitteln, wird von den Aufwendungen der Wert der Staatsleistungen abgesetzt, die verkauft oder für die Gebühren erhoben werden. Zu den laufenden Aufwendungen für Verteidigungszwecke zählen auch die Käufe von Rüstungsgütern und militärischen Bauten. Sachleistungen der Sozialversicherung, der Sozialhilfe usw. an private Haushalte zählen zum öffentlichen und nicht zum privaten Konsum.

Unter den *Exporten i. e. S. (Importen i. e. S.)* versteht man die Ausfuhr (Einfuhr) von materiellen Gütern (Investitionsgütern, Verbrauchs- und Konsumgüter). Die *Exporte i. w. S.* bzw. die *Importe i. w. S.* werden demgegenüber wie folgt berechnet:

Wareneinfuhr	Warenausfuhr
+ Reiseverkehr, Ausgänge	+ Reiseverkehr, Eingänge
+ Sonstige Dienste, Ausgänge	+ Sonstige Dienste, Eingänge
+ Statistische Korrektur	
= Importe i. w. S.	= Exporte i. w. S.

Die Differenz zwischen den Importen i. w. S. und den Importen i. w. S. wird *Außenbeitrag* genannt; bei Überwiegen der Exporte i. w. S. ist er positiv, bei Überwiegen der Importe i. w. S. ist er negativ. Der Außenbeitrag heißt auch *Außeninvestition,* weil die Wirkungen, die von diesem Saldo ausgehen, die gleichen sind wie die einer inländischen, positiven oder negativen *Nettoinvestition.* Die Außeninvestition ist betragsmäßig identisch mit dem Leistungsbilanzsaldo. Demgegenüber umfaßt die *Netto-Auslandsposition* auch Forderungen und Verbindlichkeiten aus Finanztransaktionen. Netto-Auslandsposition ist der umfassendere Begriff.

Im Hinblick auf die Verflechtung zwischen In- und Ausland muß der Begriff des Bruttosozialproduktes noch verfeinert werden. Es muß nun unterschieden werden zwischen *Inlands-* und *Inländerprodukt* bzw. *Inlands-* und *Inländereinkommen.* Während die Errechnung des Inlandsproduktes auf dem Inlands- oder Territorialprinzip aufbaut, beruht die Berechnung des Nationalproduktes auf dem Inländerprinzip, weshalb es auch Inländerprodukt genannt wird. *Inländer* sind in diesem Zusammenhang alle natürlichen und juristischen Personen, die in dem betreffenden Land ihren ordentlichen *Wohnsitz* haben. Die Staatszugehörigkeit stellt dabei kein Kriterium dar.

Beispiel: Die Zinsen, die ein Deutscher, der auch in Deutschland wohnt, aus einer Kapitalanlage in Österreich erhält, zählen zwar zum österreichischen Inlandseinkommen und daher auch zum österreichischen Inlandsprodukt, jedoch nicht zum österreichischen Volkseinkommen bzw. Nationalprodukt. Dieses Einkommen zählt jedoch zum deutschen Volkseinkommen und Sozialprodukt.

produktionstheoretische Begriffe	einkommenstheoretische Begriffe
Inlandsprodukt (Territorialprodukt) Ergebnis des Produktionsprozesses innerhalb der geographischen Grenzen eines Landes (von In- und Ausländern erzeugt	*Inlandseinkommen* das aus dem Inlandsprodukt resultierende Einkommen (enthält auch Faktoreinkommen, die an das Ausland gehen).
Inländerprodukt (Sozialprodukt) Summe der Sachgüter und Dienstleistungen, die von Produktionsfaktoren im Besitz von Inländern unabhängig von ihrem geographischen Standort erzeugt werden.	*Inländereinkommen* das von Inländern bezogene Einkommen einschließlich der Faktoreneinkommen aus dem Ausland.

Abb. 74: Begriffliche Beziehungen zwischen Inlandseinkommen, Inländereinkommen bzw. Inlandsprodukt und Inländerprodukt

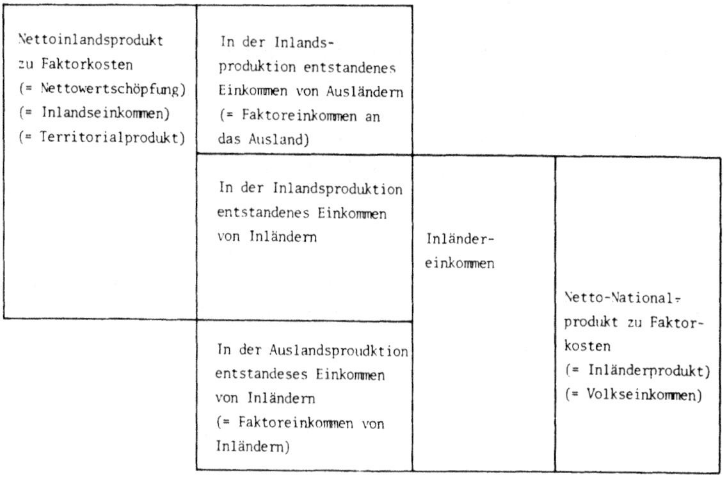

Von dem auf das Inland bezogene Inlandsprodukt kommt man daher zum auf die Inländer bezogenen Sozialprodukt durch Hinzuzählung der Faktoreinkommen aus dem Ausland und durch Abzug der ans Ausland geleisteten Faktoreinkommen.

  Inlandsprodukt
+ Faktoreinkommen aus dem Ausland
– Faktoreinkommen an das Ausland
―――――――――――――――――
  Inländerprodukt (Nationalprodukt)

Demgemäß erhält man, wenn man vom Inlandseinkommen ausgeht, das Volkseinkommen:

  Inlandseinkommen
+ Faktoreinkommen aus dem Ausland
– Faktoreinkommen an das Ausland
―――――――――――――――――
  Inländereinkommen = Volkseinkommen

Vom Nationalprodukt gelangt man zum Inlandsprodukt:

Nationalprodukt
− Faktoreinkommen aus dem Ausland
+ Faktoreinkommen an das Ausland

Inlandsprodukt

Desgleichen vom Volkseinkommen zum Inlandseinkommen:

Volkseinkommen
− Faktoreinkommen aus dem Ausland
+ Faktoreinkommen an das Ausland

Inlandseinkommen

Sind die Faktoreinkommen, die an das Ausland gehen, größer als die Faktoreinkommen, die aus dem Ausland kommen, dann ist das Inlandsprodukt größer als das Nationalprodukt. Umgekehrt ist das Nationalprodukt größer als das Inlandsprodukt. Die Verwendungsrechnung liefert primär nicht das Bruttonationalprodukt, sondern das verfügbare Güter- und Leistungsvolumen. Es ist dies die Summe aus Bruttonationalprodukt zu Marktpreisen plus Importe i. w. S. minus Exporte i. w. S. Im Falle einer *positiven Außeninvestition* ist das Bruttonationalprodukt größer als das verfügbare Güter- und Leistungsvolumen, im Fall einer *negativen Außeninvestition* ist das verfügbare Güter- und Leistungsvolumen größer als das Bruttonationalprodukt (siehe Abb. 75).

Lediglich im Fall einer geschlossenen Wirtschaft bzw. wenn sich *zufällig* die Exporte i. w. S. und Importe i. w. S. die Waage halten, wäre das Bruttonationalprodukt gleich hoch wie das verfügbare Güter- und Leistungsvolumen.

4. C.2. Volksvermögensrechnung

Unter einer *Vermögensrechnung* versteht man die Ermittlung der Bestände an Vermögensobjekten, die den Verbindlichkeiten gegenübergestellt werden. Vermögensrechnungen sind *zeitpunktbezogene Bestandsrechnungen.* Sie können für *einzelne Wirtschaftssubjekte* (z. B. Haushalte, Unternehmen), Gruppen von Wirtschaftssubjekten (Sektoren, z. B. Bankensektor) oder für eine *ganze Volkswirtschaft* (Volksvermögensrechnung) aufgestellt werden. Die Ermittlung des Vermögens eines Wirtschaftssubjektes erfolgt durch Gegenüberstellung von Aktiva und Passiva. Die Aktiva bestehen aus dem beweglichen und dem unbeweglichen Realvermögen (Sachvermögen) sowie den Forderungen, zu denen auch sämtliche Bargeld-

Abb. 75: Positive und negative Außeninvestitionen

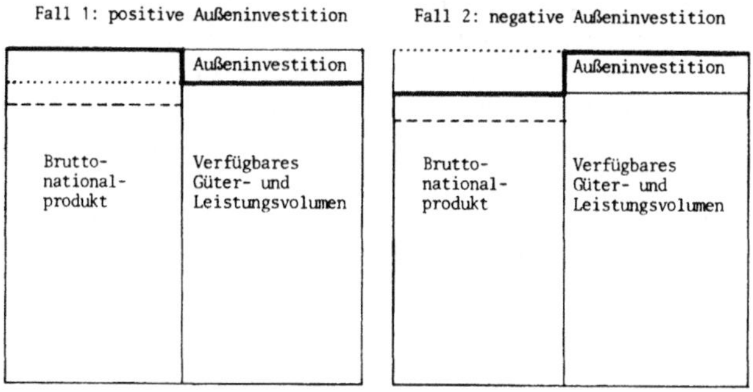

– – – – – Exporte . . . . . Importe

Die strichlierten bzw. punktierten Linien sollen zeigen, wie die Außeninvestition, die bekanntlich eine Saldengröße ist, zustande kommt. – Im Fall 1 werden dem Ausland Teile des inländischen Bruttonationalproduktes zur Verfügung gestellt und die Außeninvestition ist daher positiv, im Fall 2 ist es umgekehrt, d. h. im Inland kann über mehr Güter und Leistungen verfügt werden, als produziert worden sind. In diesem Fall könnte man wirklich von einem *Außenbeitrag* sprechen.

bestände rechnen (Forderungen gegenüber der jeweiligen Zentralbank). Auf der Passivseite werden die Verbindlichkeiten erfaßt und (als Saldo) das Reinvermögen (Nettovermögen) ausgewiesen.

Forderungen + Sachvermögen = Verbindlichkeiten + Reinvermögen.

Abb. 76: Kontenmäßige Darstellung einer Vermögensrechnung

Aktiva	Passiva
Forderungen	Verbindlichkeiten
Realvermögen	Reinvermögen

Die *Grundgleichung der Vermögensrechnung* lautet daher

Reinvermögen = Sachvermögen + Geldvermögen.

Die Differenz zwischen Bruttovermögen und Reinvermögen gibt an, in welchem Umfang andere Wirtschaftssubjekte Ansprüche auf das Bruttovermögen besitzen. Der Saldo des Reinvermögens gibt demgegenüber an, in welchem Umfang das Bruttovermögen frei von Ansprüchen Dritter ist.

Das *Geldvermögen* ist hier definiert als Differenz zwischen der Summe der Forderungen und der Summe der Verbindlichkeiten. Das Geldvermögen bezeichnet man auch als *Nettoposition* eines Wirtschaftssubjektes. Das Geldvermögen kann Null, positiv oder negativ sein. Ist das Geldvermögen positiv, so spricht man von einer *Nettogläubigerposition* (oder einem Forderungssaldo), ist es negativ, von einer *Nettoschuldnerposition* (oder einem Schuldsaldo). Ist die Nettoposition negativ und betragsmäßig größer als das Realvermögen, so liegt der Fall der *Überschuldung* vor.

Abb. 77: Arten der Nettoposition

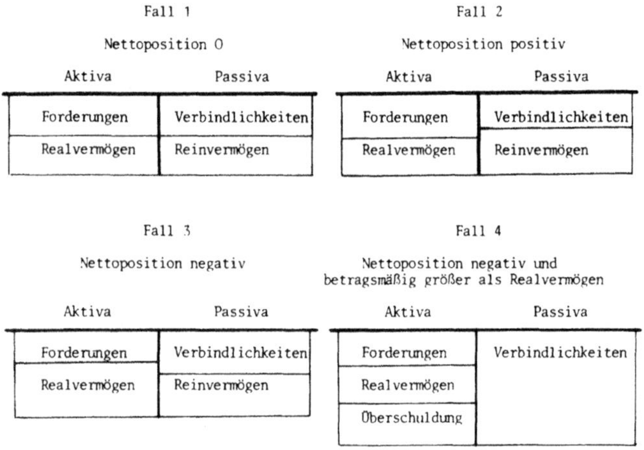

Unter dem Volksvermögen versteht man die Summe der Vermögensbestände aller Wirtschaftssubjekte eines Landes.

(a) Volksvermögen in einer geschlossenen Wirtschaft. Da innerhalb einer Volkswirtschaft jeder Forderung eines Wirtschaftssubjektes eine Verbindlichkeit eines anderen Wirtschaftssubjektes gegenübersteht, heben sich Forderungen (Einnahmen) und Verbindlichkeiten (Ausgaben) gegenseitig auf. Das Volksvermögen ist daher in diesem Fall gleich dem Realvermögen aller Wirtschaftssubjekte.

(b) Volksvermögen in einer offenen Volkswirtschaft. Im Falle einer offenen Volkswirtschaft kommt es zu Transaktionen zwischen In- und Ausländern. Die daraus resultierenden Forderungen und Ver-

Abb. 78: Volksvermögen in einer geschlossenen Volkswirtschaft

Aktiva	Passiva
Forderungen	Verbindlichkeiten
Realvermögen	Reinvermögen (Volksvermögen)

bindlichkeiten müssen in der Vermögensrechnung berücksichtigt werden. Das Volksvermögen ist daher im Fall einer offenen Volkswirtschaft gleich dem Realvermögen aller Wirtschaftssubjekte der betreffenden Volkswirtschaft zusätzlich sämtlicher Forderungen an das Ausland, abzüglich sämtlicher Verbindlichkeiten gegenüber dem Ausland.

Abb. 79: Darstellung des Volksvermögens in einer offenen Volkswirtschaft

Aktiva	Passiva
Forderungen + Forderungen an das Ausland	Verbindlichkeiten + Verbindlichkeiten an das Ausland
Realvermögen	Reinvermögen (Volksvermögen)

Eine Volksvermögensrechnung gibt u. a. darüber Auskunft, ob ein Land ein Gläubiger- oder ein Schuldnerland ist. Im ersten Fall sind die Forderungen größer als die Verbindlichkeiten, im zweiten Fall ist es umgekehrt.

Abb. 80: Volksvermögensrechnung für Land X

Volksvermögensrechnung von Land A

Aktiva	Passiva
I. Realvermögen	*III. Auslandspassiva*
A. Reproduzierbares Vermögen	A. Devisenverbindlichkeiten
1. Produktionsapparat, privar und staatlich	B. Sonstige kurzfristige Verbindlichkeiten
a) Bauten – Anlagevermögen	C. Langfristige Verbindlichkeiten
b) Ausrüstungen – Anlagevermögen	
c) Lagerbestände	*IV. Reinvermögen der Volkswirtschaft = Volksvermögen*
2. Haushaltsvermögen	
a) Gebrauchsvermögen (dauerhafte Konsumgüter)	
b) Lagerbestände (nicht dauerhafte Konsumgüter)	
B. Nicht reproduzierbares Vermögen	
1. Grundstücke	
2. Bodenschätze	
3. Kunstwerke	
II. Auslandsaktiva	
A. Monetäres Gold	
B. Devisenforderungen	
C. Sonstige kurzfristige Forderungen	
D. Langfristige Forderungen	

4.D. *Kontrollfragen*

1. Welche sachlichen und zeitlichen Verknüpfungen zwischen Leistungstransaktionen und Finanztransaktionen sind denkbar?

2. Was versteht man unter
   (2.1.) Bruttoproduktionswert
   (2.2.) Nettoproduktionswert
   (2.3.) Bruttowertschöpfung
   (2.4.) Nettowertschöpfung ?

3. Auf welche drei Arten kann die Wertschöpfung berechnet werden?

4. Was versteht man unter
   (4.1.) persönliches Einkommen
   (4.2.) verfügbares persönliches Einkommen

5. Was sind „in-sich-Transaktionen"?

6. Was bedeutet eine positive „Außeninvestition"?

7. Was versteht man unter Inländereinkommen und wie gelangt man vom Inländereinkommen zum Inlandseinkommen?

8. Im Jahr x kam es in den Sektoren „Haushalte' (H), „Unternehmen" (U), „Staat" (St), „Finanzsektor" (F) und „Ausland" (A) zu folgenden Vermögensänderungen:

	H	U	St	A	F
Realvermögen	–	58,8	18,0	–	1,6
Forderungen	38,3	18,0	8,1	13,4	78,4
Verbindlichkeiten	3,1	41,0	12,2	23,8	76,1

(8.1.) Berechnen Sie das Reinvermögen und den Finanzierungssaldo jeden Sektors.

(8.2.) Interpretieren Sie das Ergebnis in Bezug auf die verschiedenen Finanzierungssalden.

9.Wie lautet die Grundgleichung der Vermögensrechnung?

10.Das Realvermögen eines Wirtschaftssubjektes beträgt DM 10.500,–, Forderungen in der Höhe von DM 4.000,– stehen Verbindlichkeiten in der Höhe von DM 2.000,– gegenüber. Wie groß ist

(10.1.) das Geldvermögen

(10.2.) das Reinvermögen?

11.Was bedeutet eine negative Nettoposition?

12.Welche Bedeutung kommt der Kreislaufanalyse zur Analyse von Zusammenhängen zu?

13.Worin besteht der Unterschied zwischen der nominellen und der realen Berechnung des Bruttosozialproduktes?

14.Wie wird das Bruttosozialprodukt im Rahmen der Entstehungsrechnung ermittelt?

15.Wie kann man ausgehend vom verfügbaren Güter- und Leistungsvolumen das Bruttosozialprodukt ermitteln?

16.Beurteilen Sie folgenden Satz auf seine Richtigkeit: Das Bruttosozialprodukt zu Marktpreisen ist der Gesamtwert der Güter und Leistungen, die während eines Jahres von der Wohnbevölkerung eines Landes erzeugt oder bereitgestellt werden.

17. Wodurch unterscheidet sich das Bruttosozialprodukt zu Marktpreisen vom Bruttosozialprodukt zu Faktorkosten und wodurch vom Nettosozialprodukt zu Marktpreisen?

18. Wieso zählen direkte Steuern zum Volkseinkommen, indirekte hingegen nicht?

19. Wann liegt der Fall einer Überschuldung vor?

20.
(20.1.) Was bedeutet die Zahl 135 in der nachfolgenden Matrix?
(20.2.) Wie hoch ist die Nettoposition der Banken?
(20.3.) Wie groß ist die Nettoposition der privaten Haushalte gegenüber dem Bankensektor?

	Schuldner				
Gläubiger	H	U	B	St	
H	–	–	–	20	20
U	20	–	15	15	50
B	15	20	–	100	135
St	20	10	20	–	50
	55	30	35	135	255

H = Haushalte
U = Unternehmen
B = Banken
St = Staat

21. Welche Unterschiede bestehen zwischen der Volkseinkommens- und der Volksvermögensrechnung?

4.E. *Literaturhinweise*

Hofmann, W., Die volkswirtschaftliche Gesamtrechnung, Berlin 1954.

–, Volkswirtschaftliche Gesamtrechnung. Kieler Schrifttumskunden zu Wirtschaft und Gesellschaft. Arbeiten der Bibliothek des Instituts für Weltwirtschaft, Kiel 1960.

Bombach, G., Kreislauftheorie und volkswirtschaftliche Gesamtrechnung, in: Jahrbuch für Sozialwissenschaften, Bd. 11, 1960.

Colm, G., Volkswirtschaftliche Gesamtrechnung, in: Handwörterbuch der Sozialwissenschaften, Bd. 11, 1961.

Kraus, W., Volkswirtschaftliche Gesamtrechnung, Wiesbaden 1961.

Bjerke, Meyer und Rasmussen, Über die Deflationierung der volkswirtschaftlichen Gesamtrechnung, in: Weltwirtschaftliches Archiv (91), 1963.

Adam, A., Programmiertes Wirtschaften, Wien-Köln-Stuttgart-Zürich 1964.

Dürr, E., Probleme der wirtschaftlichen Auswertung der VGR, in: Zeitschrift für die gesamte Staatswissenschaft, Bd. 120, 1964.

Richter, R., Volkswirtschaftliche Gesamtrechnung, volkswirtschaftliche Finanzierungsrechnung, Zahlungsbilanz. Ein Grundriß, Wiesbaden 1966.

Krelle, W., Volkswirtschaftliche Gesamtrechnung, 2. Aufl., Berlin 1967.

Kann, A., Der Aussagewert von Makrogrößen in der Wirtschaftsstatistik. Ein Beitrag zur Methodik der Aggregation. Statistische Studien. Wirtschaftliche und sozialwissenschaftliche Arbeiten aus dem Institut für Statistik der Universität Erlangen-Nürnberg, Bd. 2, Wiesbaden 1968.

Stobbe, A., Volkswirtschaftliches Rechnungswesen, 3. Aufl., Heidelberg-New York 1973.

V. Geld- und Kredittheorie

5.A. Problemstellung

Aufgabe der *Geldtheorie* ist es, sämtliche Hypothesen zu einem Hypothesensystem zu integrieren, durch das die ***Dependenzen*** und *Interdependenzen* zwischen ***monetären*** und ***güterwirtschaftlichen Prozessen*** erklärt werden können.

Das Anliegen ist ein dreifaches: zunächst geht es darum, zu ermitteln, welche Faktoren das Geldangebot bzw. die Geldnachfrage beeinflussen; ferner soll untersucht werden, wie ein bestimmtes Geldangebot bzw. eine bestimmte Geldnachfrage das Güterangebot bzw. die Güternachfrage beeinflußt; und schließlich geht es darum zu analysieren, wie sich ein bestimmtes Güterangebot bzw. eine bestimmte Güternachfrage auf das Angebot bzw. die Nachfrage nach Geld auswirkt.

Meistens ist, wenn von Geldtheorie die Rede ist, auch die Theorie der *Geldpolitik* mit eingeschlossen. Nirgends im Bereich der Wirtschaftstheorie ist der Zusammenhang zwischen Theorie und Politik enger als im Bereich der Geldtheorie. Dies wird vor allem bei der Analyse der Geldangebotsdeterminanten besonders deutlich.

5.B. Grundbegriffe

Der spekulative Charakter geldtheoretischer Aussagen und die Existenz vieler konkurrierender Hypothesen ist zum größten Teil auf unterschiedliche Begriffsinhalte zurückzuführen. Es müssen daher die Inhalte der folgenden geldtheoretischen Grundbegriffe immer bekannt sein, sollen die jeweiligen geldtheoretischen Aussagensysteme empirisch brauchbar sein. ***Zentralbankgeld:*** Darunter versteht man Banknoten, Münzen und Sichteinlagen der Geschäftsbanken und der Nichtbanken bei der Zentralbank (Nationalbank).

Für die ***Ausgabe von Münzen*** ist eigentlich der Staat (Regierung) zuständig. In der Praxis werden jedoch die im Auftrage der Regierung neugeprägten Münzen von der Zentralbank übernommen und dafür Münzgutschriften im Nominalwert der Münzen erteilt. Deshalb und wegen des relativ geringen

Ausmaßes der Münzen am gesamten Bargeldumlauf unterstellen wir der Einfachheithalber, daß das gesamte Bargeld von der Zentralbank ausgegeben wird.

In den USA bezeichnet man das Zentralbankgeld auch als "high-powered-money", um zum Ausdruck zu bringen, daß die Geldschöpfungsmöglichkeiten der Geschäftsbanken vom verfügbaren Zentralbankgeld abhängen.

Geldmenge: Aus der Vielzahl der grundsätzlich möglichen Geldmengenbegriffe seien im folgenden drei Geldmengenbegriffe – hier durch die Buchstaben A, B und C voneinander unterschieden – näher erläutert.

Geldmenge A (auch als „Geldvolumen" bezeichnet). Besteht aus (1) Banknoten, (2) Münzen, (3) Sichtguthaben der Nichtbanken bei den Geschäftsbanken, (4) Sichtguthaben der Nichtbanken bei der Zentralbank (Nationalbank) und (5) Sichtguthaben des Staates bei der Zentralbank.

Geldmenge B (in *Deutschland* als „Geldvolumen" bezeichnet). Besteht aus den unter der Geldmenge A angeführten Komponenten (1) bis (4). Die Sichtguthaben des Staates bei der Zentralbank werden hier also nicht berücksichtigt.

Geldmenge C: In den USA zählt man zum Begriff der Geldmenge zusätzlich zu obigen Punkten (1) bis (5) der Geldmenge A noch die sog. *Geldsubstitute* (geldnahe Forderungen, „Quasigeld"), bestehend aus Spareinlagen mit gesetzlicher Kündigungsfrist und Termineinlagen mit einer Kündigungsfrist von 3 bis 6 Monaten.

Aus den bisherigen Definitionen geht hervor: Der Begriffsinhalt des Zentralbankgeldes ist einerseits *enger* als derjenige der Geldmengenbegriffe A bis C, da er die Sichteinlagen des Nichtbankensektors bei den Geschäftsbanken nicht enthält, andererseits aber auch *weiter,* da im Zentralbankgeld auch die nicht zur Geldmenge zählenden Kassenreserven der Geschäftsbanken und deren Sichteinlagen bei der Zentralbank enthalten sind (siehe nächste Seite).

Zahlungsfrequenz der Geldmenge: Häufigkeit der Verwendung einer Geldmenge *für jede Art von Zahlung* in einer bestimmten Periode (also für Leistungs- *und* Finanztransaktionen).

Kreislauffrequenz (Einkommenskreislauffrequenz) der Geldmenge: Häufigkeit der Verwendung einer Geldmenge *als Einkommen* in einer Periode (nur für Leistungstransaktionen).

Mindestreserven: Darunter versteht man jene Sichtguthaben, die die Geschäftsbanken bei der Zentralbank unterhalten müssen (berechnet in Prozenten ihrer verschiedenen Verbindlichkeiten).

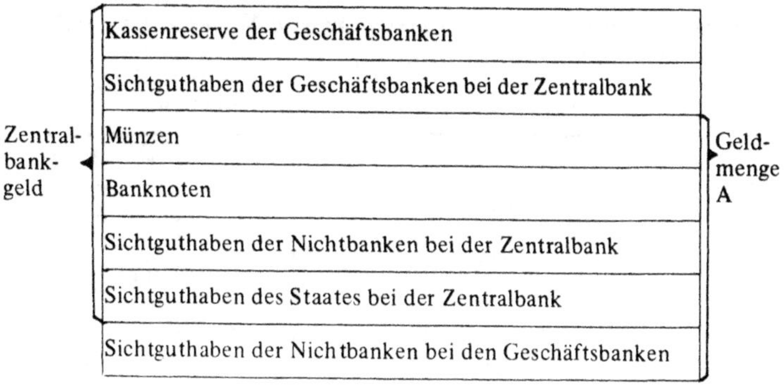

Überschußreserve: Jener Teil der Reserven der Geschäftsbanken, der nicht durch Mindestreservevorschriften gebunden ist.

Barreserve: Darunter versteht man den Bestand der Geschäftsbanken an Bargeld und ihren Sichteinlagen bei der Zentralbank.

Bargeldumlauf: Darunter versteht man den Umlauf von Münzen und Banknoten. Ist nicht zu verwechseln mit der Barreserve.

Reserve der Geschäftsbanken: Diese besteht aus

1. Mindestreserve,
2. freie Reserve,
3. Verschuldung bei der Zentralbank,
4. Nettoauslandsposition.

3. und 4. sind die beiden wichtigsten Refinanzierungsquellen der Geschäftsbanken.

Nettoposition der Nichtbanken:
Man bezeichnet damit die Differenz zwischen Guthaben und Schulden der Nichtbanken gegenüber dem Bankensektor. Wenn die Guthaben der Nichtbanken bei den Banken die Bankschulden übersteigen, so ist die Nettoposition ein *Nettoguthaben,* im umgekehrten Fall eine *Nettoschuld.*

Liquiditätssaldo des Bankensektors:
Darunter versteht man die Differenz zwischen den Einlagen von Nichtbanken bei den Banken und den Krediten der Banken an Nichtbanken. Nettoposition der Nichtbanken und Liquiditätssaldo sind *saldenmechanisch identische* Größen.

*Abb. 81: **Saldenmechanische Darstellung von Nettoposition und Liquiditätssaldo***

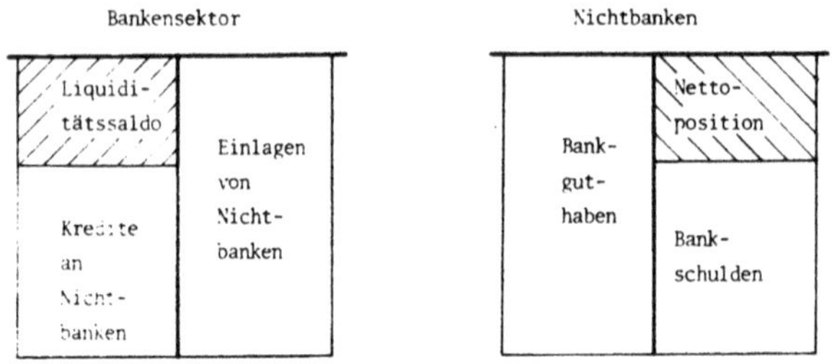

Verbessert sich beispielsweise die Nettoposition aller Nichtbanken, so heißt das, daß sie eher in der Lage sein werden, ihre Zahlungen mit Hilfe eigener liquider Mittel durchzuführen. Dieser Verbesserung der Nettoposition entspricht aber eine entsprechende Erhöhung des Liquiditätssaldos des Bankensektors, die Banken können also leichter Kredite gewähren. Überschuß und Mengel an liquiden Mitteln im Bankensektor gehen also mit Überschuß und Mangel an Liquidität bei den Nichtbanken einher.

5.C. *Geld- und kredittheoretische Erklärungsmuster*

5.C.1. ***Geld ist ein Gut wie jedes andere Gut. Es unterscheidet sich von materiellen Gütern nur durch seinen Liquiditätsgrad.*** Geld ist das liquideste Gut, weshalb der Begriff Geld meist – sieht man von Krisenzeiten ab, in denen meist materielle Güter die Funktion des Geldes übernehmen – identisch ist mit dem Begriff *Liquidität*. Je größer die Umtauschkosten sind, die entstehen, wenn Güter zu Geld gemacht (monetarisiert) werden, desto geringer ist die Geldnähe des betreffenden Gutes.

Unter *Quasi-Geld* versteht man Forderungen, die zwar in einem bestimmten Zeitpunkt nicht Geld darstellen, die aber binnen kurzem monetarisiert werden können, z. B. Sparguthaben. Unter *Geldkapital* versteht man demgegenüber alle monetären Forderungen, die nicht Geld sind und über die *nicht* mit Scheck oder Überweisung verfügt werden kann, z. B. Bankschuldverschreibungen, Nostroverpflichtungen, Kassenobligationen usw.

Dient Geld der Finanzierung von Ausgaben, so spricht man von einer *zirkulatorischen Funktion* des (Finanzierung aus der Transaktionskasse). Dient es zur Wertaufbewahrung und/oder zum Ankauf von Wertpapieren, so spricht man von der *akkumulatorischen Funktion* des Geldes (Spekulationskasse).

Was als *Zahlungsmittel* in einer Volkswirtschaft fungiert, läßt sich nicht *generell*, sondern nur jeweils für *bestimmte Gruppen* (Unternehmen, Haushalte, Geschäftsbanken, Zentralbank) definieren. Unter *Kasse* versteht man einen Bestand an Zahlungsmitteln. In *Transaktionskassen* werden Zahlungsmittelbestände gehalten für auftretende Fälle des Zahlungsbedarfes für Leistungstransaktionen (obligatorische Kasse, Nachfrage nach Geld für Transaktionszwecke). *Spekulationskassen* enthalten Zahlungsmittelbestände für Gelegenheiten vorteilhafter Geldanlage (fakultative Kasse, Nachfrage nach Geld aus spekulativen Gründen). Die in einer Volkswirtschaft vorhandenen Zahlungsmittelbestände lassen sich kontenmäßig – wobei die Verflechtung mit dem Ausland hier unberücksichtigt bleibt, wie folgt darstellen:

Abb. 82: Kontenmäßige Darstellung von Zahlungsmittelbeständen

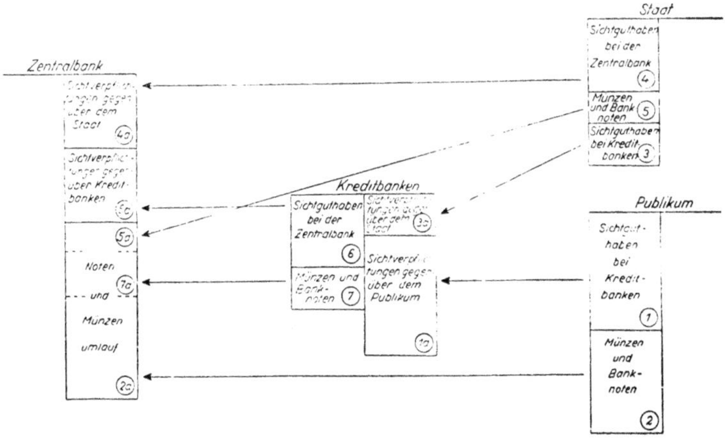

5.C.2. *Im Rahmen der ökonomischen Transaktionen ist zu unterscheiden zwischen Leistungstransaktionen, einseitigen ökonomischen Übertragungen und Finanztransaktionen.* Im Rahmen von Finanztransaktionen ist ferner zu unterscheiden zwischen Finanztransaktionen im Zusammenhang mit Leistungstransaktionen (durch Leistungstransaktionen induzierte Finanztransaktionen), autonomen Finanztransaktionen (Finanztransaktionen, die nicht im Zusammenhang mit Leistungstransaktionen stehen) und durch Finanztransaktionen induzierten Finanztransaktionen. Ökonomische Transaktionen lassen sich nach ihrer Wirkung auf das Geldvermögen der beteiligten Wirtschaftssubjekte in zwei Kategorien einteilen, und zwar in:

1. *Leistungstransaktionen*, die das Geldvermögen der Beteiligten der Höhe nach ändern;
2. *Finanztransaktionen*, die das Geldvermögen der Beteiligten nur der Zusammensetzung, nicht jedoch der Höhe nach ändern.

Zu den *Leistungstransaktionen* gehören der Tausch von Gütern gegen Forderungen und die Übertragung von Forderungen ohne Gegenleistung. Jede mit einer Leistungstransaktion einhergehende Zunahme des Geldvermögens heißt *Einnahme*, jede Abnahme des Geldvermögens *Ausgabe*, z. B. der Verkauf eines Gutes führt beim Verkäufer zu einem Forderungszuwachs oder einer Schuldenverminderung, erhöht damit sein Geldvermögen und ist eine Einnahme; für den Käufer ist dieselbe Transaktion eine Ausgabe, da sich seine Forderungen verringern bzw. seine Schulden erhöhen und somit sein Geldvermögen abnimmt.

Unter dem *Geldvermögen* (Nettoposition) eines Wirtschaftssubjektes versteht man die Summe aller Bargeldbestände (Münzen und Banknoten) zuzüglich aller Forderungen abzüglich aller Verbindlichkeiten. Das Geldvermögen eines Wirtschaftssubjektes kann *positiv* (= Forderungssaldo = Nettogläubigerposition), *negativ* (= Schuldsaldo = Nettoschuldnerposition) oder *null* sein. Das Geldvermögen ist eine Netto-*Bestandsgröße*.

Finanztransaktionen sind ausschließlich Tausch von Forderungen (z. B. der Kauf von Effekten, die Rückzahlung einer Schuld, die Emission von Obligationen (Schuldverschreibungen) oder die Abhebung von einem Sparguthaben) und ändern das Geldvermögen der Beteiligten nur der Zusammensetzung nach, nicht jedoch der Höhe. Mit Finanztransaktionen sind daher weder Einnahmen noch Ausgaben verbunden.

Bewegungen von Geld in Form von Bargeld und Sichtguthaben heißen *Zahlungseingänge* und *Zahlungsausgänge*. Sie können mit Einnahmen und Ausgaben zeitlich zusammenfallen, müssen aber nicht. Bei einem Barverkauf z. B. fallen Einnahme und Zahlungseingang beim Verkäufer sowie Ausgabe und Zahlungsausgang beim Käufer zusammen. Beim Zielverkauf hingegen, fallen Einnahme und Zahlungseingang sowie Ausgabe und Zahlungsausgang zeitlich auseinander.

Abb. 83: Zeitlicher Zusammenhang zwischen Leistungs- und Finanztransaktionen

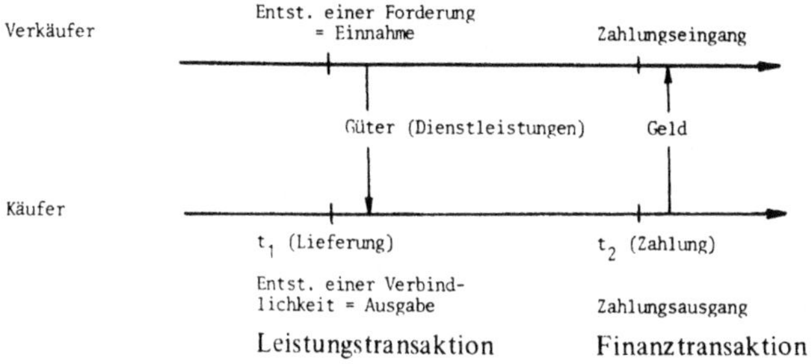

Im Hinblick auf den *Zusammenhang* zwischen Leistungs- und Finanztransaktionen und die zeitliche *Aufeinanderfolge* der beiden Transaktionsarten sind folgende Situationen denkbar:

1. Leistungstransaktion zieht Finanztransaktion nach sich; Leistungstransaktion vor Finanztransaktion.
2. Leistungstransaktion bewirkt (induziert) Finanztransaktion; Leistungstransaktion gleichzeitig mit Finanztransaktion.
3. Finanztransaktion bewirkt Leistungstransaktion; Finanztransaktion vor Leistungstransaktion.
4. Finanztransaktion bewirkt Leistungstransaktion; Finanztransaktion gleichzeitig mit Leistungstransaktion.
5. Finanztransaktion bewirkt Finanztransaktion; Finanztransaktion vor Finanztransaktion.

Abb. 84: Zusammenhang zwischen Leistungs- und Finanztransaktionen und deren zeitliche Aufeinanderfolge

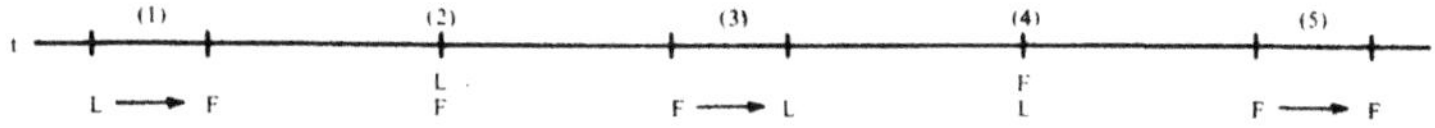

t = Zeitablauf
L = Leistungstransaktion
F = Finanztransaktion

Bei Leistungs- und Finanztransaktionen sind noch folgende weitere Zusammenhänge zu beachten:

1. Die Summe aller Zahlungseingänge während einer Periode weicht in der Regel von der Summe aller Zahlungseingänge ab. Die Differenz ist gleich der Veränderung der gesamten Zahlungsmittelbestände. Im Gegensatz zu den Einnahmen-Ausgaben-Zusammenhängen können bei Zahlungsmittelbewegungen der Zahlende und der Zahlungsempfänger identische Wirtschaftssubjekte sein. Dies ist z. B. dann der Fall, wenn ein Wirtschaftssubjekt einen Bankkredit aufnimmt oder Terminguthaben auflöst.
2. Abweichungen vom Ausgaben-Einnahmen-Gleichschritt beeinflussen den Zahlungsmittelbestand unmittelbar, eine gleichschrittige Erhöhung oder Verminderung sowohl der Einnahmen als auch der Ausgaben ändern ungeachtet der damit verbundenen Erhöhung bzw. Verminderung des Volumens der Leistungstransaktionen den Zahlungsmittelbestand nicht.

Einnahmen-Ausgaben-Gleichschritt ist nach *Stützel* dann gegeben, wenn ein Wirtschaftssubjekt seine Nettoposition nicht wesentlich verändert. In diesem Fall nehmen die Einnahmen in gleichem Umfang zu oder ab wie die Ausgaben zu- oder abnehmen.

Zahlungsgleichschritt ist dann gegeben, wenn die in einer bestimmten Periode erfolgten Zahlungseingänge und Zahlungsausgänge einander gleich oder fast gleich sind.

5.0.3. *Da die Ausgaben (= Verbindlichkeiten) eines Wirtschaftssubjektes in einer bestimmten Periode in der Regel nicht gleich sind seinen Einnahmen (= Forderungen) entstehen entweder Einnahmenüberschüsse (Finanzierungsüberschuß) oder Ausgabenüberschüsse (Finanzierungsdefizit).* Ein Finanzierungsüberschuß gibt also an, um welchen Betrag die Nettoforderungen eines Wirtschaftssubjektes und damit sein Geldvermögen während einer bestimmten Periode zugenommen hat. Analoges gilt für ein Finanzierungsdefizit: hier sind die Verbindlichkeiten größer als die Forderungen.

Die Geldvermögensbildung (Sparen) eines Wirtschaftssubjektes (Sektors) entspricht nur dann der Sachvermögensbildung (Investition), wenn die Nettoposition dieses Wirtschaftssubjektes (Sektors) gleich geblieben ist, die Veränderung der Forderungen also der Veränderung der Verbindlichkeiten entspricht. In diesem Fall ist der Finanzierungssaldo dieses Wirtschaftssubjektes (Sektors) null (als Differenz der Geldvermögensbildung und der Sachvermögensbildung bzw. der Veränderung der Forderungen und der Veränderung der Verbindlichkeiten). Saldenmechanisch gilt ferner, daß dem Finanzierungsüberschuß *eines Wirtschaftssubjektes (Sektors)* ein Finanzierungsdefizit in gleicher Höhe bei einem *anderen Wirtschaftssektor (Sektor)* gegenübersteht. Gesamtwirtschaftlich ist daher in einer geschlossenen Volkswirtschaft die Summe aller positiven und negativen Geldvermögensänderungen gleich *null.*

Werden die Größenbeziehungen („Summe aller Geldvermögensänderungen = 0" bzw. „Die Gesamteinnahmen sind stets gleich den Gesamtausgaben") nicht in der *„Einnahmen-Ausgaben-Sprache"* sondern in der *„Einkommenssprache"* formuliert, so resultiert daraus die Gleichung $I_{netto} = S$.

In einer offenen Volkswirtschaft ist der Saldo der Geldvermögensänderung von null verschieden: er ist *positiv,* wenn die Forderungen gegenüber dem Ausland größer sind als die Verbindlichkeiten, er ist *negativ,* wenn die Verbindlichkeiten gegenüber dem Ausland größer sind als die Forderungen. Der *Finanzierungssaldo des Auslandes* entspricht mit umgekehrtem Vorzeichen der *Leistungsbilanz des Inlandes.*

Der Saldo zwischen Auslandsforderungen und Auslandsverbindlichkeiten des Bankenapparates (Zentralbank und Geschäftsbanken) heißt auch *Netto-Auslandsposition.*

Da die privaten Haushalte ex definitione kein Sachvermögen (Investition) bilden, geht ihr gesamtes Sparen als positiver Finanzierungssaldo in die Finanzierungsrechnung ein. Die privaten Haushalte sind daher stets in einer Nettogläubigerposition. Demgegenüber ist das Ausmaß der Sachvermögensbildung (Investition) beim Unternehmenssektor größer als das Ausmaß der Geldvermögensbildung (Sparen); der Unternehmenssektor befindet sich daher in einer Nettoschuldnerposition, wie aus Abb. 80 ersichtlich ist.

5.C.4 *Die gegenseitigen Beziehungen zwischen Sparen, Investieren und Finanzierung* lassen sich mit Hilfe eines Venn-Diagramms veranschaulichen wie aus Abb. 85 u. 86 ersichtlich ist.

Das Feld (1) repräsentiert sämtliche Fälle, in denen Investitionen vorgenommen werden, die vollständig durch monetäres Sparen finanziert wurden.

Feld (2) gilt für die Fälle nicht-monetären Sparens, mit denen kein Finanzierungsvorgang verbunden ist und den Fall der makroökonomischen ex-post Identität von Sparen und Investieren im

Abb. 85: Vermögensbildung, Sachvermögensbildung und Einnahme-Ausgabesalden der Sektoren

Sektor	Begriff	1966 1. Halbjahr	1966 2. Halbjahr	1967 1. Halbjahr
Private Haushalte	s	+12,7	+18,9	+13,2
	i	—	—	. —
	g	+12,7	+18,9	+13,2
Unternehmen	s	+12,1	+10,1	+ 9,5
	i	+29,3	+23,3	+14,9
	g	−17,2	−13,2	− 5,4
Gebietskörperschaften	s	+ 9,1	+ 5,2	+ 6,3
	i	+ 7,5	+10,8	+ 6,9
	g	+ 1,7	− 5,6	− 0,6
Sozialversicherung	s	+ 1,0	+ 2,2	− 1,9
	i	+ 0,1	+ 0,1	+ 0,1
	g	+ 0,9	+ 2,1	− 2,0
Übrige Welt	s	+ 1,9	− 2,2	− 5,2
	i	.	.	.
	g	+ 1,9	− 2,2	− 5,2
Insgesamt	S	+36,8	+34,2	+21,9
	I	+36,8	+34,2	+21,9
	G	—	—	—

s = Änderung des Gesamtvermögens (Vermögensbildung einschließlich Vermögensübertragungen) eines Sektors.
i = Änderung des Sachvermögens (Sachvermögensbildung) eines Sektors.
g = s − i = Änderung des Nettogeldvermögens (Kasse + sonstige Forderungen − Verbindlichkeiten) eines Sektors = Finanzierungssaldo des Sektors (gemäß Statistik der Deutschen Bundesbank über die Vermögensbildung und ihre Finanzierung) = net non – financial sources of funds.

Quelle: Deutsche Bundesbank und Jahresgutachten des Deutschen Sachverständigenrates.

Sinne der Volkseinkommensrechnung, die nichts anderes besagt, als daß Sachvermögen nur in realer Form, d. h. durch Produktion von Gütern, die nicht dem Verbrauch zugeführt werden, gebildet werden kann.

Feld (3) umfaßt sämtliche Fälle der Geldvermögensbildung, ohne daß damit zunächst die Investitionstätigkeit davon berührt wird.

Feld (4) entspricht jenen Situationen, in denen Investitionen entweder auf dem Wege der Kreditfinanzierung oder der Beteiligung finanziert werden. In diesem Zusammenhang muß darauf hingewiesen werden, daß sehr häufig die Investitionstätigkeit viel mehr durch die Finanzierungsbereitschaft und die Finanzierungsmöglichkeit der Geschäftsbanken und nicht so sehr durch das Ausmaß der sich permanent vollziehenden Geldkapitalbildung begrenzt wird. Die Bildung von Geldkapital Feld (3) begünstigt zwar die Aus-

Abb. 86: Zur Entwicklung der Unternehmensfinanzierung und der privaten Ersparnis

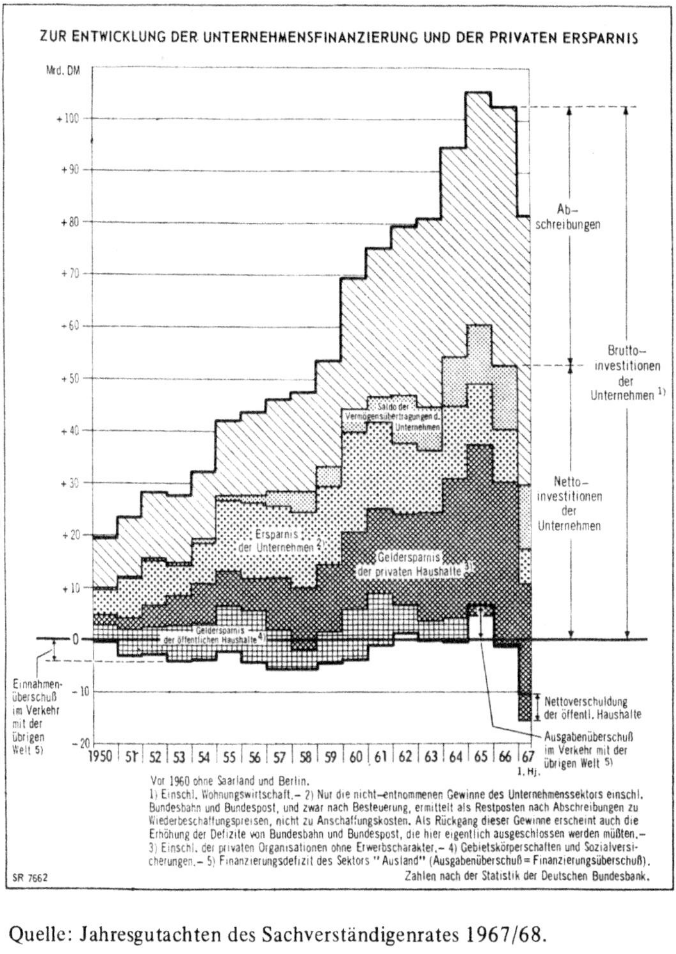

Quelle: Jahresgutachten des Sachverständigenrates 1967/68.

weitung des Sachkapitalbestandes (Kapitalstock), es existiert jedoch kein hinreichender Mechanismus, der die Investition des durch monetäres Sparen beim Finanzsektor entstandenen Geldkapitals garantieren würde.

Abb. 87: Gegenseitige Beziehungen zwischen Sparen, Investieren und Finanzierung

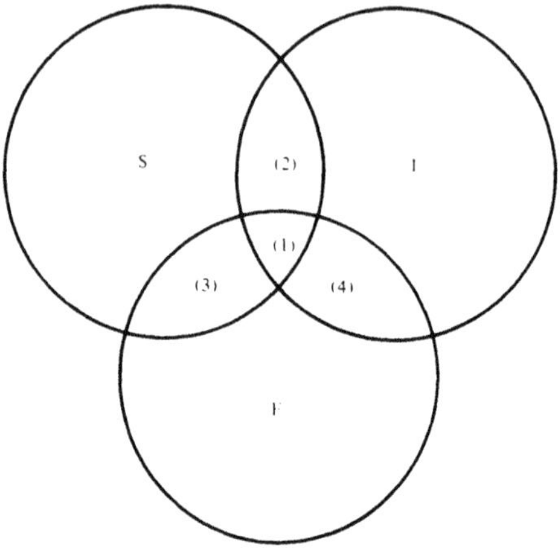

S = Sparen
I = Investieren
F = Finanzierung

5.C.5. *Die Geldmenge kann sich nur durch Transaktionen ändern, an denen Banken (Zentralbank, Geschäftsbanken) beteiligt sind.*

Geldschöpfung liegt etwa dann vor, wenn eine Bank ein Gut von einem Wirtschaftssubjekt des Nichtbankensektors erwirbt und dadurch bezahlt, daß sie dem Verkäufer des Gutes ein Sichtguthaben einräumt oder wenn der Besitzer einer Forderung gegen eine Bank diese in ein Sichtguthaben umwandelt.

Zu einer *Geldvernichtung* kommt es beispielsweise dann, wenn eine Bank aufgrund einer Transaktion mit einem Wirtschaftssubjekt des Nichtbankensektors ein Sichtguthaben in ein Terminguthaben umwandelt.

Weder Geldschöpfung noch Geldvernichtung liegt dann vor, wenn Wirtschaftssubjekte des Nichtbankensektors Zentralbankgeld in Giralgeld der Geschäftsbanken eintauschen oder umgekehrt, (z. B. Auflösung eines Sichtguthabens durch Behebung von Banknoten).

Ebenso erfolgt durch sämtliche Zahlungsvorgänge zwischen Wirtschaftssubjekten des Nichtbankensektors weder eine Geldschöpfung noch eine Geldvernichtung, unabhängig davon, ob sie mit Hilfe von Bargeld oder Giralgeld vorgenommen werden.

5.C.6. *Quellen und Arten der Geldschöpfung*

Da die im folgenden behandelten – und zum Teil sehr komplexen – Sachverhalte insbesondere von *Erich Schneider*, Einführung . . . , 3. Teil, didaktisch einwandfrei dargestellt wurden, erfolgt bewußt eine starke Anlehnung an die Formulierungen Schneiders.

Mit den Sachverhalten als solchen, die hinter dem Phänomen der Geld- bzw. Kreditschöpfung sich verbergen, hat sich in neuerer Zeit besonders *Bruno Tichy*, Bankbetriebliche und monetäre Aspekte der Geldschöpfung, Wien 1973, auseinandergesetzt, wobei die Auffassung *Tichys* von der *Schneiders* zum Teil nicht unerheblich abweicht.

Geld kann auf 3 Ebenen entstehen: 1. auf Zentralbankebene, 2. auf Geschäftsbankebene und 3. auf der Ebene der außenwirtschaftlichen Verflechtung.

Zu (1): Die *Zentralbank* hat eine *Doppelfunktion:* einerseits stellt die Zentralbank Zentralbankgeld zur Verfügung und schafft damit die erste Voraussetzung für die Durchführung von Zahlungsmittelbewegungen in einer Volkswirtschaft. Die zweite Funktion der Zentralbank besteht darin, die Zahlungsfähigkeit gegenüber dem Ausland sicherzustellen. Hier geht es in erster Linie um einen Spitzenausgleich, da ja in der Regel die meisten Transaktionen zwischen dem In- und dem Ausland über den Bankensektor abgewickelt werden. In Schwierigkeiten gerät eine Zentralbank in zwei Fällen:

a) daß sie zur Abdeckung der Spitze Zahlungsmittel benötigt, die sie selbst nicht schaffen kann (ausl. Währung),
b) die vorhandenen Goldbestände nicht ausreichen, um die intern. Zahlungsfähigkeit aufrecht zu erhalten.

Da diese Schwierigkeiten lediglich auf dem Wege einer intern. Übereinkunft überwunden werden können, wurden besonders seit dem 2. Weltkrieg in dieser Hinsicht die verschiedensten Versuche unternommen (siehe Außenwirtschaft, IWF, Sonderziehungsrechte).

Die Zentralbank (Nationalbank) schafft Geld – Zentralbankgeld – indem sie Aktiva erwirbt und mit Forderungen auf sich selbst zahlt (entweder in Form von Münzen, Banknoten oder Sichtguthaben). Diese Aktiva können primäre oder sekundäre Aktiva sein. *Primäre Aktiva* sind solche, deren Verkauf an eine Bank zu einer Erhöhung des Nettoguthabens des betreffenden Wirtschaftssubjektes führt. Der Verkäufer des Aktivums erhält von der Bank Zahlungsmittel zur freien Verfügung ohne jede zukünftige Verpflichtung gegenüber der Bank (z. B. ein Exporteur verkauft Devisen an die Zentralbank). *Sekundäre Aktiva:* Auch hier schafft die Bank im Zuge der Monetisierung von Aktiva Zahlungsmittel zur freien Verfügung des Verkäufers. Gleichzeitig hat sich aber der Verkäufer des Aktivums gegenüber der Bank in Höhe der zur Verfügung gestellten Zahlungsmittel verschuldet (z. B. Rediskontierung von Wechseln durch die Zentralbank. In diesem Fall hat der Verkäufer gegenüber der Bank eine sog. Eventualverpflichtung, d. h. falls der Bezogene des Wechsels nicht zahlt, kann sich die Bank unter anderem auch an den Verkäufer zwecks Rückzahlung der bereitgestellten Zahlungsmittelmenge wenden). Es erfolgt also in diesem Falle keine Erhöhung des Nettoguthabens des betreffenden Wirtschaftssubjektes bei der Bank, dem Zuwachs des Guthabens entspricht ein gleich großer Zuwachs an Schulden. Daraus ergibt sich auch, daß jede Geldschöpfung durch Monetisierung eines sekundären Aktivums zu einer automatischen Geldvernichtung im Zeitpunkt der Rückzahlung der Schuld führt. Keine automatische Geldvernichtung gibt es hingegen, wenn Zentralbankgeld durch den Erwerb von primären Aktiva geschaffen wird. Dazu bedarf es immer eines besonderen Entschlusses der Zentralbank.

Die Zentralbank schafft also Geld (Zentralbankgeld), indem sie entweder primäre oder sekundäre Aktiva monetarisiert. Verkauft hingegen die Zentralbank primäre oder sekundäre Aktiva (z. B. Verkauf von Devisen – Emission von Schuldverschreibungen), so tritt eine entsprechende Verminderung der Zentralbankgeldmenge ein. – Die Ausführungen über primäre und sekundäre Aktiva gelten logischerweise auch für Geschäftsbanken, nur dann nicht auf Zentralbankgeld, sondern auf Giral(Buch-)geld bezogen.

Ob nun die Zentralbank primäre oder sekundäre Aktiva erwerben oder verkaufen will, wird von ihr selbst bestimmt. Dabei ist es gleichgültig, ob der Anstoß zur Schaffung von Zentralbankgeld von einer Geschäftsbank, vom Staat oder von der Zentralbank selbst ausgeht.

Daraus ergibt sich, daß der Geldschöpfung der Zentralbank einer *geschlossenen Volkswirtschaft* (kein Außenhandel) keine anderen Grenzen gesetzt sind als die, die sie sich selber setzt, bzw. die ihr durch Gesetz vorgeschrieben werden. In einer geschlossenen Volkswirtschaft wäre demnach die Zentralbank immer liquide (bis auf gesetzliche Beschränkungen).

In einer *offenen Volkswirtschaft* (mit Außenhandelsbeziehungen) kann jedoch auch die Zentralbank zahlungsunfähig werden, weil sie dann auch Zahlungen in einem Geld leisten muß, das sie selbst nicht schaffen kann, nämlich ausländische Zahlungsmittel. Hier stößt also auch die Zentralbank an eine Grenze, die durch den Bestand an Devisen bzw. durch die Möglichkeit, sich solche zu verschaffen, gegeben ist. Siehe Kapitel VIII., Seite 301 f.

Die Geldschöpfung durch die Zentralbank wird vielfach auch als *primäre Geldschöpfung* bezeichnet, und zwar im Hinblick darauf, daß die Giralgeldschöpfung der Geschäftsbanken erst durch das Vorhandensein von Zentralbankgeld möglich wird.

Zu (2): Eine *Geschäftsbank schafft Geld,* indem sie ebenso von Wirtschaftssubjekten primäre oder sekundäre Aktiva erwirbt und mit Forderungen auf sich selbst zahl. Dieses von den Geschäftsbanken geschaffene Geld heißt jedoch Buch- oder Giralgeld (im Gegensatz zum Zentralbankgeld). Vielfach bezeichnet man die Giralgeldschöpfung der Geschäftsbanken auch als *sekundäre Geldschöpfung.* Hier müssen dann wieder zwei Arten der Geldschöpfung unterschieden werden: a) die aktive Giralgeldschöpfung, b) die passive Giralgeldschöpfung.

a) Die *aktive Giralgeldschöpfung:*

Von einer aktiven Giralgeldschöpfung spricht man dann, wenn eine Geschäftsbank eine Forderung (die nicht Geld ist) eines Wirtschaftssubjektes des Nichtbankensektors monetisiert: entweder durch den Erwerb eines primären Aktivums (z. B. ausländische Zahlungsmittel) oder eines sekundären Aktivums (z. B. Wechsel). In beiden Fällen tritt eine Erhöhung der im Nichtbankensektor befindlichen Geldmenge ein. Aktive Giralgeldschöpfung sagt man deshalb, weil die Entscheidung darüber, ob beispielsweise ein eingereichter Wechsel diskontiert wird oder nicht bzw. ein Kredit gewährt wird – sie also aktiv wird oder nicht – allein bei der Geschäftsbank liegt. Diese Art von Geschäften bezeichnet man auch als sog. Aktivgeschäfte der Geschäftsbanken.

Im umgekehrten Fall (z. B. Verkauf von Devisen an ein Wirtschaftssubjekt des Nichtbankensektors) erfolgt eine Geldvernichtung, da sich die im Nichtbankensektor befindliche Geldmenge verringert.

b) Die *passive Giralgeldschöpfung:*
Nehmen wir an, ein Kunde zahlt bei seiner Bank DM 1.000,– auf sein Girokonto in bar ein, dann erfolgt nichts anderes als ein Tausch von Zentralbankgeld gegen Giralgeld. Die Geldmenge im Nichtbankensektor hat sich dadurch nicht geändert (die Geschäftsbank hat allerdings durch diese Transaktion einen höheren Bestand an Zentralbankgeld, das – wie wir später sehen werden – für sie von großer Bedeutung ist). Hebt ein Kunde von seinem Girokonto hingegen DM 1.000,– in bar ab, dann tauscht er Giralgeld gegen Zentralbankgeld. Die Zahlungsmittelmenge im Nichtbankensektor hat sich ebenfalls nicht geändert (der Bestand der Geschäftsbanken an Zentralbankgeld hat allerdings abgenommen).

Durch Einzahlungen aus dem Nichtbankensektor bei den Geschäftsbanken (auf ein Girokonto) kommt es also zu einer Giralgeldschöpfung, durch Auszahlungen an den Nichtbankensektor zu einer Giralgeldvernichtung. Weil nun die Geschäftsbanken sich bei diesen Transaktionen ihrer Kunden passiv verhalten, spricht man in diesem Zusammenhang von einer sog. passiven Giralgeldschöpfung bzw. Giralgeldvernichtung. Wichtig ist dabei, sich immer vor Augen zu führen, daß sich durch passive Giralgeldschöpfung bzw. Giralgeldvernichtung die Geldmenge im Nichtbankensektor *nicht* ändert, weil ja die Geldmenge des Nichtbankensektors aus Zentralbankgeld und Giralgeld besteht (siehe S. 174).

Nur bei Spareinlagen haben Wirtschaftssubjekte des Nichtbankensektors die Möglichkeit, die Geldmenge (des Nichtbankensektors) von sich aus zu beeinflussen, z. B. durch Abhebungen von bzw. Einzahlungen auf Sparkonten oder Umbuchungen von Girokonten auf Sparkonten oder umgekehrt. Würde man allerdings auch die Sparguthaben zur Geldmenge zählen (und bei ökonometrischen Untersuchungen geschieht das zuweilen), dann würde sich auch durch solche Transaktionen die Geldmenge im Nichtbankensektor nicht ändern.

Abb. 88: Arten der Geldschöpfung

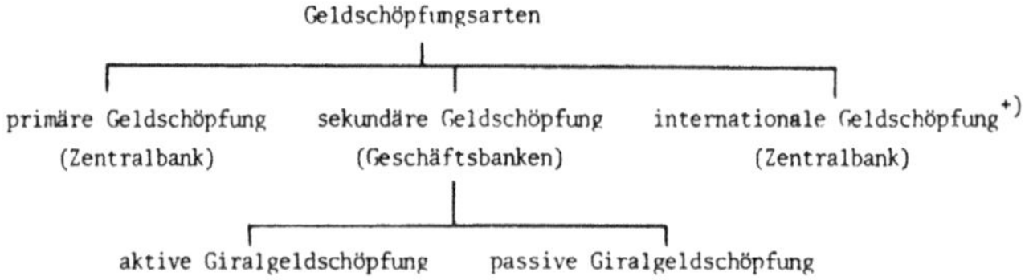

+) Siehe Kapitel VIII, Abschnitt C.19., Sonderziehungsrechte.

5.C.7. *Grenzen der Giralgeldschöpfungsfähigkeit einer Geschäftsbank:* Da eine Geschäftsbank bei ihren Aktiv- und Passivgeschäften auch Zahlungen in Zentralbankgeld leisten muß (also in einem Geld, das sie selbst nicht schaffen kann) wird sie bestrebt sein, immer so viel Zentralbankgeld zur Verfügung zu haben (bzw. sich sofort beschaffen zu können), daß sie nicht in Zahlungsschwierigkeiten gerät, sie muß also trachten, immer liquide zu sein.

Im Zuge von *Passivgeschäften* braucht eine Geschäftsbank zum Beispiel Zentralbankgeld, um Barauszahlungen von einem Girokonto vornehmen zu können, im Zuge von *Aktivgeschäften* dann, wenn beispielsweise ein Kunde einen ihm gewährten Kredit in bar zur Verfügung gestellt haben möchte. Dadurch, daß sich erfahrungsgemäß bei Passivgeschäften aber Einzahlungen und Auszahlungen von Zentralbankgeld immer ungefähr die Waage halten, bzw. bei Aktivgeschäften gewährte Kredite nur zu einem sehr geringen Teil in Zentralbankgeld abgefordert werden, benötigt eine Geschäftsbank für die Durchführung ihres Zahlungsverkehrs nur einen im Verhältnis zu ihren täglich fälligen Verpflichtungen relativ kleinen Bestand an Zentralbankgeld. Wie groß der Bestand an Zentralbankgeld einer Geschäftsbank im Verhältnis zu den bei ihr gehaltenen Sichtguthaben sein muß, wird meistens durch Gesetz bestimmt bzw. im Rahmen eines Gesetzes durch die Zentralbank festgelegt. Da die Mindestreservesätze meistens höher liegen als diejenigen Reservesätze, die für die Sicherung der Zahlungsfähigkeit erfahrungsgemäß erforderlich sind, kann dies als Indiz dafür angesehen werden, daß es dem Gesetzgeber nicht so sehr darum geht, die Zahlungsfähigkeit der Geschäftsbanken zu sichern, sondern sich eine Möglichkeit zu verschaffen, auf die Giralgeldschöpfung der Geschäftsbanken regulierend einwirken zu können.

Sind *Mindestreserven* (ausgedrückt in Prozenten der Sichtverpflichtungen und der Termin- und langfristigen Verpflichtungen einer Geschäftsbank, jeweils verschieden hohe Prozentsätze) in Form von Sichtguthaben bei der Zentralbank vorgeschrieben, so kann eine Geschäftsbank nur dann Giralgeld schaffen, wenn sie über mehr Zentralbankgeld verfügt, als sie aufgrund ihrer Verpflichtungen an Mindestreserven halten muß, sie also über eine Überschußreserve verfügt.

Verfügt eine Geschäftsbank über eine Überschußreserve von DM 10.000,–, so kann sie ohne Rückgriff auf die Zentralbank neue Kredite bis zu DM 10.000,– gewähren. Kredite, die darüber hinausgehen, kann diese einzelne Geschäftsbank nur dann gewähren, wenn sie sich zusätzliches Zentralbankgeld beschaffen kann, z. B. durch Verschuldung bei der Zentralbank oder durch Verkauf von ausländischen Zahlungsmitteln an die Zentralbank.

Gewährt nun die Bank einen Kredit in Höhe von DM 10.000,–, dann steigt die Giralgeldmenge im Nichtbankensektor um DM 10.000,–. Es findet also eine Giralgeldschöpfung in obiger Höhe statt. Da es sich dabei um den Erwerb eines sekundären Aktivums handelt (der Kreditnehmer verschuldet sich in gleicher Höhe bei der Bank) kommt es dann im Zeitpunkt der Rückzahlung des Kredites zu einer automatischen Geldvernichtung.

Der Kreditnehmer kann über den eingeräumten Kredit verfügen, indem er Teile in bar abfordert, Teile an Kunden der gleichen Bank und Teile der Kunden anderer Banken überweist. Wenn wir den ungünstigsten Fall annehmen, der Kunde also den Kredit in bar abfordert, verliert die Bank ihre gesamte Überschußreserve. Für diese einzelne Bank ist damit der aus der Kreditgewährung resultierende Prozeß zunächst so lange beendet, bis sie wieder in den Besitz von neuen Überschußreserven kommt. Für das Bankensystem als Ganzes ist die Wirkung der Kreditgewährung jedoch keineswegs beendet. Je nachdem, ob wir davon ausgehen, daß das gesamte Zentralbankgeld immer wieder in das Bankensystem zurückfließt oder nur ein bestimmter Teil (was in der Wirklichkeit der Fall ist) ergeben sich für den Bankensektor als Ganzes unterschiedliche Giralgeldschöpfungsmöglichkeiten.

5.C.8. *Grenzen der Giralgeldschöpfungsfähigkeit des gesamten Geschäftsbankensektors:* Nehmen wir nun an, der gesamte Zentralbankgeldbetrag in Höhe von DM 10.000,–, den obige Geschäftsbank im Zuge der Dispositionen des Kreditnehmers verloren hat, kehre ganz in das Geschäftsbankensystem zurück, z. B. in Form von Bareinzahlungen bei Bank 2. (auf ein Girokonto). Es entsteht dann bei der Bank 2 eine passive Giralgeldschöpfung in Höhe von DM 10.000,–, während sich der Bestand von Zentralbankgeld bei der Bank 2 um DM 10.000,– erhöht. Durch die Erhöhung ihrer Sichtverpflichtungen um DM 10.000,– (Einzahlung eines Kunden auf ein Girokonto) ist die Bank 2 nun gezwungen, ihre Mindestreserven um 10 % von DM 10.000,–, also um DM 1.000,– zu erhöhen. Die Bank 2 ist demnach durch die Einzahlung in den Besitz einer Überschußreserve von DM 9.000,– gekommen. Die Bank 2 kann nun ihrerseits neue Kredite bis zur Höhe ihrer Überschußreserve gewähren. Gelingt es ihr, Kredite bis zu DM 9.000,– zu gewähren, so entsteht bei der Bank 2 eine neue aktive Giralgeldschöpfung in gleicher Höhe. Verfügt nun der Kunde über seinen Kredit wiederum in bar, dann verliert Bank 2 zur Gänze ihre Überschußreserve. Einen neuen Kredit kann sie erst dann gewähren, wenn sie wieder in den Besitz einer Überschußreserve gelangt. Wir wollen nun wieder annehmen, daß das abgeflossene Zentralbankgeld wiederum in den Geschäftsbankensektor zurückkehrt, sagen wir zur Bank 3. Dann entstehen bei der Bank 3 durch diese Bareinzahlung bzw. Überweisung auf ein Girokonto eine passive Giralgeldschöpfung in der Höhe von DM 9.000,–. Die Bank 3 muß nun ebenfalls laut Gesetz 10 % ihrer zusätzlichen Sichtverpflichtungen halten, das sind DM 900,–. Die restlichen DM 8.100,– des ihr zugeflossenen Zentralbankgeldes stellen für die Bank 3 eine frei verfügbare Überschußreserve dar. Aufgrund ihrer neuen Überschußreserve kann nun die Bank 3 neue Kredite in der Höhe von DM 8.100,– gewähren. Damit erfolgt wiederum eine aktive Giralgeldschöpfung und zwar in Höhe von DM 8.100,– . Der Prozeß wiederholt sich damit in der gleichen Weise wie bisher. Es vollzieht sich somit ein allein aus der ersten Kreditgewährung der Bank 1 resultierender, ständig sich ausbreitender Giralgeldschöpfungsprozeß. In Wirklichkeit würde sich der Zufluß des Zentralbankgeldes natürlich nicht immer nur auf eine einzelne Bank konzentrieren, sondern auf mehrere Banken verteilen. Das ändert jedoch nicht unsere Ergebnisse. Es könnten dann eben alle Banken zusammen neue Kredite in Höhe von DM 9.000,–, DM 8.100,– usw. gewähren.

Unter der Annahme eines gewissen Mindestreservesatzes und unter der Annahme, daß das im Zuge der Kreditgewährungen in den Nichtbankensektor abfließende Zentralbankgeld immer wieder in das Kreditbankensystem zurückfließt und jede Bank den bei ihr neu entstehenden Kreditspielraum voll ausnutzen kann, vollzieht sich der multiple Giralgeldschöpfungsprozeß in folgenden, in der Tabelle in Abb. 89 angegebenen Phasen (entnommen *E. Schneider*, Einführung in die Wirtschaftstheorie, 3. Teil, Tübingen 1969):

$$\Delta Kr = \frac{\Delta Z}{r} \text{ bzw. } \Delta Z \cdot \frac{1}{r}$$

ΔKr = Umfang der neuen Kredite
ΔZ = Überschußreserve
r = gesetzlicher Mindestreservesatz
(z. B. 10 % $r = 0{,}1$)

Insgesamt kann also von dem gesamten Geschäftsbankensystem Giralgeld im Betrag von DM 100.000,– geschaffen werden, d. h. zehnmal soviel als von der ersten, den Prozeß auslösenden Geschäfts-

Abb. 89: Phasen eines Giralgeldschöpfungsprozesses

	Überschuß-reserve (1)	Neue Kredite (2)	Mindestreserve-zuwachs (3)
1. Phase	10.000	+ 10.000	–
2. Phase	+ 9.000	+ 9.000	1.000
3. Phase	+ 8.100	+ 8.100	+ 900
4. Phase	+ 772,90	+ 72,90	+ 8,10
5. Phase	+ 65,61	+ 65,61	+ 7,29
↓ ∞	⋮	↓	↓
Summe der Spalten (2) und (3)		+ 100.000	+ 10.000

bank geschaffen werden kann. Der jeweilige Umfang der maximal möglichen aktiven Giralgeldschöpfung ist also abhängig von der Überschußreserve und von einem Proportionalitätsfaktor $\frac{1}{r}$, dem Geldschöpfungsmultiplikator (r = Mindestreservesatz). Unter den oben gemachten Voraussetzungen erscheint der Geldschöpfungsmultiplikator als reziproker Wert des Reservesatzes. Dabei wurde unterstellt, daß der Reservesatz 10 % beträgt, der Geldschöpfungsmultiplikator beläuft sich somit auf 10. Das bedeutet, daß die Geschäftsbanken zusammen das Zehnfache der vorhandenen Überschußreserve an Giralgeld schöpfen können. Der Geldschöpfungsmultiplikator ist also umso größer, je geringer der Mindestreservesatz ist und umgekehrt. So beträgt er beispielsweise bei einem Mindestreservesatz von 20 % 5, bei einem Reservesatz von 5 % hingegen 20. Natürlich immer unter der Voraussetzung, daß das im Zuge der Geldschöpfungen geschaffene Geld immer wieder vollständig in den Geschäftsbankensektor zurückfließt.

Läßt man die Voraussetzung fallen, daß das im Zuge der Kreditgewährung aus dem Bankensystem abgeflossene Zentralbankgeld zur Gänze in das Bankensystem zurückfließt, ändert sich natürlich die Höhe der möglichen Kreditgewährung.

Annahme: Mindestreservesatz 10 % (r = 0,1), der nicht in das Bankensystem zurückfließende Bargeldabzug beträgt 50 % (c = 0,5), die Überschußreserve (Δ Z) 100 Einheiten Zentralbankgeld.

Die Höhe der nun möglichen Kredite beträgt jetzt:

$$Kr = \frac{\Delta Z}{r + c\cdot(1-r)} = \frac{100}{0{,}1+0{,}45}\ \frac{100}{0{,}55} = 181{,}82.$$

Im Mischgeldsystem (also Zentralbankgeld und Giralgeld) ist die Grenze der Kreditexpansionsmöglichkeit des Kreditbankensystems bei Nichtbeanspruchung der Zentralbank allein abhängig von der Größe der Überschußreserve (Δ Z), von der Höhe des Mindestreservesatzes (r) und von den Zahlungssitten im Nichtbankensektor (c), also davon, wieviel Prozent des abgeflossenen Zentralbankgeldes wieder in das Bankensystem zurückfließen.

In einer *geschlossenen Wirtschaft* können die Banken, auch wenn sie im Gleichschritt vorgehen, den Kreditspielraum nicht weiter als über die errechneten Grenzen ausdehnen. Der Grund dafür liegt darin, daß sie ja die ihnen zur Verfügung stehende Menge an Zentralbankgeld, die die Grundlage des Geldschöpfungsprozesses bildet, nicht vergrößern können.

Die Änderung des *Geldschöpfungsmultiplikators* $\frac{1}{r + c\cdot(1-r)}$ zeigt Abbildung 90.

Es ist daraus ersichtlich, wie bei gegebenem c der Multiplikator mit wachsendem r abnimmt und wie bei gegebenem r der Multiplikator mit wachsendem c abnimmt.

Die Fähigkeit des Kreditbankensystems zu einer multiplen Giralgeldschöpfung ist an die Existenz eines bargeldlosen Zahlungsverkehrs gebunden. Wäre c = 1, würde also jeder Kreditnehmer über den ihm eingeräumten Kredit in bar verfügen und würde das Bargeld im Publikum bleiben, so wäre die Fähigkeit des Bankensystems zur multiplen Giralgeldschöpfung gebrochen. Dasselbe ist der Fall, wenn Mindestreserven in der Höhe der Sichtverpflichtungen gehalten werden müssen (r = 1). In einer *offenen Wirtschaft* haben die Banken bei freier Konvertibilität der verschiedenen Währungen natürlich die Möglichkeit, ihren Kreditspielraum durch Aufnahme von Darlehen bei ausländischen Banken zu erweitern, in dem sie ihnen eingeräumte Kredite in ausländischer Währung an die Zentralbank ihres Landes verkaufen, wobei es natürlich auch dann der Zentralbank überlassen bleibt, ob sie zu kaufen gewillt ist oder nicht bzw. welche Auflagen sie setzt.

In kontraktiver Richtung (*Geldvernichtungsmultiplikator*) wirkt sich der multiple Prozeß quantitativ in genau demselben Ausmaß aus wie in expansiver Richtung. Es besteht jedoch ein großer Unterschied: Bei einer Ausweitung der Giralgeldschöpfungsmöglichkeit

Abb. 90: Der Geldschöpfungsmultiplikator als Funktion des Mindestreservesatzes bei unterschiedlichen Zahlungssitten, nach E. Schneider, Einführung in die Wirtschaftstheorie, III. Teil, 11. Aufl., Tübingen 1969.

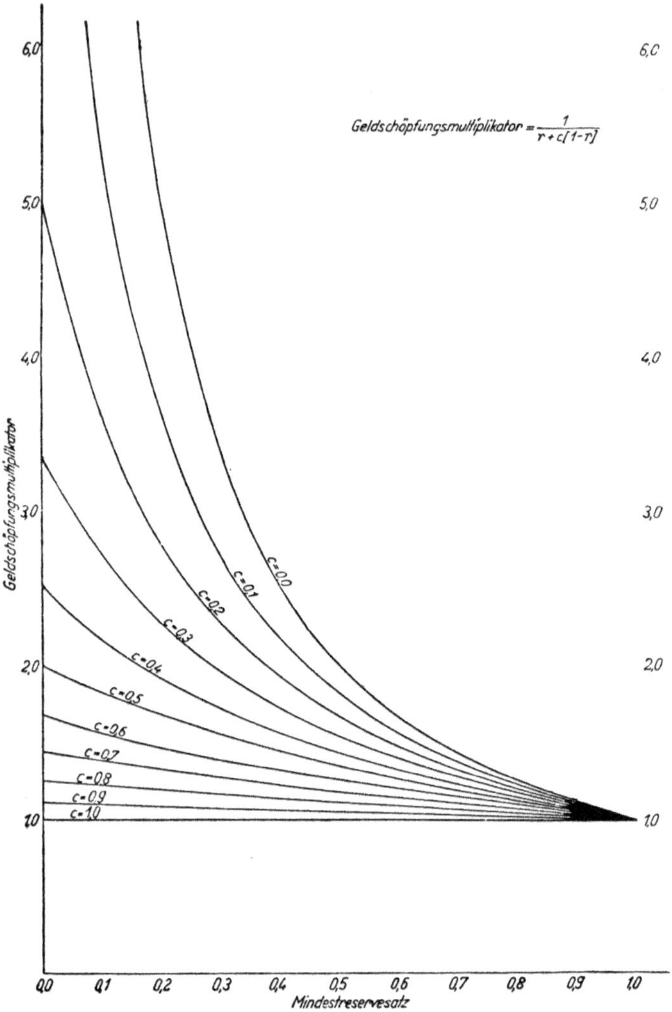

können die Geschäftsbanken *selbst entscheiden,* ob sie von dieser Möglichkeit Gebrauch machen oder nicht. Ruft jedoch die Zentralbank im Geschäftsbankensektor einen Reservemangel hervor (z. B. durch eine Erhöhung der Mindestreservesätze), dann sind die Geschäftsbanken *gezwungen,* ihr Giralgeldvolumen zu reduzieren (auch eventuellen Ausweichmanövern der Geschäftsbanken kann die Zentralbank wirksam begegnen).

In kontraktiver Richtung ist also der Einfluß der Zentralbank auf das Giralgeldvolumen der Geschäftsbanken wegen des möglichen Zwanges wesentlich größer als in expansiver Richtung, wo den Geschäftsbanken nur die Möglichkeit einer Ausweitung ihrer Giralgeldschöpfungsfähigkeit gegeben werden kann.

Neben den Kassenhaltungsgewohnheiten des Nichtbankensektors und den Mindestreservevorschriften gibt es jedoch noch andere Einflüsse, die die Verwendung der vorhandenen liquiden Mittel für die Geldschöpfung einschränken. So wird die Geldschöpfung der Geschäftsbanken noch vor der *Form der Anlage* (nach *Köhler* setzt sich der Liquiditätssaldo der Banken nicht nur aus den Mindestreserven und den Überschußreserven, sondern aus den Reserven und den verschiedenen liquiden Anlagen, wie Geldmarktpapiere, Geldmarktanlagen im Ausland und offene Refinanzierungskontingente, zusammen) und auch von *Marktfaktoren* abhängen.

Weist beispielsweise die Zahlungsbilanz einen Saldo auf, ergeben die über die Zentralbank abgewickelten Kassentransaktionen öffentlicher Haushalte Defizite oder Überschüsse, dann fließt den Geschäftsbanken Zentralbankgeld zu oder sie verlieren liquide Mittel. Ob nun diese Veränderung der liquiden Mittel der Banken auch die Überschußreserve beeinflußt, hängt davon ab, in welchem Umfang die Banken ihre liquiden Anlagen verändern. Die Überschußreserve wird nämlich nur dann berührt, wenn der Liquiditätssaldo und die liquiden Anlagen sich mit absolut unterschiedlichen Beträgen ändern.[14]

5.C.9. *Gesamtwirtschaftliche Geldschöpfungsmultiplikatoren.* Die (rein definitorische) Beziehung zwischen Geldmenge (A, B oder C) und dem Zentralbankgeld bezeichnet man als Geldschöpfungsmultiplikator. Bezeichnet man die Geldmenge mit M, das Zentralbankgeld mit Z und den Geldschöpfungsmultiplikator mit m, so kann man schreiben:

$$m = \frac{M}{Z} \text{ oder zweckmäßiger } M = Z \cdot m.$$

Gesamtwirtschaftlichen Geldschöpfungsmultiplikatoren liegt ein erweiterter Multiplikatorbegriff zugrunde. Diese erweiterten Geldschöpfungsmultiplikatoren unterscheiden sich von Geldschöpfungsmultiplikatoren des Geschäftsbankensektors in zweifacher Hinsicht:

1. Während die erweiterten Geldschöpfungsmultiplikatoren zur Bestimmung von Niveau und Struktur der Geldmenge dienen, geben die Geldschöpfungsmultiplikatoren des Geschäftsbankensektors an, wieviel Geld unter ganz bestimmten Voraussetzungen vom gesamten Geschäftsbankensektor geschaffen werden könnte.
2. Beim erweiterten Geldschöpfungsmultiplikator handelt es sich, ungeachtet des definitorischen Ansatzes, um einen ex-post-Wert, während der engere Geldschöpfungsmultiplikator einen ex-ante-Wert darstellt.

Aus einem Vergleich der beiden Geldschöpfungsmultiplikatoren wird ersichtlich, inwieweit der Geldschöpfungsspielraum der Geschäftsbanken genutzt wurde.

5.C.10. *Determinanten von Geldangebot und Geldnachfrage*

(1) Die Geldmenge des Nichtbankensektors stellt potentielle Kaufkraft dar, die investiv oder konsumtiv verwendet werden kann. Die Höhe der Geldmenge zu einem bestimmten Zeitpunkt ergibt sich aus dem Zusammenspiel von Geldangebot (durch die Zentralbank und die Geschäftsbanken) und Geldnachfrage (seitens des Nichtbankensektors).

(2) Das Geldangebot wird von folgenden Faktoren beeinflußt:
   a) dem Angebot an Zentralbankgeld,
   b) dem Verhältnis der Reserven zu den Einlagen bei den Geschäftsbanken,
   c) dem Bargeldanteil an der Geldmenge.

(3) Den Geschäftsbanken fließen liquide Mittel sowohl von den Nicht-Banken als auch von der Zentralbank zu. Ob und wie weit sich Geschäftsbanken bei der Zentralbank verschulden, hängt von der Kosten-Ertrags-Relation ab, die durch die Verschuldung bzw. Veranlagung der Liquidität entsteht.

(4) Mindestreserven stellen eine Form der Liquiditätsbindung durch die Zentralbank dar. Ihre Höhe wird unabhängig vom Verhalten der Geschäftsbanken, von den Einlagen bzw. der

Zentralbank bestimmt. Demgegenüber werden die Höhe der freien Reserven, das Ausmaß der Zentralbankverschuldung sowie die Netto-Auslandsposition durch das Verhalten der Geschäftsbanken bestimmt.

(5) Geld steht zu einer Reihe von Vermögensobjekten in Substitutionskonkurrenz. Dabei beschränkt der entgangene Ertrag alternativer Geldanlagen als (Opportunitäts-)Kosten die Nachfrage nach Geld.

(6) Die Struktur eines Vermögensportefeuilles wird im wesentlichen bestimmt von den Ertragserwartungen und dem Risiko, gegebenenfalls für Transaktionszwecke, Teile des Vermögens monetarisieren zu müssen.

Die Summe aller Hypothesen betreffend die optimale Zusammensetzung eines Vermögens bezeichnet man als *Portfoliotheorie.*

5.D. *Kontrollfragen*

1. Was versteht man unter Zentralbankgeld?

2. Grenzen Sie den Begriffsinhalt des Zentralbankgeldes von demjenigen der Geldmenge ab.

3. Wodurch unterscheidet sich Zentralbankgeld vom Giralgeld der Geschäftsbanken?

4. Die heutige Wirtschaft kennt verschiedene Arten von Geld. Sie lassen sich in folgender Begriffspyramide zusammenstellen. Ergänzen Sie die fehlenden Geldarten:

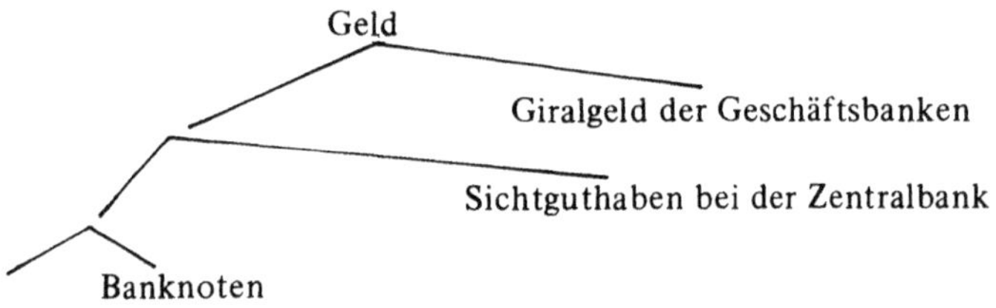

5. Was verstehen Sie unter der Mindestreserve?

6. Die Barreserve der Geschäftsbanken setzt sich zusammen aus: Münzen und Banknoten. Stimmt das oder gehört noch etwas dazu?

7. Sind Banknoten im Besitz von Geschäftsbanken Zentralbankgeld?

8. Nehmen wir an, der Liquiditätssaldo des Bankensektors wird kleiner. Wird dann auch die Nettoposition des Nichtbankensektors kleiner?

9.Woraus setzt sich die Geldmenge des Nichtbankensektors zusammen?

10.Welche Art von Kreditbeziehungen bezeichnet man als Devisen?

11.Was würden Sie als Grund dafür anführen, wenn der Anteil des Bargeldes an der Geldmenge abnimmt?

12.Was ist an dem Satz falsch: Banknoten und Münzen sind in unbeschränkter Höhe gesetzliche Zahlungsmittel?

13.Valuten sind ausländische Banknoten und Münzen . . . .

14.Sind Wertpapiere Güter?

15.Was verstehen Sie unter der sog. „primären Geldschöpfung"?

16.Eine Geschäftsbank reicht bei der Zentralbank einen Wechsel zum Rediskont ein. Die Zentralbank zahlt mit Banknoten. Es handelt sich um
(16.1.) Zentralbankgeldschöpfung ☐
(16.2.) Zentralbankgeldvernichtung ☐
(16.3.) keines von beiden. ☐

17.Die Zentralbank kauft von einer Geschäftsbank Devisen. Ändert sich dadurch die Geldmenge?

18.Die Zentralbank verkauft an ein Wirtschaftssubjekt des Nichtbankensektors Devisen. Dadurch
(18.1.) steigt die Geldmenge ☐
(18.2.) sinkt die Geldmenge ☐
(18.3.) ändert sich die Geldmenge nicht. ☐

19.Was verstehen Sie unter aktiver Giralgeldschöpfung?

20.Ein Kunde zahlt bei seiner Bank DM 1.000,– auf sein Konto (Girokonto) ein. Die Barreserve der Bank ist dadurch um DM 1.000,–

(20.1.) gestiegen ☐
(20.2.) gesunken ☐
(20.3.) gleich geblieben. ☐

21.Durch eine passive Giralgeldschöpfung erfolgt eine/keine Änderung der Geldmenge.

22.Nehmen wir an, der Mindestreservesatz sei 10 %, und das jeweils geschöpfte Giralgeld fließe immer wieder zur Gänze in den Bankensektor zurück. Wie groß wäre dann der Geldschöpfungsmultiplikator?

23.Unter den Annahmen obiger Frage (22) ist der Geldschöpfungsmultiplikator der reziproke Wert des . . . .

24.Damit eine Geldschöpfung überhaupt möglich ist, benötigt die Geschäftsbank eine . . . .

25.Ein Bankkunde löst bei seiner Bank einen Barscheck ein. Es handelt sich dabei um

(25.1.) Geldschöpfung ☐
(25.2.) Geldvernichtung ☐
(25.3.) weder noch. ☐

26.Eine Geschäftsbank kauft bei der Zentralbank Wertpapiere und zahlt mit ihrem dortigen Sichtguthaben. Es handelt sich dabei um:

(26.1.) Geldschöpfung ☐
(26.2.) Geldvernichtung ☐
(26.3.) weder noch. ☐

27. Was versteht man unter Portfoliotheorie?

28. Nennen Sie die wichtigsten Determinanten von Geldangebot und Geldnachfrage!

29. Welche Größen sind sowohl im Liquiditätssaldo als auch in der Zentralbankgeldmenge enthalten?

30. Welche Implikationen hat ein anhaltender Geldwertschwund in der Rechtsordnung eines Landes?

5.E. *Literaturhinweise*

Kerschagl, R., Theorie des Geldes und der Geldwirtschaft, Jena 1923.

Stützel, W., Geldstromanalyse, in: Enzyklopädisches Lexikon für das Geld-, Bank- und Börsenwesen, 1. Aufl.

Föhl, C., Geldschöpfung und Wirtschaftskreislauf, 2. Aufl., Berlin 1955.

Stützel, W., Volkswirtschaftliche Saldenmechanik, Ein Beitrag zur Geldtheorie, Tübingen 1958.

Wohlmuth, K., Von der Makro- zur Mikrotheorie der Geldpolitik, in: Quartalshefte der Girozentrale, Wien 1969.

Tobin, J., Money, Capital and other Stores of Value, in: The American Economic Review, Papers and Proceedings, Vol. 51, 1961, S. 26–37.

Veit, O., Reale Theorie des Geldes, Tübingen 1966.

Tichy, B., Kreditpolitik ohne Mythos. Geldschöpfung und Zinsempfindlichkeit, Wien-Frankfurt-Zürich 1967.

Ehrlicher, W., Geldtheorie, in: Kompendium der Volkswirtschaftslehre, hrsg. von W. Ehrlicher, I. Esenwein-Rothe, H. Jürgensen, K. Rose (2), Göttingen 1968.

Sparen und Investieren, Band 9 der Dr. Stigleitner Schriftenreihe, Wien 1968.

Köhler, C., Geldwirtschaft (1), Berlin 1970.

Brunner, K., Eine Neuformulierung der Quantitätstheorie des Geldes, in: Kredit und Kapital, Heft 1, 1970.

Westphal, U., Theoretische und empirische Untersuchungen zur Geldnachfrage und zum Geldangebot, in: Kieler Studien, Tübingen 1970.

Schneider, E., Einführung in die Wirtschaftstheorie, Teil III. Geld, Volkseinkommen und Beschäftigung, 11. Aufl., Tübingen 1969.

Brunner, K. M., J. M. Neumann, Analyse monetärer Hypothesen des Sachverständigenrates zur Begutachtung der gesamtwirtschaftlichen Entwicklung, in: Kyklos, Vol. XXIV, 1971.

Lutz, F. A., Geldschaffung durch die Banken, in: Weltwirtschaftliches Archiv (104), 1970.

Tichy, B., Bankbetriebliche und monetäre Aspekte der Geldschöpfung, Wien 1973.

VI. Verteilungstheorie

6.A. Problemstellung

Die Verteilungstheorie stellte eine Brücke dar zwischen gemeinsamer Produktion und individuellem Konsum. Ziel verteilungstheoretischer Hypothesen ist zu erklären, welche Einflußfaktoren im Rahmen von Einkommensverteilungsprozessen wirksam werden bzw. wovon die faktische (ex post) Verteilung der Einkommen abhängt. Die Ergebnisse differieren nicht unbeträchtlich und hängen vor allem von der Wahl der *Verteilungskriterien* (real, nominell, funktionell, personell, sektoriell) ab.

Die *Theorie der Einkommensverteilung* steht im *Zentrum der ökonomischen Theorie.* Von den zahlreichen einseitigen und wechselseitigen Wirkungen, die vom Bereich der Verteilungstheorie ausgehen bzw. hier einmünden, sollen folgende drei Wechselwirkungen (Rückkoppelungen) herausgegriffen werden:

1. Zwischen der Produktion von Gütern und Dienstleistungen und der Einkommensverteilung besteht eine Wechselwirkung: einerseits beeinflussen das Produktionsniveau und die Produktionsweise die Einkommensverteilung, andererseits bestimmt aber auch die Einkommensverteilung über die Einkommensverwendung wieder die Produktionsstruktur und das Produktionsniveau (*Rückkopplung 1*).
2. Eine bestimmte Einkommensverteilung führt durch die Art der Einkommensverwendung zu einer bestimmten Vermögensverteilung, die ihrerseits wieder zu einer bestimmten Einkommensverteilung führt (*Rückkopplung 2*).

Die empirische Relevanz von verteilungstheoretischen Hypothesen hängt nicht nur vom gewählten Aggregationsniveau, sondern auch davon ab, inwieweit Strömungs- *und* Bestandsgrößen in den Hypothesen verankert sind.

3. Eine bestimmte Einkommensverteilung bewirkt durch die Art der Einkommensverwendung zyklische Schwankungen bestimmter ökonomischer Zeitreihen, die zyklischen Schwankungen die-

ser Zeitreihen beeinflussen wieder Niveau und Struktur der Einkommensverteilung (*Rückkopplung 3*).

6.B. Grundbegriffe

Wenngleich in Kapitel VI. stärker als bei den anderen Theoriekreisen die *Versuchung* naheliegt, von der wirtschaftstheoretischen Perspektive hinüberzuwechseln zu *wirtschaftspolitischen Fragestellungen*, so soll doch versucht werden – im Sinne einer gewissen Flurbereinigung – lediglich die *Determinanten* und die durch diese Determinanten ausgelösten *Verteilungswirkungen* zur Darstellung zu bringen, was nicht ausschließt, daß auch wirtschaftspolitische Fragestellungen ansatzweise mitbehandelt werden müssen.

Dem analytischen Ansatz der Verteilungstheorie folgend, müssen sämtliche Produktionsfaktoren für ihre Mitwirkung im Rahmen von Produktionsprozessen durch Entgelte entschädigt werden. Man bezeichnet diese Entgelte als *Faktoreinkommen, Leistungseinkommen, originäre Einkommen.*

Sie stellen einen echten Zuwachs an ökonomischer Verfügungsmacht über Geld und/oder Güter dar und bilden das Bindeglied zwischen (mehr oder minder) gemeinsamer Produktion und individuellem Konsum. Unter Zugrundelegung von vier Produktionsfaktoren ergäbe sich daher unter funktionellen (kategorialen) Gesichtspunkten folgendes Schema:

Produktionsfaktoren	Faktoreinkommensarten
Arbeit	Löhne, Gehälter
Sachkapital	Zinsen, Dividenden, Gewinne etc.
Wissen	Honorare, Einkommen aus Lizenzen, Patenten etc.
Boden	Einkünfte aus Vermietung und Verpachtung

Aggregiert man sämtliche Faktor- oder Leistungseinkommen, so erhält man das Nettosozialprodukt zu Faktorkosten (Volkseinkommen, siehe Kapitel IV., S. 159). Die sogenannten *abgeleiteten Einkommen* oder *Transfereinkommen* oder *Übertragungseinkommen* zählen daher *nicht* zum Volkseinkommen, da sie kein Leistungsentgelt für die Mitwirkung im Rahmen von Produktionsprozessen der laufenden Periode (meist ein Jahr) darstellen.

Folgende *Übertragungseinkommen* sind zu unterscheiden:

1. Übertragungen des Staates an Haushalte (z. B. Renten, Pensionen etc.),
2. Übertragungen von Schadensversicherungen an Haushalte und Unternehmen,
3. Übertragungen von Haushalten an Haushalte,
4. Übertragungen an das Ausland bzw. aus dem Ausland.

Bei sämtlichen Übertragungen ist zwischen *laufenden Übertragungen* und *Vermögensübertragungen* zu unterscheiden. Eine Übertragung kann entweder für den *Geber*, für den *Empfänger* oder für *beide* eine *einmalige* oder eine *laufende* Transaktion darstellen.

Die Verteilung der Faktoreinkommen, so wie sie sich durch marktmäßige und außermarktmäßige Entscheidung ex post ergibt, bezeichnet man als *Primärverteilung.* Sie wird durch staatliche Maßnahmen modifiziert. Unter *Sekundärverteilung* versteht man jene Einkommensverteilung, die sich ergibt unter Berücksichtigung von staatlichen Umverteilungsmaßnahmen. Je nachdem, ob die Einkommensverteilung zwischen den verschiedenen sozialen Gruppen oder zwischen Personen bzw. Haushalten mit unterschiedlich hohem Einkommen erfolgt, spricht man von *horizontalen* bzw. *vertikalen* Umverteilungsmaßnahmen.

Die Sekundärverteilung schlägt sich in einer Veränderung des tatsächlichen verfügbaren Einkommens – der Kaufkraft – der verschiedenen sozio-ökonomischen Gruppen nieder. Unter *Einkommensverteilung* kann man, auf eine bestimmte Periode bezogen, den *Prozeß der Entstehung von Einkommen* oder auf einen bestimmten *Zeitpunkt* bezogen, die *faktische Verteilung der Einkommen* auf bestimmte sozio-ökonomische Gruppen verstehen. Die *faktische Einkommensverteilung* ist das (fiktive) Zwischenergebnis von permanenten Einkommensverteilungs- bzw. Umverteilungsprozessen. Als *Realverteilung* bezeichnet man die Verteilung des in physischen Einheiten gemessenen Produktionsergebnisses. *Nominalverteilung* ist jede Verteilung der aus Produktionsprozessen stammenden Ansprüche.

Unter *Erwerbspersonen* versteht man sämtliche Personen, die ihren Wohnsitz im Inland haben und eine auf Erwerb gerichtete Tätigkeit ausüben können. Man kann sämtliche Erwerbspersonen unterteilen in *Erwerbstätige* (in einen bestimmten Zeitpunkt beschäftigte Erwerbspersonen) und *Arbeitslose* (in einen bestimmten Zeitpunkt bei den Arbeitsämtern gemeldete nicht Erwerbstätige).

Die Erwerbstätigen sind wieder in ***abhängige Erwerbstätige*** („Unselbständige") und ***unabhängige Erwerbstätige*** („Selbständige") einzuteilen: Unselbständig ist, wer Arbeitsleistungen nicht für eigene Rechnung erbringt, im Gegensatz zu den selbständigen Arbeitsleistungen etwa der Handwerker, Bauern, freiberuflich Tätigen. Diese Unterscheidung zwischen Unselbständigen und Selbständigen läuft praktisch hinaus auf die Unterscheidung *„Kontrakteinkommen"* und ***„Residualeinkommen"*** (siehe S. 209).

Die Messung von Angebot und Nachfrage auf bestimmten Arbeitsmärkten erfolgt mit Hilfe der *Arbeitslosenquote* sowie der *Zahl der offenen Stellen* (= Zahl der bei den jeweiligen Arbeitsämtern gemeldeten unbesetzten Arbeitsplätze).

Unter Arbeitslosigkeit versteht man generell einen Angebotsüberschuß (Nachfragelücke) an (bei) Arbeitskräften.

Die Arbeitslosigkeit kann auf zwei Arten gemessen werden:

a) Anteil der Arbeitslosen an den abhängig tätigen Erwerbstätigen oder
b) Verhältnis der Arbeitslosen zum Arbeitskräfteangebot in %, wobei das Arbeitskräfteangebot sämtliche sozialversicherte Beschäftigten und vorgemerkte Arbeitssuchende umfaßt.

Folgende Arten der Arbeitslosigkeit sind zu unterscheiden:

1. *friktionelle Arbeitslosigkeit:* Arbeitslosigkeit, die bei Arbeitsplatzwechsel entsteht und zwar zwischen dem Verlassen des alten Arbeitsplatzes und dem Antritt einer neuen Stelle in der gleichen Branche;
2. *konjunkturelle Arbeitslosigkeit:* Arbeitslosigkeit„die durch Nachfragerückgang" ausgelöst wurde;
3. *versteckte Arbeitslosigkeit:* Arbeitslosigkeit, die entsteht, indem Arbeitskräfte aus dem Arbeitsprozeß ausscheiden ohne sich arbeitslos zu melden bzw. Arbeitskräfte, die ohne Vollauslastung tätig sind.

Die versteckte Arbeitslosigkeit kann auch durch gesetzlich unterschiedlich geregelte Kündigungsfristen verlängert werden.

4. *Strukturelle Arbeitslosigkeit:* Angebotslücken in bestimmten Sektoren stehen Nachfragelücken in anderen Sektoren gegenüber. Der *Transfer von Arbeitskräften* zwischen den einzelnen Arbeitskräften wird durch folgende Faktoren erschwert:

   a) unvollkommene Information;
   b) mangelnde Bereitschaft zum Wechseln der Branche in der gearbeitet wird;

c) geringe regionale Mobilität der Arbeitskräfte;
d) unzureichende Qualifikation, die ein Hinüberwechseln in ähnliche Tätigkeiten begünstigen würde (z. B. ausbildungsbedingte Arbeitslosigkeit).

Unter *Lohndrift* versteht man die Abweichung der Veränderungen der Effektivlöhne (Ist-Löhne) von denen der Tariflöhne.

In diesem Zusammenhang ist noch der Begriff „Ecklohn" zu erläutern. *Ecklohn* ist der tariflich festgesetzte Stundenlohn für einen Facharbeiter über 21 Jahre. Vom Ecklohn aus werden durch entsprechende prozentuale Zu- und Abschläge die Stundenlohnsätze der übrigen Tarifgruppen bestimmt.

Sie kann periodenbezogen berechnet werden als Differenz der Zuwachsraten von Tarif- und Effektivlohnsätzen (dynamisches Konzept). Man spricht dann von der *Ratenspanne.* Bezieht man die Differenz zwischen Effektiv- und Tariflohn (in absoluten Zahlen oder in %) auf einen Zeitpunkt, dann spricht man von *Niveauspanne* oder von *Überzahlung* (statistisches Konzept). Die Niveauspanne ist gewissermaßen das Endergebnis der über die Zeit aggregierten Ratenspannen. Im Gegensatz zur Niveauspanne kann die Ratenspanne auch negativ werden.

Von einer *primären Lohndrift* spricht man, wenn die Lohnrelationen verändert werden, von einer *sekundären Lohndrift,* wenn durch die primäre Lohndrift die Tendenz zur Wiederherstellung der alten Lohndifferentiale besteht.

Die *Bruttolohndrift* (oder „unechte Lohndrift") umfaßt alle Veränderungen der Effektivlöhne, die im wesentlichen tarifvertraglich, überbetrieblich bzw. durch gesamtwirtschaftliche Strukturwandlungen (z. B. durch Wanderungseffekte) ausgelöst wurden.

Die Messung erfolgt meist durch Gegenüberstellung von Effektiv- und Tariflohnindizes. Wird die Lohndrift in Indexform angegeben, so spricht man von einer „*kumulierten*" Drift und versteht darunter das Verhältnis der Veränderungsraten der Effektivlöhne und der Tariflöhne ab einem bestimmten Basisjahr.

Die *Bruttolohndrift* ist in der Regel im Hinblick auf folgende Komponenten zu bereinigen um zur *Nettolohndrift* (oder „echten" Lohndrift) zu gelangen:

a) von der Überstundenhäufigkeit abhängige Veränderungen der durchschnittlichen Stundenverdienste bei gegebenen tariflichen Regelungen;

b) produktivitätsbedingte Änderungen der tarifmäßigen Stundenverdienste in Leistungslohnsystemen;
c) über- oder unterproportionale Änderungen tariflicher Nebenleistungen, die den durchschnittlichen Effektivlohn beeinflussen ohne Veränderung der Arbeitszahl und/oder der Produktivität während der Tariflaufzeit;
d) Veränderungen des Durchschnittslohnsatzes, die auf Veränderung der Beschäftigtenstruktur zurückzuführen sind, sofern diese Strukturwandlungen nicht bereits durch eine fixe Gewichtung der Verdienstindizes ausgeschaltet worden sind.

Verteilungskriterien. – Als Kriterien zur Ermittlung der Einkommensverteilung können u. a. funktionelle, personelle und sektorielle Kriterien herangezogen werden.

(A) Funktionelle Kriterien:
Bei der funktionellen Einkommensverteilung versucht man, die anfallenden Einkommen jenen Produktionsfaktoren zuzuordnen, die im wesentlichen zur Entstehung der betreffenden Einkommen beigetragen haben.

Der funktionelle Ansatz weist jedoch eine Reihe von Nachteilen auf, insbesondere:

a) Das Zurechnungsproblem wird erneut aufgeworfen, das bekanntlich an statistischen *Erfassungsproblemen* scheitert. Eine wissenschaftlich fundierte Zurechnung des Anteils des Produktionsfaktors Arbeit an der Wertschöpfung ist nicht möglich.
b) Die funktionelle Einkommensverteilung gibt keine Auskunft über die Verteilung der Einkommen auf bestimmte Personen bzw. Personengruppen, da hier völlig offen bleibt, über welches Gesamteinkommen eine Person verfügt.

Eine *Querverteilung* der Einkommen liegt vor, wenn eine eindeutige Klassifizierung der Einkommensbezieher nach Einkommensarten nicht mehr möglich ist, da es Personen gibt, die für bestimmte Produktionsprozesse verschiedene Produktionsfaktoren zur Verfügung stellen bzw. mehrere ökonomische Funktionen ausüben und daher auch mehrere Einkommensarten, d. h. *Arbeits- und Kapitaleinkommen* beziehen.

Nach Stobbe sind *zwei Arten der Querverteilung* zu unterscheiden:

Querverteilung I: liegt vor, wenn eine Person unselbständig beschäftigt ist und neben den Einkünften aus unselbständiger Tätigkeit auch Einkommen aus Real- oder Geldvermögen bezieht (z. B. Einkünfte aus Vermietung und Verpachtung, Zinsen aus Sparguthaben oder festverzinslichen Wertpapieren, Tantiemen, Gewinnbeteiligungen etc.). So sind etwa die leitenden Angestellten infolge der Höhe ihrer Einkommen und durch Gewinnbeteiligungen dieser Querverteilung zuzuordnen, doch beziehen auch nicht zur Spitzengruppe der Gehaltsempfänger zählende unselbständig Beschäftigte in immer stärkerem Ausmaß infolge der verschiedenen Vermögensbildungsinitiativen mehrere Einkommensarten und gehören daher ebenfalls in diese Gruppe.

Querverteilung II: liegt vor, wenn der Besitzer eines Unternehmens gleichzeitig in diesem Unternehmen mitarbeitet. Im Zuge der *funktionellen* Einkommensverteilung erfolgt die *Aufteilung des Volkseinkommens* in zwei Einkommensarten:

a) *kontraktbestimmte Einkommen* (Löhne und Gehälter),
b) *preisbestimmte Einkommen aus Unternehmenstätigkeit und Besitz.*

Diese Einkommen – auch als „*Nichtlohneinkommen*" bezeichnet, umfassen die Einkommen aus Unternehmertätigkeit und Besitz, die umverteilten Gewinne der Kapitalgesellschaften, Einkommen des Staates aus Unternehmertätigkeit und Besitz, vermindert um die Zinsen für die Staatsschuld.

Die Klassifikation in kontraktbestimmte Einkommen und residualbestimmte Nichtlohneinkommen ist aus mehreren Gründen problematisch:

a) Die obige Zweiteilung entspricht nicht der Informationswünsche der Sozialpartner. Darüber hinaus bleiben die Einkommen des Staates unberücksichtigt. Meist wird daher unterschieden zwischen:
   (1) *Kontrakteinkommen:* (Lohneinkommen, Nicht-Unternehmereinkommen) vertraglich vereinbartes Einkommen nichtselbständig Erwerbstätiger.
   (2) *Unternehmereinkommen:* Entgelt für unternehmerische Tätigkeit, Zins für das investierte Kapital, Grundrente für den Standortboden, Prämie für das unternehmerische Risiko, Periodengewinn;
   (2.1.) aus Land- und Forstwirtschaft,

(2.2.) aus Gewerbebetrieb, freien Berufen und Besitz,
(2.3.) unverteilten Gewinnen der Kapitalgesellschaft,

(3) *Einkommen aus Besitz und Unternehmung* staatl. Handlungsträger.

b) Im Rahmen der funktionellen Einkommensverteilung bereiten insbesondere die Einkommen der unabhängig Erwerbstätigen statistische Erhebungsschwierigkeiten, da diese Einkommen eine Mischung von *Lohneinkommen* (für die Mitarbeit im Unternehmen), *Kapitaleinkommen* (für das eingesetzte Geld) und *Unternehmereinkommen i. e. S.* (für die unternehmerische Leistung) darstellen. Man behilft sich hier meist mit Analogieschlüssen. So wird beispielsweise das Lohneinkommen eines freiberuflich tätigen Arztes in der Weise berechnet, daß man das Gehalt eines Krankenhausarztes einsetzt.

c) Die Einteilung „kontraktbestimmte Löhne" und „residualbestimmte Einkommen" ist problematisch, da heute jener Teil der Löhne ebenfalls residualbestimmt ist, der von der Ertragsentwicklung des Unternehmens abhängt. Umgekehrt gibt es innerhalb der sogenannten residualbestimmten Einkommen „quasi-Kontrakteinkommen" (Eigenlohn, Eigenzins, Eigenpacht sowie der überwiegende Teil der Arbeitseinkommen von Klein- und Mittelbetrieben).

d) Das *Aggregationsniveau* ist vielfach *zu hoch* gewählt, so daß Einkommensunterschiede zwischen den in einem Aggregat zusammengefaßten Haushalten nicht ersichtlich sind. Die Disaggregation ist notwendig, um unselbständig Erwerbstätige, aber einkommensmäßig sehr *hoch* liegende Manager von jenen selbständig Erwerbstätigen zu trennen, die über ein relativ kleines Einkommen verfügen. Vielfach versucht man die Entwicklung der funktionellen Einkommensverteilung mit Hilfe von *Einkommensquoten* zu beschreiben.

Folgende Lohnquotenbegriffe sind zu unterscheiden:

Es empfiehlt sich stets anzugeben, auf welchen Begriffsinhalt in der jeweiligen Analyse abgestellt werden soll.

1. Mikroökonomische Arbeitseinkommensquote $= \dfrac{\text{Arbeitseinkommen}}{\text{Bruttoproduktionswert zu Faktorkosten}}$,

2. Makroökonomische Arbeitseinkommensquote $= \dfrac{\text{Arbeitseinkommen}}{\text{Bruttoinlandsprodukt zu Faktorkosten}}$,

3. Bruttolohnquote (gibt die Primärverteilung vor Umverteilung durch den Staat wieder) $= \dfrac{\text{Bruttolohn- und Gehaltssumme}}{\text{Nettoinlandsprodukt zu Faktorkosten}}$,

4. Nettolohnquote $= \dfrac{\text{Verfügbares Einkommen d. Lohn- und Gehaltsempfänger}}{\text{Gesamtes verfügb. Einkommen aus priv., ökonom. Tätigkeit (o. Transferz.)}}$,

„Netto" bedeutet hier, daß in den Löhnen keine direkten Steuern und Sozialversicherungsbeiträge enthalten sind.

5. Masseneinkommensquote $= \dfrac{\text{Nettolöhne und Gehälter sowie Transferzahlungen}}{\text{Privates verfügbares Einkommen (mit Transferzahlungen)}}$,

Die Quoten 4. und 5. berücksichtigen die Sekundärverteilung *nach* Umverteilung durch den Staat.

Lohnquoten sind keine sehr aussagefähigen Kennzahlen, da es sich um eindimensionale Größen handelt, d. h., komplexe Sachverhalte, wie sie die Einkommensverteilung auf bestimmte Gruppen von Wirtschaftssubjekten darstellt, werden auf einen einzigen Parameter reduziert. Ähnliches gilt auch für die von Pareto und Gini entwickelten Indikatoren (Pareto-Alpha, Gini-Delta) sowie sämtliche Wachstumsraten als zu hoch aggregierten Größen.

Verwendet man Lohnquoten als Indikator einer bestimmten Einkommensverteilungssituation, so müssen folgende Sachverhalte berücksichtigt werden:

1. Ein Steigen der Lohnquote kann einerseits auf die Durchsetzung höherer Nominallöhne andererseits auf eine geänderte Beschäftigtenstruktur zurückgeführt werden. Da die Zahl der unabhängig Erwerbstätigen laufend abnimmt und die Zahl der abhängig Erwerbstätigen gleichzeitig laufend zunimmt, müssen die einzelnen (tatsächlichen) Lohnquoten bereinigt werden. Es müssen Pro-Kopf-Werte gebildet werden. Die Bereinigung erfolgt in der Weise, daß die jeweils zugrundegelegte Lohnquote durch die *Arbeit-*

nehmerquote $= \frac{\text{Arbeitnehmer}}{\text{Erwerbstätige}}$ dividiert wird. Man erhält so die *Lohn-Einkommensrelation.*

Beispiele:

a) Bereinigte Bruttodurchschnittslohnquote $= \dfrac{\dfrac{\text{Bruttolohn- und Gehaltssumme}}{\text{Zahl der Arbeitnehmer}}}{\dfrac{\text{Nettoinlandsprodukt zu Faktorkosten}}{\text{Zahl der Beschäftigten}}}$,

b) Bereinigte Nettodurchschnittslohnquote $= \dfrac{\dfrac{\text{Verfügbares Einkommen der Lohn- und Gehaltsempfänger}}{\text{Zahl der Arbeitnehmer}}}{\dfrac{\text{Gesamtes verfügbares Einkommen aus priv., ökonom. Tätigkeit}}{\text{Zahl der Beschäftigten}}}$,

Um die zeitliche Vergleichbarkeit von Lohnquoten, trotz einer Änderung der Beschäftigtenstruktur, zu erreichen, wird der Anteil der Arbeitnehmer an den Erwerbstätigen für ein bestimmtes Basisjahr konstant gehalten (*hypothetische Lohnquote*).

2. Die Veränderung der Beschäftigtenstruktur kann vernachlässigt werden, wenn man neben den Einkommen aus unselbständiger Arbeit auch diejenigen aus selbständiger Tätigkeit berücksichtigt. Man erhält dann die sogenannte *ergänzte Lohnquote oder Arbeitsquote.* Das Einkommen aus selbständiger Tätigkeit kann jedoch nur als Näherungsgröße berechnet werden. Vielfach wird von der Annahme ausgegangen, daß die Selbständigen in *alternativen abhängigen Tätigkeiten* das gleiche Einkommen erzielen würden wie im Durchschnitt die Arbeitnehmer (siehe oben).
3. Auch die bereinigten Lohnquoten sind nicht sehr aussagefähig, da die relative Einkommensposition von Personengruppen nicht hinreichend zum Ausdruck kommt. Oft erweist es sich als notwendig, zusätzliche Indikatoren heranzuziehen.

Beispiele:

a) Einkommensgruppenindikator A $= \dfrac{\varnothing\ \text{Einkommen der Unselbständigen}}{\varnothing\ \text{Verfügbares privates Einkommen}}$,

b) Einkommensgruppenindikator B $= \dfrac{\varnothing\ \text{Einkommen der Bezieher von Transfereinkommen}}{\varnothing\ \text{Verfügbares privates Einkommen}}$,

c) Einkommensgruppen indikator C $= \frac{\varnothing \text{ Einkommen der Selbständigen}}{\varnothing \text{ Verfügbares privates Einkommen}}$.

4. In dem Maße, in dem der Interventionsumfang des Staates auf allen Ebenen zunimmt, verliert die Lohnquote immer mehr ihre Maßstabfunktion für verteilungspolitische Konzepte.
5. Die geringe Aussagefähigkeit und Problematik von unbereinigten und bereinigten Lohnquoten zeigt sich auch, wenn man einige der möglichen Lohnquoten für ein bestimmtes Land berechnet und sich dabei ergibt, daß sich die einzelnen Lohnquoten sogar *gegenläufig* entwickeln (siehe Abb. 91).

Abb. 91: Höhe der Lohnquoten in der Bundesrepublik Deutschland 1960–1962

Quoten	Höhe der Quoten in %		Relative Änderungen in %
	1950[1]	1962[1]	
Durchschnitt der mikroökonomischen Arbeitseinkommensquoten[2]	23,1	21,8	– 6
makroökonomische Arbeitseinkommensquote[2]	73,4	66,1	– 10
Bruttolohnquote	53,0	57,0	+ 7,5
Nettolohnquote	60,0	67,2	+ 12
Masseneinkommensquote	74,0	84,4	+ 14
Brutto-Durchschnittslohnquote[3]	80,6	69,2	– 14
Netto-Durchschnittslohnquote[3]	90,9	81,6	– 10

1 1950 ohne, 1962 einschl. West-Berlin und Saarland.
2 Geschätzt unter der Annahme eines fiktiven Unternehmerlohnes in anderthalbfacher Höhe der Durchschnittslöhne und eines fiktiven Lohnes der mithelfenden Familienangehörigen in Höhe von 70 % Durchschnittslöhne.
3 Jeder mithelfende Familienangehörige ist als eine halbe Erwerbsperson gezählt, da er in der Regel eine wesentlich kürzere Arbeitszeit hat als die übrigen Kategorien.

Quelle: *Jürgen Kromphardt,* Strukturwandlung und Einkommensverteilung, Tübingen 1969, S. 14.

6. Die Analyse der Quoten führt manchmal zur Vernachlässigung der an sich wichtigeren Niveaulage. In der Kontraktionsphase ist infolge der geringeren Gewinne die gesamtwirtschaftliche

Lohnquote hoch, weshalb es aber kein gewerkschaftliches Ziel sein kann, via Kontraktion eine hohe Lohnquote anzustreben, da das Lohnniveau in der Kontraktionsphase geringer ist als im Boom bei niedrigerer Lohnquote.

7. Gesamtwirtschaftliche Lohnquoten hängen ab von den Lohnquoten der einzelnen Sektoren, wobei jedoch die Strukturwandlungen innerhalb der Industrie zu berücksichtigen sind. Von einer konstanten Makro-Lohnquote kann daher nicht auf die Konstanz der Mikro-Lohnquoten geschlossen werden.

(B) Personelle Kriterien:
Als personelle Einkommensverteilung bezeichnet man die Aufteilung des Volkseinkommens auf *Personen und Personengruppen* (Haushalte). Dieses Kriterium ist aus zwei Gründen besser geeignet als das funktionelle Kriterium:

Das funktionelle und das personelle Konzept wären nur dann identisch, wenn die Sparneigung der Arbeitnehmer null wäre und auch sonst keine Einkommensquerverteilungen bestünden.

1. Es wird nicht mehr nach Quellen unterschieden, aus denen das Einkommen stammt. Im Vordergrund steht die Frage nach der Höhe der Kaufkraft.
2. Es wird meist nicht von der Primärverteilung, sondern von der Sekundärverteilung ausgegangen. Eine Differenzierung der personellen Einkommensverteilung kann erfolgen, indem

   a) die personelle Verteilung auf die Faktoreinkommen bezogen wird,
   b) die personelle Verteilung auf Faktor- und Übertragungseinkommen bezogen wird,
   c) die personelle Verteilung auf die verfügbaren Einkommen bezogen wird.

Da das Volkseinkommen Leistungseinkommen, aber auch direkte Steuern, Sozialversicherungsbeiträge und dgl. enthält, beschreibt das Volkseinkommen nur unzureichend die Einkommenssituation der privaten Haushalte. Eine wesentlich bessere Bezugsgröße ist daher das verfügbare persönliche Einkommen:

Verfügbares persönliches Einkommen	=	Volkseinkommen
	./.	Einkommen der öffentlichen Verwaltung
	./.	unverteilte Gewinne der Kapitalgesellschaften
	./.	direkte Steuern der privaten Haushalte
	./.	Sozialversicherungsbeiträge
	+	Transferzahlungen

Im Zentrum der personellen Einkommensverteilung steht die Ermittlung der *Einkommensschichtung*, d. h. es wird ermittelt, wie groß die Zahl der Einkommensempfänger ist, die jeweils in eine bestimmte Einkommensklasse (Schicht) fallen. Die Einkommensschichtung hängt ab von der Verteilung und Höhe der Faktorbestände (Arbeits- und Kapitalstock), von Faktorpreisänderungen sowie dem Faktor Transfer durch staatliche Umverteilungsmaßnahmen.

Die Abgrenzung zwischen *Faktorbestand* und *Faktorpreis* beim Faktor Arbeit kann auf zwei Arten erfolgen:

a) Der Arbeitsstock wird in Größen gemessen, die den Ausbildungsstand nicht berücksichtigen. In diesem Fall ergeben sich je nach Ausbildungsstand unterschiedliche Faktorpreise.
b) Der Arbeitsstock wird in Größen gemessen, die den Ausbildungsstand in angemessener Weise berücksichtigen. Dies läuft darauf hinaus, daß man Investitionen in den Faktor Arbeit (Humankapital) zuläßt.

Siehe *H. J. Krupp*, Grundzüge einer Theorie der personellen Einkommensverteilung, in: Hamburger Jahrbuch für Wirtschafts- und Gesellschaftspolitik, 1968, S. 162.

Abb. 92: Die Determinanten der personellen Einkommensverteilung

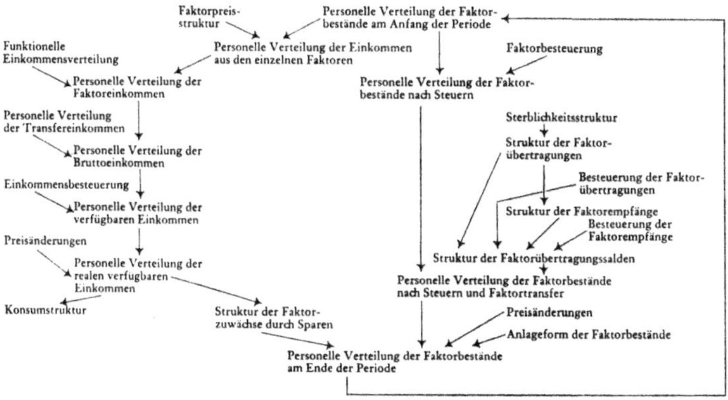

Quelle: *Hans-Jürgen Krupp*, Grundzüge einer Theorie der personellen Einkommensverteilung, in: Hamburger Jahrbuch für Wirtschafts- und Gesellschaftspolitik, 1968, S. 16.

Graphisch läßt sich die Einkommensschichtung entweder durch *Einkommenspyramiden* oder durch *Lorenzkurven* darstellen. Als Beispiel für eine Einkommenspyramide dient in Abb. 93 die Gruppierung der Arbeiterhaushalte in der Bundesrepublik Deutschland in den Jahren 1955 und 1960 (Gruppierung der Haushalte nach der Höhe ihres Bruttoeinkommens aus Erwerbstätigkeit und Vermögen).

Abb. 93: Einkommensgruppierung der Arbeiterhaushalte in der BRD 1955 und 1960

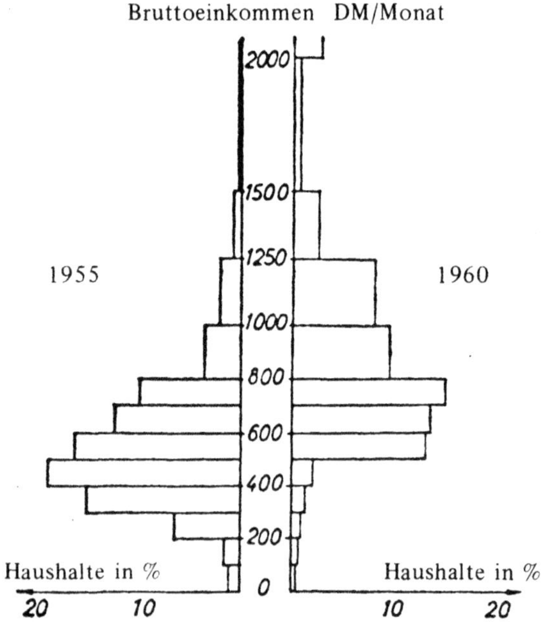

Entnommen aus *Schmidt-Schwarz-Thiebach,* Die Umverteilung des Volkseinkommens in der Bundesrepublik Deutschland 1955 und 1960, Tübingen 1965, S. 29.

Aus *Lorenzkurven* kann direkt abgelesen werden, welcher Teil des Volkseinkommens auf einen bestimmten Teil der Einkommensbezieher entfällt. Dividiert man das Nettosozialprodukt zu Faktorkosten durch die Zahl der Einkommensempfänger, so erhält man das durchschnittliche Einkommen je Einkommensempfänger. Die Einkommenverteilung ist umso gleichmäßiger, je geringer der Grad der Abweichung der einzelnen, personellen Einkommen vom durchschnittlichen Einkommen ist. Mit anderen Worten: die Einkommensverteilung ist umso ungleichmäßiger, je größer die Abweichung der tatsächlichen Einkommensverteilungskurve von der *Gleichverteilungskurve* (45 Grad-Achse) ist.

Vergleicht man zwei Einkommensverteilungen, sagen wir A und B, so ist die Einkommensverteilung A im Vergleich zur Einkommensverteilung B eindeutig gleichmäßiger, da sie näher an der 45 Grad-Achse liegt (siehe Abb. 94).

Abb. 94: Vergleich von Einkommensverteilungen (Graphik I)

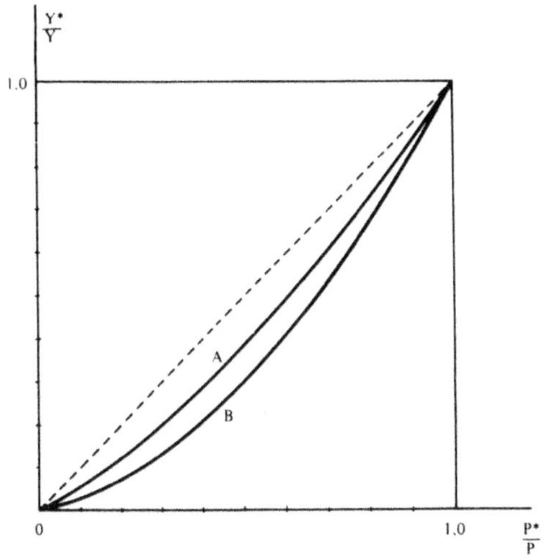

P * = Zahl der Einkommensempfänger, die ein bestimmtes Einkommen Y * und darunter erhalten.
P = Gesamtzahl aller Einkommensempfänger.
Y = Summe aller individuellen Einkommen (= Volkseinkommen)

Schneiden sich die beiden Kurven wie in Abb. 95, dann ist die Einkommensverteilung A im Hinblick auf die relativ niedrigeren, die Einkommensverteilung B im Hinblick auf die relativ höheren Einkommen gleichmäßiger. Keine der beiden Einkommensverteilungen ist jedoch *eindeutig* gleichmäßiger. Je weiter rechts der Schnittpunkt der beiden Verteilungskurven liegt, umso eher kann die Verteilung B als gleichmäßig bezeichnet werden.[15]

Abb. 95: Vergleich von Einkommensverteilungen (Graphik II)

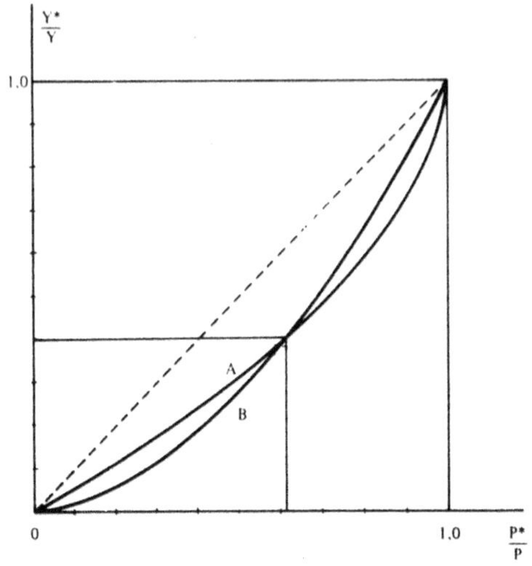

(C) Sektorielle (strukturelle) Kriterien:

Unter sektorieller (struktureller) Einkommensverteilung versteht man die Aufteilung des Nettosozialprodukts zu Faktorkosten auf Sektoren. Welche Sektoren und Unterscheidungen gebildet werden, hängt von der Zielsetzung ab, die mit der betreffenden Analyse verfolgt wird.

Als Klassifikationskriterien kommen in Frage:

1. Wertschöpfung der Sektoren (z. B. Agrarsektor, industrieller Sektor).

   Die (Einkommens-)Paritätspolitik im Hinblick auf die Landwirtschaft wäre ein besonders markantes Beispiel für jene Fälle, in denen die Einkommensentwicklung eines bestimmten Sektors im Vergleich zu anderen Sektoren zum Ansatzpunkt von einkommenspolitischen Forderungen bzw. Maßnahmen gemacht wird. – Ähnliches gilt etwa im Hinblick auf den Zollschutz für bestimmte Sektoren einer Volkswirtschaft.

2. Regionale Kriterien (z. B. städtische und ländliche Haushalte);
3. Kreislaufkriterien (z. B. private Haushalte, öffentliche Haushalte, Unternehmen);
4. Art der Güter (z. B. primärer, sekundärer, tertiärer Sektor).

6.C. Verteilungstheoretische Erklärungsmuster

6.C.1. ***Arbeitsmärkte sind unvollkommene Märkte mit teilweise monopolistischen Angebots- und Nachfragestrukturen.*** Man kann daher nicht mit den üblichen Angebots- und Nachfragekurven der allgemeinen Markt- und Preistheorie und mit einem daraus resultierenden, den jeweiligen Arbeitsmarkt räumenden Lohnsatz argumentieren.

Dies ist auch der Grund, weshalb die Behandlung der Lohnbildung in Kapitel VI. und nicht in Kapitel III. erfolgt.

Daß es sich bei Arbeitsmärkten um unvollkommene Märkte handelt, zeigt sich alleine schon daran, daß es in einem bestimmten Zeitpunkt sowohl offene Stellen als auch Arbeitslose gibt bzw. geben kann. Die Tarifbildung stellt ein *bilaterales Monopol* mit fest gegebener Arbeitsmenge dar. Die Lohnfestsetzung wird damit zu einer Machtfrage zwischen Arbeitgeber- und Arbeitnehmerverbänden. Im Rahmen der *Tarifverträge* (in Österreich: *Kollektivverträge*) werden die Lohntarife sowie die sonstigen Arbeitsbedingungen ohne staatliche Einflußnahme festgesetzt (*Tarifautonomie*).

6.C.2. *Faktoreinkommen können im Rahmen von Produktionsprozessen auf drei Arten entstehen:*

a) Durch Abgabe von Arbeitsleistungen gegen kontraktbestimmtes Entgelt an Unternehmen, private Haushalte oder öffentliche Haushalte;
b) durch unternehmerische Tätigkeit;
c) durch ertragbringende Anlage von Geld seitens der Haushalte und Unternehmen.

Arbeitnehmer beziehen in der Regel sowohl ein funktionales Arbeits- als auch ein funktionales Kapitaleinkommen. Funktionale Einkommensverteilung und die Einkommensverteilung nach Gruppen stimmen heute nicht mehr überein. Dies bedeutet, daß das Gegensatzpaar „Arbeitnehmer – Kapitalist" seinen analytischen Wert verloren hat.

Durch zunehmende staatliche Aktivität – und vermehrte Vermögensbildung in Arbeitnehmerhand erfolgt eine immer stärkere Verlagerung von rein funktionalen Verteilungskriterien zu sozioökonomischen Verteilungskriterien.

6.C.3. *Bei der Bemessung der Höhe der Faktoreinkommen können folgende Kriterien zur Anwendung gelangen:*

a) *Qualifikationskriterien:* im Entgelt werden Qualifikationsdifferentiale berücksichtigt.
b) *Leistungskriterien:* hier wird auf die tatsächliche Leistung abgestellt, die durch die Nutzung eines bestimmten (hohen oder niedrigen) Qualifikationspotentials erfolgt.
c) *Mühedifferentiale:* im Entgelt werden Entschädigungen eingebaut für besonders unangenehme Tätigkeiten (z. B. Tätigkeiten, die mit Lärm oder Schmutz verbunden sind).
d) *Soziale Kriterien:* das Faktoreinkommen darf eine bestimmte Mindesthöhe nicht unterschreiten. In der Regel liegt jedoch das Faktoreinkommen bereits aufgrund der Kriterien a) und c) bereits wesentlich über dieser Mindesthöhe.
e) *Marktkriterien:* das Verhältnis von Angebot an und Nachfrage nach Arbeitskräften auf den einzelnen Arbeitsmärkten schlägt sich im Entgelt nieder.
f) *Machtkriterien:* das Kräfteverhältnis ("bargaining power") zwischen den Arbeitgeber- und Arbeitnehmerverbänden beeinflußt die Höhe der Faktoreinkommen. Die Position der Arbeitnehmerverbände ist dabei umso besser, je knapper Arbeitskräfte sind.
g) *Kreislaufkriterien:* die Bemessung der Faktoreinkommen (insbesondere im Fall von geforderten Lohnerhöhungen) erfolgt sowohl was die Höhe als auch den Zeitpunkt der Einkommenszahlung anbelangt, aufgrund von *makroökonomischen Kriterien.*

Als Beispiel für Kreislaufkriterien könnte man die sogenannten *„Lohnleitlinien"* anführen. Die Bedeutung der Kreislaufkriterien dürfte erheblich an Bedeutung gewinnen.

In dem Umfang, in dem Kreislaufkriterien zum Tragen kommen, verlieren andere Kriterien – wie etwa das *Grenzproduktivitätstheorem* – ihre Bedeutung. Sofern man jedoch ungeachtet der bisherigen Erfahrungen mit Hilfe der Grenzproduktivitätstheorie die Entlohnung des Faktors Arbeit „erklären" möchte, könnten mit *Rothschild*[16] folgende *Einwendungen* gebracht werden:

Die Grundschwäche der Grenzproduktivitätstheorie besteht darin, daß sie von Anbeginn keine Lohntheorie, also keine Theorie des Arbeitsmarktes, sondern eine auf den Arbeitsmarkt zugeschneiderte Preistheorie war.

Die Existenz von Arbeitsmarktinstitutionen, wie Gewerkschaften, Unternehmerverbände und staatliche Einrichtungen werden nicht oder nur widerwillig zur Kenntnis genommen, es werden nur die Parallelen zur Warenpreisbildung in den Vordergrund gerückt: Löhne sind der Preis der Arbeit, daher werden sie, wenn keine Eingriffe vorgenommen werden, wie alle Preise durch Angebot und Nachfrage bestimmt.

Durch ihre Anlehnung an die Konkurrenzpreistheorie und durch ihr Gleichgewichtsideal sieht die Grenzproduktivitätstheorie schon von ihrer Konzeption her an wichtigen Besonderheiten des Arbeitsmarktes vorbei (z. B. besonders harter Widerstand gegen Lohnsenkungen, da keine oder fast keine Ausweichmöglichkeit des Arbeitsanbietenden besteht, zumindest nicht kurzfristig, Orientierung bei Lohnforderungen an benachbarten Berufsgruppen). Die Grenzproduktionstheorie bietet daher in mikroökonomischer Sicht keine Theorie der Lohnbildung, sondern vorwiegend eine Beschäftigungstheorie, *nachdem* der Lohn fixiert wurde.

In der Makroökonomie erweist sie sich erst recht als ungeeignet. Wenn man es mit Geldlöhnen zu tun hat, so bricht die Grenzproduktivitätstheorie als Bestimmungsgrund für die Geldlohnhöhe zusammen, da sie, die sie die Höhe des Geldlohnes erklären soll, selbst vom Geldlohn abhängt. Geht man hingegen von einer Reallohnanalyse aus, so ergeben sich ähnliche Schwierigkeiten. Ohne Kenntnis relativer Preise ist nämlich eine Gegenüberstellung von Grenzprodukt und Lohn nicht möglich. Preisrelationen sind aber ihrerseits nicht unabhängig vom Lohnsatz, da dieser die Einkommensverteilung und damit die Nachfrage- und Preisstruktur beeinflußt.

Die größte Schwäche der Grenzproduktivitätstheorie ist aber darin zu sehen, daß sie die gesellschaftlichen und Macht-Elemente, die *hinter* Angebot und Nachfrage stehen und die die Knappheit der Faktoren sowie ihre Preise entscheidend beeinflussen, so gut wie überhaupt nicht beachtet.

Daneben gibt es noch eine große Zahl expliziter und impliziter Einschränkungen und Prämissen, deren wichtigste sind: stabil bleibende Bevölkerungszahl, konstant bleibender Kapitalstock, unveränderter Stand der Technik, gleichbleibende Nachfragestruktur; vollkommener Wettbewerb, Mobilität von Arbeit und Kapital, Kenntnis des Arbeitgebers von der zusätzlichen Produktivität der zusätzlichen Arbeitskraft, Kenntnis des Arbeitnehmers von seiner Produktivität und Vollbeschäftigung. Zwar wurden einige von diesen Prämissen bzw. Einschränkungen von verschiedenen Theoretikern (insbesondere A. Marshall) ausdrücklich aufgegeben, und das Konzept der Grenzproduktivitätstheorie wurde dadurch etwas realistischer, die oben gemachten Einwendungen bleiben aber weiterhin aufrecht.

6.C.4. *Zwischen der Entwicklung der Effektivlöhne und der Tariflöhne besteht eine gegenseitige Abhängigkeit.* Die Lohndrift ist umso stärker, je knapper Arbeitskräfte sind und je stärker die Strukturwandlungen auf den partiellen Arbeitsmärkten sind.

6.C.5. *Selbst bei konstanten Tariflöhnen können infolge von Strukturwandlungen auf den partiellen Arbeitsmärkten Einkommensniveauveränderungen eintreten,* wenn

a) Arbeitskräfte innerhalb einer Branche von Unternehmen zu Unternehmen „wandern",
b) Arbeitskräfte von Branche zu Branche „wandern",
c) Arbeitskräfte zwischen einzelnen Regionen, aber innerhalb der gleichen Branche „wandern",
d) Arbeitskräfte aus der Gruppe der Zeitentlohnung in die Gruppe der Leistungsentlohnung hinüberwechseln und umgekehrt,
e) der Anteil der männlichen bzw. weiblichen Arbeitskräfte sinkt und/oder steigt.

6.C.6. *Steigt bei gleichbleibender Arbeitsproduktivität der Lohnsatz stärker als der Preis, so erhöht sich der Lohnanteil am Volkseinkommen.* Steigt der Preis stärker als der Lohnsatz, so verringert sich der Lohnanteil. Steigen Lohnsatz und Arbeitsproduktivität im gleichen Umfang, so bleibt – bei gleichbleibendem Preisniveau – die Einkommensverteilung unverändert. Bei konstantem Lohnsatz bleibt die Einkommensverteilung ceteris paribus unverändert, wenn die Zunahme der Produktivität zu Preissenkungen führt. Ferner bleibt die Einkommensverteilung unverändert, wenn sich die Lohnkosten und Preise parallel entwickeln bzw. wenn Lohnsatzerhöhungen im Umfang von Produktivitätserhöhungen – bei unverändertem Preisniveau – erfolgen, so daß die durchschnittlichen Lohnkosten gleich bleiben[17].

6.C.7. *Steigende Kapitalintensität führt zu steigender Arbeitsproduktivität und zu steigendem Einkommensniveau.* Dies ist auf die Nicht-Neutralität des technischen Fortschritts zurückzuführen. Die Nicht-Neutralität des technischen Fortschritts äußert sich in einer Zunahme des Qualifikationsniveaus des Arbeitsstocks. Dadurch werden im Rahmen der gesamten Faktoreinkommen Einkommen als Arbeitseinkommen ausgewiesen, die de facto Kapitaleinkommen (eine Verzinsung und Amortisation von „Humankapital") darstellen.

6.D. *Kontrollfragen*

1. Was versteht man unter Faktoreinkommen?

2. Welche Arten von Übertragungseinkommen gibt es?

3. Zählen die Übertragseinkommen zum Volkseinkommen?

4. Erläutern Sie folgende Begriffspaare:
   (4.1.) Primärverteilung – Sekundärverteilung
   (4.2.) Nominalverteilung – Realverteilung

5. Wie gelangt man von der Bruttolohndrift zur Nettolohndrift?

6. Welche zwei Arten der Querverteilung unterscheidet Stobbe?

7. Welche Nachteile sind mit der Anwendung funktioneller Verteilungskriterien verbunden?

8. Was versteht man unter Arbeitnehmerquote und Lohn-Einkommens-Relation?

9. Beurteilen Sie die Aussagefähigkeit von Lohnquoten.

10. Unter welchen Voraussetzungen würde das funktionelle mit dem personellen Verteilungskonzept zusammenfallen?

11. Wie gelangt man vom Volkseinkommen zum verfügbaren persönlichen Einkommen?

12.Was versteht man unter Einkommensschichtung?

13.Auf welche Art kann beim Faktor Arbeit Faktorbestand und Faktorpreis gegenseitig abgegrenzt werden?

14.Was sind Lorenzkurven?

15.Wodurch unterscheiden sich Arbeitsmärkte von anderen Faktormärkten?

16.Auf Grund welcher Kriterien erfolgt die Bemessung der Höhe der Faktoreinkommen?

17.Welche Zusammenhänge bestehen zwischen der Kapitalintensität, der Arbeitsproduktivität und einem bestimmten Einkommensniveau?

18.Welche Zusammenhänge bestehen zwischen der Arbeitsproduktivität, dem Lohnsatz und den Preisen?

19.Wie wird die „Arbeitsquote" berechnet?

20.Wodurch unterscheidet sich die friktionelle von der strukturellen Arbeitslosigkeit?

21.Meist wird zwischen der Entstehung, der Verteilung und der Verwendung der Einkommen unterschieden. Beurteilen Sie diese Klassifikation im Hinblick auf ihre analytische Brauchbarkeit.

22.Wodurch unterscheidet sich die sektorielle von der funktionellen Verteilung?

23.Worin besteht das Wesen der Tarifautonomie?

24.Welcher Unterschied besteht zwischen Lohndrift und Niveauspanne?

25.Bei welchen der folgenden Größen handelt es sich um Bestands- bzw. Strömungsgrößen:

		Bestandsgröße	Strömungsgröße
(25.1.)	Einkommen	☐	☐
(25.2.)	Geldvermögen	☐	☐
(25.3.)	Bruttoinvestitionen	☐	☐
(25.4.)	Konsum i. e. S.	☐	☐
(25.5.)	Kapitalstock	☐	☐
(25.6.)	Arbeitsleistungen	☐	☐

26.Was kann man mit Hilfe von Einkommenspyramiden darstellen?

27.Von welchen Faktoren wird das Ausmaß an Lohndrift beeinflußt?

28.Welche Einwände lassen sich mit Rothschild gegen die Anwendung des Grenzproduktivitätstheorems im Bereich der Verteilungstheorie vorbringen?

Hicks, J. R., Theory of Wages, London 1932.
Kaldor, N., Alternative Theories of Distribution, in: Review of Economic Studies, (23), 1955, S. 83–100.
Hansen, B., Rehn G., On Wage Drift, in: Essays in Honour of Eric Lindahl, Stockholm 1956.
Krupp, H. J., Personelle und funktionelle Einkommensverteilung, in: Schneider, E. (Hrsg.), Beiträge zur Theorie der Einkommensverteilung (12), Berlin 1956, S. 61–96.
Schneider, E., Einkommen und Einkommensverteilung in der makroökonomischen Theorie, in: L'Industria, 1957, Nr. 2.
Preiser, E., Distribution (I), Theorie: Handwörterbuch der Sozialwissenschaften (2), Stuttgart-Tübingen-Göttingen 1959.
Bombach, G., Die verschiedenen Ansätze der Verteilungstheorie, in: Einkommensverteilung und technischer Fortschritt, hrsg. von E. Schneider, Schriften des Vereins für Sozialpolitik, N. F. (17), Berlin 1959, S. 95, 1954.
Bjerke, R., Some Income and Wage Distribution Theories, in: Weltwirtschaftliches Archiv, (86), 1961.
Krelle, W., Verteilungstheorie, Wiesbaden-Tübingen 1962.
Stobbe, A., Untersuchungen zur makroökonomischen Theorie der Einkommensverteilung, in: Kieler Studien 59, Tübingen 1962.
Morgan, J., The Anatomy of Incomes Distribution, in: Review of Economics and Statistics (44), 1962.
Rothschild, K. W., Lohntheorie, Berlin-Frankfurt 1963.
Scheele, E., Die makroökonomische Theorie der Einkommensverteilung, in: Jahrbuch für Sozialwissenschaft, (13) 1962 und (14) 1963.
Lübbert, J., Untersuchungen zur Theorie der gesamtwirtschaftlichen Einkommensverteilung, Tübingen 1964.
Heuss, E., Die Verbindung von mikroökonomischer und makroökonomischer Verteilungstheorie, Tübingen 1965.
Scheele, E., Einkommensverteilung und Wirtschaftswachstum, Tübingen 1965.
Bombach, G., Statistische Produktivitätsmasse und Lohnquote, Allgemeines Statistisches Archiv (51), 1967.
Rothschild, K. W., Zur Arithmetik und Interpretation von Lohnquoten, in: Hamburger Jahrbücher für Wirtschafts- und Gesellschaftspolitik, 1968 (13), S. 143–158.
Scheele, E., Theorie der Einkommensverteilung, in: Kompendium der Volkswirtschaftslehre (1), hrsg. von W. Ehrlicher, I. Esenwein-Rothe, H. Jürgensen, K. Rose, Göttingen 1967, S. 296–345.
Rothschild, K., Unterschiedliche Dimensionen der Lohntheorie, in: Lohnpolitik und Einkommensverteilung, Verhandlungen auf der Tagung des Vereins für Sozialpolitik, Gesellschaft für Wirtschafts- und Sozialwissenschaften in Berlin 1968, Schriften des Vereins für Sozialpolitik, N. F. (51), Berlin 1969.
Krupp, H. J., Theorie der personellen Einkommensverteilung – Allgemeine Grundlage und Verteilungspolitische Simulationen, Berlin 1968.
Streissler, E., Wandlungen der Einkommensstruktur im Wirtschaftswachstum, in: Lohnpolitik und Einkommensverteilung, hrsg. von H. Arndt, Berlin 1969.
Külp, B., Tarifverhandlungen: Strategie und Taktik, in: Lohnpolitik und Einkommensverteilung, hrsg. von H. Arndt, Berlin 1969.

Friedrichs, G., Technischer Wandel und seine Auswirkungen auf Beschäftigung und Lohn, in: Lohnpolitik und Einkommensverteilung, hrsg. von H. Arndt, Berlin 1969.
Arndt, E., Lohnpolitik und Einkommensverteilung, Schriften des Vereins für Sozialpolitik, N. F. (51), Berlin 1969.
Gerfin, H., Ausmaß und Wirkung der Lohndrift, in: Lohnpolitik und Einkommensverteilung, hrsg. von H. Arndt, Berlin 1969.
Oberhauser, A., Der Investivlohn als Mittel der Verteilungspolitik, in: Lohnpolitik und Einkommensverteilung, hrsg. von H. Arndt, Berlin 1969.
Kromphardt, J., Strukturwandel und Einkommensverteilung, Tübingen 1969.
Streissler, M., Tarifautonomie und wirtschaftspolitische Macht von Interessenverbänden als rechtspolitisches Problem. Eine Literaturübersicht in Wiener Studien, Heft 8, 1970, S. 5 ff.
Weizsäcker, C. Ch. v., Die zeitliche Struktur des Produktionsprozesses und das Problem der Einkommensverteilung zwischen Kapital und Arbeit, in: Weltwirtschaftliches Archiv, (106) 1971, S. 1–34.
Krupp, H. J., Alternative Ansätze der Theorie der Einkommensverteilung, in: Wirtschaftsstudium (wisu), 6/1972, S. 273 ff.
Hansen, B., Rehn, G., Über die Lohndrift – ein Problem der Geldlohn-Dynamik, in: Arbeitsökonomik, hrsg. von B. Külp und W. Schreiber, Köln 1972, S. 52 ff.
Levinson, H. M., Bestimmungsfaktoren bei kollektiver Lohnfindung, in: Arbeitsökonomik . . . , S. 206 ff.
Kuh, E., Produktivitätstheorie zur Bestimmung des Lohnniveaus – eine Alternative zur Phillips-Kurve, in: Arbeitsökonomik . . . , S. 285 ff.
Reder, M. W., Interindustrielles Lohngefälle: Theorie und Messung, in: Arbeitsökonomik . . . , S. 347 ff.
Fellner, W. u. a., Die Rolle der Löhne in dem Problem der steigenden Preise, in: Arbeitsökonomik . . . , S. 372.
Schmitt-Rink, G. W., Technischer Fortschritt und Einkommensverteilung, in: Wirtschaftswissenschaftliches Studium (wist), 8/9/1973, S. 408 ff.
Frey, B. S., Inflation und Verteilung: Die Sicht der ökonomischen Theorie der Politik, in: Wirtschaftswissenschaftliches Studium (wist), Heft 8/9/1973, S. 457 ff.

VII. Entwicklungstheorie

7.A. Problemstellung

Das zentrale *Anliegen der Konjunkturtheorie* besteht darin, zu erklären, weshalb es im Verlauf bestimmter ökonomischer Zeitreihen (wie Preisen, Kosten, Investitionen, Lagerveränderungen usw.) zu zyklischen Schwankungen kommt, sich also *Expansions- und Kontraktionsphasen* mit mehr oder minder großer Regelmäßigkeit laufend abwechseln.

Die Begriffe „*Expansion*" bzw. „*Kontraktion*" sind den Ausdrücken „Prosperität" und „Depression" vorzuziehen, da sie keine qualitative Wertung der betreffenden Situation enthalten. – Um sämtlichen Faktoren, die die Ursache von zyklischen Schwankungen sein können, ihren *Stellenwert* im Rahmen der *Entwicklungshypothesen* zu geben, ist es notwendig, die Expansionsphasen in eine *Expansionsphase 1* und in eine *Expansionsphase 2* zu unterteilen (für die Kontraktion gilt analoges).

Im einzelnen soll geklärt werden:

a) Wieso es überhaupt zu zyklischen Schwankungen kommen kann (konjunkturelle Ausgangssituationen).
b) Welche exogenen oder endogenen Faktoren der Selbstverstärkung zu expansiven und kontraktiven kumulativen Prozessen führen.
c) Wie die prozeßrelevanten endogenen ökonomischen Variablen sachlich und zeitlich untereinander zusammenhängen bzw. verknüpft werden (Lagstrukturen).

Im Gegensatz zur kurzfristigen Analyse konjunktureller Schwankungen, haben *wachstumstheoretische Analysen* einen größeren Zeithorizont. Im Zentrum steht das Problem, von welchen Faktoren der Verlauf und die Intensität von Wachstumsprozessen bestimmt werden. Geht es im Bereich der Konjunkturtheorie darum zu unterscheiden, auf welche Art das bestehende *Produktionspotential genutzt* und *ausgelastet* werden kann, so steht hier das Problem im Vordergrund, durch welche Faktoren das gesamtwirtschaftliche Produktionspotential *qualitativ* und *quantitativ verbessert bzw. vergrößert* werden kann. Dabei geht die neuere Wachstumstheorie vielfach über die Analyse *produktionstheoretischer* Zusammenhänge hinaus. Im Rahmen der Wachstumsforschung wird insbesondere auch untersucht, was die Ursache von *Strukturwandlungen* ist und welche gesamtwirtschaftlichen Konsequenzen mit derartigen Strukturwandlungen verbunden sein können.

7.B. Grundbegriffe

Drei Arten von Entwicklungsprozessen sind denkbar:

1. *Positiv-evolutorische Prozesse* (Wachstumsprozesse): diese sind durch einen Aufwärtstrend bestimmter ökonomischer Variablen gekennzeichnet. Die Nettoinvestition ist in diesem Fall *positiv* bzw. weist einen mehr oder minder großen *Kapazitätseffekt* auf.
   a) Exponentielles Wachstum liegt vor, wenn eine Größe in jeweils gleichen Zeitabständen um einen bestimmten Prozentsatz der jeweils vorigen Größe zunimmt.

      Wächst eine Volkswirtschaft etwa um mindestens 4 % jährlich, dann verdoppelt sich das Nationalprodukt in 17,5 Jahren. Bei einem Wachstum von 3,5 % erfolgt die Verdoppelung in 20 Jahren.

   b) Lineares Wachstum liegt vor, wenn eine Größe jeweils in gleichen Zeitabständen um einen ständig gleichbleibenden Betrag zunimmt.
2. *Negativ-evolutorische Prozesse* (Schrumpfungsprozesse): diese sind durch einen Abwärtstrend bestimmter ökonomischer Variabler gekennzeichnet. In einer schrumpfenden Wirtschaft unterbleiben die zum Wachstum notwendigen Reinvestitionen, d. h. die Reinvestitionen sind geringer als die verbrauchsbedingten Abschreibungen, die Nettoinvestition wird *negativ*.
3. *Stationäre Prozesse:* die ökonomischen Variablen weisen hier keinen eindeutig aufwärts oder abwärts gerichteten Trend auf. Die Reinvestitionen decken gerade die verbrauchsbedingten Abschreibungen; die Nettoinvestition und damit auch der Kapazitätseffekt, ist in diesem Fall *Null.*

Der spekulative Charakter der älteren Konjunkturtheorie kommt in der Verwendung des Begriffes „*Konjunkturphänomen*" zum Ausdruck. Die Situation der älteren Konjunkturtheorie war etwa die, daß zwar viele Hypothesen einen richtigen Kern enthielten, daß sich jedoch nur wenige Hypothesen als *Erklärungsmuster* für raumzeitliche Situationen eigneten. Dies hängt zum Teil auch damit zusammen, daß man an die Existenz von mehr oder minder *konstanten* Schwingungsmustern (z. B. Kondratieff-Zyklus = 57 Jahre; Juglar-Zyklus = 9,5 Jahre; Kuznets-Zyklus = 14–20 Jahre) glaubte und übersah andererseits den *generellen* Aspekt von konjunkturellen Schwankungen (siehe S. 237). Auch besteht die Gefahr, daß im Zuge der Abgrenzung und Theoretisierung des Untersuchungsobjektes „Konjunkturschwankungen" Eigenschaften präjudiziert werden, die überhaupt *nicht* zu den Merkmalen des Untersuchungsobjektes gehören.

Abb. 96: Typen von Entwicklungsprozessen

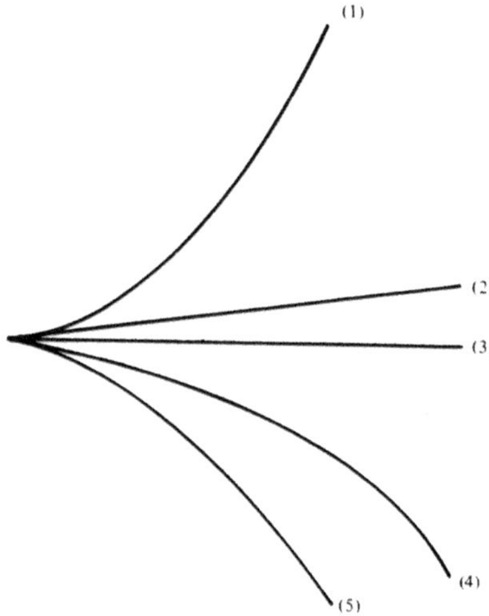

(1) Positiv evolutorischer Entwicklungsprozeß (exponentielles Wachstum).
(2) Positiv evolutorischer Entwicklungsprozeß (lineares Wachstum).
(3) Stationärer Entwicklungsprozeß.
(4) und (5) negativ evolutorische Entwicklungsprozesse.

Die Geschichte der Konjunkturtheorie zeigt, daß (a) immer *neue* Einflußfaktoren aufgetaucht sind, (b) daß sich Einflußfaktoren, die man für *wesentlich* hielt, als *zufällig* und *irrelevant* herausgestellt haben, und daß (c) Einflußfaktoren, die man zunächst für *individuell* und zufällig ansah, sich später als *wesentliche* Einflußfaktoren herausgestellt haben.

Es ist wesentlich, darauf hinzuweisen, daß es *den* Zyklus schlechthin nicht gibt, sondern daß es nur Preis-, Kosten-, Investitions-, Lagerzyklen usw. gibt, die sämtlich zusammengenommen eine bestimmte konjunkturelle Konstellation ergeben. Von einem *Gesamtzyklus* könnte man nur dann sprechen, wenn sämtliche Zeitreihen, die für konjunkturelle Schwankungen als repräsentativ angesehen werden können, den gleichen Schwankungsrhythmus aufweisen würden, was aber reichlich unwahrscheinlich ist, da es gerade ein Merkmal zyklischer Prozesse ist, daß der Zeitpunkt, zu dem die einzelnen Zeitreihen den oberen bzw. unteren Wendepunkt erreichen, meist verschieden ist (siehe S. 235). Früher beschrieb man konjunkturelle Schwankungen mit Hilfe der Zunahme bzw. Abnahme des Bruttonationalprodukts; die ältere Konjunkturtheorie verstand unter Konjunkturschwankungen Aufschwung- und Depressionsphasen, wobei im Falle der Depression ein absoluter Rückgang des Nationalprodukts vorlag. Zyklisch bedeutet heute im Gegensatz zu früher *nicht*, daß sich positive und negative Wachstumsraten gegenseitig ablösen, sondern, daß die *positiven Wachstumsraten* mehr oder minder stark um den sogenannten *Trend* schwanken. Konjunkturschwankungen sind Schwankungen um den längerfristigen Wachstumstrend, man könnte sie als *Wachstumsbeschleunigungen* und *Wachstumsverzögerungen* interpretieren.

Abb. 97 zeigt die zyklische Schwankung einer ökonomischen Größe.

Ob eine ökonomische Größe *konjunkturanfällig* ist, d. h. also zyklisch schwankt, zeigt sich an der Schwankungsbreite dieser Größe im Zeitablauf der sogenannten *Amplitude*. Unter Amplitude versteht man das Ausmaß der Schwankungen einer Zeitreihe um den Trend.

Die *Länge eines Zyklus* kann gemessen werden entweder zwischen den beiden oberen oder den beiden unteren Wendepunkten. In Abb. 97 reicht ein Konjunkturzyklus von A bis E oder von C bis G, je nachdem, für welche Messungsart man sich entscheidet. Die *Expansionsphase* würde der Strecke C bis E, die *Kontraktionsphase* der Strecke A bis C oder E bis G entsprechen.

Abb. 97: Beispiel für eine zyklische Schwankung einer ökonomischen Zeitreihe (Veränderungen gegenüber dem Vorjahr).

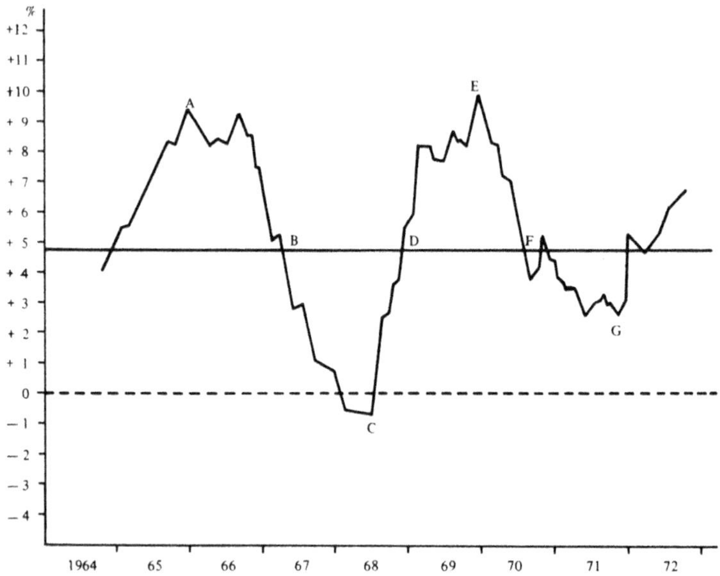

Während heute weitgehend Einigkeit besteht, daß man konjunkturelle Schwankungen nicht mit Hilfe *einer* Zeitreihe beschreiben kann, so fehlt diese Einigkeit im Hinblick auf die Frage, *welche Zeitreihen* als repräsentativ angesehen werden können. Grundsätzlich lassen sich Expansions- und Kontraktionsphasen sowohl mit den Zeitreihen ökonomischer *Globalgrößen* (z. B. gesamte Brutto-Anlage-Investitionen, Sozialprodukt) als auch in den Zeitreihen *sektoraler Größen* (z. B. Brutto-Anlage-Investitionen der Eisen- und Stahlindustrie) beschreiben.

Es ergibt sich ferner die Frage, ob konjunkturelle Schwankungen erst in den Globalgrößen (Gesamtbeschäftigung, Preisniveau usw.) zum Ausdruck kommen, oder bereits in der Entwicklung kleinerer Aggregate, die sich auf bestimmte Sektoren beziehen. Es spricht sehr viel für die Hypothese, daß es in jeder Wirtschaft Bewegungszentren – *Kernzentren* – gibt, in denen der Schwankungsvorgang zuerst besonders kräftig sichtbar wird, von dem er ausgeht. Ein derartiges Kernzentrum war und ist die Investitionsgüterindustrie bzw. bestimmte Investitionsgüterindustrien. Dies zeigt sich beispielsweise in den beiden Zeitreihen *Bruttoanlageinvestitionen* und den *Lagerveränderungen.*

Die *gesamten* Investitionen zeigen jedoch die konjunkturellen Schwankungen nur unzureichend, da im gleichen Aggregat sowohl die *privaten* als auch die (zum Teil antizyklischen) *staatlichen* Investitionen enthalten sind. Am zweckmäßigsten ist die Aufspaltung der Investitionen nach *Investoren* einerseits und nach *Investitionsgüterarten* (Ausrüstungsinvestitionen, Bauinvestitionen usw.) andererseits.

Die Aussagefähigkeit der privaten *Bruttoanlageinvestitionen* ist besonders groß, da sie zu den konjunkturempfindlichen Größen zählen, insbesondere dann, wenn sie zu *konstanten* Preisen berechnet werden. In Expansionsphasen liegt die Wachstumsrate der Bruttoanlageinvestitionen *über* der des Bruttonationalprodukts. Auch die *Lagerveränderungen* stellen einen brauchbaren Konjunkturindikator dar. Zu unterscheiden ist zwischen Input- und Outputlagern. Beide haben eine gewisse Pufferfunktion, d. h. sie dienen zum Ausgleich sowohl von Angebots- als auch von Nachfrageschwankungen. So werden z. B. infolge der verzögerten Anpassung der Produktion an die geänderten Marktverhältnisse Auftragseingänge zunächst aus den in der zweiten Kontraktionsphase aufgebauten Lagerbeständen befriedigt. Der Aufbau von Inputlagern wird zu Beginn der zweiten Expansionsphase zunehmen und so lange anhalten, bis die Inputlager wieder das gewünschte Niveau erreicht haben. Werden Inputlagerinvestitionen aus steuerlichen oder sonstigen Gründen vorgezogen, so wird die Expansion noch verstärkt. In dem Maße, in dem sich die Nachfrage nach den Produkten des betreffenden Unternehmens dem oberen Wendepunkt nähert, nimmt auch die Nachfrage nach Vorleistungen ab, um schließlich zu stagnieren, was unter Umständen mit einem entsprechenden Preisverfall verbunden sein kann. Meist besteht folgende Beziehung zwischen dem Output, den Umsätzen und den Lagerveränderungen: Ist die Outputzuwachsrate größer als die Umsatzrate, dann kommt es zu einer *positiven Lagerinvestition.* Im umgekehrten Fall nehmen die Lagerbestände ab (*Desinvestition*). Geht man davon aus, daß die meisten zyklischen Prozesse, wie sie im Wechsel von Beschleunigung und Verlangsamung der Produktionstätigkeit zum Ausdruck kommen, vom industriellen Sektor ausgehen, so kann man die *Industrieproduktion* der Klassifikation sämtlicher *Konjunkturindikatoren* zugrundelegen und unterscheiden zwischen:

1. *Frühindikatoren* (engl. leading indicators),

2. *Lageindikatoren* (engl. coincident indicators) und
3. *Spätindikatoren* (engl. lagging-indicators).

Dieser Klassifikation liegt die Vorstellung zugrunde, daß die einzelnen Zeitreihen zu *verschiedenen Zeitpunkten* den oberen bzw. unteren Wendepunkt erreichen. So decken sich beispielsweise oft die oberen Wendepunkte der *Industrieproduktion* und der *Baugenehmigungen.* Der Zyklus der *Einzelhandelsumsätze* folgt jedoch den anderen beiden Indikatoren mit einer gewissen zeitlichen Verzögerung. Der *Autragseingang* stellt z. B. einen Frühindikator dar. Siehe auch Abb. 98. Wenngleich das beschriebene Indikatorsystem methodisch mit einigen Schwierigkeiten verbunden ist, so wächst doch in dem Maße, in dem mit diesem Konzept gearbeitet wird, das Gefühl für „empirische Proportionen", ungeachtet der *zeitlichen Varianz* der bestehenden *Lagstrukturen.*

Das Indikatorsystem, das aus den Barometersystemen der Zwanziger- und Dreißiger Jahre hervorgegangen ist, stellt also ein unentbehrliches Hilfsmittel der Konjunkturanalysen dar, wobei zu erwarten ist, daß mit zunehmendem Computereinsatz auch eine Verfeinerung des Instrumentariums verbunden sein wird.

Drei Kriterien zur Operationalisierung des Begriffs *wirtschaftliches Wachstum* bieten sich an:

(1) *Die jährlichen Zuwachsraten des realen Bruttosozialprodukts.* Entscheidet man sich für dieses Kriterium, so ist zu beachten, daß das reale Bruttosozialprodukt nur einen sehr groben Wachstumsindikator darstellt, der in mehrfacher Hinsicht verfeinert werden muß. Inbesondere ist zu berücksichtigen:

(1.1.) Je nach *Kapazitätsauslastung* und *potentieller Wachstumsrate* kann das reale pro-Kopf-Einkommen über einen bestimmten Zeitraum hinweg wachsen, ohne daß das Produktionspotential zuzunehmen braucht.

(1.2.) Da der Output auch von der *Länge der Arbeitszeit* abhängt, sollte die Erhöhung des realen Bruttosozialprodukts je Arbeitsstunde als Wachstumskriterium herangezogen werden.

(1.3.) Verwendet man das reale Bruttosozialprodukt als Wachstumsindex, so muß eine *Disaggregation* in der Weise erfolgen, daß angegeben wird, welche Komponenten des Sozialprodukts zu welchem Zeitpunkt wie stark wachsen sollen.

(1.4.) Da das Wachstum des realen Bruttosozialprodukts nicht als Selbstzweck angesehen werden kann, sondern in Relation zum

Abb. 98: Indikatoren der Konjunkturentwicklung

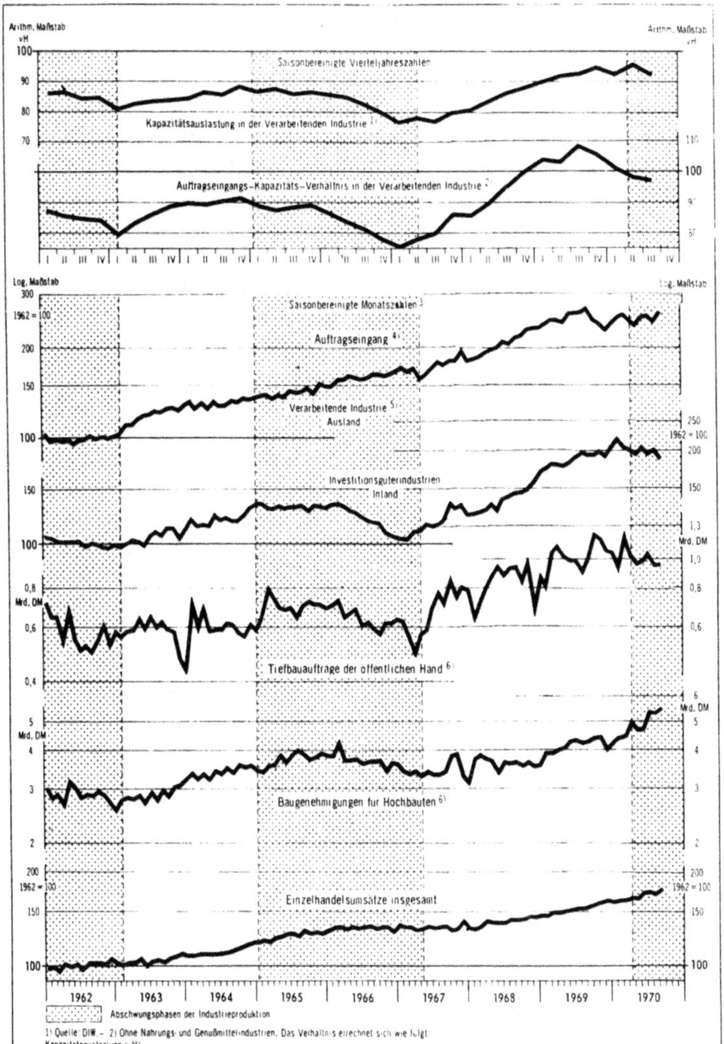

Abschwungsphasen der Industrieproduktion

1) Quelle: DIW. – 2) Ohne Nahrungs- und Genußmittelindustrien. Das Verhältnis errechnet sich wie folgt: $\frac{\text{Kapazitätsauslastung (vH)}}{\text{Industrielle Nettoproduktion (1962 = 100)}}$ · Auftragseingang (1962 = 100, saisonbereinigt). Quelle für Kapazitätsauslastung: DIW. Auftragseingang saisonbereinigt nach dem Census-Verfahren II, Version X-11. – 3) Saisonbereinigung nach dem Census-Verfahren II, Version X-11. – 4) Auftragseingang aus dem [illegible] Januar 1968 ohne Umsatzsteuer, aus dem Ausland durchweg ohne Umsatzsteuer. – 5) Ohne Nahrungs- und Genußmittelindustrien. – 6) Einschl. Umsatzsteuer.

SR 70 662

Wachstum an Wohlfahrt betrachtet werden muß, ergibt sich schließlich noch die Frage, inwieweit das reale Bruttosozialprodukt auch als *Wohlfahrtsindex* herangezogen werden kann. Hier gilt es wieder zu berücksichtigen,

(1.4.1.) daß die *Erwerbsquote* (etwa durch die vermehrte Beschäftigung von Fremdarbeitern) stärker wachsen kann als der quantitative Output, so daß trotz wachsendem realen Bruttosozialprodukt die gütermäßige Verteilung pro Kopf der Bevölkerung sinkt,

(1.4.2.) daß infolge einer ungünstigen Verteilung von Wohn- und Arbeitsstättenbestimmter Arbeitnehmer (*Pendler*) die Personenfahrkilometer zunehmen und damit auch das reale Bruttosozialprodukt wächst, obwohl die Wohlfahrt dieser Arbeitnehmer nicht nur wächst, sondern infolge des Freizeitverlustes sogar abnimmt,

(1.4.3.) daß vom realen Bruttosozialprodukt (in absoluten Beträgen) alle *negativen externen Effekte* (Schäden) in Abzug gebracht werden müßten, die uno actu mit der Produktion des realen Bruttosozialproduktes auftreten. Dies würde etwa bedeuten, daß das Sozialprodukt um jene Beträge vermindert werden muß, die als Schäden aus Verkehrsunfällen und/oder Umweltschäden resultieren,

(1.4.4.) daß erst die Verteilung des unter Berücksichtigung der Faktoren (1.4.1.) bis (1.4.3.) ermittelten Netto-Wachstumszuwachses des realen Bruttosozialproduktes auf die verschiedenen Schichten von Einkommensbeziehern das Ausmaß an *"social welfare"* widerspiegelt.

(2) *Das Wachstum des Produktionspotentials als Kriterium.* Woll hat darauf hingewiesen, daß man, wählt man dieses Kriterium, streng genommen auch dann von Wachstum sprechen müßte, wenn das *pro-Kopf-Einkommen sinkt.* Dies ist insbesondere dann der Fall, wenn die Kapazitätsauslastung eine sinkende Tendenz aufweist oder weniger stark zunimmt als das durchschnittliche pro-Kopf-Einkommen.

(3) *Das Vollausnutzungssozialprodukt als Kriterium.* Dieses Kriterium gelangt in der Weise zur Anwendung, indem man das Wachstum des realen Bruttosozialprodukts relativiert durch *potentialorientierte Bemessung,* so wie dies etwa der Deutsche Sachverständigenrat in seinen Gutachten getan hat.

Das *gesamtwirtschaftliche Produktionspotential* setzt sich additiv zusammen aus dem potentiellen Produktionsvolumen des Sektors Unternehmen (ohne Wohnungsvermietung) und den Beiträgen des Staates, der Wohnungsvermietung und der privaten Haushalte und Organisationen ohne Erwerbscharakter zum realen Bruttoinlandsprodukt.

Das Produktionspotential des Sektors Unternehmen (ohne Wohnungsvermietung) ist das Produkt des jahresdurchschnittlichen Bruttoanlagevermögens und der von Auslastungsschwankungen bereinigten trendmäßigen Kapitalproduktivität.

$$P_t^* = \frac{k_t^*}{2}(K_t + K_{t+1})$$

Für den staatlichen Bereich und den Wohnungssektor, für den ein Produktionspotential nicht ermittelt werden kann, wird unterstellt, daß das Produktionspotential identisch mit den jeweiligen Beiträgen zum Bruttoinlandsprodukt sei. Dies läuft hinaus auf die Annahme dauernder *Vollauslastung* der Kapazitäten. Die Auslastung des gesamtwirtschaftlichen Produktionspotentials ist daher rein rechnerisch stets höher als die des Unternehmenssektors. Nur im Falle der Vollauslastung der Sachkapazitäten auch im Sektor Unternehmen wären beide Auslastungsgrade gleich hoch.

7.C. *Entwicklungstheoretische Erlärungsmuster*

7.C.1. *Konjunkturelle Ausgangssituationen*

Die Hauptursache von konjunkturellen Schwankungen liegt darin, daß die einzelnen Gruppen von Wirtschaftssubjekten (Unternehmen, Haushalte, Staat) *ihre Pläne nicht zur Gänze realisieren können:* Soll- und Ist-Werte weichen fast immer voneinander ab. Die Planungen der prozeßrelevanten Gruppen lassen sich deshalb nicht zur Gänze verwirklichen, da

a) ex post unvollkommene Information sowie ex ante unvollkommene Voraussicht besteht und
b) sämtliche Gruppen nur über eine beschränkte Anzahl von Aktionsparametern verfügen.

Aktionsparameter (Aktionsvariable, Instrumentvariable) sind jene Instrumente eines Handlungsträgers, die dieser weitgehend nach eigenem Ermessen zum Einsatz bringen kann, um bestimmte Ziele zu erreichen. *Erwartungsparameter* sind demgegenüber jene Größen, über deren möglichen Verlauf der betreffende Handlungsträger zwar eine Vorstellung hat, die aber seinem Einfluß (Kontroll-)bereich weitgehend entzogen sind. Echte autonome Aktionsparameter sind in einem arbeitsteiligen informationsintensiven Wirtschaftssystem selten, in der Regel dominieren die *bedingten* Aktionsparameter. Häufig werden Erwartungsparameter dadurch zu (bedingten) Aktionsparametern, daß sich mehrere Handlungsträger zu einer Handlungsträgergruppe zusammenschließen. Für einen Haushalt ist z. B. die Lohnhöhe ein Erwartungsparameter, für eine Interessengruppe (Gewerkschaft) ein bedingter Aktionsparameter. Bedingt deshalb, weil ja die Lohnhöhe erst im Zuge von Kollektivvertragsverhandlungen zwischen Arbeiternehmer- und Arbeitgeberverbänden ausgehandelt wird.

Das heißt, daß die Verwirklichung bestimmter Ziele nicht nur von einer Gruppe selbst, sondern auch davon abhängt, ob eine andere Gruppe bestimmte Ziele verfolgt. So kann etwa ein Unternehmen nur dann seinen Absatz erhöhen, wenn es gleichzeitig andere Unternehmen und/oder Konsumenten gibt, die bereit sind, die Produkte dieses Unternehmens zu kaufen. Oder: der Staat kann nur dann sein Steueraufkommen aus bestimmten Steuern vergrößern, wenn seitens der Unternehmen und Haushalte steuerbare Tatbestände geschaffen werden usw.

Abb. 99 zeigt – starkt typisiert – auf welche Weise der Ausgleich zwischen ex ante und ex post-Ersparnis zustande kommen kann, wobei zu berücksichtigen ist, daß die beiden Fälle 1 und 2 sehr oft in gemischter Form auftreten. Ferner wird an dieser Stelle – im Gegensatz zu S. 181 ff. – nicht so sehr auf den ex post-Ausgleichsmechanismus, sondern auf die Tatsache Wert gelegt, daß das Abweichen von Ist- und Plangrößen ein konjunktur-relevanter Faktor ist.

Abb. 99: Beziehungen zwischen Ersparnis und Investition ex ante und ex post

Fall	Planungs-situation	Der Ausgleich zwischen Investition und Ersparnis erfolgt durch	
		Realausgleich	Preisausgleich
1	$I^* > S^*$ identisch mit $C_A^* < C_N^*$	$I < I^*$, $S = S^*$	$I = I^*$, $S > S^*$
2	$I^* < S^*$ identisch mit $C_A^* > C_N^*$	$I > I^*$, $S = S^*$	$I = I^*$, $S < S^*$

Entnommen: Alfred Stobbe, Volkswirtschaftliches Rechnungswesen, Berlin 1969, S. 155, 2. Aufl.

Legt man dem obigen Ansatz konjunkturtheoretische Überlegungen zugrunde, so lassen sich, unter Vermeidung des Begriffes Gleichgewicht, *stabile ökonomische Prozesse* definieren als Prozesse, bei denen sämtliche relevanten Prozeßreglergruppen (Unternehmen, Haushalte, Staat) den Großteil ihrer Pläne realisieren können. Das Konzept der *Planungseffizienz* besagt, daß zu zwei Zeitpunkten ex-ante-Werte mit ex-post-Werten verglichen werden, um festzustellen, inwieweit die Erwartungen (Absatzerwartungen etc.) erfüllt wurden oder nicht. Dabei steht bei den Planungskoeffizienten jeweils das Ziel (die Sollwerte) im Nenner und die Wirkungen (Istwerte) im Zähler.

$$\frac{\Sigma\ W_1 \ldots\ldots\ldots W_n}{\Sigma\ Z_1 \ldots\ldots\ldots Z_n} = 1$$

Im Idealfall beträgt die Planungseffizienz 1.

In einer derartigen Situation decken sich die angestrebten Ziele mit den ex post eingetretenen Wirkungen. Zu *instabilen Prozessen* käme es demgegenüber, wenn die Koeffizienten der Planungseffizienz *wesentlich unter* oder *wesentlich über 1* liegen.

Der Umstand, daß die Planungskoeffizienten wesentlich unter oder wesentlich über eins liegen, kann *endogene Ursachen* (z. B. Fehlplanungen der Wirtschaftssubjekte infolge einer falschen Einschätzung der Marktlage) oder *exogene Ursachen* (etwa Kriegseinwirkungen, Naturkatastrophen, verminderte Erdölanlieferungen usw.) haben. *Instabile Prozesse* können entweder durch Nichtauslastung des Produktionsfaktor Arbeit und der Sachkapazitäten oder durch Angebotslücken ausgelöst werden. In beiden Fällen besteht die Gefahr von *kumulativen instabilen* Prozessen.

Der Umstand, daß Wirtschaftssubjekte oft nur einen Teil ihrer Pläne realisieren können, äußert sich auch im Auftreten von „Lükken". Grundsätzlich liegt eine *Lücke* (bzw. aus einer anderen Perspektive ein Überschuß) vor, wenn das Angebot größer als die Nachfrage oder die Nachfrage größer als das Angebot ist. Je nachdem, ob es sich um Faktormärkte, Konsumgütermärkte oder Geldmärkte handelt, unterscheidet man zwischen *Faktorlücken, Güterlücken und Geldlücken*.

Das Ausmaß, in dem es zu Faktor- und/oder Güterlücken auf bestimmten Lücken kommt hängt ab von der Größe der Märkte, der Art und Menge der angebotenen bzw. nachgefragten Produkte, der Anpassungsfähigkeit der einzelnen Gruppen an neue Situationen,

Abb. 100: Faktor-, Güter- und Geldlücken

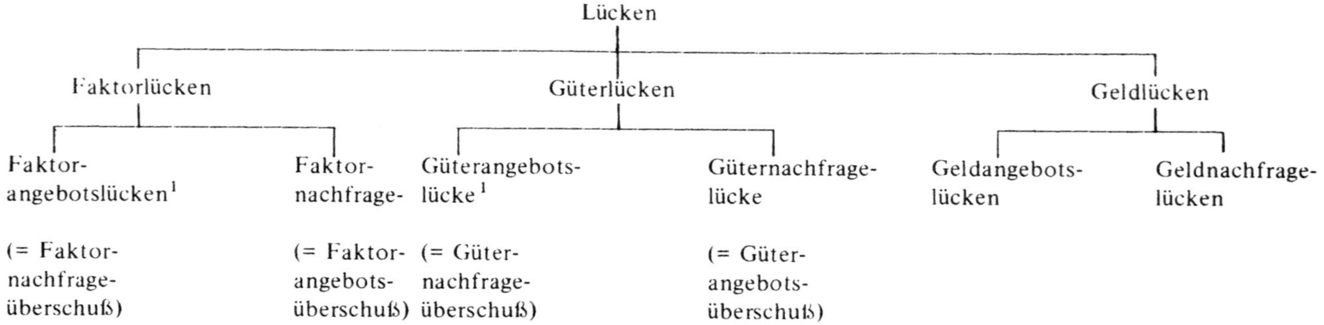

1 Vielfach kurz als „Marktlücke" bezeichnet.

den verfügbaren Ressourcen sowie den Spar- und Konsumgewohnheiten der Haushalte.

Die Anpassungsfähigkeit hängt wieder in starkem Maße von der Arbeits- bzw. Kapitalintensität der Produktion ab. Ob diese Effekte eintreten und wie stark sie sind, hängt nicht zuletzt vom Finanzierungsspielraum der Gruppen des Nichtbankensektors ab.

Darüber hinaus spielen noch die verfügbaren statistischen Informationen sowie die Bereitschaft staatlicher Handlungsträger, bestimmte konjunkturpolitische Instrumente in der richtigen Intensität und im richtigen Zeitpunkt zum Einsatz zu bringen, eine Rolle. Eine zyklenverstärkende Ursache, die sich im Auftreten von Lücken bemerkbar macht, ist darin zu suchen, daß die Nachfrage nach Investitionsgütern nicht allmählich erhöht wird, sondern in gewissen „*Schüben*" vorgenommen wird. Diese *Investitionsschübe* sind auf folgende Sachverhalte zurückzuführen:

a) Die Innovation technischen Wissens läßt vielfach nur die Realisierung größerer Investitionsblöcke zu, entweder aus technischen Gründen (Unteilbarkeit von Anlagen) oder aus ökonomischen Gründen (Wahl eines bestimmten Produktionsniveaus, um in den Genuß von Skalenerträgen zu gelangen und damit Beeinflussung der Wirtschaftlichkeit).
b) Die großen Unternehmen gehen immer mehr dazu über, ihre Investitionstätigkeit unabhängig von den kurzfristigen Schwankungen auf langfristige Entwicklungsziele auszurichten. Dies hat selbstverständlich auch Konsequenzen auf die Wirksamkeit einer antizyklischen Konjunkturpolitik.
c) Umgekehrt ist es aber auch denkbar, daß die Unternehmer ihr Investitionsvolumen zu klein dimensioniert haben und daher „nachinvestieren" müssen. Diese Situation hat *Streissler* als das Phänomen der „Kamelhöckrigkeit" von Investitionszyklen bezeichnet.

Die „Kamelhöckrigkeit" von Investitionszyklen geht vor allem auf die Fehleinschätzung der Nachfrage- und Gewinnentwicklung zurück. Die Investitionen werden in Abhängigkeit von den erwarteten Gewinnen geplant. Aus Risikogründen werden zunächst nur die dringlichen Investitionsprojekte geplant und realisiert. Über Erwarten hohe Nachfragesteigerungen und eine unerwartet hohe Gewinnentwicklung führen zu Nachstellungen von Investitionsgütern und damit zur Realisierung weiterer, zunächst zurückgestellter Projekte.
Erich Streissler, Die österreichische Industrieproduktion im Konjunkturverlauf, Wien 1969.

Die größere Schwerfälligkeit der Investitionsgüterbranche leitet sich zum Teil auch daraus ab, daß sämtliche Investitionen innerhalb einer bestimmten Zeitspanne amortisiert sein müssen, und daher eine Anpassung an die geänderte Marktlage erst mit erheblichen zeitlichen Verzögerungen möglich ist. Auch steuerliche, zeitlich limitierte Begünstigungen sowie drohende Steuerbelastungen können zu einer überdimensionalen, nicht marktkonformen Investitionstätigkeit führen.

Die relativ große Bedeutung der Investitionsgüternachfrage muß jedoch relativiert werden angesichts des anteilmäßig größeren *Volumens der Konsumgüternachfrage.* Da der private Konsum der Tendenz nach laufend an Bedeutung gewinnt – in manchen Volkswirtschaften beträgt er bereits $\frac{2}{3}$ des Bruttonationalprodukts – kann der Fall eintreten, daß relativ geringe Veränderungen der Konsumgüternachfrage in den Zyklen stärker durchschlagen, als stärkere Schwankungen der Investitionsgüternachfrage, die umfangmäßig geringer sind.

Stabile Exportüberschüsse haben eine konjunkturstimulierende Wirkung, da die Investitionsneigung der Unternehmer positiv beeinflußt wird. Exportinduzierte Neuinvestitionen sind jedoch mit einem gewissen Risiko behaftet, zumal Exportmärkte – etwa durch Auf- bzw. Abwertungen – leichter verloren gehen können als Inlandsmärkte. Auch im Bereich der Konsumgüternachfrage sind – ebenso wie bei der Investitionsgüternachfrage – *„Schübe"* festzustellen, die ebenfalls zyklenverschärfend wirken können. Man denke nur an diverse „Wellen" seit 1945: Nahrungsmittelwelle, Bekleidungswelle, Motorisierungswelle, Einrichtungswelle, Gesundheitswelle usw. Umgekehrt ist ein stabilisierender Effekt darin zu erblikken, daß im Bereich des Konsums gewisse *"ratchet effects"* festzustellen sind, d. h. daß bestimmte Konsumausgaben nur *nach oben flexibel* sind.

Das Festhalten an einem bestimmten Konsumniveau wird zum Teil auch dadurch erzwungen, daß ein relativ großer Block von Konsumausgaben praktisch den Charakter von *fixen Konsumausgaben* hat (z. B. Kosten für Strom, Miete, Fahrspesen usw.), die nicht variiert werden können.

Auch zeigt sich immer wieder, daß im Falle eines Rückganges des Einkommens die Konsumausgaben zunächst unterproportional abnehmen. Dies ist vor allem auf zwei Faktoren zurückzuführen. Ob eine Anpassung des Konsumstandards eines Haushaltes an den Konsumstandard der gleichen bzw. einer höheren Einkommensschicht gelingt, hängt von folgenden Faktoren ab:

a) der *Höhe des Geldvermögens* bzw. der *Möglichkeit, Forderungen kurzfristig zu monetarisieren;*
b) der *Höhe und Struktur des Sachvermögens* und der Möglichkeit, Teile des Sachvermögens kurzfristig zu *monetarisieren;*
c) den *Kreditmöglichkeiten,* die ihrerseits wieder vom gegenwärtigen und zukünftigen Einkommen und der Höhe des Sachvermögens abhängen.

Stabilität der Konsumgewohnheiten

Grundsätzlich trachten Haushalte einen aufgrund eines bestimmten in der Vergangenheit erzielten Einkommens erreichten Konsumstandard aufrechtzuerhalten. Dies deckt sich zum Teil auch mit der sogenannten *"permanent income hypothesis"* von *Milton Friedman,* wonach sich Konsumentscheidungen nicht nur vom gegenwärtigen Einkommen, sondern auch vom in der Zukunft erwarteten Einkommen leiten lassen, sofern nicht andere Faktoren (Höhe des Vermögens im Verhältnis zum Einkommen, Haushaltsgröße usw.) als kompensatorische Effekte auftreten. Die "permanent income hypothesis" wurde von Friedman zur sogenannten *"life cycle hypothesis"* ausgebaut, derzufolge das erwartete Lebenseinkommen, unabhängig von seiner zeitlichen Verteilung, die Konsumausgaben in den einzelnen Perioden beeinflußt.

Friedman unterteilt das Einkommen in eine *„permanente"* und eine *„transitorische"* Komponente. In mittel- bis langfristigen Konsumplänen werden durch die Wirtschaftssubjekte nur solche Einkommensveränderungen berücksichtigt, die als permanent (mehr oder weniger irreversibel) angesehen werden. Kurzfristige Schwankungen des Einkommens beeinflussen den Konsum nur insoweit, als sie (über mehrere Perioden aufgeteilt) das langfristige Einkommen beeinflussen.

7.C.2. Kumulative Prozesse

Kumulative Prozesse sind solche Prozesse, bei denen durch ein gleichgerichtetes Verhalten bestimmter Gruppen bestimmte Wirkungen ausgelöst werden, die – unter gesamtwirtschaftlicher Perspektive – von gewissen *Schwellenwerten* an und je nach Konstellation – negativ zu beurteilen sind. Dabei sind zwei Fälle denkbar: kumulative expansive und kumulative kontraktive Prozesse. Zu einem *kumulativen expansiven* Prozeß kommt es beispielsweise dann, wenn die meisten Unternehmen am Ende einer Planungsperiode einen Planungskoeffizienten aufweisen, der wesentlich über 1 liegt, d. h. wenn die tatsächliche Nachfrage wesentlich größer ist als die erwartete. Der bestehende Nachfrageüberschuß bedeutet in der Regel einen Anreiz, den Output zu vergrößern, gegebenenfalls auch Neuinvestitionen vorzunehmen. Dadurch werden Effekte hervorgerufen, die ihrerseits wieder auf die Endnachfrage zurückwirken. Ein Nachfrageüberschuß setzt über die auftretenden Einkommens-, Kapazitäts- und Gütereffekte einen kumulativen Prozeß in Gang.

Zu einem *kumulativen kontraktiven* Prozeß kommt es dann, wenn größere Nachfragelücken auftreten, die die Unternehmen zu einer Einschränkung der Produktion zwingen. Hält die Nachfragelücke an, so kommt es in der Folge auch zu einer Einschränkung der Investitionstätigkeit, Arbeitskräfte müssen entlassen werden, wodurch die das System aufrechterhaltenen Einkommenseffekte weiter abnehmen und zu einer Verstärkung der Kontraktion führen.

Kumulative Prozesse werden mit Hilfe von *Multiplikator- und Akzeleratoreffekten* beschrieben. Der gemeinsame Inhalt beider Effekte ist folgender: eine einmalige positive oder negative Veränderung einer ökonomischen Größe hat im Zeitablauf überproportionale, wenn auch von Periode zu Periode schwächer werdende Folgewirkungen.

Die Multiplikator-Hypothese beschreibt – auf das Wesentliche reduziert – *die sekundären Einkommenseffekte einer primären Investitionsnachfrageänderung.* Der Multiplikator gibt an, welche Steigerung des Volkseinkommens durch eine Erhöhung der (autonomen) Investitionen eintritt. Der Multiplikator ist in einer geschlossenen Volkswirtschaft ohne staatliche Aktivität reziprok dem Verhältnis der Sparquote zum Volkseinkommen. Beträgt die Sparquote $\frac{1}{4}$, so ist der Multiplikator 4, beträgt die Sparquote $\frac{1}{10}$, so ist der Multiplikator 10. Die Höhe des Einkommenseffektes fällt nun verschieden aus, je nachdem, welche Beziehungen zwischen den in der Wirklichkeit verknüpften Einflußfaktoren berücksichtigt werden.

Beispiel: Die bisherigen Investitionen werden um DM 100.000,– erhöht. Es wird eine Anlage errichtet. Dazu werden bislang unbeschäftigte (brachliegende) Produktionsfaktoren eingesetzt. Bisher unbeschäftigte Arbeitskräfte erhalten ein Einkommen. Dieses Einkommen wird entsprechend der Konsumneigung der Einkommensempfänger für Konsum und Sparen verwendet. $\frac{2}{3}$ des Einkommens werden konsumiert, der Rest wird gespart. Die DM 66.666,–, die für Konsumzwecke ausgegeben werden, stellen wiederum ein Einkommen der Erzeuger der Konsumgüter dar. Dieses zusätzliche Einkommen kann ebenfalls zu $\frac{2}{3}$ für Konsumzwecke ausgegeben werden, wodurch wieder Einkommen geschaffen wird. Der Prozeß kann sich so fortsetzen, daß immer wieder zwei Drittel des zusätzlichen Einkommens für den Konsum ausgegeben werden. Addiert man alle diese Ausgaben zusammen, so erhält man einen Betrag, der ein Vielfaches jener zusätzlichen Investitionen ausmacht, die den Prozeß ausgelöst haben (in unserem Fall DM 300.000,–, da die Sparquote $\frac{1}{3}$ beträgt, der Multiplikator ist daher 3).

Die *Multiplikatorhypothese* beruht auf folgenden Überlegungen:

1. Durch vermehrte Ausgaben durch bestimmte Prozeßregler (Investitionsausgaben der Unternehmer, Staatsausgaben, Ausgaben von Ausländern für den Kauf inländischer Produkte) kommt es zu einer Zunahme der Einnahmen bei anderen Prozeßreglern.
2. Diese Prozeßregler können sich veranlaßt sehen, ihre Ausgaben zu erhöhen, so daß wieder bei anderen die Einnahmen zunehmen usw., so daß eine primäre Ausgabenänderung unter gewissen Voraussetzungen zu einer Einkommensänderung führt, die ein Mehrfaches der primären Ausgabenänderung beträgt.
3. Die auf diese Weise zustande kommende Beziehung zwischen einer (bewirkenden) Ausgabenzunahme und einer (bewirkten) Einnahmensteigerung – d. h. also einer überproportionalen Zunahme der Geldvermögen – bezeichnet man als *Multiplikatoreffekt.*

Im Zuge der Anwendung der Multiplikatorhypothese treten vor allem folgende Schwierigkeiten auf: (a) Die Isolierung des Effektes einer Parameteränderung ist praktisch unmöglich, da die für eindeutige Ergebnisse notwendige Konstanz aller (möglicherweise) relevanten Einflußfaktoren höchst unwahrscheinlich ist; (b) Multiplikatoreffekte erstrecken sich in der Realität über viele Perioden, deren einwandfreie Abgrenzung ein bisher ungelöstes Problem darstellt. Dies vor allem unter Berücksichtigung der Tatsache, daß laufend Multiplikatoreffekte ausgelöst werden, so daß die noch nicht beendeten Multiplikatoreffekte sich laufend überschneiden.

Die Akzeleratorhypothese beschreibt die sekundären Kapazi-

tätseffekte primärer Konsumausgabenänderungen. Es erfolgt eine funktionale Verknüpfung zwischen der Erhöhung der Nachfrage (bzw. des Volkseinkommens) und dem Niveau der Nettoinvestitionen. Die Änderungsrate der Nachfrage, multipliziert mit dem Akzelerator (einem Verhaltenskoeffizienten, der stark durch technische Gegebenheiten determiniert wird) ergibt die Höhe der durch die Änderungsrate der Konsumnachfrage bewirkten (induzierten) Nettoinvestition.

Da die induzierten Investitionen eine Vergrößerung des Kapitalstocks bedeuten, könnte man auch sagen, daß die Akzeleratorhypothese den Prozeß der Anpassung von Beständen (Kapitalstock) an Strömungsgrößen (Investitionen) beschreibt.

Die Höhe und der Zeitpunkt der Nachfrageänderung nach Investitionsgütern hängt ab von der Kapitalintensität der Produktion (Kapitalkoeffizient), dem Auslastungsgrad und der Lebensdauer der Produktionsanlagen, den Lagerbeständen der Investitionsmöglichkeit und der Investitionsbereitschaft, oder von ausreichenden Finanzierungsmitteln, d. h. auch von einem elastischen Kreditangebot. Ferner werden auch die Kosten- und Gewinnentwicklung, zwei wichtige Motivationen ökonomischer Handlungen, eine wich-

Abb. 101: Akzeleratoreffekte

Beträge in Millionen DM

Jahr	Output	Lager bestände	Absatz	Output-änderung	erforderlicher Kapitalstock	Nettoinvestition
1	10	4	12	0	50	0
2	10	2	12	0	50	0
3	11	0	11	1	55	5
4	13	0	13	2	65	10
5	16	0	16	3	80	15
6	19	0	19	3	95	15
7	21	0	21	2	105	10
8	22	0	22	1	110	5
9	22	0	22	0	110	0
10	22	2	20	0	110	0
11	23	0	25	1	115	5

tige Rolle spielen, die jedoch in der Akzeleratorhypothese nicht berücksichtigt werden.

Im Beispiel auf Seite 246 wird ein konstant bleibender Kapitalkoeffizient von 5 angenommen. Ersatzinvestitionen bleiben unberücksichtigt, d. h. die Position Nettoinvestition enthält nicht die Ausgaben für Ersatzinvestitionen.

7.C.3. Lagstrukturen

Die Erkenntnis, daß Anpassungsverzögerungen an neue Konstellationen eine Ursache von zyklischen Schwankungen sein können, hat in letzter Zeit dazu geführt, daß immer mehr Lagstrukturen aus anderen Teilbereichen der ökonomischen Theorie in die Konjunkturtheorie integriert wurden. Aus den zahlreichen möglichen Lagstrukturen seien hier folgende herausgegriffen.

(1) *Der Zeitabstand zwischen einer Änderung der Nachfrage und einer Veränderung des Outputs* (Lundberg-Lag).

Der Lundberg-Lag kann unterteilt werden in einen *Erkennungslag*, einen *Entscheidungslag* und in einen *Produktionslag i. e. S.* Unter letzterem versteht man den Zeitabstand zwischen der der Mittelbereitstellung und dem Beginn der Produktion von Gütern. – Siehe auch Kapitel I., S. 42.

Eine erhöhte Nachfrage führt nicht sofort zu einer Zunahme des Outputs. Dies kann technologisch (Industrie) oder biologisch (Landwirtschaft) bedingt sein oder darauf zurückgeführt werden, daß die Auftragseingänge zunächst aus den in Vorperioden aufgebauten Output-Lagern befriedigt werden. Erst mit wachsendem Auftragsbestand nimmt auch der Output in der Regel zu, sofern eben nicht technologische oder biologische Restriktionen bestehen.

(2) *Zeitabstand zwischen dem Anfallen des Outputs und der Unterbringung der Güter auf dem Markt (Absatz-Lag).* Die über die augenblickliche Nachfrage hinausgehende Produktion geht in die Output-Lager. Über bestimmte Schwellenwerte hinausgehende Output-Lager haben Rückwirkungen auf die Investitions- und Produktionstätigkeit der betreffenden Unternehmen.

Daneben kann es noch aus folgenden Gründen zur Lagerbildung kommen:

a) Lagerhaltung aus reiner Preisspekulation, um später bei gestiegenem Preis die Ware abzusetzen,
b) Juristisch oder aus Sicherheitsgründen vorgeschriebene Pflichtlagerbestände (Erdöl als Kriegsvorsorge, Pharmazeutika für Epidemienbekämpfung),
c) Marktpolitische Lagerbestände zur Sicherung der Lieferbereitschaft (Pufferbestände),
d) Kostenoptimale Losgrößen-Kalküle unter Berücksichtigung der Lagerkosten, Produktionserfordernisse, Fehlmengenkosten, von Einkaufs-Losgrößen abhängigen Preise usw. (Operations Research).

(3) *Zeitabstand zwischen einer Preisänderung und einer Output (bzw. Angebots-)änderung sowie einer Outputänderung und einer Preisänderung (Cobweb-Theorem).*

Cobweb- oder Spinnweb-Theorem heißt diese Hypothese deshalb, da die Reaktionslinien wie ein Spinngewebe aussehen.

Das *Cobweb-Theorem* besagt, daß es in einem Zeitpunkt t_1 infolge einer Angebotslücke bei einem bestimmten Gut zu Preissteigerungen kommt, die einen Anreiz zu zusätzlichen Investitionen bzw. einer zusätzlichen Produktion darstellen, wodurch es im Zeitpunkt t_2 zu einem Angebotsüberschuß und damit zu einer Preissenkung kommt, was wieder zu einer Reduzierung der Investitionstätigkeit führt und zur Folge hat, daß im Zeitpunkt t_3 das Angebot geringer als die Nachfrage ist, es entsteht also wieder eine Angebotslücke mit der Tendenz steigender Preise (siehe Abb. 102).

Die beschriebenen Reaktionen sind empirisch besonders häufig im Bereich der Landwirtschaft festzustellen (Schweinezyklen, Weizenzyklen usw.), stellen jedoch *kein Spezifikum* dieses Sektors dar. Die gleichen Sachverhalte sind etwa auch der „Produktion" von Hochschulabsolventen bestimmter Studienrichtungen (z. B. Medizin, Jurisprudenz) feststellbar. Beispiel: im Zeitpunkt t_1 herrscht ein akuter Ärztemangel, was viele Studenten dazu veranlaßt, Medizin zu studieren. Dies führt im Zeitpunkt t_2 (nach einer bestimmten, ausbildungsbedingten Anzahl von Semestern) zu einem Überangebot an Ärzten, wodurch es für die Absolventen immer schwieriger wird, eine günstige Anstellung zu finden, was in der weiteren Folge – sobald der Ärzteüberschuß offensichtlich wird –

Abb. 102: Cobweb-Theorem

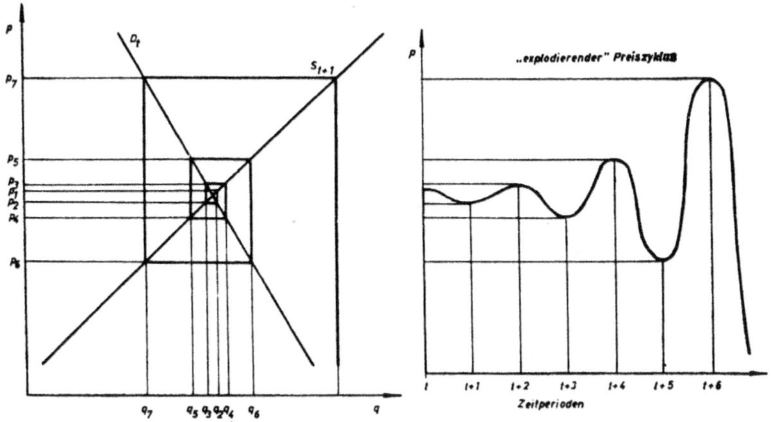

Quelle: *Schöpf, A.*, Einführung in die Finanzpolitik, Berlin 1972, S. 49.

wieder dazu führt, daß sich die Neuinskribenten an Hochschulen anderen Studienrichtungen (z. B. Jurisprudenz) zuwenden, wobei hier nach einem bestimmten Zeitraum der *gleiche Effekt* (Überangebot an Juristen) eintritt.

Die beschriebenen zyklischen Preis- und Mengenschwankungen sind jedoch nur möglich, wenn

a) bei den Wirtschaftssubjekten so gut wie *keine Lernprozesse* stattfinden und die Entscheidung, ob Investitionen getätigt werden sollen, nur von den augenblicklich herrschenden Preisen abhängig gemacht wird,
b) keine Abstützung der Entscheidungen auf *Prognosen* (Angebotsprognosen, Bedarfsprognosen für bestimmte Gruppen von Hochschulabsolventen) erfolgt,
c) die voraussichtliche Angebotsentwicklung *nicht vorhergesehen* werden kann.

Die zyklischen Mengen und Preisschwankungen sind daher umso geringer, je stärker die Unternehmen sich bei ihren Investitionsplänen abstützen auf die Erfahrungen der Vergangenheit, je besser die voraussichtliche Angebots-(Bedarfs-)entwicklung prognostiziert werden kann und schließlich davon, ob die Prognosen von den Adressaten überhaupt berücksichtigt werden.

(4) *Zeitabstand zwischen dem Erhalt des Einkommens und der Verwendung dieses Einkommens (Löhne, Gehälter, Gewinne) zur Finanzierung von Ausgaben.*

Stellt man nur auf Haushaltsentscheidungen ab, so spricht man vom sog. *Robertson-Lag.*

Dieser Zeitabstand wird unterschiedlich groß sein und davon abhängen, um welche Art von Wirtschaftssubjekten es sich handelt bzw. welche Einkommensart vorliegt, ob die Ausgaben *investiven Zwecken* oder *konsumtiven Zwecken* dienen.

Ob und wann die erzielten Einkommen (Einnahmen) für Neuinvestitionen verwendet werden, hängt von den vorhandenen Input- und Output-Lagerbeständen, der Intensität der Nachfrageänderung, der Auslastung der Kapazitäten sowie der Struktur des vorhandenen Kapitalstocks (Altersstruktur und technische Kapazität) ab.

Meist werden die time-lags bei Investitionsentscheidungen größer sein als bei Konsumentscheidungen. Daneben wird noch der Informationsgrad, die angewandten Entscheidungskriterien sowie allenfalls Preissteigerungserwartungen von Bedeutung sein. Bringt man Einkommens-, Nachfrage-, Preis-, Gewinn-, Investitions-, Output- und Absatzänderungen in eine Kausalkette, so wird deutlich, daß die einzelnen Theoreme jeweils nur bestimmte Abschnitte der *gleichen Kausalkette* beschreiben. (Abb. 103)

(5) *Zeitabstand zwischen der Veränderung des Outputs und der Veränderung des Beschäftigungsniveaus (Okun-Relation)*[18]. Das Beschäftigungsniveau schwankt unter kurzfristiger Perspektive weniger stark als der Output. In der 1. Expansionsphase wächst der Output, verglichen mit dem Beschäftigungsniveau, unterproportional. Durch zusätzliche Einstellung von Arbeitskräften zu Beginn der 2. Expansionsphase und infolge des Hineinwachsens in die vorhandenen Kapazitäten wächst der Output überproportional. Ferner wirkt outputsteigernd, daß die Zahl der geleisteten Überstunden umso stärker zunimmt, je weniger Arbeitskräfte verfügbar sind. In der 1. Kontraktionsphase entwickeln sich Output und Beschäftigungsniveau weitgehend parallel, in der 2. Kontraktionsphase weicht die Entwicklung des Outputs wieder vom Beschäftigungsniveau ab: Der Output sinkt stärker, als das Beschäftigungsniveau.

Abb. 103: Lag-Strukturen

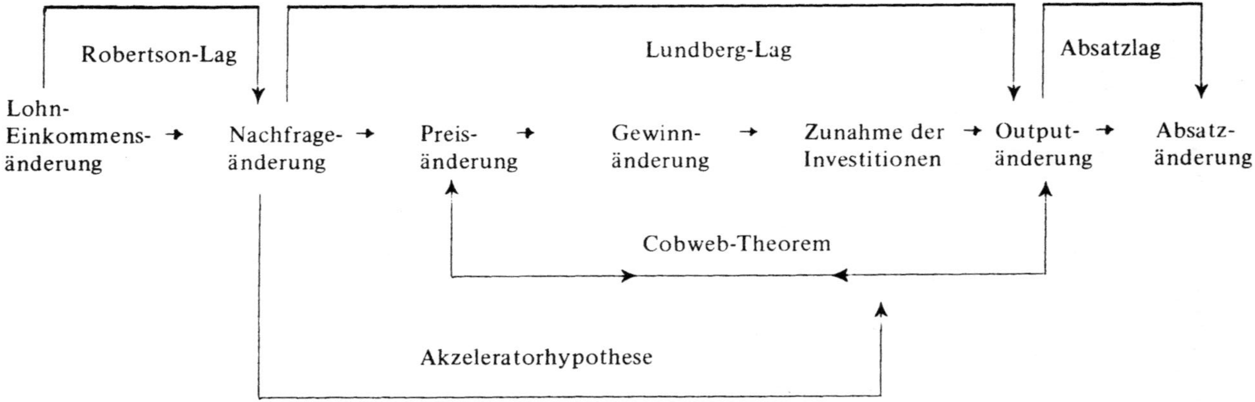

Der Umstand, daß sich der Faktor Arbeit immer mehr zu einem *fixen Faktor* entwickelt, ist nicht zuletzt auf den Einfluß der Gewerkschaften zurückzuführen.

Dies ist vor allem darauf zurückzuführen, daß die Unternehmer in den Kontraktionsphasen mit Entlassungen zurückhaltend sind. Die Nichtentlassung von Arbeitskräften kann entweder auf die Laufzeit von Verträgen oder einfach darauf zurückgeführt werden, daß zwar die Nachfrage im Augenblick niedrig ist, daß die Unternehmer aber wieder mit steigender Nachfrage rechnen. Überdies besteht die Gefahr, daß entlassene Arbeitskräfte nicht mehr zurückgewonnen werden können. Ob und in welchem Umfang Entlassungen unterbleiben, hängt insbesondere vom Qualifikationsniveau der Beschäftigten ab.

Daher weisen Angestellten- und Arbeitertätigkeiten eine unterschiedliche konjunkturelle Elastizität auf: letztere sind stärker konjunkturabhängig als erstere.

Die Unternehmen werden trachten, qualifizierte Arbeitskräfte, für die Kosten und Zeit für die Ausbildung und Einarbeitung aufgewandt wurden, nach Möglichkeit über die „Talsohle" hinweg zu halten. Oder anders formuliert, der Ausbildungs- und Einschulungsaufwand, der den Humankapitalstock vergrößert, ist zu hoch.

Mit der beschriebenen Entwicklung im Zusammenhang steht die *Entwicklung der Produktivität* in den einzelnen Konjunkturphasen. In der 1. Kontraktionsphase versuchen die Unternehmen – wie oben beschrieben – die vorhandenen Arbeitskräfte nach Möglichkeit zu halten. Bevor es zu Entlassungen kommt, werden eher Überstunden und Extraschichten abgebaut, Arbeitsplätze von aus dem Erwerbsleben ausgeschiedenen Mitarbeitern werden zunächst nicht mehr besetzt, die günstige Aufeinanderfolge von Feiertagen wird für Werksferien genutzt usw. In der 2. Kontraktionsphase wird bei anhaltender Produktionsrückläufigkeit ein Teil der unqualifizierten Arbeitskräfte entlassen, was zu einer Zunahme der Produktivität führt. In der 1. Expansionsphase wächst mit steigender Auslastung der Anlagen auch die Produktivität. Im Zuge der Erweiterung der Kapazitäten zu Beginn der 2. Expansionsphase müssen wieder in verstärktem Umfang Arbeitskräfte eingestellt werden, wodurch sich die Arbeitsproduktivität wieder verschlechtert. Dieser Effekt ist umso stärker, je knapper Arbeitskräfte sind und je teurer daher entsprechende Arbeitskräfte bezahlt werden müssen. Die in der 1. Expansionsphase überdurchschnittlich hohe Zuwachsrate der Arbeitsproduktivität geht dann in der 1. Kontraktionsphase wieder auf den Trendwert zurück.

(6) *Zeitabstand zwischen der Entstehung einer Forderung (Einnahme) und dem Zahlungseingang.* Wie groß der time-lag ist, hängt überwiegend von der Konjunkturphase ab, in der sich die betreffende Wirtschaft befindet, sowie davon, ob die Transaktionspartner zu den Einnahmeüberschußbereichen oder zu den Ausgabeüberschußbereichen gehören.

In Expansionsphasen entwickeln sich Einnahmen und Ausgaben der meisten Unternehmen im Gleichschritt. In Kontraktionsphasen bilden sich *Einnahmeüberschußbereiche* (laufende Einnahmen größer als laufende Ausgaben) und *Ausgabenüberschußbereiche* (laufende Ausgaben größer als laufende Einnahmen). Um ihre *Liquidität* aufrecht zu erhalten, sind diese Ausgabenüberschußbereiche vielfach gezwungen, sich in stärkerem Umfang zu verschulden. Wie stark das Ausmaß der Differenzierung zwischen Einnahmen- und Ausgabenüberschußbereichen ist, läßt sich erkennen, wenn man den jährlichen Zuwachs der Nettoverschuldung des gesamten Unternehmenssektors mit dem Zuwachs der Bruttoverschuldung vergleicht, der um die Geldvermögensbildung einzelner Unternehmen höher ist. Je größer die Unterschiede zwischen den Unternehmen sind, umso mehr steht der Gesamtverschuldung aller Unternehmen eine Geldvermögensbildung innerhalb des Unternehmenssektors gegenüber. Mit anderen Worten: der Quotient „Gesamtverschuldung aller Unternehmen" und „Nettoverschuldung gegenüber anderen Bereichen" wächst. Man bezeichnet diesen Effekt als *„Spreizeffekt"* (siehe Abb. 104).

(7) *Im Laufe eines Konjunkturzyklus unterliegen die einzelnen Faktoreinkommen mehr oder minder starken, zeitlich verschobenen Schwankungen,* die zu einer Verschiebung der Einkommensverteilung zwischen den Gruppen und zu einer Verstärkung zyklischer Schwankungen führen können. Unter einem *Lohn-Lag* versteht man in diesem Zusammenhang den zeitlichen Abstand zwischen den jeweiligen oberen bzw. unteren Wendepunkten in den Veränderungsraten der Arbeitsproduktivität und des Tariflohn- und Gehaltsniveaus.

Daneben sind noch andere Lohn-Lags mit anderen Begriffsinhalten denkbar:
a) Nachhinken der Lohnentwicklung hinter der Preisentwicklung,
b) Nachhinken der Arbeitnehmereinkommen hinter dem Bruttoeinkommen

Abb. 104: Entwicklung des Bruttosozialprodukts und Spreizeffekt

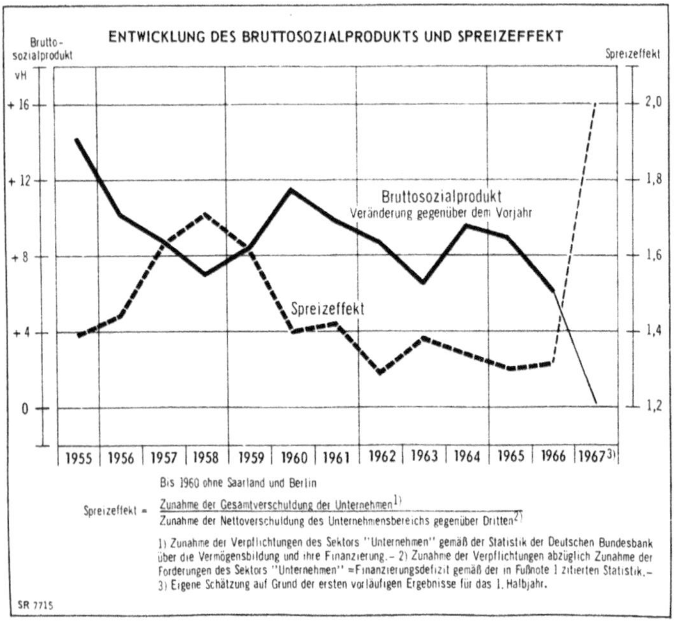

aus Unternehmertätigkeit und Vermögen. Aus anderer Perspektive gesehen, liegt hier ein Gewinn-Lead vor.

In der 1. Expansionsphase, wenn hohe Produktivitätszuwächse die Stückkosten senken, diese Kostensenkungen aber nicht auf die Preise durchschlagen, steigen die Unternehmergewinne rasch an, die Einkommen aus unselbständiger Tätigkeit folgen der Entwicklung der Produktivität erst mit einer gewissen zeitlichen Verzögerung. Im Laufe der 2. Kontraktionsphase wird in der Regel aus einem Lohn-Lag ein Lohn-Lead, insbesondere dann, wenn die Gewerkschaften ihre günstige Verhandlungsposition zu Beginn der 1. Kontraktionsphase voll genützt haben. Erfahrungsgemäß setzen die Unternehmer in der 1. Kontraktionsphase den Lohnforderungen der Gewerkschaften infolge der günstigen Gewinnentwicklung in der 2. Expansionsphase nur geringen Widerstand entgegen. (Siehe auch Abb. 105.)

Abb. 105: Zur Entwicklung des Lohn-Lags

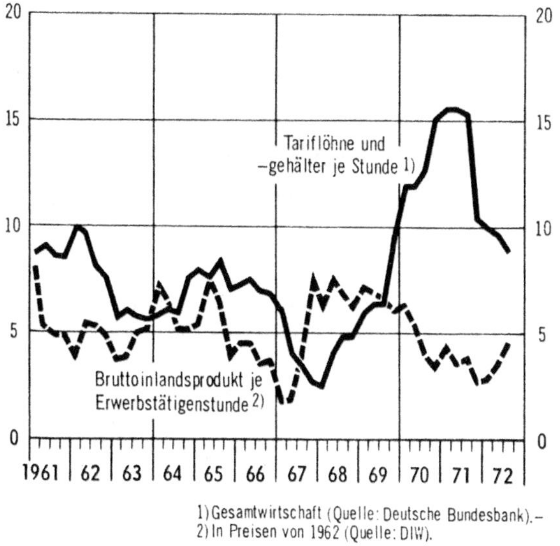

Quelle: Gutachten des Deutschen Sachverständigenrates 1972, S. 147 f.

Abb. 106: Dauer des Lohn-Lags in der BRD

	zwischen den jeweiligen Tiefpunkten	zwischen den jeweiligen Höhepunkten
1958/59	4 Vierteljahre	
1963	3 Vierteljahre	
1967/68	4 Vierteljahre	
1971/72	4 Vierteljahre	
1960/62		5 Vierteljahre
1965/66		4 Vierteljahre
1969/71		9 Vierteljahre

Im wesentlichen ist der oben beschriebene *Lohn-Lag* auf folgende Umstände zurückzuführen:

1. Schwankungen der Komponenten der Endnachfrage;
2. institutionellen Starrheiten, die zu einer verzögerten Anpassung führen (z. B. Laufzeit der Tarifverträge);

3. das Ausmaß der Produktivitätsentwicklung kann mitunter nur schwer vorausgeschätzt werden.

7.C.4. Hypothesen zur Erklärung von inflationären Prozessen

Abweichend von anderen Lehrbüchern werden Preisstruktur- und Preisniveauveränderungen nicht im Rahmen der geldtheoretischen Hypothesen behandelt. Nur bei simultaner Analyse von realen und monetären Einflußfaktoren können einigermaßen realitätsbezogene Erklärungsmuster gewonnen werden.

(1) *Angebotsinflation liegt vor, wenn die Ursachen von Preissteigerungen überwiegend in angebotsseitigen Faktoren zu suchen sind.*

(1.1.) *Autonome Kosteninflation:* Das Anspruchsniveau der Konsumenten im Hinblick auf die Qualität der Produkte wächst mit steigendem Einkommen. Die erforderlichen Qualitätsverbesserungen sind jedoch vielfach nur durch vermehrten Kapital- und/oder Arbeitseinsatz – allgemeiner formuliert durch gewisse „Produktionsumwege" im Sinne von *Böhm-Bawerk* – möglich. Die Verlängerung der durchschnittlichen Produktionsperiode bedeutet jedoch gleichzeitig eine Kosten- und in der weiteren Folge auch eine Preissteigerung.

(1.2.) *Autonome Gewinndruckinflation:* Die Unternehmer nehmen einen bestimmten Zuschlag auf die gesamten Produktionskosten oder einen Teil der Kosten vor (unternehmerische mark up-Strategien), um ihr Realeinkommen zu erhöhen.

Der Begriff „autonom" ist freilich auch hier *relativ* zu interpretieren, da ja letzten Endes die Qualitätsverbesserung auf Grund von Änderungen der Nachfragestruktur bewirkt wurden. Wenn dieses Erklärungsmuster dennoch als „autonom" gekennzeichnet wird, so vor allem deshalb, weil der Autonomiegrad – im Vergleich zu den anderen angebotsseitigen Erklärungsmustern – wesentlich größer ist.

(1.3.) *Lohninduzierte Kosteninflation:* Hier kommt es zu Preissteigerungen durch mark up-Strategien seitens der Arbeitnehmerverbände. Dies tritt vor allem dann ein, wenn die Lohnerhöhungen über die Produktivitätssteigerungen hinausgehen. Die Gefahr, daß eine derartige Konstellation eintritt, besteht vor allem dann, wenn in einem Land keine Einheitsgewerkschaft, sondern Branchengewerkschaften existieren. Es tritt der sogenannte *„Schrittmacher"*-

Effekt ein. Eine Gewerkschaft setzt Lohnerhöhungen durch, die anderen Gewerkschaften folgen in gewissen Abständen mit ihren Lohnforderungen, selbst dann, wenn die Voraussetzungen nicht vorliegen, die die erste Gewerkschaft zur Lohnforderungen veranlaßt hat. Es tritt eine Nivellierung der Lohnhierarchie ein.

Helmut Frisch hat darauf hingewiesen, daß eine Kosteninflation vor allem darauf zurückzuführen ist, daß bei starken Produktivitätsunterschieden zwischen dem sogenannten „exponierten Sektor" einer Volkswirtschaft (z. B. Exportindustrie und inländische Industrie, die mit Importen konkurriert) und dem sogenannten „geschützten Sektor" (z. B. Dienstleistungen, Bauwirtschaft, öffentlicher Dienst) eine einheitliche Lohnkostenentwicklung herrscht.

(1.4.) *Gesamtwirtschaftliche Materialkostendruck-Inflation:* Sie kann auf zwei Ursachen zurückgehen:

(1.4.1.) auf eine Preissteigerung von inländischen Roh- und Grundstoffen,

(1.4.2.) auf einen Preisanstieg importierter Produktionsgüter, welcher seinerseits wieder auf das Bestehen eines direkten Preiszusammenhanges zum Ausland zurückzuführen sein kann (siehe Kapitel VIII., Hypothesen zur importierten Inflation (8.C.20.)). Dieser Effekt kann noch durch eine Abwertung der eigenen Währung verstärkt werden.

(1.5.) *Nachfrageinduzierte Kosteninflation:* Zu Kostensteigerungen und damit in der weiteren Folge zu Preissteigerungen kann es kommen, wenn infolge von Knappheitsrelationen bei den Faktoren und Kapital höhere Faktorpreise seitens der Unternehmen gezahlt werden müssen, um die nötigen Produktionsfaktoren überhaupt beschaffen zu können. Der Widerstand seitens der Unternehmen, höhere Faktorpreise zu bezahlen, ist dabei umso geringer, je größer die Wahrscheinlichkeit ist, die Kostensteigerungen durch Preissteigerungen im Laufe eines Konjunkturzyklus wieder hereinzuholen. Erst wenn dies nicht möglich ist, erfolgt eine Kompensation der Kostensteigerung durch Rationalisierungsgewinne, die durch den Einsatz effizienter Produktionsverfahren entstanden sind.

(2) *Entspricht das laufende Angebot der laufenden Nachfrage, dann wird das Angebot in der Regel zu den jeweils herrschenden Preisen abgesetzt. Eine Tendenz zu Preissteigerungen besteht im Falle eines Nachfrageüberschusses (Angebotslücke) auf bestimmten Märkten (Nachfrageinflation). Ob ein Nachfrageüberschuß auf einem Markt zu Preissteigerungen führt, hängt insbesondere von der*

Elastizität des Güterangebotes (z. B. Lundberg-Lag) sowie der Dringlichkeit der Nachfrage ab.

Sämtliche Ursachen von Preissteigerungen können entweder auf angebots- oder auf nachfrageseitige Faktoren zurückgeführt werden. Auch die sogenannte „Anspruchsinflation" schlägt sich letzten Endes einerseits auf der Angebotsseite, andererseits auf der Nachfrageseite nieder. Nur jene Erklärungsmuster haben Aussicht, dem Popper-Kriterium standzuhalten, die die Interdependenz zwischen angebotsseitigen und nachfrageseitigen Einflußfaktoren berücksichtigen. Auch die Frage, ob wir in einer Zeit der „Lohn-Preis-Spirale" oder einer Zeit der „Preis-Lohn-Spirale" leben, kann nur mit einem *Sowohl-als-auch* beantwortet werden.

Geht man von den Nachfragekomponenten der Verwendungsseite des Sozialprodukts aus, so lassen sich folgende preisrelevante Faktoren unterscheiden:

(2.1.) Private Konsumnachfrage (Konsumboom);
(2.2.) Private Investitionsnachfrage (Investitionsboom);
(2.3.) Staatliche Investitions- und Konsumnachfrage (übermäßiges Ansteigen der Staatsausgaben);
(2.4.) Auslandsnachfrage (Exportboom).

Zwischen den einzelnen nachfrageseitigen Komponenten bestehen die verschiedensten Wirkungen und Wechselwirkungen. So können beispielsweise durch einen größeren Interventionsumfang des Staates die Staatsausgaben sprunghaft zunehmen, was zu einem Investitionsboom und via Multiplikatoreffekte zu einer Zunahme der Konsumgüternachfrage führen kann; wobei die Zunahme der Konsumgüternachfrage durch Preissteigerungserwartungen, kommende Steuererhöhungen usw. noch intensiviert werden kann.

Bei der Analyse wird auch zu berücksichtigen sein, wie groß die Zunahme der staatlichen Personalkosten innerhalb der Zunahme der Staatsausgaben ist. Lohn- und Gehaltserhöhungen der Beschäftigten im öffentlichen Dienst wirken nicht wie in der Privatwirtschaft über die Angebots- *und* Nachfrageseite, sondern *nur über die Nachfrageseite* auf die Preisentwicklung ein.

Man sollte nach Möglichkeit den Begriff „Inflation" in nicht näher spezifizierter Weise vermeiden, da die *Redundanz*, die mit der Verwendung des Begriffes verbunden ist, beträchtlich ist. Es empfiehlt sich, auch stets zu unterscheiden zwischen

a) der Analyse von Einzelpreisveränderungen und der Analyse der Veränderung des Preisniveaus,
b) der Analyse kurzfristiger Preisschwankungen und der Analyse jener Einflußfaktoren, die den langfristigen Preistrend (Kurzformel: schleichende Inflation) beeinflussen.

Die Analyse von inflationären Prozessen wird durch folgende Umstände erschwert:

a) Vielzahl und Heterogenität der Ursachen bzw. Konstellationen, die zu Preissteigerungen führen können.
b) Zeitlich gestaffeltes Auftreten der Wirkungen.
c) Statistische Erfassungsschwierigkeiten und zwar sowohl was Preisstruktur- als auch Preisniveauveränderungen anbelangt. Nimmt man die Preise einzelner Güter als Grundlage, so ergibt sich ein anderer Wert als bei der Erfassung der Preisentwicklung jener Güter, die in sogenannten „Warenkörben" enthalten sind. Ungeklärt bleibt zusätzlich noch, wie Änderungen der Qualität der Produkte bzw. Änderungen der Konsumgewohnheiten zu berücksichtigen sind und wie die die Preisstruktur verzerrenden Subventionen und Verbrauchssteuern in Rechnung zu stellen sind.
d) Schwierige Erfassung der Ursachen bzw. Verhaltensweisen, die zu Preissteigerungen geführt haben. Dies ist einer der Gründe, weshalb die Bereitschaft, Beiträge zur Stabilisierung von Preisen so gering ist (s. Seite 260).

Die Tendenz generell steigender Preise wird durch folgende Umstände begünstigt:

a) *Gewöhnung der Konsumenten an Preissteigerungen.*

Daneben besteht noch die Möglichkeit der Existenz gleichbleibender Preise bei (a) gleichbleibender Menge und schlechterer Qualität sowie (b) geringerer Menge und gleicher Qualität. Dies läuft auf *indirekte* Preiserhöhungen hinaus.

Dies äußert sich unter anderem in einem Sinken der Preis-Nachfrage-Elastizitäten. Mit anderen Worten: die Gefahr eines Umsatzrückganges nach einer Preiserhöhung wird geringer. Die Gewöhnung der Konsumenten an Preissteigerungen wird noch verstärkt durch die bestehende Interdependenz der Bedarfsstrukturen (siehe Kapitel II., S. 103 f.) und die weit verbreitete These, daß Kostensteigerungen Preissteigerungen in gleichem Umfang rechtfertigen.

b) *Starrheit von Preisen und Nominallöhnen nach unten* (engl. ratchet effects).

Dies gilt insbesondere für die sog. „administrierten Preise". Dies sind Preise, die vom Anbieter für einen längeren Zeitraum festgesetzt werden und die nach unten so gut wie nicht flexibel sind. Auf die auf längere Sicht erwarteten „normalen" Stückkosten (Lohnkosten, Materialkosten, Abschreibungen, indirekte Steuern) wird ein Standardaufschlag gemacht.

Meist sind sowohl Preise als auch Löhne nur nach oben beweglich; kommt es bei bestimmten Produkten doch zu Preissenkungen, so kann dies im wesentlichen auf folgende Ursachen zurückgeführt werden:

(b.a.) Existenz einer großen Nachfragelücke bei Gütern, die nur beschränkt lagerfähig sind bzw. deren Lagerung technisch zwar möglich aber mit größeren Werteinbußen verbunden wäre.

(b.b.) Der ursprünglich kalkulierte Preis war nicht kosten- sondern nachfragebedingt. Durch Preissenkung soll ein Durchbruch zu neuen Käuferschichten erreicht werden.

c) *Preisniveaustabilität stellt ein öffentliches Gut dar.* Die mangelnde Bereitschaft, stabilisierungsrelevante Beiträge zu leisten, hängt letzten Endes damit zusammen, daß infolge der bestehenden externen Effekte der Beitrag, den eine Gruppe leistet, auch jenen zugute kommt, die selbst *keinen Beitrag* leisten. Nur selten ist eine Gruppe bereit, Stabilisierungsbeiträge zu leisten, da eben latent die Möglichkeit einer Nichthonorierung dieser Beiträge besteht.

Der direkte Nutzen für die opfernde Gruppe, solange die Gruppe relativ klein ist, ist wesentlich geringer als ihr Opfer. Ein Opfer mit spürbarem Nutzen für alle wäre der sogenannte Investivlohn, wenn diese Form der Entlohnung generell eingeführt würde. Neben dem durch „Zwangssparen" bewirkten Beitrag zur Preisstabilisierung wäre auch eine Korrektur der Vermögens- und Einkommensverteilung zu Gunsten der „Opfernden" verbunden.

Daraus folgt, daß jede Gruppe die sich bietenden Einkommenserhöhungschancen nutzt.

So erklärt sich auch das Verhalten der Unternehmer, erzielte Produktivitätsgewinne nicht weiterzugeben. Die Nichtweitergabe erfolgt bereits im Hinblick auf die in der ersten Kontraktionsphase erfolgenden Lohnerhöhungen. Man könnte dieses Verhalten der Unternehmen auch unter dem Gesichtspunkt der Aufrechterhaltung der Wettbewerbsfähigkeit sehen, da ja jede Lohnerhöhung eine potentielle Kostenerhöhung darstellt und jede Kostenerhöhung eine potentielle Minderung der Wettbewerbsfähigkeit bedeutet, wobei der wettbewerbsmindernde Effekt umso wahrscheinlicher ist, je kleiner das betreffende Land ist und je geringer die Wettbewerbsgrößen sind.

In der Regel gelingt es nur, relativ große Gruppen zu einem bestimmten Verhalten (zu einem bestimmten Opfer) zu überreden, was bestimmte Gruppen nicht daran hindert, „Parasit" zu spielen.

d) *Oligopolistische Marktformen* auf der Angebotsseite erleichtern Preissteigerungen.

Aufgrund von oligopolistischen Marktstrukturen sinken die Preise in jenen Sektoren nicht, die überdurchschnittliche Produktivitätsgewinne zu verzeichnen haben. Das Aggregat *Preisniveau* bleibt jedoch nur dann niveaumäßig unverändert, wenn der Preisanstieg bei arbeitsintensiven Produkten durch die Weitergabe von Produktivitätssteigerungen bei kapitalintensiven Produkten kompensiert werden kann.

e) *Mangelndes Preisbewußtsein* der Verbraucher sowie der Umstand, daß die qualitativen Eigenschaften eines Gutes beim Kauf mitunter nur schwer erkannt werden können und daher vielfach der Preis als Gradmesser der Qualität angesehen wird.

Vielfach wird in analytisch nicht sehr ergiebiger Weise die Frage gestellt, ob angebotseitige Faktoren *oder* nachfragebedingte Faktoren Preissteigerungen ausgelöst haben. Es geht also darum, ob der Nachfragesog steigende Preise und damit infolge von gewerkschaftlichen Lohnforderungen Lohn- und Kostensteigerungen und damit wieder weitere Preissteigerungen bewirkt (*cost-push*) oder ob die Lohnerhöhungen und der daraus resultierende Nachfragesog Preissteigerungen nach sich zieht (*demand pull*).

Diese Fragestellung läuft hinaus auf das bekannte Henne-Ei-Problem bzw. eine lead-lag-Situation, die allgemein gültig im Sinne eines „immer dann wenn . . . " überhaupt nicht gelöst werden kann. Man sollte daher die Suche nach allgemeingültigen Erklärungsmustern aufgeben und mehr Scharfsinn und Aufmerksamkeit auf die empirische Analyse raum-zeitlich abgegrenzter Prozeßverläufe verwenden.

(3) *Sämtliche realen angebots- und nachfrageseitigen Faktoren, die zu Preissteigerungen führen können, werden durch monetäre Einflußfaktoren überlagert.* Wirkungsverlauf, Intensität und der Zeitpunkt des Eintretens preisrelevanter Wirkungen hängen davon ab, wie die Leistungstransaktionen dieser Unternehmen, privaten und öffentlichen Haushalte finanziert werden. In diesem Zusammenhang kommt dem Ausmaß an Zentralbankgeldschöpfung sowie dem

Handlungsspielraum der Geschäftsbanken zur Buchgeldschöpfung erhebliche Bedeutung zu (siehe Kapitel V., S. 190 ff.).

(4) *Der Geldwert bildet sich im Zusammenspiel dreier Determinantengruppen: den Komponenten der monetären Nachfrage* (Konsumgüternachfrage, Investitionsgüternachfrage, Staatsausgaben, Außenhandelssaldo), *den Bestimmungsgründen des monetären Angebotspreises* (Lohnhöhe, indirekte Steuern, Monopolgrad, Terms of Trade) *und den Determinanten des Outputs* (Technischer Fortschritt, Kapazitätseffekte der Investitionen).

(5) *Der Geldwert sinkt proportional mit steigenden Güterpreisen und steigt proportional mit sinkenden Güterpreisen, sofern die Nachfragestruktur gleich bleibt.*

(6) *Unter sonst gleichbleibenden Bedingungen erleiden die Besitzer von Geldforderungen mit sinkendem Geldwert Verluste, während die Geldschuldner indirekte Gewinne erzielen, indem die Schuldenlast dem Realwert nach im gleichen Umfang abnimmt.* Dieser Sachverhalt bildet vielfach den Ausgangspunkt zur Formulierung von wirtschaftspolitischen *Sozial- und Umverteilungszielen.* Der Effekt tritt jedoch nicht ein, wenn *Indexklauseln* zwischen Gläubigern und Schuldnern vereinbart werden.

(7) *Divergieren die Geldentwertungsraten zwischen einzelnen Ländern, so besteht die Tendenz zu einem außenwirtschaftlichen Ungleichgewicht.* (Siehe Kapitel VIII., S. 305 f., „Importierte Inflation".)

Abb. 107: Bestimmungsfaktoren des Geldwertes

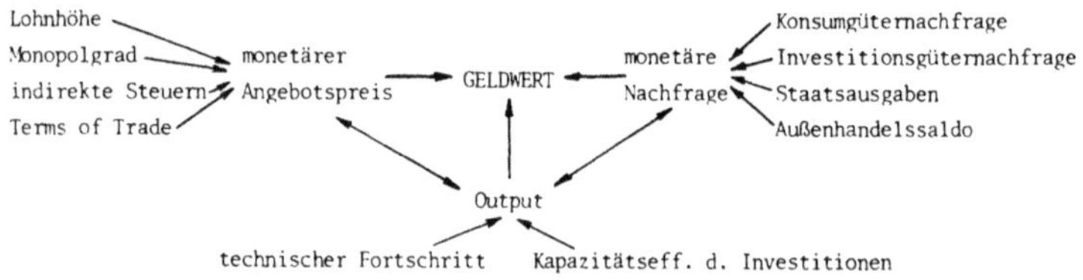

7.C.5. Wachstumshypothesen

Im folgenden wollen wir uns nun mit zwei Richtungen der modernen Wachstumstheorie, dem *Post-Keynesianismus (dargestellt am Beispiel Domar)* und der *neoklassischen Wachstumstheorie* beschäftigen, allerdings nur insoweit, als es um die tragenden Gedanken beider Ansätze geht.

(1) *Domar Theorie.* Domar geht zunächst davon aus, daß von einer Investition zwei Effekte ausgehen können, die gleichermaßen wichtig sind, nämlich der *Einkommenseffekt* und der *Kapazitätseffekt* (siehe Kapitel I., S. 18 ff.), wobei der Einkommenseffekt mit Hilfe des Multiplikatortheorems (siehe Kapitel VII., S. 244) und der Kapazitätseffekt mit Hilfe des marginalen Kapitalkoeffizienten (siehe Kapitel I., S. 27) beschrieben wird. Dies stellt eine Erweiterung gegenüber *Keynes* dar, der bekanntlich nur den Einkommenseffekt in seinem System verankert hat.

Worum es Domar letzten Endes geht, ist zu zeigen, unter welchen Prämissen ein Gleichgewichtswachstum möglich ist. Es werden die Bedingungen erforscht, unter denen eine Wachstumsrate möglich ist, bei der die durch die zusätzlichen Investitionen bedingte *Ausdehnung des Kapitalstocks* auch *genutzt* werden kann.

Hier wird nach der Zuwachs*rate* und nicht – wie bei Keynes – nach dem *Niveau,* bei dem sich ein bestimmtes Gleichgewichtseinkommen ergibt, gefragt.

Die Bedingungen eines in diesem Sinne gleichgewichtigen oder störungsfreien Wachstums sind:

Die Änderungsrate des Realeinkommens muß gleich sein der Änderungsrate der Produktionskapazität (bei gegebenem Auslastungsgrad). Gleichgewichtiges Wachstum setzt in jeder Periode Gleichheit von freiwilliger Ersparnis und freiwilliger Investition voraus. Die Die Änderungsrate des Einkommens und der Investitionen sind der Höhe des Einkommens direkt proportional, sie nimmt also mit steigendem Einkommen zu. Daraus ergibt sich, daß das Einkommen immer schneller wachsen muß, soll die von den Unternehmern ge- ün wünschte Ausnutzung des ständig wachsenden Kapitalstockes verwirklicht werden.

Die Stärke des Wachstums hängt vom Kapitalkoeffizienten und von der marginalen Sparquote ab, die Lage der Wachstumskurve vom Ausgangseinkommen, z. B. Y_0. Die Abb. 108 zeigt die Wachstumskurven für die beiden Ausgangseinkommen Y_0 Y'_0 bei gleicher

Abb. 108: Pfad des langfristig, gleichgewichtigen Wachstums des Einkommens.

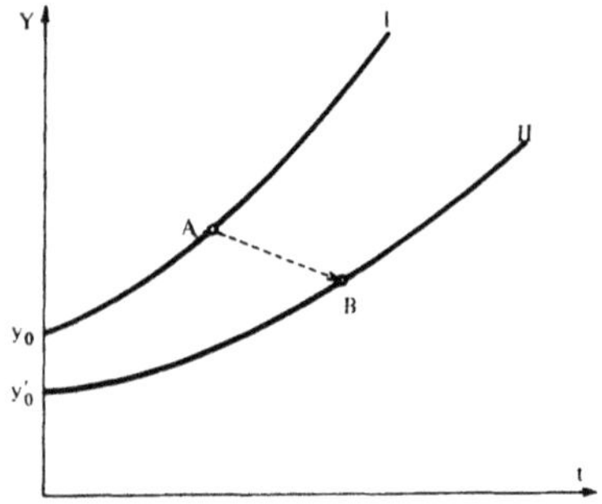

Y = Einkommen
t = Zeit
I = Wachstumskurve für Ausgangseinkommen Y_ρ Y
II = Wachstumskurve für Ausgangseinkommen Y'_0.

marginaler Sparquote und gleichem Kapitalkoeffizienten. Eine Abweichung vom Wachstumspfad I, etwa von A nach B, führt daher nicht wieder zum Pfad I zurück, sondern folgt dann dem Pfad II als der Linie gleichgewichtigen Wachstums. Das Einkommen bleibt also ab der Abweichung stets kleiner als das Einkommen, das sich ergeben hätte, wenn diese Abweichung von A nach B nicht eingetreten wäre.

Die Wachstumsrate bei gegebenem Einkommen ist umso kleiner, je größer der Kapitalkoeffizient oder je niedriger die marginale Sparquote ist. Bei gegebenem Kapitalkoeffizienten ist also eine hohe marginale Sparquote eine unerläßliche Bedingung für ein schnelles Wachstum des Realeinkommens. Im vorliegenden Wachstumsmodell ergibt sich also in Bezug auf die Wirkung einer hohen marginalen Sparquote ein völlig anderes Ergebnis als in der kurzfristigen Theorie der Einkommensbestimmung, in der eine höhere marginale Sparquote ceteris paribus zu einer Abnahme des Einkommens führt. Darin liegt jedoch kein Widerspruch. Bei einer kurzfristigen Betrachtung werden nämlich die Schwankungen des Einkommens im Rahmen eines gegebenen Produktionsapparates untersucht, wobei der Kapazitätseffekt der Investitionen nicht in die Betrachtung mit einbezogen wird. Faßt man hingegen vor allem die sich aus dem Kapazitätseffekt der Investitionen ergebenden Einkommenswirkungen ins Auge und interessiert sich nur für die langfristige Entwicklung bei ständig voller Ausnutzung des Produktionsapparates, dann erscheint das zusätzliche Sparen in einem völlig anderen Licht[19].

Graphisch läßt sich der *Wachstumsprozeß* mit einem aus drei aneinandergefügten Koordinatensystemen bestehenden Diagramm veranschaulichen[20]:

Abb. 109: Wachstumsprozeß nach Domar

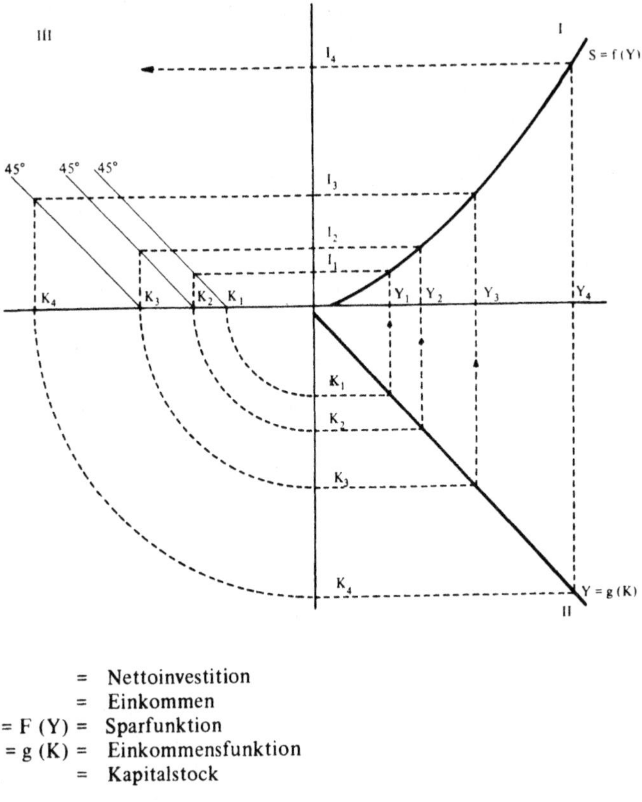

I	=	Nettoinvestition
Y	=	Einkommen
S = F (Y)	=	Sparfunktion
Y = g (K)	=	Einkommensfunktion
K	=	Kapitalstock

Im *Koordinatensystem I* ist die Sparfunktion eingezeichnet. Es kann daraus entnommen werden, wie hoch die Nettoinvestition sein muß, wenn das Realeinkommen eine bestimmte Höhe erreichen soll. Y_1 erfordert Nettoinvestitionen im Betrage von I_1, Y_2 erfordert I_2 usw. *Koordinatensystem II* enthält den Kapitalkoeffizienten. Mit einem Kapitalstock im Werte von K_1 können bei normaler Auslastung insgesamt Güter im Betrage von Y_1 produziert werden, K_2 ermöglicht ein Realeinkommen von Y_2 usw.

Im *Koordinatensystem III* wird gezeigt, wie der Kapitalstock in jeder Periode um den Betrag der Nettoinvestition dieser Periode anwächst. Die Übertragung erfolgt, da $\Delta K \equiv I$, über 45°-Linien hinweg. Der Wachstumsprozeß erfolgt nun in folgender Weise: In der ersten Periode sei ein Kapitalstock von K_1 vorhanden. Damit können Güter im Betrage von Y_1 hergestellt werden. Das Realeinkommen Y_1 ist aber nur erreichbar, wenn Nettoinvestitionen in Höhe von I_1 durchgeführt werden. Durch diese Investitionen wächst der Kapitalstock bis zum Ende der Periode auf K_2 an. Der Kapitalstock K_2 erfordert nun, soll seine Produktionskapazität genutzt werden, eine Ausweitung der Produktion auf Y_2 in der zweiten Periode. Y_2 kann aber nur dann Gleichgewichtseinkommen sein, wenn freiwillig im Betrage von I_2 investiert wird. I_2 läßt sodann den Kapitalstock auf K_3 anwachsen usw.

Eine Entwicklung im Gleichgewicht ist nur dann möglich, wenn Kapitalstock, Realeinkommen und Nettoinvestition von Periode zu Periode in der eben dargestellten Weise wachsen. Dabei werden die absoluten Zunahmen von K, Y und I immer größer und der Wachstumsprozeß kommt nie zu einem stationären Zustand. *Das Modell führt in jedem Fall zu explodierenden Bewegungen. Das Gleichgewicht tritt nur in den Zuwachsraten in Erscheinung.*

Gegen die *Domar*sche Wachstumstheorie ist mit *Krelle* und *Gabisch*[21] folgendes vorzubringen:

1. Das Wachstum wird lediglich aus dem Zusammenwirken von Kapitalkoeffizient und Sparquote erklärt. Sowohl das Bevölkerungswachstum als auch der technische Fortschritt bleiben unberücksichtigt. Die Instabilität des Systems ist theoretisch unbefriedigend und widerspricht der Realität.
2. Die Hypothese eines konstanten Kapitalkoeffizienten ist eine zu vereinfachte produktionstheoretische Annahme. Das Modell besitzt keine theoretisch fundierte Produktionsfunktion.
3. Die Vollbeschäftigung des Kapitals wird zwar explizit berücksichtigt, die der Arbeit aber nicht. Die Arbeit erscheint überhaupt nicht explizit im Modell.
4. Die Entwicklung von Lohn, Zins und Einkommensverteilung in der wachsenden Wirtschaft bleibt unberücksichtigt.

(2) *Neoklassische Wachstumstheorie. Die neoklassische Wachstumstheorie will das mittel- bis langfristige Wachstum von Volkswirt-*

schaften erklären – während die Harrod-Domar-Theorie durch die Berücksichtigung des Akzelerator- und Multiplikatorprinzips das kurz- bis mittelfristige Wachstumsverhalten zu beschreiben versucht.

Die Nachfrageseite wird dabei von der neoklassischen Wachstumstheorie vernachlässigt und lediglich die *Angebotsseite* betrachtet. Da das reale Wachstum erklärt werden soll, wird konsequenterweise auch der monetäre Sektor der Wirtschaft nicht berücksichtigt.

Die neoklassische Wachstumstheorie baut auf einer makroökonomisch konzipierten Produktionstheorie auf. Sie arbeitet mit einer Produktionsfunktion, deren Faktoren Arbeit, Kapital und technisches Wissen substituierbar und beliebig teilbar sind. Die Produktionsfunktion ist linear-homogen im Hinblick auf die Faktoren Arbeit und Kapital und weist abnehmende, aber positive Ertragszuwächse auf. *Die neoklassische Produktionstheorie geht davon aus, daß makroökonomisch das Gesetz des abnehmenden, aber stets positiven Grenzertrages eines Faktors bei konstantem Einsatz der anderen Faktoren gilt.* Dies im Gegensatz zum *mikroökonomischen* Ertragsgesetz, bei dem der Grenzertrag auch *negativ* werden kann. Siehe hierzu auch Kapitel I., S. 52 f.). Abgeleitet wird obiges „Gesetz" aus folgender Überlegung: Werden in einer Volkswirtschaft mit gegebenem Bestand an Arbeitskräften und gegebener Technik immer mehr Maschinen eingesetzt, so entfallen auf jede Maschine immer weniger Arbeitskräfte, das Mehrprodukt zusätzlicher Maschinen wird immer kleiner, bleibt jedoch stets positiv. Oder anders ausgedrückt: bei zunehmendem Einsatz von Kapital und bei Konstanz des Produktionsfaktors Arbeit steigt das Nationalprodukt langsamer als der Kapitaleinsatz.

Dabei wird immer unterstellt, daß alle Arbeitskräfte und Kapitalgüter einander gleich (homogen) sind und daß alle mit gleicher Intensität eingesetzt werden. Auch für das Produkt wird die entsprechende Homogenitätsannahme gesetzt. Das Nationalprodukt wird wie ein einzelnes Gut behandelt.

Da mehr Einheiten des einen Produktionsfaktors bei konstanter Einsatzmenge der anderen Produktionsfaktoren eingesetzt werden können, schließt somit die neoklassische Produktionstheorie die gesamtwirtschaftliche Limitationalität der Produktionsfaktoren aus; sie geht also von einer *kontinuierlichen Substituierbarkeit* der Produktionsfaktoren aus.

Dies steht nicht im Widerspruch mit der Existenz von limitationalen Produktionsprozessen im Bereich der Mikroökonomik. *Bombach* hat darauf hingewiesen, daß sich diskontinuierliche Übergänge im einzelwirtschaftlichen Bereich durch die große Anzahl der Betriebe, die nicht gleichzeitig von einem Produktionsverfahren zu einem anderen übergehen, glätten.

Im allgemeinen kann jedoch bei bestehenden Produktionsanlagen das Einsatzverhältnis nicht oder nur in sehr engen Grenzen variiert werden (siehe limitationale Produktionsfunktionen, Kapitel I., S. 50). Bei limitationalem Einsatzverhältnis an bestehenden Produktionsanlagen kann somit die Kapitalintensität nur im *Zeitablauf* geändert werden, beispielsweise durch Installierung neuer Produktionsanlagen mit anderer Kapitalintensität (zusätzlich oder an Stelle der bestehenden Produktionsanlagen). *Mikroökonomisch* vollzieht sich eine solche Substitution natürlich *diskontinuierlich, makroökonomisch* kann jedoch eine *kontinuierliche Substitution* unterstellt werden. Der Substitutionsbereich ist jedoch wegen der Bindung der Substitution an den Einsatz neuer Produktionsanlagen begrenzt.

Mit der Annahme der Gültigkeit des Grenzproduktivitätsprinzips sind folgende Implikationen verbunden: Da die Grenzproduktivitätstheorie annimmt, daß die gesamtwirtschaftliche Profitrate der Grenzproduktivität des Realkapitals entspricht, ist die abnehmende Grenzproduktivität des Realkapitals gleichbedeutend mit einer abnehmenden Investitionsneigung. Die Zuwachsrate des realen Nationalprodukts ist daher – im Gegensatz zur postkeynesianischen Wachstumstheorie – weitgehend unabhängig von der Höhe der Investitionsquote. Sie wird vielmehr durch das Wachstum des Arbeitspotentials sowie den technischen Fortschritt beeinflußt.

Das Wachstum des Arbeitskräftepotentials, gemessen in physischen Einheiten, ist meist exogen vorgegeben und wächst mit einer konstanten Rate.

In den Ausgangsvarianten wurde der technische Fortschritt ebenfalls als vorgegeben und unbeeinflußbar angenommen. Mittlerweile wurde diese Modellprämisse fallen gelassen und man untersucht in neuerer Zeit auch die Abhängigkeit des technischen Fortschritts von den Aufwendungen für Ausbildung und Forschung, wobei auch die Frage eine Rolle spielt, ob der Grenznutzen zusätzlicher nichtkonsumtiver Ausgaben im Bereich der Produktion oder im Bereich der sogenannten Metaproduktion größer ist. – Siehe auch Kapitel I., S. 73.

In *neoklassischen Wachstumshypothesen* werden meist noch folgende *Annahmen* getroffen, die zum Verständnis und zur kritischen Interpretation dieser Hypothesen wesentlich sind:

1. Arbeit und Kapital sind stets vollbeschäftigt, sämtliche produzierten Güter werden laufend abgesetzt;

2. sämtliche realen Ersparnisse werden investiert;
3. die Substitutionselastizitäten von Arbeit, Kapital und technischem Wissen werden meist als konstant angenommen.

(3) *Weitere Erklärungsmuster*

(3.1.) Die Wirtschaft wächst einerseits, da nachfrageseitige Impulse nach einer ständigen Ausweitung der Produktionskapazitäten drängen, umgekehrt ermöglicht aber auch die Ausweitung der Produktionskapazitäten eine Steigerung der Nachfrage. *Je höher das Niveau der wirtschaftlichen Entwicklung, desto wichtiger werden nachfrageseitige Einflußfaktoren.*

(3.2.) *Ein ausreichender Bestand an Infrastruktur ist eine notwendige, aber nicht hinreichende Bedingung einer positiven wirtschaftlichen Entwicklung.* Umfang und relative Bedeutung der ökonomisch relevanten Komponenten der Infrastruktur ändern sich im Laufe der wirtschaftlichen Entwicklung.

(3.3.) *Phasen schnellen wirtschaftlichen Wachstums sind gekennzeichnet durch ein hohes Angebot an Arbeitskräften.* Dieses hält die Lohneinkommen längere Zeit hindurch annähernd konstant, so daß bei wachsender Beschäftigung die Gewinne der Unternehmer überproportional wachsen. Diese Gewinne werden überwiegend investiert, während gleichzeitig die Lohneinkommen und damit die Konsumgüternachfrage zunehmen. Dieser Prozeß setzt sich so lange fort, als Arbeitskräfte zur Verfügung stehen. Werden diese knapp, so verschiebt sich die Einkommensverteilung zugunsten der Arbeitnehmer, was in der weiteren Folge zu einer Beeinträchtigung der Investitionstätigkeit und dann zu einem Sinken der Wachstumsrate des Bruttonationalproduktes führt.

(3.4.) *Im wirtschaftlichen Wachstum sinken die Preis- und Einkommenselastizitäten alteingeführter Güter.* Die Abnahme der Einkommenselastizität ist umso stärker, je höher ein Gut in der Bedürfnisskala steht, so daß das Verhältnis der Elastizitäten der dringlichen zur weniger dringlichen Nachfrage steigt.

(3.5.) *Zwischen der Veränderungsrate des Preisniveaus und der Wachstumsrate des realen Nationalprodukts besteht kein straffer Zusammenhang.*

Da einerseits die beiden Variablen (Wachstumsraten und Preissteigerungsraten) hoch aggregiert sind und andererseits die Rahmenbedingungen in den einzelnen Ländern sehr unterschiedlich sind, sollte man gerade hier die Suche nach generellen Erklärungsmustern aufgeben und mehr Scharfsinn auf die Analyse raum-zeitlich abgegrenzter Prozesse verwenden. Bestimmte Prozeßabläufe und Konstellationen, wie sie etwa die sogenannte „Stagflation" (Kontraktion bei steigenden Preisen) darstellt, müssen eben erst empirisch „erfahren" werden.

Eine Reihe von Zusammenhängen sind – je nach Konstellation – denkbar:

a) langsames Wachstum bei relativ geringem Preisanstieg;
b) langsames Wachstum bei stärkerem Preisanstieg;

Bombach hat darauf hingewiesen, daß es umso schwieriger ist, bestimmte Gruppen zu einer freiwilligen Reduktion ihrer Ansprüche zu bringen, je aufgesplitterter diese Gruppen sind und je langsamer das reale Wachstum des Nationalprodukts ist. Preissteigerungen wären also hier nicht eine Folge des Wachstums, sondern eine Folge übermäßiger Gruppenansprüche.

c) rasches Wachstum bei geringem Preisanstieg;
d) rasches Wachstum bei stärkerem Preisanstieg.

7.D. *Kontrollfragen*

1. Was versteht man unter exponentiellem Wachstum?

2. Wie berechnet man das reale Wachstum des Nationalprodukts?

3. Woran läßt sich die Konjunkturanfälligkeit einer ökonomischen Größe erkennen?

4. Was versteht man unter dem sogenannten „Spreizeffekt"?

5. Welche Arten von Entwicklungsprozessen sind zu unterscheiden?

6. Beschreiben Sie die Ausgangssituation konjunktureller Schwankungen.

7. Beurteilen Sie die Aussagefähigkeit folgender analytischer Konzepte:
   (7.1.) makroökonomische Produktionsfunktion
   (7.2.) gesamtwirtschaftliches Produktionspotential
   (7.3.) gesamtwirtschaftlicher marginaler Kapitalkoeffizient

8. Beschreiben Sie die Zusammenhänge zwischen Multiplikator- und Akzeleratoreffekten an Hand des Oszillationsmodells von Samuelson.

9. Interpretieren Sie folgende "lags":
   (9.1.) Lundberg-lag
   (9 2.) Lohn-lag

10.Warum sind Lohnerhöhungen im öffentlichen Dienst anders zu beurteilen als in der Privatwirtschaft?

11.Wie wirkt sich eine Angebotslücke auf den partiellen Arbeitsmärkten auf das Wachstum des Nationalproduktes (Sozialproduktes) aus?

12.Kann man sagen, daß die Wachstumsrate des Nationalproduktes umso höher ist, je höher die gesamtwirtschaftliche Investitionsquote ist?

13.Wie mißt man die Länge eines Konjunkturzyklus?

14.Welche Kriterien bieten sich zur Operationalisierung des Begriffes „wirtschaftliches Wachstum" an?

15.Eignet sich die Wachstumsrate des Nationalprodukts als Wohlstandsindikator?

16.Erläutern Sie die folgenden Inflationshypothesen:
(16.1.) lohninduzierte Kosteninflation
(16.2.) autonome Gewinndruckinflation
(16.3.) nachfragebedingte Kosteninflation
(16.4.) Budgetinflation
(16.5.) importierte Inflation

17.Mit welchen Prämissen arbeitet die neoklassische Wachstumstheorie?

18.Was kann gegen die Domar'sche Wachstumstheorie eingewandt werden?

19.Was versteht man unter Früh-, Lage- und Spätindikatoren?

20.Welche Bedeutung hat die Ausstattung einer Volkswirtschaft mit Infrastruktur für das Wachstum des Nationalproduktes?

21.Manche Nationalökonomen unterscheiden zwischen quantitativem und qualitativem Wachstum des Nationalprodukts. Warum?

22.Warum ist es zweckmäßig, sowohl die Expansions- als auch die Kontraktionsphase in Teilphasen zu unterteilen?

23.Im Zusammenhang mit den Publikationen des Club of Rome ist die Forderung nach einem „Nullwachstum" aufgetaucht. Skizzieren Sie die möglichen Konsequenzen einer derartigen Stabilisierung des gesamtwirtschaftlichen Kapitalstocks durch Gleichsetzung von Investitions- und Abnutzungsraten.

24.Welcher Zusammenhang besteht zwischen der Höhe der Konsumgüternachfrage und dem Verlauf konjunktureller Schwankungen?

25.Welche Arten von Lücken werden meist unterschieden und welche grundlegenden Zusammenhänge bestehen zwischen Faktor- und Güterlücken einerseits und Geldlücken andererseits?

26.Nennen Sie Gründe für den immer wieder beobachteten Sachverhalt, daß im Falle eines Rückganges des Einkommens die Konsumausgaben zunächst unterproportional abnehmen.

27.Erklären Sie das sog. "Cobweb-Theorem".

28.Welcher Zusammenhang besteht zwischen dem Niveau der wirtschaftlichen Entwicklung und dem Anteil des tertiären Sektors in einer Volkswirtschaft?

29.Welche gesamtwirtschaftlichen Konsequenzen sind mit dem Übergang zu sog. „Einweg-Verpackungen" verbunden?

30.Wie entwickeln sich Abschreibungsmöglichkeiten und Reinvestitionserfordernisse in einer wachsenden Volkswirtschaft?

31.Ist die Beziehung „Sparen – Investieren" eine Gleichgewichtsbedingung oder eine Identität?

32.Welcher Unterschied besteht zwischen der in Frage 31 erwähnten Beziehung und der Aussage: „Ersparnisse sind zwar eine notwendige aber nicht hinreichende Voraussetzung für die Vornahme von Investitionen"?

33.Unter welchen Voraussetzungen kommt es zu positiven Akzeleratorwirkungen?

34.Was versteht man unter „Okun-Relation"?

35.Nennen Sie jene Hypothesen, die eine Verknüpfung zwischen den angegebenen ökonomischen Variablen beschreiben.

Lohn-Einkommensänderung → Nachfrageänderung → Preisänderung → Gewinnänderung → Zunahme der Investitionen → Outputänderung

Nachfrageänderung → Preisänderung → Gewinnänderung → Zunahme der Investitionen → Outputänderung → Absatzänderung

Bringen Sie die Wirkungen bzw. Rückwirkungen zwischen den Variablen durch zusätzliche Pfeile zum Ausdruck.

36.Wie realistisch ist die Annahme des „Robertson-lags"?

7.E. *Literaturhinweise*

Bombach, G., Zur Theorie des wirtschaftlichen Wachstums, in: Weltwirtschaftliches Archiv (71), 1953.

Krelle, W., Bevölkerungsentwicklung und Wirtschaftswachstum, in: W. G. Hoffmann (Hrsg.), Theorien des einzelwirtschaftlichen und gesamtwirtschaftlichen Wachstums, Schriften des Vereins für Sozialpolitik – Gesellschaft für Wirtschafts- und Sozialwissenschaft, N. F. 13, Berlin 1957.

Kuznets, S., Six Lectures on Economic Growth, Glencoe-Toronto 1959.

Bombach, G., Preisstabilität, wirtschaftliches Wachstum und Einkommensverteilung, in: Schweizerische Zeitschrift für Volkswirtschaft und Statistik, Bern 1959.

Mertens, D., Wachstumsindustrien, Vierteljahreshefte zur Wirtschaftsforschung, DIW, 1960.

Haberler, G., Geldinflation, Nachfrageinflation, Kosteninflation, in: Stabile Preise in wachsender Wirtschaft, Tübingen 1960.

Rose, K., Wachstums- und Konjunkturtheorie, in: Jahrbuch für Sozialwissenschaften, 1962.

Jahresgutachten 1964 des Sachverständigenrates zur Begutachtung der gesamtwirtschaftlichen Entwicklung, Bonn 1965.

Kamp, E., Untersuchungen zur endogenen Prozeßsystematik der marktwirtschaftlichen Entwicklung im 20. Jahrhundert, Stuttgart 1964.

Jahresgutachten 1965 des Sachverständigenrates zur Begutachtung der gesamtwirtschaftlichen Entwicklung, Bonn 1965.

Bombach, G., Artikel Wirtschaftswachstum, in: Handwörterbuch der Sozialwissenschaften, Bd. 12, Stuttgart-Tübingen-Göttingen 1965.

Reuter, A. L., Konzentration und Wirtschaftswachstum, Köln-Opladen 1967.

Richter, P., Ökonometrische Untersuchungen zum Inflationsproblem unter besonderer Berücksichtigung von Deutschland und Österreich, Stuttgart 1967.

Jahresgutachten 1966 des Sachverständigenrates zur Begutachtung der gesamtwirtschaftlichen Entwicklung, Bonn 1966.

Jahresgutachten 1967 des Sachverständigenrates zur Begutachtung der gesamtwirtschaftlichen Entwicklung, Bonn 1967.

Timm, B. D., Die Rolle des technischen Fortschritts in der Wachstumstheorie, Zürich 1968.

Jahresgutachten 1968 des Sachverständigenrates zur Begutachtung der gesamtwirtschaftlichen Entwicklung, Bonn 1968.

Frey, R. L., Infrastruktur und Wirtschaftswachstum, in: Konjunkturpolitik 1969.

Streissler, E., Die österreichische Industrieproduktion im Konjunkturverlauf, Wien 1969.

Schneider, E., Einführung in die Wirtschaftstheorie, III. Teil, 2. Aufl., Tübingen 1969.

Noll, W., Lohn-Lag und Zyklenbildung, in: Schmollers Jahrbuch für Wirtschafts- und Sozialwissenschaften, 1970.

Jahresgutachten 1969 des Sachverständigenrates zur Begutachtung der gesamtwirtschaftlichen Entwicklung, Bonn 1969.

Jahresgutachten 1970 des Sachverständigenrates zur Begutachtung der gesamtwirtschaftlichen Entwicklung, Bonn 1970.

Vogt, W., Zinssatz, Preisniveau und „optimale Inflationsrate" in einer wachsenden Wirtschaft, in: Weltwirtschaftliches Archiv (105), 1970.
Haffner, P., Der Einfluß der Bevölkerungsentwicklung und -struktur auf das Wirtschaftswachstum, Zürich-St. Gallen 1970.
Mückl, W., Staat, Wirtschaftswachstum, Einkommens- und Vermögensverteilung in einem neoklassischen Modell, in: Jahrbücher für Nationalökonomie und Statistik (184), Juni 1970, Heft 3.
Vosgerau, H. J., Wachstumstheorie und reale langfristige Perspektiven der wirtschaftlichen Entwicklung, in: Theorie und Praxis der Infrastrukturpolitik, hrsg. von Jochimsen und Simonis, Berlin 1970.
Drennig, M., Geld und Wirtschaftswachstum, in: Quartalshefte der Girozentrale, Heft 1/1970.
Gutowski, A., Konglomerate Unternehmensgröße und wirtschaftliche Macht, Tübingen 1971.
Fels, G., W. Schatz und F. Wolter, Der Zusammenhang zwischen Produktionsstruktur und Entwicklungsniveau. Versuch einer Strukturprognose für die westdeutsche Wirtschaft, in: Weltwirtschaftl. Archiv (106), 1971.
Krelle, W., Gabisch, G., Wachstumstheorie, Berlin-Heidelberg-New York 1972.
Gahlen, B., Ott, E. Alfred, Probleme der Wachstumstheorie, Tübingen 1972.
Kromphardt, J., Wachstum und Konjunktur. Grundlagen ihrer theoretischen Analyse und wirtschaftspolitischen Steuerung, Göttingen 1972.

VIII. Außenwirtschaftstheorie

8.A. Problemstellung

Außenwirtschaftliche Beziehungen äußern sich in Transaktionen, an denen mindestens zwei Länder beteiligt sind. ***Ziel der Außenwirtschaftstheorie*** ist die Analyse dieser Beziehungen, die sich im wesentlichen in drei Arten von Strömen niederschlagen:

1. Inputströme (inkl. Transfer von technischem Wissen) (Produktionsfaktorströme) 2. Outputströme	Leistungstransaktionen
3. Monetäre Ströme	Finanztransaktionen

Dabei sollen ***Erklärungsmuster*** erarbeitet werden, mit deren Hilfe in konkreten Situationen gezeigt werden kann,

1. auf welche Faktoren eine bestimmte außenwirtschaftliche Verflechtung zurückgeführt werden kann, was gleichzeitig Ansatzpunkte für eine wirtschaftspolitische Beeinflussung dieser Faktoren schafft,
2. welche Wechselwirkungen zwischen den einzelnen Transaktionen bestehen,
3. welche Wirkungen von bestimmten Wechselkurssystemen ausgehen,
4. welche Wirkungen mit einer Auf- bzw. Abwertung von Währungen verbunden sind und welche Geldvermögenseffekte durch die Änderung der Paritäten eintreten können sowie
5. welche Rolle der Zentralbank im Hinblick auf die Aufrechterhaltung der Zahlungsfähigkeit eines Landes nach außen hin zukommt (Probleme der internationalen Liquidität).

Die meisten außenwirtschaftlichen Hypothesen weisen einen ***relativ hohen Abstraktionsgrad*** auf und enthalten – in stärkerem Umfang als dies bei den bisherigen Theoriekreisen 1–7 der Fall war – zahlreiche theoretische Annahmen bzw. wirklichkeitsfremde Fiktionen. Überdies leidet die Außenwirtschaftstheorie nicht selten an unzulässigen Konkretisierungen bzw. Personifizierungen, d. h. Zwei-Länder-Modelle werden so behandelt als handelte es sich um Entscheidungsstrukturen von zwei Wirtschaftssubjekten.

Wenn die Außenwirtschaftstheorie heute über weite Strecken noch immer relativ viele weiße Flecken aufweist, auf die mittelalterliche Geographen "hic sunt leones" geschrieben hätten, so hängt dies insbesondere mit zwei Umständen zusammen:

1. damit, daß zum Austesten außenwirtschaftlicher Hypothesen große Informationsmengen – Informationen über zwei bis n Länder – notwendig wären, wobei manchmal nicht einmal für das Inland entsprechende Informationen verfügbar sind,
2. daß die Impulse, die zum Verwerfen alter und zur Entwicklung neuer Hypothesen hätten führen können, in den letzten zwei Dezennien zu schwach waren. Dies wird sich vermutlich seit dem letzten Nahostkrieg und den dadurch ausgelösten Folgewirkungen ändern, wobei freilich ein gewisser Lag einzukalkulieren ist.

Die in den Lehrbüchern meist vorgenommene Unterteilung des Stoffes in eine *reine* und in eine *monetäre Theorie* wurde fallen gelassen.

8.B. Grundbegriffe

8.B.1. Zahlungsbilanzsystematik

So wie im nationalen Bereich, unterscheidet man auch im grenzüberschreitenden Handel zwischen *Leistungs-* und *Finanztransaktionen.* Innerhalb der Finanztransaktionen ist zu unterscheiden zwischen solchen Finanztransaktionen, die durch Leistungstransaktionen bewirkt (induziert) werden und sogenannten „reinen (autonomen) Finanztransaktionen" sowie Finanztransaktionen, die durch andere Finanztransaktionen bewirkt werden. Umgekehrt können auch Finanztransaktionen die Voraussetzung für Leistungstransaktionen bilden.

In Analogie zu den bereits in Kapitel V. dargelegten Zusammenhängen (S. 177 f.) kann man sagen, daß der Saldo der laufenden Posten sowohl das Volkseinkommen als auch die Valutakasse beeinflußt, autonome Finanztransaktionen hingegen nur die Valutakasse. Mit anderen Worten: durch internationale Kapitalbewegungen wird grundsätzlich nicht die Höhe von Geldvermögensbeständen, sondern nur deren Zusammensetzung verändert.

Die unterschiedlichen, sowohl von Leistungs- als auch von Finanztransaktionen ausgehenden Effekte, werden in einem Verrechnungssystem erfaßt, das man traditionellerweise als *Zahlungsbilanz* bezeichnet, obwohl es sich dabei weder um eine Bestandsrechnung noch ausschließlich um Zahlungen handelt. Vielmehr handelt es sich bei der *Zahlungsbilanz* um eine *Stromrechnung, die sämtliche ökonomischen Transaktionen aufzeichnet, die in einer bestimmten Periode zwischen In- und Ausland stattgefunden haben.* Man bezeichnet diese Zahlungsbilanz auch als *buchhalterische oder statistische Zahlungsbilanz.* Die statistische Zahlungsbilanz gliedert sich in folgende *Teilbilanzen:*

In der *Handelsbilanz* sind die Warenexporte und -importe während eines Jahres enthalten. Liegt nun z. B. ein Exportüberschuß vor (wie in unserem Schema), dann spricht man von einem Aktivsaldo der Handelsbilanz oder einer aktiven Handelsbilanz. Die Forderungen aus Warenexporten waren also in der vergangenen Periode höher als die Schulden aus Warenimporten, die Netto-Auslandsposition hat sich überhöht. Um denselben Saldo wird auch die kurzfristige Kapitalverkehrsbilanz zunehmen. In der *Dienstleistungsbilanz* werden die Verkäufe und Käufe von Dienstleistungen berücksichtigt (sogenannte unsichtbare Importe und Exporte). Solche Dienstleistungen sind zum Beispiel Tourismus, Verkehrsleistungen (Schiff, Bahn, Flugzeug), Versicherungsleistungen aber auch Importe und Exporte von Lizenzen und Patenten. Außerdem werden zu den Dienstleistungen auch die von Ausländern empfangenen und an Ausländer gezahlten Zinsen und Dividenden, die sogenannten Kapitalerträge (man faßt sie als Entgelt für einen besonderen Dienst auf, nämlich der Zurverfügungstellung von Geld), gezählt.

Die Bilanzen des Warenverkehrs (*Handelsbilanz*) *und die Dienstleistungsbilanz* faßt man zusammen zur *Leistungsbilanz (im engeren Sinne).*

Die *Übertragungsbilanz* (auch Bilanz der unentgeltlichen Leistungen) beinhaltet die Gegenbuchungen zu den Güter- und Forderungsbewegungen ohne ökonomische Gegenleistung von und an ausländische Wirtschaftssubjekte (z. B. Reparationen, Geldüberweisungen ausländischer Arbeitskräfte an ihre Familien, Ausgaben für Entwicklungshilfe). In unserem Schema sind die geleisteten Übertragungen größer als die Empfangenen, die Übertragungsbilanz ist also aktiv.

Die in der *Leistungs- und Übertragungsbilanz* aufgezeichneten Transaktionen bezeichnet man als die *laufenden Posten* der Zahlungsbilanz (*oder Leistungsbilanz im weiteren Sinne*).

Auch im Handel mit dem Ausland fallen Leistung und Gegenleistung häufig zeitlich auseinander, es entstehen also Kreditbeziehungen. Die Entstehung und Tilgung von Verbindlichkeiten und Forderungen und auch die Änderungen ihrer Zusammensetzung erfaßt man in der *Bilanz des langfristigen Kapitalverkehrs,* der des *kurzfristigen Kapitalverkehrs* und in der *Devisenbilanz.* Die Unterscheidung in lang- und kurzfristigen Kapitalverkehr wird üblicherweise so getroffen, daß Forderungen und Verbindlichkeiten bis zu einer Laufzeit von einem Jahr als kurzfristig, solche mit einer Laufzeit darüber als langfristig angesehen werden. Käufe und Verkäufe von Geldmarktpapieren (rediskontfähige Wechsel, Schatzanweisungen) werden jedoch auch bei einer längeren Laufzeit als einem Jahr zum kurzfristigen Kapitalverkehr gezählt. Käufe und Verkäufe von Aktien hingegen zählen immer zum langfristigen Kapitalverkehr. In der *Devisenbilanz* wird die Änderung der Auslandsposition der Zentralbank einschließlich der eventuellen Änderungen ihres Goldbestandes ausgewiesen. (Die Änderungen der Devisenforderungen und Verbindlichkeiten aller anderen Inländer – auch der Geschäftsbanken – werden in der Bilanz des kurzfristigen Kapitalverkehrs erfaßt.)

Aus dem Bestreben, eine Bilanz zu bekommen, die die charakteristische, langfristige außenwirtschaftliche Situation zeigt, faßt man gelegentlich die Bilanz der *laufenden Posten* mit der Bilanz des *langfristigen Kapitalverkehrs* zur sogenannten *„Grundbilanz"* zusammen.

Da die Aufzeichnungen, die der statistischen Zahlungsbilanz (ex-post-Zahlungsbilanz) zugrunde liegen, nicht vollständig sind, ist die Summe der erfaßten Soll- und Habenposten bzw. die Summe der Salden aller Teilbilanzen nicht gleich Null. Die Zahlungsbilanz ergibt sich ja nicht aus der Aggregation aller Einzeltransaktionen, sondern die *Statistik* ist in den meisten Fällen darauf angewiesen, nur die Soll- *oder* Habenposten aufzuschreiben (schätzungsweise) und auf *Gegenbuchungen* zu *verzichten.* Insbesondere gilt dies für die Handelsbilanz. Bei Im- und Exporten von Waren beispielsweise lassen sich die mit ihnen verbundenen kurzfristigen Kredite statistisch gar nicht erfassen. Die Statistik der kurzfristigen Kapitalbewegungen beruht dann auf Meldungen der Geschäftsbanken und der großen Unternehmungen, die Statistik der langfristigen Kapitalbewegungen auf Mitteilungen der Banken und der Regierung.

Es wird also in der Regel eine *Restgröße als statistischer Fehler* auftreten (auch wenn sich die Ermittlungsfehler vermutlich z. T. ausgleichen). Diese Restgröße stellt die unaufgeklärte Differenz zwischen dem Saldo der Bilanz der laufenden Posten und des Kapitalverkehrs auf der einen Seite und dem Saldo der Devisenbilanz auf der anderen Seite dar.

Fügt man nun diese Restgröße zu der Summe aller Salden hinzu, dann ergibt sich, wie bei einer genauen doppelten Erfassung aller Posten, ein Nullsaldo. Die *statistische Zahlungsbilanz* ist also *formal immer ausgeglichen.* Die Teilbilanzen hingegen sind es in der Regel nicht.

Abb. 110: Gliederung der Zahlungsbilanz

I. HANDELSBILANZ

Warenexporte	Warenimporte Saldo

II. DIENSTLEISTUNGSBILANZ

Einnahmen aus Dienstleistungsverkäufen Saldo	Ausgaben für Dienstleistungskäufe

III. ÜBERTRAGUNGSBILANZ

Empfangene Übertragungen	geleistete Übertragungen Saldo

IV. LANGFRISTIGE KAPITALVERKEHRSBILANZ

Forderungen des Auslandes	Forderungen an das Ausland Saldo

V. KURZFRISTIGE KAPITALVERKEHRSBILANZ

Forderungen des Auslandes	Forderungen an das Ausland Saldo

VI. GOLD- UND DEVISENBILANZ

Devisenverbindlichkeiten	Gold- und Devisenforderungen Saldo

VII. RESTPOSTEN UND STATISTISCHE ERMITTLUNGSFEHLER

Restposten	Saldo

- Leistungsbilanz
- Bilanz der laufenden Posten (Leistungsbilanz i.w.S.)
- Grundbilanz
- Zahlungsbilanz

Bei der Beurteilung der Zahlungsbilanzsituation eines Landes wird man sich daher jeweils für die Salden der Teilbilanzen interessieren. Ein Defizit in einer Teilbilanz ist jedoch nicht notwendigerweise ungünstig und ein Überschuß nicht immer günstig. Erstens kommt es auf das Zusammenspiel der einzelnen Teilsalden an und zweitens müssen zur Beurteilung der gesamtwirtschaftlichen Situation, in der sich ein Land in einem bestimmten Zeitpunkt befindet, noch weitere *Strukturkoeffizienten* (Kosten- und Preisstruktur, Beschäftigungsgrad, Zinsgefüge usw.) herangezogen werden.

8.B.2. Zahlungsbilanzgleichgewicht, Zahlungsbilanzüberschuß und Zahlungsbilanzdefizit

Wie wir wissen, bewirkt das bei der Aufzeichnung der Außenwirtschaftstransaktionen angewandte Verfahren der doppelten Buchhaltung stets ein rechnerisches Gleichgewicht der Zahlungsbilanz und kann somit nicht Aufschluß über die Frage nach dem Überschuß oder Defizit geben (in den Teilbilanzen besteht im Gegensatz dazu natürlich keine derartige zwangsläufige Ausgeglichenheit). *Die Ermittlung eines Zahlungsbilanzsaldos erfordert daher eine Aufteilung der Gesamtbilanz in solche Posten, die den Überschuß oder das Defizit hervorrufen und in jene, die den finanziellen Ausgleich herbeiführen.* Diese Zuordnung zu der einen oder anderen Gruppe ist jedoch kein buchhalterisches, sondern ein *analytisches* Problem.

Solange die Aufzeichnungen der zwischenstaatlichen Wirtschaftstransaktionen im wesentlichen auf die Entwicklung des Warenverkehrs beschränkt blieben, waren es die Goldbewegungen, die als Gradmesser für die Beurteilung der Stärke oder Schwäche der Zahlungsbilanz eines Landes galten. Wegen des immer stärkeren Einsatzes von Devisen (nach dem Ersten Weltkrieg) konnte diese einseitig auf das Gold beschränkte Denkart nicht mehr genügen und die Betrachtungsweise verschob sich auf den Waren- und Dienstleistungsverkehr und den unentgeltlichen Übertragungen, also der Bilanz in laufender Rechnung.

Es wurde jedoch auch sehr bald die beschränkte Aussagekraft dieses Konzeptes erkannt, das sich ja praktisch von den Rückwirkungen der Kapitaltransaktionen loslöste und man versuchte nun, eine Unterscheidung zwischen den autonomen, ohne Rücksicht auf den Stand der Zahlungsbilanz getätigten Kapitalbewegungen und den induzierten Kapitalbewegungen, die nur Ausgleichsfunktionen ausüben, zu treffen. Die induzierten Kapitalbewegungen wurden dann zusammen mit den monetären Goldtransaktionen als Maß für das Zahlungsbilanzgleichgewicht betrachtet.

Heute spricht man sehr oft von einem *Zahlungsbilanzgleichgewicht, wenn die Grundbilanz* (also Handelsbilanz, Dienstleistungsbilanz, Übertragungsbilanz und Bilanz des langfristigen Kapitalverkehrs) *ausgeglichen ist.*

Die *Darstellungsform der Grundbilanz* hat im wesentlichen folgende Vorteile:

1. Sie trennt die langfristig stabilen Transaktionen, zum Beispiel Investitionen im Ausland, von den übrigen Transaktionen.
2. Es werden die kurzfristig verhältnismäßig stabilen Transaktionen (z. B. der Warenverkehr) von jenen Transaktionen getrennt, die unvorhergesehenen und zum Teil sehr starken Schwankungen unterworfen sind, wie beispielsweise Bewegungen von reinen Spekulationsgeldern (hot money).
3. Sie trennt Transaktionen, die durch fundamentale Kräfte in einer Volkswirtschaft ausgelöst werden von solchen Transaktionen, die nur durch vorübergehende Umstände verursacht werden.
4. Sie eignet sich besonders gut für Zahlungsbilanzprognosen, da normalerweise ein enger Zusammenhang zwischen gewissen volkswirtschaftlichen Kenngrößen wie Sozialprodukt oder Preisniveau und den von der Grundbilanz erfaßten Positionen besteht.

Die Entstehung von Sicht- und Terminguthaben bei ausländischen Banken sowie der Ankauf von ausländischen Geldmarktpapieren durch inländische Geschäftsbanken bezeichnet man als *Geldexport.* Als *Kapitalexport* bezeichnet man demgegenüber die Entstehung mittel- und langfristiger Forderungen gegenüber Ausländern.

Für die Trennung in *lang-* und *kurzfristige Kapitalbewegungen* gibt es jedoch kein statistisch schlüssiges Kriterium. Die Praxis behilft sich damit, daß alle privaten Wertpapiere mit einer ursprünglichen Laufzeit von mehr als einem Jahr, selbst wenn sie innerhalb der folgenden zwölf Monate fällig werden, den langfristigen Transaktionen zugeordnet werden. Dabei wird diesen Finanzgeschäften im Konzept der Grundbilanz ein stabiles Verhalten unterstellt. In Wirklichkeit können ihnen jedoch auch rein spekulative Motive zugrunde liegen, beispielsweise Auf- oder Abwertungsgerüchte. Umgekehrt werden wieder zahlreiche Kredite ihrer formellen Natur nach als kurzfristig betrachtet, obwohl sie in der Praxis ein verhältnismäßig stabiles Element des Kapitalverkehrs darstellen können.

Auch *Direktinvestitionen* werden nicht nur mit Aktienverkäufen und langfristigen Darlehen finanziert, sondern vielfach auch durch Auflaufen von Forderungen auf interne Verrechnungskonten.[22] Werden diese laufenden Guthaben dann in Eigenkapital oder langfristige Kredite umgewandelt, so verändert sich dadurch die Teilbilanz des gesamten Kapitalverkehrs nicht (weil ja nur eine Umbuchung von der kurzfristigen Kapitalverkehrsbilanz auf die langfristige Kapitalverkehrsbilanz erfolgt), wohl aber wird die Grundbilanz des kreditempfangenden Landes aktiviert, ohne daß dadurch eine tatsächliche Verbesserung seiner Zahlungsbilanzposition einträte (auf die jedoch geschlossen werden müßte, wenn man *nur* die Grundbilanz betrachtet).

Trotz der Erleichterung der Beurteilung der Außenwirtschaftslage eines Landes mittels der Grundbilanz (durch Ausschaltung von temporär wirksamen Faktoren) *muß man sich also im klaren sein, daß dadurch teilweise die Interdependenz der einzelnen Teilbilanzen nicht genügend zum Ausdruck kommt.* Solche *Interdependenzen* wären beispielsweise:

a) stark ins Gewicht fallende *Sondertransaktionen* können die Entwicklung der Zahlungsbilanz (definiert als Grundbilanz) auf Jahre hinaus beeinflussen, selbst wenn man ihren Einfluß auf die Grundbilanz im Jahre ihrer Durchführung gebührend in Rechnung stellt. Auf welche spezifischen Positionen sich solche einmaligen Transaktionen mittel- bis langfristig auswirken werden, läßt sich dabei kaum feststellen.
b) Maßnahmen im *monetären* und *fiskalischen Sektor* können innerhalb der verschiedenen Teilbilanzen Verschiebungen auslösen, die das Aussehen der Grundbilanz entscheidend beeinflussen (hauptsächlich Verlagerungen zwischen der kurz- und langfristigen Kapitalverkehrsbilanz). Daraus folgt jedoch nicht notwendigerweise eine Veränderung in der internationalen Devisenposition eines Landes.
c) Insbesondere sind die *Wechselbeziehungen* zwischen dem Warenverkehr und bestimmten Elementen der kurzfristigen Kapitalbewegungen wie Exportkredite oder verlängerte Zahlungsziele *statistisch nur ungenau feststellbar.*
d) Der störende Einfluß des kurzfristigen Kapitalverkehrs wird nicht erfaßt, obwohl besonders in Zeiten starker Währungsunruhen die *kurzfristigen spekulativen Kapitalbewegungen* ("hot money") ein enormes Ausmaß annehmen können.

Neben dem oben dargelegten Grundbilanzkonzept hat der *Deutsche Sachverständigenrat* zwei Wege aufgezeigt, wie man den Begriff *Zahlungsbilanzgleichgewicht* operationalisieren könnte.

Variante 1:
Außenwirtschaftliches Gleichgewicht liegt dann vor, wenn der Außenbeitrag (Außeninvestition) einen bestimmten Prozentsatz des Bruttosozialproduktes nicht übersteigt (etwa 1,5 %), wobei der Prozentsatz von der Außenhandelsstruktur bestimmt wird. Dabei dürfte es jedoch schwierig sein, geeignete Schwellenwerte, die über einen längeren Zeitraum hin ihre Gültigkeit behalten, zu finden.

Variante 2:
Der Zustand eines außenwirtschaftlichen Gleichgewichtes ist dann gegeben, wenn sich bei festem Wechselkurs die Zahlungseingänge und die Zahlungsausgänge im internationalen Verkehr die Waage halten,

a) ohne daß zu diesem Zweck bestimmte, kompensatorische Finanztransaktionen (Ausgleichstransaktionen) vorgenommen werden müssen und zwar weder von dem betreffenden Land noch seitens anderer Länder, sowie
b) ohne daß sich unmittelbare Nachteile oder Gefahren für bestimmte binnenwirtschaftliche Ziele (Preisniveaustabilität, hohes Beschäftigungsniveau, angemessenes Wachstum) ergeben.

Der Sachverständigenrat spricht dann in Fortführung von Variante 2 von einem Überschuß-Ungleichgewicht, wenn die Zahlungseingänge größer sind als die Zahlungsausgänge und von einem Defizit-Ungleichgewicht, wenn die Zahlungsausgänge größer als die Zahlungseingänge sind.

Akzeptiert man die nicht unproblematische Einteilung in *autonome* (nicht-zahlungsbilanzinduzierte) Transaktionen und *induzierte* (zahlungsbilanzbedingte) Transaktionen, so könnte man die oben erwähnte Variante 2 des Sachverständigenrates dahingehend erweitern, daß man von einem Gleichgewicht der Zahlungsbilanz dann spricht, wenn die Summe der autonomen Kredit-Posten der Summe der autonomen Debet-Posten entspricht (*Rose*).

In der Praxis ist die Unterscheidung zwischen autonomen und induzierten Transaktionen schwierig, da man streng genommen jeweils die Motive der Transaktionspartner kennen müßte, um eine Klassifikation der Transaktionen vornehmen zu können.

Dies läuft darauf hinaus, daß der *Bestand* an *Währungsreserven* der jeweiligen Zentralbank *keine* bzw. nur eine *geringfügige* Veränderung erfährt. Die Zahlungsbilanz ist nach diesem Konzept aktiv, wenn die Summe der autonomen Kredit-Posten (Zahlungseingänge) größer ist als die Summe der autonomen Debet-Posten (Zahlungsausgänge).

Graphisch läßt sich der Umstand, daß sich die verschiedenen Teilsalden einerseits verstärken, andererseits auch gegenseitig kompensieren können, wie folgt – unter Benutzung einer Graphik von *A. Stobbe* – (Abb. 111) darstellen.

8.B.3. Sonstige Grundbegriffe der Außenwirtschaftstheorie

Der *Devisenmarkt* ist keine institutionalisierte Einrichtung, sondern eine Art „gedankliche Zusammenfassung" von Angebot und Nachfrage.

Der Handel mit ausländischen Währungen findet auch dann statt, wenn die Devisenbörsen geschlossen sind. Geschäftsabschlüsse finden praktisch laufend statt, entweder per Telefon oder über Fernschreiben.

Angebot und Nachfrage gleichen sich auf diese Weise auf internationaler Ebene aus. Dafür sorgt die Devisenarbitrage, das professionelle Ausnutzen von Kursunterschieden einer Währung, die sich zur gleichen Zeit an verschiedenen Devisenplätzen ergeben.

Die *Devisenbörse* ist nur ein kleiner Ausschnitt aus diesem Markt. Amtlich bestellte Makler notieren die Devisenkurse, zu denen die Geschäftsbanken Devisengeschäfte mit ihren Kunden abrechnen. Notiert werden die amtlichen Mittelkurse von Währungen. Durch Abschlag oder Zuschlag fester „Spannen" entstehen der Geldkurs, zu dem die Banken von ihren Kunden Devisen kaufen und der Briefkurs, zu denen die Geschäftsbanken Devisen verkaufen.

Unter *internationaler Liquidität* versteht man die Fähigkeit der jeweiligen nationalen Währungsbehörden, auftretenden Finanzierungsdefizite gegenüber dem Ausland mit bestimmten Zahlungsmitteln zu finanzieren. Als Zahlungsmittel kommen in Frage:

a) Goldbestände;
b) Bestände an konvertiblen Devisen;
c) Einlagen beim IWF und die damit verbundenen Ziehungsrechte;
d) Sonderziehungsrechte.

Abb. 111: Die möglichen Zahlungsbilanzsituationen eines Landes

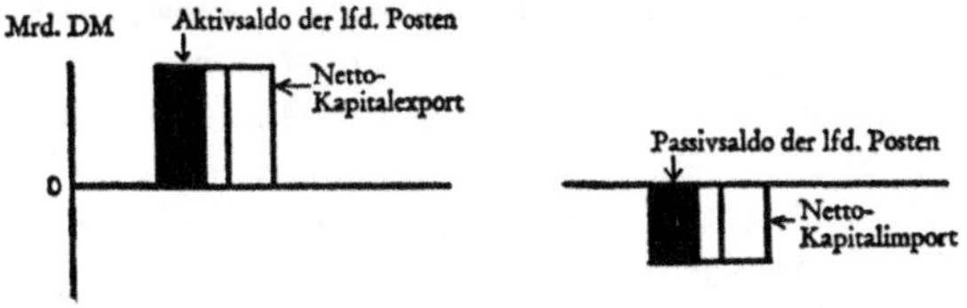

Situation A: Der Aktivsaldo der laufenden Posten wird durch Netto-Kapitalexport in gleicher Höhe gerade ausgeglichen.

Situation B: Der Passivsaldo der laufenden Posten wird durch Netto-Kapitalimport in gleicher Höhe gerade ausgeglichen.

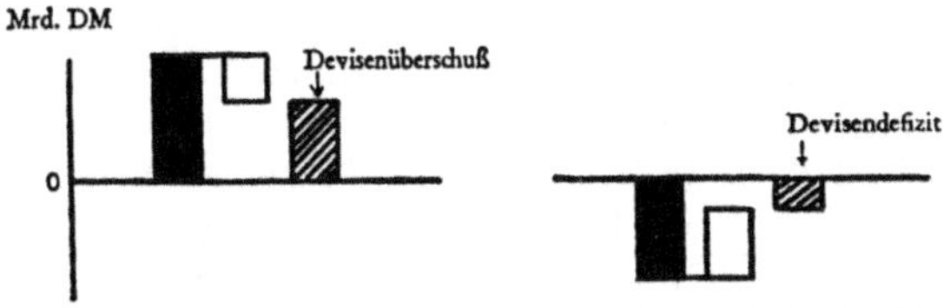

Situation C: Der Aktivsaldo der laufenden Posten wird durch den Netto-Kapitalexport nur zum Teil ausgeglichen, die Zentralbank nimmt Devisen auf.

Situation D: Der Passivsaldo der laufenden Posten wird durch den Nettokapitalimport nur zum Teil ausgeglichen, die Zentralbank gibt Devisen ab.

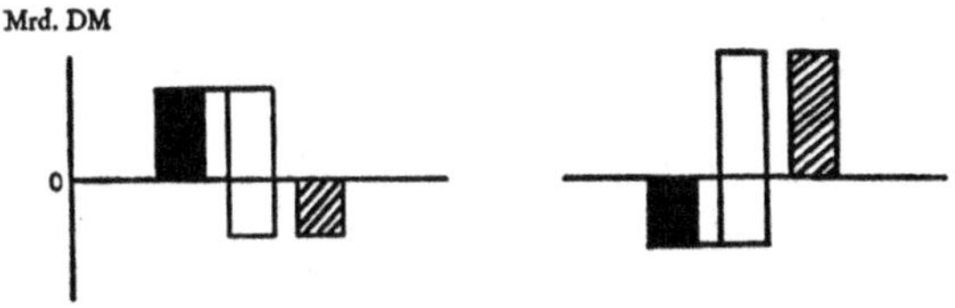

Situation E: Der Netto-Kapitalexport ist höher als der Aktivsaldo der laufenden Posten, die Zentralbank gibt Devisen ab.

Situation F: Der Netto-Kapitalimport ist höher als der Passivsaldo der laufenden Posten, die Zentralbank nimmt Devisen auf.

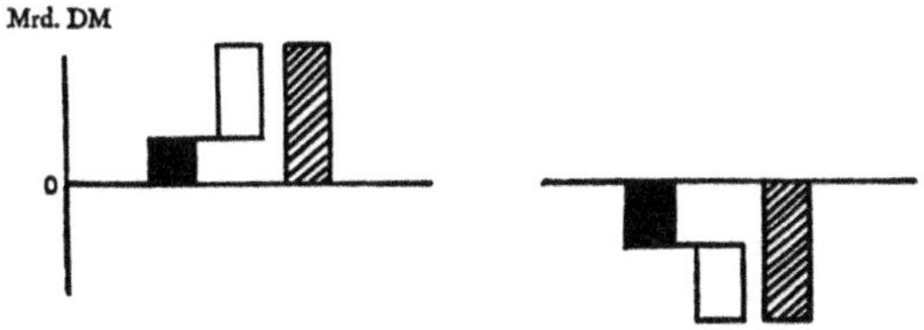

Situation G: Aktivsaldo der laufenden Posten und Netto-Kapitalimport treffen zusammen, die Zentralbank nimmt Devisen auf.

Situation H: Passivsaldo der laufenden Posten und Netto-Kapitalexport treffen zusammen, die Zentralbank gibt Devisen ab.

Quelle: *Alfred Stobbe,* Volkswirtschaftliches Rechnungswesen, 3. Aufl., Berlin 1972, S. 257.

Unter der *Valutakasse der Zentralbank* versteht man die Goldbestände sowie die Netto-Devisenposition der Zentralbank gegenüber dem Ausland. Diese Valutakasse bezeichnet man auch als offizielle Valutakasse, um sie von der privaten Valutakasse der Geschäftsbanken zu unterscheiden, die die Devisenbestände inländischer Geschäftsbanken bei ausländischen Banken umfaßt. Sofern die Zentralbank des jeweiligen Landes über gesetzliche Möglichkeiten verfügt, die Geschäftsbanken zur Ablieferung dieser Devisenbestände zu zwingen, ist die private Valutakasse Teil der offiziellen Valutakasse. Unter *Devisen i. e. S.* versteht man Sichtguthaben, die Inländer bei ausländischen Banken in ausländischer Währung unterhalten. Sie stellen immer nur für einen der beiden Transaktionspartner eine Devise dar, es sei denn, die Schuldsumme lautet auf die Währung eines Drittlandes.

Von *Devisen i. w. S.* hingegen spricht man im Falle jener Sichtguthaben, die Inländer bei ausländischen Banken in ausländischer Währung unterhalten, wobei die Sorten (Valuten) – es sind dies ausländische Banknoten und Münzen im Besitz von Inländern – dazu gerechnet werden. Gelegentlich werden auch Schecks und Wechsel, die an sich lediglich Anweisungen auf Devisen darstellen, als Devisen bezeichnet.

Euro-Dollars sind Dollars im Besitz von Nicht-Amerikanern. Analog dazu gibt es natürlich auch Euro-DM, Euro-francs, Euro-Pfunde, d. h. DM, francs bzw. Pfund im Besitz von Nicht-Deutschen, Nicht-Franzosen, Nicht-Engländern. Die Bezeichnung „Euro" ist dabei keineswegs als geographischer Begriff zu interpretieren, da etwa auch Dollars im Besitz von Japanern Euro-Dollars darstellen. Die Bezeichnung leitet sich hingegen von der Kabeladresse (Telexanschrift) sowjetischer Banken in London bzw. Paris ab, die erstmals in den 50er Jahren dazu übergingen, verfügbare Dollarbestände weiterzuverleihen. Volumenmäßig dominieren Euro-Dollars vor allem infolge der anhaltenden hohen Zahlungsbilanzdefizite der USA. Die Existenz dieser Märkte hat unter anderem dazu geführt, daß die Währungsreserven der jeweiligen Zentralbanken geschont wurden, also weniger internationale Liquidität benötigt wurde, hat aber andererseits bewirkt, daß die binnenwirtschaftspolitischen Maßnahmen davon beeinträchtigt wurden.

Wann immer es um den Austausch von Währungen geht, ist zu unterscheiden zwischen einer Inländer- und einer Ausländerkonvertibilität. Eine Währung ist voll konvertibel im Sinne der *Inländerkonvertibilität,* wenn

a) jeder Inländer in der Lage ist, nach Belieben fremde Währungen zu erwerben, um damit Importe zu bezahlen oder Reisen ins Ausland zu machen (Importfreiheit);
b) jeder Inländer ohne Bewilligung fremde Währungen erwerben kann, um damit Investitionen im Ausland durchzuführen (z. B. Kauf von Aktien oder Obligationen, Direktinvestitionen) bedeutet Kapitalexportfreiheit.

Eine Währung ist konvertibel im Sinne der *Ausländerkonvertibilität,* wenn ein Ausländer, der über Guthaben in einer solchen Währung verfügt,

a) sie ohne weiteres gegen seine eigene Währung austauschen kann (Rapatriierungsmöglichkeit),
b) sie ohne Wertverlust und besondere Bewilligung in eine Drittwährung umwandeln kann (Transferfreiheit).

Im Rahmen der monetären Außenwirtschaftshypothesen werden wir bei der näheren Bestimmung des Begriffes Zahlungsbilanzgleichgewicht auf das Begriffspaar autonome Transaktionen und Ausgleichstransaktionen stoßen. *Autonome Transaktionen* sind solche Transaktionen, die ohne Rücksicht auf die Situation der Zahlungsbilanz vorgenommen werden. Beispiele: langfristige Kapitalexporte der öffentlichen Hand, vor allem Kredite an Entwicklungsländern. Ein weiteres Beispiel wären private Direktinvestitionen (einschließlich Grunderwerb) und Beteiligungen im Ausland.

Ausgleichstransaktionen sind demgegenüber solche Transaktionen, die von der Zentralbank zum Zweck des Zahlungsbilanzausgleichs vorgenommen werden. Beispiele: Stützungskäufe der Zentralbank, zahlungsbilanzbedingte Finanztransaktionen öffentlicher Stellen, wie etwa Schuldenmoratorien zugunsten ausländischer Schuldner usw.

Die *terms of trade* einer Volkswirtschaft stellen das Verhältnis zwischen den Preisen der Exportgüter und den Preisen der Importgüter dar. Es wird der Index der Exportpreise durch den Index der Importpreise dividiert.

Bei internationalen Vergleichen ist zu berücksichtigen, daß Großbritannien die terms of trade berechnet, indem die Importpreise durch die Exportpreise dividiert werden.

$$TT = \frac{P_X}{P_M} \cdot 100$$

Beispiel: Wir gehen von einem Basisjahr aus, in welchem die Preisindices mit 100 angenommen werden. Im folgenden Jahr sind die Exportpreise um 10 % gestiegen, die Importpreise dagegen um 5 % gefallen. In diesem Falle haben sich die terms of trade um ca 15,8 % verbessert. Die terms of trade berechnet man folgendermaßen:

$$TT_t = \frac{100}{100} \cdot 100 = 100$$

$$TT_{t+1} = \frac{110}{95} \cdot 100 = 115{,}8$$

$$TT_{t+1} - TT_t = 115{,}8 - 100 = \mathit{15{,}8.}$$

Eine Verbesserung des Austauschverhältnisses bedeutet, daß eine kleinere Menge von Exportgütern notwendig ist, um eine gegebene Menge von Importgütern dagegen einzutauschen.

8.C. Außenwirtschaftliche Erklärungsmuster

8.C.1. *Der internationale Austausch von materiellen Gütern, Dienstleistungen und von Informationsgütern wird sowohl durch angebotsseitige als auch durch nachfrageseitige Faktoren beeinflußt.* Die wichtigsten *angebotsseitigen* Faktoren sind:

– unterschiedliche Kostenstrukturen, die im wesentlichen von der unterschiedlichen Ausstattung mit Produktionsfaktoren und der unterschiedlichen Effizienz der Faktoren abhängen,

(Das sog. „*Heckscher-Ohlin*-Theorem" führt Handelsströme auf die unterschiedliche Faktor-Ausstattung der verschiedenen Länder zurück.)

– das Niveau des technischen Wissens sowie
– die Art und Qualität der angebotenen Produkte.

Nachfrageseitige Faktoren sind: die Bedarfsstrukturen und die Höhe des verfügbaren Einkommens, wobei die Nachfrage in der Regel umso größer sein wird, je höher das Einkommen ist.

8.C.2. *Neben diesen angebots- bzw. nachfrageseitigen Faktoren wird der Güteraustausch noch von folgenden Faktoren beeinflußt:*

– einem allfälligen Preis und/oder Kapazitätsgefälle,
– der Größe des Wirtschaftsgebietes,
– dem Wirtschaftssystem („Zentralverwaltungswirtschaft" – „freie Marktwirtschaft"),
– der Zugehörigkeit zu bestimmten supranationalen Organisationen sowie
– dem Entwicklungsstand der betreffenden Länder.

8.C.3. *Der internationale Handel verschafft den Handel treibenden Ländern Einkommensvorteile, wenn sich jedes Land auf die Produktion jener Güter spezialisiert, die mit relativ geringem Faktoreinsatz erzeugt werden können und jene Güter importiert, bei denen das Ausland komparative Kostenvorteile hat.* Dieser Hypothese liegen folgende (zum Teil sehr wirklichkeitsfremde) *Annahmen* zugrunde:

1. Völlige Mobilität der Produktionsfaktoren innerhalb einer Volkswirtschaft.
2. Völliges Fehlen von Produktionsfaktorbewegungen zwischen den Volkswirtschaften.
3. Die Bedarfsstruktur ist in den einzelnen Volkswirtschaften gegeben und ändert sich nicht.
4. Die Überwindung des Raumes erfordert keine Kosten.
5. Es gibt keinen technischen Fortschritt und die Faktorausstattung bleibt gleich.
6. Es bestehen keinerlei Handelsschranken (wie Zölle oder Mengenkontingente).
7. Es herrscht vollkommener Wettbewerb auf allen Märkten ohne staatliche Interventionen.

8.C.4. Je stärker sich die Nachfragestrukturen von zwei Volkswirtschaften decken, umso stärker ist in der Regel der zwischenstaatliche Güteraustausch.

8.C.5. Die internationale Wettbewerbsfähigkeit eines Landes hängt weitgehend auch davon ab, inwieweit es gelingt, neue Produktionsverfahren anzuwenden bzw. neue Produkte zu entwickeln.

8.C.6. *In der Regel ist ein Land umso autarker, je größer es ist.* Voraussetzung dafür ist allerdings, daß das betreffende Land an mehreren Klimazonen Anteil hat und in ausreichendem Maße über natürliche Ressourcen verfügt. In diesem Fall wird das Außenhandelsvolumen zwangsläufig geringer sein als bei einem Land mit geringerem Autarkiegrad.

8.C.7. *Ein bestehendes Konjunkturgefälle bewirkt eine Intensivierung der außenwirtschaftlichen Beziehungen.* Umgekehrt kann es durch eine enge außenwirtschaftliche Verflechtung zu einem (negativen) „Konjunkturverbund" kommen.

Nicht zuletzt tragen zu einem positiven bzw. negativen Konjunkturverbund auch die sog. „Multinationalen Gesellschaften" bei.

Grenzüberschreitende Einkommens- und Liquiditätseffekte bewirken nämlich eine rasche Übertragung von Preisniveau- und Beschäftigungsschwankungen von einem Land auf andere Länder.

8.C.8. Richtung und Intensität der Güterströme werden darüber hinaus noch von der Höhe und dem Gefüge der Wechselkurse bestimmt.

Gleichzeitig entfallen infolge der Abschaffung von Zöllen und Kontingenten die meisten der traditionellen handelspolitischen Instrumente, mit denen die einzelnen Volkswirtschaften bisher solche außenwirtschaftlichen Einflüsse abzuwehren versucht hatten. Aus der wachsenden konjunkturellen Interdependenz in der Gemeinschaft ergibt sich die Forderung nach einer Wirtschaftspolitik auf Gemeinschaftsebene, d. h. nach einer nicht nur einzelne Wirtschaftssektoren umfassenden allgemeinen Wirtschaftspolitik.

8.C.9. *Leistungsbilanzüberschüsse* sind darauf zurückzuführen, daß

a) im Inland der Auslastungsgrad bestimmter Sektoren geringer ist als im Ausland, also ein Konjunkturgefälle besteht und/oder
b) im Inland das Kosten- bzw. Preisniveau bei bestimmten Gütern unter dem des Auslandes liegt, also ein Kosten- bzw. Preisgefälle besteht.

Ein Preisgefälle ist allerdings nur dann außenhandelsrelevant, wenn dieses Gefälle nicht durch Zölle oder sonstige Hemmnisse teilweise oder ganz kompensiert wird. Überdies ist zu berücksichtigen, daß bei bestimmten Gütern (z. B. bei know-how-Produkten wie Pharmazeutika) ein negatives Preisgefälle, also höhere Preise, und sonstige Belastungen keine Handelsbarrieren darstellen.

8.C.10. *Leistungsbilanzüberschüsse stellen Überschüsse der inländischen Geldersparnis der privaten Haushalte über die inländische Nettoverschuldung anderer Gruppen dar.* Dies tritt immer dann ein, wenn die Geldsparer eine relativ hohe Realverzinsung erwarten (Nominalverzinsung hoch, Preissteigerungserwartung gering) und/oder die Verschuldung der öffentlichen Haushalte gering ist.

8.C.11. *Veränderungen in der Zahlungsbilanz* werden bestimmt durch Preisrelationen, autonome Finanztransaktionen (Kapitalbewegungen), Verschiebungen in den politischen Machtverhältnissen, durch Differenzen in der Entwicklung der Produktionsstruktur und des Industrialisierungsgrades, Auf- und Abwertungserwartungen sowie einer Änderung der Währungsparitäten.

8.C.12. Der *Saldo der laufenden Posten* wirkt sowohl auf das Volkseinkommen als auch auf die Valutakasse (internationale Liquidität), autonome Finanztransaktionen wirken dagegen nur auf die Valutakasse.

8.C.13. Durch den internationalen Kapital- und Kreditverkehr wird grundsätzlich nicht die Höhe von Geldvermögensbeständen verändert, sondern ausschließlich deren *Zusammensetzung.*

8.C.14. *Eine der Grundvoraussetzungen für Außenhandelsbeziehungen zwischen verschiedenen Staaten ist die Existenz eines gemeinsamen Nenners, der die in unterschiedlichen Binnenwährungen ausgedrückten In- und Auslandspreise untereinander vergleichbar macht.* Diesen gemeinsamen Nenner stellen Wechselkurse dar.

Wechselkurse sind Wertansätze die angeben sollen, wieviel für eine ausländische Währung (entweder 100 Einheiten oder 1 Einheit), ausgedrückt in Einheiten der Inlandswährung, bezahlt werden muß.

Zwei Arten von Wechselkursen sind zu unterscheiden:

a) feste Wechselkurse und
b) flexible Wechselkurse.

8.C.15. *Von festen Wechselkursen spricht man dann, wenn der Preis für ausländische Währungen vom Staat oder der Zentralbank fixiert wird* (Voraussetzung ist eine gegenseitige Fixierung auch der ausländischen Währungen) *oder wenn die Kurse der verschiedenen Währungen international verbindlich vorgeschrieben werden.*

Über das Abkommen von Bretton Woods (1944) und den Internationalen Währungsfonds (IWF) – der zu Beginn des Jahres 1946 seine Tätigkeit aufnahm – wurde eine solche Währungsordnung geschaffen, die auf dem System fester Wechselkurse beruht, wobei man sich angesichts der wirtschaftlichen und politischen Übermacht der USA darauf einigte, die Paritäten für sämtliche Nicht-Dollar-Währungen in Beziehung zum US-Dollar (als Leitwährung) zu fixieren, was darauf hinauslief, daß jede Parität einem bestimmten Goldwert entsprach. Die Goldparität des US-Dollar betrug bis Dezember 1971 35 Dollar je Feinunze Gold, ab 18. Dezember 1971 38 Dollar und ab 12. Februar 1973 42,22 Dollar, die Goldkonvertibilität ist jedoch aufgehoben worden.

Trotz dieser fixen Paritäten, wie sie die Statuten des *Internationalen Währungsfonds* (IWF) vorsehen, können jedoch die Kurse innerhalb eines bestimmten Spielraumes, der sogenannten *Bandbreite*, nach oben und unten schwanken. Dabei müssen folgende Fälle unterschieden werden:

1. Die Schwankungen von Nicht-Dollar-Währungen im Hinblick zum Dollar;
2. die Schwankungen der Wechselkurse von Nicht-Dollar-Währungen untereinander;
   (2.1.) Länder mit Nicht-Dollar-Währungen, die keiner Wirtschaftsgemeinschaft angehören,
   (2.2.) Länder mit Nicht-Dollar-Währungen, die einer bestimmten Wirtschaftsgemeinschaft angehören.

Als überzeugter Verfechter fester Wechselkurse geht *W. Stützel* davon aus, daß man im Hinblick auf den Wert von Forderungen unterscheiden muß zwischen Inhaltsbestimmungszahlen (Soll-Größen) und Tagespreisen (Ist-Größen). Kaufe man etwa eine Inhaberschuldverschreibung, die zwar auf einen Nennbetrag (Nominale) von DM 10.000,– lautet, jedoch zum Zeitpunkt des Kaufes DM 9.700,– kostet, so handle es sich beim Nennbetrag um eine Inhaltsbestimmungszahl und beim Kaufpreis um einen Tagespreis. Das gleiche gelte streng genommen auch für Relationen zwischen verschiedenen Währungen. Feste Wechselkurse seien Inhaltsbestimmungszahlen, sämtliche Abweichungen von diesen festen Paritäten, innerhalb oder außerhalb der jeweiligen Bandbreite stellten Tagespreise dar. Tagespreise und Schuldinhaltsbestimmungszahlen dürften nicht gedankenlos vermengt werden. Siehe dazu insbesondere *W. Stützel,* Währung in weltoffener Wirtschaft, Frankfurt 1973.

Im Fall (1) beträgt die Marge beiderseits der fixen Parität 2,25 %, d. h. die gesamte Bandbreite beträgt 4,5 %. Den jeweils höchsten bzw. tiefsten Wechselkurs (fixe Parität ± Marge) bezeichnet man als oberen bzw. unteren *Interventionspunkt.* Sobald der Wechselkurs einer ausländischen Währung in einem bestimmten Land einen dieser Interventionspunkte erreicht, ist die Zentralbank des betreffenden Landes verpflichtet zu untervenieren. Dies geschieht, indem sie bei Erreichen des oberen Interventionspunktes Devisen aus ihren Beständen an der betreffenden Währung abgibt und bei Erreichen des unteren Interventionspunktes, indem sie Einheiten der betreffenden Währung aufkauft – also sogenannte Stützungskäufe durchführt – um ein weiteres Steigen bzw. Absinken des Wechselkurses der betreffenden Währung zu verhindern.

Folgende *Nebeneffekte* sind in diesem Zusammenhang zu beachten: Dadurch, daß die Zentralbank bei Erreichen des oberen Interventionspunktes Devisen verkauft, entzieht sie damit dem Kreislauf inländisches Geld; bei Stützungskäufen im unteren Interventionspunkt wird hingegen zusätzliches inländisches Geld in den Kreislauf gepumpt.

Im Fall (2.1.) beträgt die Marge nach oben und nach unten (ausgehend von der Parität) 4,5 %, die Bandbreite insgesamt also 9 %.

Daneben besteht noch die Möglichkeit – und das wäre *Fall (2.2.)* – daß sich bestimmte Länder auf eine engere Bandbreite einigen. So haben sich die Europäischen Gemeinschaften geeinigt, die zulässigen Kursschwankungen der EG-Währungen untereinander ab 1. Juli 1972 auf 1,125 % nach oben und unten zu verringern (die gesamte Bandbreite beträgt in diesem Fall also 2,25 %).

Abb. 112: Bandbreiten

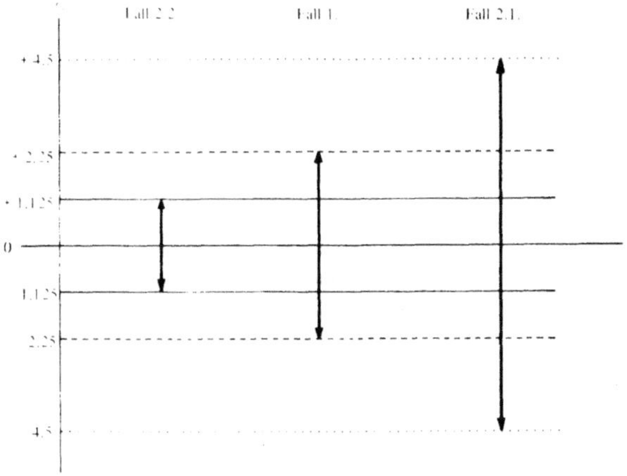

Die *Schwierigkeit* bei einem System *fester Wechselkurse* liegt nun darin, diese fixen Paritäten der betreffenden Währungen insofern „richtig" zu ermitteln, als sie das Wirtschaftspotential der jeweiligen Länder in entsprechender Weise widerspiegeln. Da es jedoch bisher nicht gelungen ist, Kalkülverfahren zu ermitteln, mit deren Hilfe wirtschaftspotentialorientierte „richtige" Paritäten gefunden werden können, muß man bei der Bestimmung von Wechselkursen einerseits davon ausgehen, daß zwar das Devisenangebot und die Devisennachfrage von der Höhe des betreffenden Wechselkurses abhängen, daß es aber andererseits von Zeit zu Zeit notwendig sein kann, zu untersuchen, welcher Wechselkurs sich auf Grund von Angebot und Nachfrage auf den Devisenmärkten einstellt. Hat sich dann der Wechselkurs auf einem bestimmten Niveau eingependelt, so wird er in dieser Höhe neu fixiert. Man könnte in diesem Zusammenhang von *„stufenflexiblen" Wechselkursen* sprechen.

Die Statuten des Internationalen Währungsfonds sehen diesen Fall der sogenannten „Stufenflexibilität" implizit vor, und zwar insofern, als Wechselkursänderungen unter ganz bestimmten Voraussetzungen (z. B. Zahlungsbilanzschwierigkeiten des betreffenden Landes) als zulässig betrachtet werden.

Die wichtigsten *Aufgaben des Internationalen Währungsfonds* sind:

a) die Einhaltung der festen Wechselkurse zu überwachen,
b) durch den Abbau von Devisenkontrollen den Welthandel zu fördern und den zwischenstaatlichen Zahlungsverkehr zu erleichtern,
c) die Mitgliedsländer bei der Überwindung von Zahlungsbilanzschwierigkeiten zu unterstützen,
d) eine enge Zusammenarbeit aller Mitgliedsländer bei internationalen Währungsfragen zu gewährleisten und
e) die Mitgliedsländer währungspolitisch zu beraten.

Führt ein Mitgliedsland des IWF eine Wechselkursänderung durch, und der neue Wechselkurs weicht nicht mehr als 10 % von der dem Fonds ursprünglich gemeldeten Parität ab, so braucht dies dem Fonds lediglich mitgeteilt zu werden. Geht die Wechselkursänderung über 10 % hinaus, bleibt sie aber unter 20 %, dann muß sich der Fonds innerhalb von drei Tagen dazu äußern. Übersteigt die Wechselkursänderung jedoch 20 %, dann braucht der Fonds nur zuzustimmen, wenn er zu der Überzeugung gelangt ist, daß die Änderung zur Behebung einer grundlegenden Störung des außenwirtschaftlichen Gleichgewichts notwendig ist. Eine Wechselkursänderung erzwingen kann der Fonds jedoch nicht, er kann sie einem Mitgliedsland nur empfehlen.

Da Wechselkurse – wie bereits oben dargelegt – den gemeinsamen Nenner darstellen, der die in verschiedenen Binnenwährungen ausgedrückten Preise vergleichbar macht, ändert sich mit einer Variierung des Wechselkurses auch das Austauschverhältnis der Binnenwährungen. Durch eine *Abwertung* wird der *Außenwert* einer Währung *vermindert,* d. h. der Preis für ausländische Zahlungsmittel steigt, durch eine *Aufwertung* wird der *Außenwert* der Inlandswährung *erhöht,* der Preis für ausländische Zahlungsmittel sinkt. Da jedoch in der Regel im Zuge von Währungsunruhen nur bestimmte

Währungen ihre Paritäten ändern, kommt es zu *uneinheitlichen Änderungen der Währungsrelationen.*

Folgende *Fälle* sind denkbar:

1. *Land A wertet auf, Land B wertet gleichzeitig ab.* In diesem Fall wird der Aufwertungseffekt der Währung des Landes A gegenüber der Währund des Landes B durch die Abwertung der Währung des Landes B verstärkt (siehe Abb. 113 BRD – USA).[23] Gegenüber den anderen Ländern, bezeichnen wir sie vereinfachend mit C, ändern sich die Währungsrelationen von Land A und Land B entsprechend dem Ausmaß der Auf- bzw. Abwertung.
2. *Land A wertet ab (auf). Land B wertet ebenfalls ab (auf).* Tritt dieser Fall ein, dann wird der Abwertungs- (Aufwertungs-)effekt der Währung des Landes A gegenüber der Währung des Landes B durch die gleichzeitige Abwertung (Aufwertung) der Währung B verringert (siehe Abb. 113 Schweden – USA).[24] Gegenüber C verschlechtern sich die Währungsrelationen der Länder A und B, um das Ausmaß ihrer eigenen Abwertungen bzw. verbessern sich entsprechend ihren Aufwertungssätzen.
3. *Land A hält an der bisherigen Parität fest, Land B wertet ab (auf).* Die Währungsrelationen der beiden Länder A und B werden sich in diesem Fall entsprechend der Abwertung (Aufwertung) der Währung des Landes B verändern (siehe Abb. 113 Großbritannien – USA).[25] Gegenüber C ändern sich die Währungsrelationen des Landes A nicht, die des Landes B entsprechend dem Ausmaß der Ab- bzw. Aufwertung. Wenn jedoch die Fakturierung im Außenhandel des Landes A auch in der Währung des Landes B erfolgt, kann es zu einer sogenannten „indirekten" Ab- bzw. Aufwertung der Währung A kommen, und zwar entsprechend dem Anteil der Fakturierung in Währung B am gesamten Außenhandel des Landes A. Zum Beispiel: Der US-Dollar wird um 10 % abgewertet, der Schilling bleibt unverändert, dreißig Prozent des österreichischen Außenhandels werden in US-Dollar fakturiert; der österreichische Schilling erfährt dann eine „indirekte" Aufwertung gegenüber allen Ländern von ca. 3 %.
4. *Land A wertet ab, Land B wertet gleichzeitig auf.* In diesem Fall gilt analoges zu Fall (1), nur mit umgekehrten Vorzeichen.

Abb. 113: Änderung der Wechselkurse wichtiger Währungen durch das Realignement von Dezember 1971 in Prozenten

Länder	Änderung gegenüber	
	der Goldparität	dem US-Dollar
Bundesrepublik Deutschland	+ 4,61	+ 13,58
Frankreich	0	+ 8,57
Italien	– 1,00	+ 7.48
Niederlande	+ 2,76	+ 11,57
Belgien	+ 2,76	+ 11,57
Großbritannien	0	+ 8,57
Japan	+ 7,66	+ 16,88
Schweden	– 1,00	+ 7,48
Schweiz	+ 4,89	+ 13,88
Vereinigte Staaten	– 7,89	

\+ Aufwertung
– Abwertung
Gemessen an den am 1. Mai 1971 geltenden Paritäten im IWF.

8.C.16. *Durch eine Abwertung wird der Zahlungsbilanzausgleich erleichtert, die Expansion der Produktion und des Exportes begünstigt und damit die Beschäftigungslage verbessert.* Sind in dem abwertenden Land unausgelastete Kapazitäten vorhanden, während in den Ländern, die aus dem abwertenden Land importieren, Vollbeschäftigung herrscht, dann ist die Angebotselastizität groß genug, um die gestiegene Nachfrage befriedigen zu können. Besteht in dem *abwertenden Land Vollbeschäftigung,* so kann die Abwertung die Zahlungsbilanzsituation sogar verschlechtern, da das Angebot von Exportgütern nicht genügend rasch gesteigert werden kann, es sei denn, es werden zusätzliche Maßnahmen getroffen, um die Binnennachfrage zu verringern und die Exporte zu fördern. Im abwertenden Land mit voll ausgelasteten Kapazitäten kann es darüber hinaus zu einer Beeinträchtigung der Preisstabilität kommen (nachfrageseitige Komponenten), welche noch durch eine Verteuerung der Importgüter infolge der Abwertung (angebotseitige Komponenten) verstärkt werden kann.

8.C.17. *Aufwertungen fördern die internationale Arbeitsteilung, da sie Importe begünstigen, sie haben die gleiche Wirkung wie eine Senkung der Importzölle.* Aufwertungen wirken konjunkturdämpfend, sofern die Kapazitäten voll ausgelastet sind. Nach einem bestimmten time-lag kann es jedoch zu einer Beeinträchtigung des Zahlungsbilanzausgleichs und des Beschäftigungsniveaus im aufwertenden Land kommen. Die Höhe der Exportpreise des aufwertenden Landes hängt ab von:

a) der Überwälzbarkeit auf den Auslandsmärkten;
b) der Rolle des „Preisführers" der Exporteure des aufwertenden Landes im Ausland;
c) den Substitutionsmöglichkeiten durch andere Güter und/oder Güter aus anderen Ländern;
d) der Höhe des Aufwertungssatzes;
e) der internationalen Kostenlage und etwaigen neuen Absatzchancen im Inland;
f) der Höhe des Marktanteils auf ausländischen Märkten.

8.C.18. *Bei flexiblen Wechselkursen bildet sich der jeweile Wechselkurs ausschließlich durch Angebot von und Nachfrage nach Devisen auf den jeweiligen Devisenmärkten.* Der Umstand, daß Wechselkurse, wie bereits dargelegt, Schuldinhaltsbestimmungszahlen darstellen, wird hier glatt ignoriert. Außenwirtschaftliche „Mechanismen" werden hier über binnenwirtschaftliche Interessen gestellt. Werden die Wechselkurse nur vorübergehend freigegeben, d. h. werden Wechselkursschwankungen zugelassen, die über die weiter oben besprochenen IMF-Bandbreiten (Fall 1) hinausgehen, so spricht man von *"floaten"*.

Grundkonzept des *Floatens* ist, eine Währung so lange paritätsmäßig nicht zu binden, als eine Stabilisierung einer Währung auf eine bestimmte Parität hin nicht zu erwarten ist. Es zeigt sich hier ganz deutlich, daß Angebot und Nachfrage auf den internationalen Devisenmärkten eine noch größere Rolle spielen, als Angebot und Nachfrage auf nationalen Güter-, Geld- und Kapitalmärkten. Dabei bedeutet die Freigabe des Wechselkurses noch nicht, daß Zentralbankintervention zu unterbleiben brauchen. So kann die jeweiligen Zentralbank ihre Währung zwar floaten lassen, aber daneben Stützungskäufe vornehmen, um einen zu starken indirekten Aufwertungseffekt der eigenen Währung zu vermeiden.

Seit Anfäng März 1973 (Beschlüsse der Pariser Konferenz) sind zwei Gruppen von floatenden Ländern zu unterscheiden:

1. *Länder des Floating-Blocks*
   (feste Wechselkurse nach innen, flexible Wechselkurse nach außen)
   Diesem Block gehören an:
   (1.1.) Europäische Gemeinschaft: Dänemark, Bundesrepublik Deutschland, Frankreich (im Januar 1974 hat Frankreich den Floating-Block jedoch wieder verlassen), Belgien, Luxemburg, Niederlande.
   (1.2.) Außerhalb der Europäischen Gemeinschaft: Österreich, Norwegen, Schweden.
2. *Generell floatende Länder*
   (flexible Wechselkurse gegenüber allen Ländern)
   Großbritannien, Italien, Irland, Schweiz, Kanada, Japan, USA.

Die festen Wechselkurse nach innen und die Verringerung der intern zulässigen Kursschwankungen der Währungen der Länder des Floating-Blocks auf eine gesamte Bandbreite von 2,25 % sollen die Bestrebungen zur Verwirklichung einer Europäischen Währungsunion unterstützen (große Kursschwankungen stellen die Gemeinschaft besonders bei der Durchsetzung einer gemeinsamen Agrarpolitik vor ernste Probleme). Die Bereitschaft zu größeren Anstrengungen im Hinblick auf das Ziel einer Europäischen Währungsunion scheint jedoch in der jetzigen Zeit nicht allzu groß zu sein. Es werden vielfach die nationalen über die europäischen Interessen gestellt, was auch der Austritt Frankreichs aus dem Floating-Block dokumentiert.

Gegen die Aufgabe des Systems fester Wechselkurse bzw. gegen die Einführung von *endgültig flexiblen Wechselkursen* (also nicht nur vorübergehendes Floaten) wären folgende Überlegungen vorzubringen:

1. daß sowohl Forderungen als auch Verbindlichkeiten gegenüber dem Ausland auf keiner festen Basis mehr stehen,
2. somit also eine feste Kalkulationsgrundlage fehlt und
3. dadurch der internationale Handel und Dienstleistungsverkehr stark beeinträchtigt werden kann, insbesondere dann, wenn die entstehenden Risiken nicht mit vertretbaren Kosten auf ein Mindestmaß beschränkt werden können.

Diese *Kurssicherung* erfolgt durch *Devisentermingeschäfte.* So kann sich ein Exporteur durch den Abschluß eines Devisenterminverkaufs schon zum Zeitpunkt des Vertragsabschlusses gegen das Risiko eines fallenden Wechselkurses bzw. einer Währungsabwertung absichern. Umgekehrt kann ein Importeur sich gegen das Risiko steigender Kurse bzw. von Währungsaufwertungen durch einen Devisenterminkauf absichern. Diese Art von Termingeschäften nennt man auch *Solo-Termingeschäfte,* da es sich hierbei nur um eine einzige

Transaktion, nämlich entweder um einen Devisenterminkauf oder Devisenterminverkauf handelt. Im Gegensatz dazu handelt es sich bei sogenannten *Swapgeschäft* um die Koppelung eines Devisenkassa- mit einem Devisentermingeschäft, es werden also gleichzeitig ein Kassaverkauf mit einem Terminkauf derselben Devise verbunden oder ein Kassakauf verbunden mit einem Terminverkauf derselben Devise abgeschlossen. Devisentermingeschäfte der Banken untereinander sind meist Swapgeschäfte. Die Transaktionen der Banken mit ihren in Import- oder Exportgeschäften tätigen Kunden sind hingegen hauptsächlich Solo-Termingeschäfte.

In der Regel weicht der *Terminkurs* für eine Währung von dem im gleichen Zeitpunkt gültigen *Kassakurs* ab. Wird die Devise per Termin höher bewertet als per Kassa, dann ist ein *Aufschlag* (Report oder Premium) gegeben. Das wäre beispielsweise dann der Fall, wenn eine Währung aufwertungsverdächtig ist. Wird die Termindevise niedriger bewertet als die Kassadevise, dann spricht man von einem *Abschlag* (Deport oder Discount). Sowohl Auf- als auch Abschläge bezeichnet man als *Swap-Sätze*. Der Terminkurs für eine Währung wird in der Form ermittelt, daß die jeweiligen Swap-Sätze zum jeweilig gültigen Kassakurs dazugeschlagen bzw. abgezogen werden. Die *Höhe der Swap-Sätze* hängt unter anderem von folgenden Faktoren ab:

1. Angebot und Nachfrage von und nach bestimmten Devisen;
2. den Auf- bzw. Abwertungserwartungen im Hinblick auf bestimmte Währungen;
3. von der Höhe des Diskontsatzes und den Zinssätzen, die vom Diskontsatz abhängen, in den betreffenden Ländern.

8.C.19. *Probleme der internationalen Liquidität.* Wie bereits in Kapital V. angedeutet, kommt der *Zentralbank* neben der Aufgabe der Bereitstellung von Zentralbankgeld für die nationale Wirtschaft auch die Funktion zu, im internationalen Bereich die *Zahlungsfähigkeit gegenüber dem Ausland* aufrechtzuerhalten. Da sämtliche Leistungs- und Finanztransaktionen über den Bankenapparat oder auf direktem Weg durchgeführt bzw. finanziert werden, kann es für die Zentralbank also nur darum gehen, einen Spitzenausgleich durchzuführen. Tritt ein Finanzierungsüberschuß gegenüber dem Ausland ein, so führt dies saldenmechanisch zu einer positiven Veränderung der Währungsreserven, liegt ein Finanzierungsdefizit vor, so vermindert sich der Bestand an Währungsreserven. Daraus ergibt sich zwangsläufig, daß der Aufbau von Währungsreserven über ein bestimmtes Ausmaß hinaus streng genommen eine unproduktive Anlage von Volksvermögen darstellt Im Ausmaß der über den notwendigen Bestand hinausgehenden Wahrungsreserven entstehen Opportunitätskosten, ganz abgesehen davon, daß der Bestand an Währungsreserven sogar an Wert verlieren kann (so z. B. durch eine Abwertung der angesammelten Devisen). Das *notwendige Ausmaß des Bestandes an Währungsreserven* wird im wesentlichen davon bestimmt, daß die Zentralbank solche Reserven für folgende Transaktionen benötigt:

1. zur Überbrückung systematischer und zufälliger Fluktuationen der in der Bilanz der laufenden Posten erfaßten Transaktionen,
2. zum Ausgleich von zeitweisen, meist spekulativen Kapitalbewegungen,
3. zur Korrektur eines Zahlungsbilanzdefizites im Falle eines fundamentalen Ungleichgewichtes (bzw. für die Gewinnung eines zeitlichen Spielraumes zur Korrektur des Ungleichgewichtes),
4. zur Abwehr von Attacken einer Abwertungsspekulation, die die wirtschaftspolitische Souveränität des Landes beeinträchtigen könnte.

Im begrifflichen Teil des Kapitels VIII. haben wir die Währungsreserven bezeichnet als den Bestand der Zentralbank an: (a) Gold, (b) konvertiblen Devisen, (c) Einlagen beim IWF und die damit verbundenen Ziehungsrechte und (d) Sonderziehungsrechten. Im nachfolgenden sollen die Positionen (c) und (d) näher erläutert werden.

Zu (c) Ziehungsrechte beim IWF: Die finanziellen Mittel, die der Fonds braucht, um beispielsweise einem Mitgliedsland bei Zahlungsbilanzstörungen helfen zu können, werden von den Mitgliedsländern in Form von *Mitgliedsquoten* aufgebracht (entsprechend ihrer wirtschaftlichen Stärke). Dabei muß jedes Land seine Quote zu *25 % in Gold* und zu *75 % in eigener Währung* einzahlen. Die Goldeinzahlung ist sofort bei Beitritt fällig, die Landeswährungen müssen erst auf Aufforderung zur Verfügung gestellt werden. Alle fünf Jahre müssen die Mitgliedsquoten überprüft werden (mindestens alle fünf Jahre). Der *Stimmrechtsanteil* eines jeden Landes richtet sich nach der *Höhe seiner Quote.* Von Bedeutung ist dabei, daß für verschiedene wichtige Beschlüsse im Fonds eine *qualifizierte Mehrheit von 85 Prozent* notwendig ist. Somit kann schon eine Gruppe mit mehr als 15 % ein Veto ausüben (z. B. die USA schon allein, da sie über einen Stimmenanteil von rund 21 % verfügen).

Jedes Land hat im Rahmen seiner Mitgliedsquote sogenannte *Ziehungsrechte gegenüber dem Fonds,* von denen es bei *Zahlungsbilanzschwierigkeiten* Gebrauch machen kann. Es handelt sich bei diesen Ziehungen eigentlich um nichts anderes als um Devisenkredite des Fonds in einer vom Antragsteller gewünschten Währung (da ein Mitgliedsland, wenn es zieht, beim Fonds Devisen gegen Landeswährung kaufen muß mit der Verpflichtung, nach einer bestimmten Zeit die eigene Währung vom Fonds wieder gegen Gold oder konvertible Devisen zurückzukaufen). Für solche Transaktionen sind, entsprechend der Mitgliedsquote der einzelnen Länder, bestimmte *Höchstgrenzen* festgesetzt. Darüber hinaus wird die Inanspruchnahme der Ziehungsrechte mit zunehmender Höhe durch ein *Genehmigungsverfahren* erschwert. *Keinerlei Genehmigung ist lediglich für Ziehungen bis zu 25 % der Mitgliedsquote* (der sogenannten Goldtranche) erforderlich (und zwar deshalb, weil die Mitgliedsländer ja ohnehin 25 % ihrer Quote in Gold eingezahlt haben, es sich also hierbei ohnedies um einen Teil ihrer eigenen Währungsreserven handelt). Diese freien Ziehungsrechte erhöhen sich noch um den Betrag, bis zu dem eine Währung von anderen Ländern, also beispielsweise US-Dollar von England, gezogen wird. *Darüber hinaus kann der Fonds einem Mitgliedsland eine Kreditlinie mit einer Laufzeit bis zu 12 Monaten einräumen,* die über die 25-prozentige Goldtranche hinausgeht. Dadurch wird erreicht, daß ein Mitgliedsland bis zur Höhe dieser Linie Ziehungen vornehmen kann, ohne daß im Einzelfalle eine nochmalige Prüfung vorgenommen wird. Für obige Ziehungen und Beistandskreditzusagen sind dem Fonds Zinsen zu zahlen.

Zu (d) Sonderziehungsrechte: Im September des Jahres 1969 beschloß der Gouverneurrat des Internationalen Währungsfonds Zuteilungen von Sonderziehungsrechten für eine erste Periode von drei Jahren (1970–1972) vorzunehmen (normalerweise erfolgen die Zuteilungen für fünf Jahre).

Mit diesen *Sonderziehungsrechten* wurde zum ersten Mal ein *internationales Buchgeld* geschaffen, dessen *autonomer Wert allein auf dem Übereinkommen der beteiligten Staaten* beruht, diese *Mittel* im Rahmen der aufgestellten Spielregeln *als Geld zu akzeptieren.* (Im Gegensatz zu den herkömmlichen Ziehungsrechten, hinter denen die teilweise Einzahlung der Mitgliedquoten steht, brauchen für die Sonderziehungsrechte die Mitgliedsländer demnach *keine* vorherige Einzahlung zu leisten.)

Sie stellen *Anspruchsrechte zum Erwerb von konvertiblen Währungen* dar, können allerdings nur zwischen den *Notenbanken* der einzelnen Länder hin- und herwandern, sind also in der Hauptsache ein *internationales Reservemittel.*

Die Handhabung der Sonderziehungsrechte ist an den Internationalen Währungsfonds und dessen Statuten gebunden. Somit dürfen *nur Mitglieder des IWF am Zuteilungsverfahren* beteiligt werden. Die Teilnahme am System der SZR ist jedoch für die Mitglieder des IWF nicht obligatorisch. Wenn jedoch 85 % der gesamten Stimmrechte der am System der SZR unbeschränkt teilnehmenden Länder zustimmen, können auch Länder, die überhaupt nicht Mitglieder des IWF sind und auch Institutionen (z. B. die Bank für Internationalen Zahlungsausgleich) in das *Verrechnungsverfahren* der SZR eingeschlossen werden. Die globalen Zuteilungen der SZR erfolgen durch Beschluß der Teilnehmerstaaten (in der Regel für die Dauer von fünf Jahren). Im Rahmen dieses beschlossenen Globalbetrages werden dann die Sonderziehungsrechte in jährliche Raten nach Maßgabe der zum jeweiligen Zeitpunkt geltenden IWF-Quoten der einzelnen Länder auf einem Sonderkonto gutgeschrieben. Sobald diese Gutschrift erfolgt ist, hat der betreffende Teilnehmerstaat einen Anspruch auf konvertible Währungen der anderen teilnehmenden Staaten (*in den Notenbankbilanzen der Teilnehmerländer werden die SZR daher als Währungsreserven ausgewiesen*).

Die Wahrnehmung des Anspruchs auf Erwerb konvertibler Währungen im Eintausch gegen die Sonderziehungsrechte ist an *keine Bedingungen* gebunden, es werden jedoch an die Verwendung der SZR durch die Teilnehmerstaaten gewisse in den Statuten niedergelegte *Erwartungen* geknüpft. Danach sollen SZR nur für *Zahlungsbilanzerfordernisse* (für den Bedarf aus den laufenden Transaktionen) und im Hinblick auf eine ausgewogene Zusammensetzung der gesamten Währungsreserven eines Landes eingesetzt werden. Die Hortung von Gold oder bestimmten sogenannten „harten Devisen" mit Hilfe der Sonderziehungsrechte wird ausdrücklich als nicht vorgesehen abgelehnt. Die ausdrückliche Betonung der Zahlungsbilanzerfordernisse soll weiterhin besagen, daß die *SZR kein Instrument der Kapitalhilfe für die Entwicklungsländer* darstellen sollen.

Für die Teilnehmerstaaten an den SZR besteht ein *Annahmezwang*, damit das System auch funktionieren kann. Damit jedoch nicht extreme Gläubiger- und Schuldnerpositionen entstehen, ist der Annahmezwang eines jeden Landes auf die *zweifache Höhe* der ihm *zugeteilten Sonderziehungsrechte begrenzt.* Ferner dürfen die Sonderziehungsrechte im Durchschnitt der Zuteilungsperiode nur zu 70 % in Anspruch genommen werden. Das heißt, sie können zeitweilig auch in vollem Umfange verwendet werden, dann müssen aber später wieder zusätzliche SZR gegen Devisen von anderen Ländern oder vom Fonds erworben werden, damit der durchschnittliche Mindestbestand von 30 % erreicht wird (man könnte auch sagen, der Mindestreservesatz beträgt bei SZR 30 %).

Die Sonderziehungsrechte, genauer: ihre Nettoinanspruchnahme, sind ebenso wie die normalen Ziehungen beim IWF zinsenpflichtig.

8.C.20. *Erklärungsmuster zur sogenannten „importierten Inflation":* Unter *„importierter Inflation"* versteht man meist eine Konstellation, in der infolge relativ niedriger Exportpreise die Nachfrage seitens des Auslandes zunimmt und durch indirekte und/oder direkte Übertragungsmechanismen allmählich auch das inländische Preisniveau angehoben wird.

Unter den zahlreichen Erklärungsversuchen beherrschen drei Hypothesen das Feld:

Erklärungsmuster 1:

Steigt das ausländische Preisniveau, während das *Preisniveau im Inland unverändert* bleibt, so werden in der Regel die Inländer weniger, die Ausländer mehr importieren, da die inländischen Güter gegenüber den ausländischen Gütern vergleichsweise billiger geworden sind.

Die Annahme, daß ein vergleichsweise höheres ausländisches Preisniveau Inländer von Importen abhält, ist aus empirischer Sicht problematisch. Bei einer Reihe von Produkten (z. B. "know-how"-Gütern, wie Pharmazeutika etc.) werden die Importe weitgehend *unabhängig* von Preisentwicklungen durchgeführt.

Die gestiegenen Exporte und die gesunkenen Importe bewirken – ceteris paribus! – einen *Leistungsbilanzüberschuß,* der zu einem Überschuß in der Devisenbilanz führt. Dadurch wieder kommt es zu einer *Zunahme der Zentralbankgeldmenge* und – in der weiteren Folge – zu einem *Anstieg des inländischen Preisniveaus.*

Ob die oben entwickelte Wirkungskette freilich in der beschriebenen Weise abläuft, hängt von einer Reihe von Voraussetzungen ab, die im einzelnen hier nicht näher ausgeführt werden.

Stützel hat gegen diese Hypothese eingewandt, daß Leistungsbilanzüberschüsse im Grunde nichts anderes darstellen, als Überschüsse der inländischen Geldersparnis der privaten Haushalte über die inländische Nettoverschuldung anderer Gruppen.

Dies ist meist dann der Fall, wenn die Sparer eine relativ hohe Realverzinsung erwarten, d. h. die Nominalverzinsung hoch und die Preissteigerungserwartungen gering sind.

Ein Überschuß der Ersparnis über die Investition im Inland kann durch einen *positiven Saldo der laufenden Posten* (Leistungsbilanzüberschuß i. w. S.) ausgeglichen werden. Ein Überschuß der Investition über die Ersparnis im Inland kann durch einen *negativen Saldo der laufenden Posten* (Leistungsbilanzdefizit i. w. S.) ausgeglichen werden. Der Überschuß der inneren Ersparnis wird also in Form von Geldersparnissen stillgelegt, d. h. diese Ersparnisse werden nicht zur Finanzierung von Investitionen verwendet. Es entstehen daher bei den Unternehmern – im Vergleich zu den Ausgaben – Mindereinnahmen aus dem Inland, welche durch den Verkauf von Gütern und Dienstleistungen in Höhe des Leistungsbilanzüberschusses gerade ausgeglichen werden. Durch einen *Leistungsbilanzüberschuß entsteht* – entgegen einer weitverbreiteten Irrmeinung – *kein zusätzliches Geld,* sondern nur so viel, wie aus dem Inland infolge von Geldstillegung nicht zu den Unternehmen zurückfließt.

Dieser These kann allerdings wieder entgegengehalten werden, daß sie nur so lange gilt, als der Leistungsbilanzüberschuß einen bestimmten Schwellenwert (z. B. Außeninvestition in % des Bruttosozialproduktes) nicht überschreitet. Werden diese Schwellenwerte überschritten, so kann das bedeuten, daß es im Inland doch zu einem Preisauftrieb kommt, allerdings nicht, weil die Zentralbankgeldmenge zugenommen hat, sondern deshalb, weil durch den Export von Gütern und Dienstleistungen eine Angebotslücke im Inland entstanden ist, die durch eine entsprechende Anhebung der Preise für diese Güter ausgeglichen wird. Dies allerdings wieder nur unter der Voraussetzung, daß die exportierten Güter tatsächlich im Inland auch nachgefragt würden.

Erklärungsmuster 2:

Nach der *Hypothese des direkten Preiszusammenhanges* kommt es zu Preissteigerungen im Inland durch eine Erhöhung der Importpreise, die – je nach der Verwendungsart des betreffenden Gutes – entweder zu einer Erhöhung der *Produktionskosten* oder zu einer Erhöhung der *Kosten der Lebenshaltung* führt.

Erklärungsmuster 3:

Gemäß dieser Hypothese besteht die Gefahr von *Preissteigerungen* dadurch, daß im Falle von *internationalen Währungskrisen* durch die *Stützungskäufe* der Zentralbanken (sobald der Kurs des Dollars den unteren Interventionspunkt erreicht hat) die im Inland verfügbare Geldmenge zunimmt und dadurch tendenziell die Gefahr von Preissteigerungen besteht, sofern der Geldmengenzuwachs nicht durch restriktive Maßnahmen neutralisiert wird.

8.D. *Kontrollfragen*

1. Was versteht man unter der statistischen Zahlungsbilanz und aus welchen Teilbilanzen setzt sie sich zusammen?

2. Welche der folgenden Posten bzw. Transaktionen werden in einer Zahlungsbilanz verbucht?
   (2.1.) Empfang von Renten aus dem Ausland ☐
   (2.2.) Gastarbeiter überweisen DM-Beträge an ihre Familien im Ausland ☐
   (2.3.) Goldbestand der Zentralbank ☐
   (2.4.) Abschluß eines Devisenausgleichsabkommens ☐
   (2.5.) Reparationszahlungen an das Ausland ☐

3. Was sind Direktinvestitionen?

4. Welche der folgenden Auslandstransaktionen sind Ihrer Meinung nach langfristige Kapitalbewegungen?
   (4.1.) Kauf von Geldmarktpapieren ☐
   (4.2.) Aktienkäufe an ausländischen Unternehmen ☐
   (4.3.) Direktinvestitionen ☐
   (4.4.) Finanzkredit mit 8-monatiger Laufzeit ☐

5. Was versteht man unter „Euro-Dollars"?

6. Was versteht man allgemein unter der Grundbilanz und welche Vorteile hat diese Darstellungsform der Zahlungsbilanz?

7. Welche Schwierigkeiten können sich bei der Beurteilung der Außenwirtschaftslage eines Landes mittels der Grundbilanz ergeben?

8. Weshalb kommt es im Rahmen der Zahlungsbilanz zu einer statistischen Differenz?

9. In Erwartung der Aufwertung einer Währung strömt Kapital in großem Umfang in das betreffende Land. Welche Teilbilanzen der Zahlungsbilanz werden durch diese Transaktionen berührt und welche Auswirkungen auf die Zahlungsbilanz ergeben sich?

10. Autonome Transaktionen sind solche Transaktionen, die ohne Rücksicht auf die Situation der .... vorgenommen werden.

11. Unter Ausgleichstransaktionen versteht man solche Transaktionen, die von der .... zum Zwecke des .... vorgenommen werden.

12. Welche Arten von Wechselkurssystemen sind Ihrer Meinung nach denkbar?

13. Worin liegt die große Schwierigkeit bei der Festsetzung fester Wechselkurse?

14. Was verstehen Sie unter Bandbreite?

15. Eine Wechselkursänderung eines Mitgliedslandes des IWF von unter 10 % kann

(15.1.) ohne Zustimmung des IWF durchgeführt werden, ☐
(15.2.) muß vom IWF gebilligt werden, ☐
(15.3.) kann vom IWF erzwungen werden. ☐

16. Nennen Sie einige wichtige Einflußgrößen, die ein Land berücksichtigen muß, wenn es seine Währung zum Zwecke der Verbesserung der Zahlungsbilanz abwerten will.

17.Wieso fördern Ihrer Meinung nach Aufwertungen die internationale Arbeitsteilung?

18.Was versteht man unter "floaten“?

19.Die finanziellen Mittel des IWF werden von den Mitgliedsstaaten in Form von . . . . aufgebracht, und zwar entsprechend ihrer . . . .

20.Warum sind für Ziehungen beim IWF bis zur Höhe der Goldtranche keine Genehmigungen erforderlich?

21.Stellen die Sonderziehungsrechte ein internationales Zahlungsmittel dar?

22.Der Wert der Sonderziehungsrechte

(22.1.) beruht ausschließlich auf der Annahmebereitschaft der beteiligten Staaten, ☐

(22.2.) ist gegeben durch eine Realdeckung. ☐

23.Wer kann an der Zuteilung von Sonderziehungsrechten teilnehmen?

24.Im Zusammenhang mit der Diskussion um die Reform des Weltwährungssystems wird die Metapher „Schlange im Tunnel" verwendet. Welche empirisch feststellbaren Sachverhalte verbergen sich hinter dieser Metapher?

25.Welche Faktoren beeinflussen Ihrer Meinung nach die Außenhandelsverflechtung eines Landes?

26.Was sind "terms of trade“?

27.Nennen Sie die wichtigsten Annahmen der Theorie der komparativen Kosten.

28.Auf welcher Hypothese basiert die Ableitung des Preisniveaumechanismus?

29.Wie berechnet man
(29.1.) die durchschnittliche Zollbelastung
(29.2.) Nominalzollsätze bzw. Effektivzollsätze?

30.Was ist Ihrer Meinung nach der „Preis" einer internationalen Arbeitsteilung?

31.Die Theorie der komparativen Kosten ist ein Unterfall der komparativen . . . . -Hypothese.

32.Was bedeutet eine positive Außeninvestition?

33.Was versteht man unter Devisenbewirtschaftung und aus welchen Gründen wird dieses System angewendet?

34.Wie funktioniert der Goldwährungsautomatismus? Könnte er nicht wieder eingeführt werden?

35.Was spricht für bzw. gegen Zölle?

36.Ein deutscher Staatsbürger hat sich, da er sich hin und wieder in Österreich aufhält, in Saalbach eine Eigentumswohnung gekauft. Auf welche(n) Teilbilanz(en) der Zahlungsbilanz der Bundesrepublik Deutschland wirkt sich die Nutzung (und dadurch Wertminderung) dieser Wohnung durch den deutschen Staatsbürger aus?

37. Was versteht man unter technologischer Zahlungsbilanz?

38. Was versteht man unter Saldenmechanik und in welchen raum-zeitlichen Situationen benötigt man saldenmechanische Denkstrukturen zur Erklärung von Zusammenhängen?

39. Im Jahr 1971 sind die Exportpreise von Land A um 10 % gestiegen, die Importpreise im gleichen Zeitraum um 5 % gesunken. Als Basisjahr dient 1970 (= 100). Wie haben sich die terms of trade entwickelt?

40. Versuchen Sie die drei beherrschenden Erklärungsmuster zur „importierten Inflation" nachzuvollziehen.

8.E. *Literaturhinweise*

Lipfert, H., Internationale Finanzmärkte. Probleme und Entwicklung eines Jahrzehnts, Frankfurt 1964.

Ehrlicher, W., Die außenwirtschaftliche Komponente der Geldversorgung, in: Gestaltungsprobleme der Weltwirtschaft, Göttingen 1965.

Braun, O., Zur Theorie des Devisenterminmarktes, in: Jahrbücher für Nationalökonomie und Statistik (177), 1965.

Rose, K., Entwicklung und Stand der Außenwirtschaftstheorie, in: Theorie der internationalen Wirtschaftsbeziehungen, Köln-Berlin 1965.

Haberler, G., Geld in der internationalen Wirtschaft. Eine Studie über Zahlungsbilanzausgleich, internationale Liquidität und Wechselkurse, Hamburg 1965.

Klopstock, F. H., Der internationale Geldmarkt. Struktur, Größenordnung und Anlagearten, in: Weltwirtschaftliches Archiv (96), 1966.

Rose, K., Theorie der Außenwirtschaft, 2. Aufl., Berlin-Frankfurt 1966.

–, Die Bedeutung der Faktorausstattung für die Struktur des Außenhandels, in: Theoretische und institutionelle Grundlagen der Wirtschaftspolitik, Berlin 1967.

Funck, R., Außenwirtschaft, in: Kompendium der Volkswirtschaftslehre, hrsg. von W. Ehrlicher, I. Esenwein-Rohde, H. Jürgensen, K. Rose, (2), Göttingen 1968.

Stützel, Über einige Währungstheorien. Walter Eucken Institut, Vorträge und Aufsätze, Tübingen 1969.

Schneider, E., Zahlungsbilanz und Wechselkurse. Eine Einführung in die monetären Probleme internationaler Wirtschaftsbeziehungen, Tübingen 1968.

Rohwedder, J., Der Bedarf an Währungsreserven, in: Weltwirtschaftliches Archiv (105), 1970.

Heidhues, F., Zur Theorie der internationalen Kapitalbewegungen. Eine kritische Untersuchung unter besonderer Berücksichtigung der Direktinvestitionen, Tübingen 1969.

Lipfert, H., Internationaler Devisen- und Geldhandel, Frankfurt 1969.

Brüning, H., Wohlfahrtseffekte einer Zollunion, Tübingen 1969.

Luckenbach, H., Wirtschaftswachstum und internationaler Handel, Freiburg i. Br. 1970.

Rothschild, K. W., Integration und Außenhandelsstruktur, in: Weltwirtschaftliches Archiv, 1970.

Feste oder flexible Wechselkurse: Thesen und Gegenthesen, in: Konjunkturpolitik, Zeitschrift für angewandte Konjunkturforschung, 16. Jg., 2–3 Heft, Berlin 1970.

Jahresgutachten 1968 des Sachverständigenrates zur Begutachtung der gesamtwirtschaftlichen Entwicklung: „Alternativen außenwirtschaftlicher Absicherung", Bonn 1968.

Jöhr, W. A., Zur Frage der Kosten einer Währungsaufwertung, in: (wist), Januar 1972.

Siebert, H., Außenhandelstheorie, Stuttgart 1973.

Pascaly, F. J., Internationale Arbeitsteilung in EWG und COMECON, München 1973.

Bochud, R. B., Zur Problematik des Zahlungsbilanzgleichgewichtes, in: Wist, Januar 1973.

Stützel, W., Währung in weltoffener Wirtschaft, Frankfurt 1973.
Floating – Realignement – Integration, Gespräch der Listgesellschaft, Tübingen 1972.

Anhang

Anmerkungen

1 Siehe Joschke, H. K., Praktisches Lehrbuch der Betriebswirtschaft, S. 74–108, München 1970.
2 Die Aussagefähigkeit gesamtwirtschaftlicher Kapitalkoeffizienten wird sehr häufig überschätzt, worauf u. a. Helmstädter hingewiesen hat. Siehe Ernst Helmstädter, Der Kapitalkoeffizient, Stuttgart 1969.
3 Karl Lechner, Betriebswirtschaftslehre, S. 63 ff., Wien 1967.
4 Siehe Gerhart Reuss, Produktivitätsanalyse, S. 6, Basel-Tübingen 1960.
5 Siehe Artur Woll, Allgemeine Volkswirtschaftslehre, S. 147 f., Berlin 1969.
6 Nach Heinz K. Joschke, Praktisches Lehrbuch der Betriebswirtschaft, S. 329 f., München 1970.
7 Siehe hierzu C. Ch. v. Weizsäcker, Die zeitliche Struktur des Produktionsprozesses und das Problem der Einkommensverteilung zwischen Kapital und Arbeit, in: Weltwirtschaftliches Archiv, Ed. 106, S. 16 f., 1971.
8 Ders., Vorläufige Gedanken zur Theorie der Manpower-Bedarfsschätzung, in: Bildungsökonomie – eine Zwischenbilanz, S. 155 ff., Stuttgart 1969.
9 Die Bezeichnung erfolgt zu Ehren des Statistikers Ernst Engel, der bereits 1857 Einkommens-Verbrauchsrelationen durch ein mathematisches Gesetz darzustellen versuchte.
10 Siehe in diesem Zusammenhang die sehr ausführliche Darstellung bei Sigurd Klatt.
11 Siehe in diesem Zusammenhang das sehr informative und kompakte Sondergutachten des Sachverständigenrates „Zu den gesamtwirtschaftlichen Auswirkungen der Ölkrise", Drucksache 7/1456 vom 19. 12. 1973, Verlag Dr. Hans Heger, Bonn-Bad Godesberg.
12 Ernst Heuss, Allgemeine Markttheorie, S. 265, Tübingen-Zürich 1965.
13 Siehe Sigurd Klatt, Die Theorie der Engel-Kurven, Jahrbuch für Sozialwissenschaft, Bd. 4/10, S. 293 f., 1959.
14 Bezüglich näherer Ausführungen zu diesem für eine elementare Einführung zu komplexen Sachverhalt siehe Claus Köhler, Geldwirtschaft, 1. Band, S. 120 ff., Berlin 1970.
15 Gerhard Schmitt-Rink, Grundzüge der Verteilungstheorie, S. 15 f., Göttingen 1971.
16 Rothschild, K., Unterschiedliche Dimensionen der Lohntheorie, in: Lohnpolitik und Einkommensverteilung, Schriften des Vereins für Sozialpolitik, Hrsg. Helmut Arndt, Bd. 51, S. 53 ff., Berlin 1969.
17 Alfred Stobbe, Untersuchungen zur makroökonomischen Theorie der Einkommensverteilung, Kieler Studien, Bd. 59, S. 60 f., Tübingen 1962.
18 Benannt nach dem Ökonom Okun.
19 Vgl. in diesem Zusammenhang auch die Darstellung von Erich Schneider, Einführung in die Wirtschaftstheorie, III. Teil, 2. Aufl., S. 359 f., Tübingen 1969.

20 Gottfried Bombach, Zur Theorie des wirtschaftlichen Wachstums, Weltwirtschaftliches Archiv, Bd. 70, S. 126 f., 1953.
21 Wilhelm Krelle, Günter Gabisch, Wachstumstheorie, S. 27, Berlin-Heidelberg-New York 1972.
22 R. B. Bochud, Zur Problematik des Zahlungsbilanzgleichgewichtes, in: (wist) 1, Januar 1973.
23 104,61 · 100 : 92,11 = 113,58 – 100 = 13,58 %.
24 99 · 100 : 92,11 = 107,48 – 100 = 7,48 %.
25 100 · 100 : 92,11 = 108,57 – 100 = 8,57 %.

Antworten, Hinweise und numerische Lösungen zu den Kontrollfragen

Bei jenen Kontrollfragen, bei denen lediglich Begriffsinhalte, Begriffs- und Sachzusammenhänge abgefragt werden sollen, die im Text ausführlich behandelt wurden, wird lediglich auf den Text verwiesen (z. B. T 204). Auf weiterführende Literatur wird, sofern sie im Rahmen der „Literaturhinweise" enthalten ist, durch Angabe der Seitenzahl und des Namens des Autors verwiesen, allenfalls unter Hinzufügung einer limitierenden Seitenangabe. (Z. B. L 226/Rothschild/S. . . .). Bestehende Querverbindungen zwischen einzelnen Kontrollfragen werden durch Angabe der Seitenzahl und der Nummer der betreffenden Kontrollfragen aufgezeigt. (Z. B. wird bei Kontrollfrage 29 im Rahmen der Produktionstheorie auf Kontrollfrage 55, die sich auf Seite 83 befindet, hingewiesen: K 83/55.)

I. Produktionstheorie

1. Die Summe aller Produktionsstätten, innerhalb der bestimmte Güter erzeugt werden, bezeichnet man als „Betrieb". Der Begriff „Betrieb" ist ökonomisch-technisch orientiert. Die „Unternehmung" ist demgegenüber ein ökonomisch-juristischer Begriff. Unternehmen sind Rechtssubjekte, auf dessen Rechnung und Gefahr die Produktion von Gütern erfolgt.

   Zum Zielkatalog von Unternehmen und den verschiedenen Unternehmensformen siehe T 10 f.
2. T 12
   L 86/Weizsäcker
3. Ökonomische Güter sind Güter, die im Verhältnis zum Bedarf knapp und nur durch einen Aufwand an Kosten zu erlangen sind (Gegenteil: Freie Güter). Man unterscheidet meist zwischen materiellen und immateriellen Gütern, die ihrerseits wiederum zu unterteilen sind in Dienstleistungen und Informationsgüter. Entscheidend für die Klassifikation ist dabei die Funktion der Güter im Produktionsprozeß.
   Zur Theorie des Outputs L 86/Weizsäcker
4. Die traditionelle Produktionstheorie analysiert Produktionsprozesse mit Hilfe von Produktionsfunktionen. T 9, T 48 ff. Unter einer Produktionsfunktion versteht man die funktionale Beziehung zwischen den physischen Einheiten aller verwendeten Inputs und dem daraus resultierenden Output. Ist die Produktionsfunktion auch umkehrbar, so liegt eine limitationale Produktionsfunktion vor. Man kann dann von einem gegebenen Output rückschließen auf die zur Produktion dieses Outputs nö-

tigen Inputs. Derartige Rückschlüsse sind bei substitutionalen Produktionsfunktionen nicht möglich. Das traditionelle Konzept der Produktionstheorie hat sich auch innerhalb der Verteilungs- und Wachstumstheorie als *Leitmotiv der Analyse* bewährt.

5. + 6. In sämtlichen *Investitionsfunktionen* wird versucht, unbekannte, in der Zukunft liegende Größen durch gegenwärtige Größen sowie Werte der Vergangenheit (ex post-Werte) zu bestimmen. Die nachstehend angeführten Determinanten machen dies deutlich. Sie sind jedoch nicht alternativ, sondern additiv zu interpretieren. Jede empirisch relevante Investitionsfunktion enthält daher mehrere Variablen, die untereinander korreliert sind. Die Variablen können sowohl Strömungs- als auch Bestandsgrößen sein.

a) *Kosten-Ertrags-Relation*
Die Relation „Produktionserträge zu Kosten der Kapitalnutzung" dient vor allem zur Erklärung der Nettoinvestitionen. Die Kosten der Kapitalnutzung umfassen neben dem Preis des Anlagegutes Abschreibungsraten, Steuersätze und den Marktzinssatz. Für jedes Investitionsprojekt läßt sich aus der Summe der Einnahmen und Ausgaben ex post der interne Zinsfuß („Ertragsrate") errechnen. Einfach sind die Formeln für den Fall konstanter Nettoeinnahmen P pro Periode (Umsatz minus Kosten) und einer sehr langen Lebensdauer der Anlagen. Beträgt das eingesetzte Kapital K, so ergibt sich die Ertragsrate zu $r = P/K$. Die ex ante geschätzte Ertragsrate spiegelt dann subjektive Erwartungen wider. Die erwartete Ertragsrate r wird dem Kalkulationszinsfuß k gegenübergestellt, der sich als Summe aus Kapitalmarktzins und Risikoprämie ergibt. Das Investitionskriterium lautet dann

$$r \geqq k$$

Aus diesen Überlegungen und den spezifischen Eigenschaften von Zinseszinsfunktionen folgt die grundlegende Erkenntnis, daß Investitionen umso empfindlicher auf Zinsänderungen reagieren, je

a) länger die Lebensdauer der Anlagen ist,
b) je niedriger der Risikozuschlag ist.

b) *Gewinne, Umsätze, Finanzierungsspielraum*
Ein weiterer Bestimmungsgrund des Investitionsniveaus einer Periode ist das Gewinn-Niveau bzw. die Veränderungsrate des Gewinnes. Die Investitionsfunktion der Gestalt

$$I_t = I_P\ (P_{t-1})$$

ist insbesondere von Tinbergen in ökonometrische Modelle eingeführt worden. Der Zusammenhang kann verschieden interpretiert werden. Man kann annehmen, daß die Gewinnerwartung von den Gewinnen vergangener Perioden bestimmt wird oder aber, daß der Finanzierungsaspekt (Selbstfinanzierung aus Gewinnen) das entscheidende Kriterium darstellt. – In teilweisem Gegensatz dazu vertritt W. Baumol die These, daß Unternehmen einer bestimmten Größenordnung in oligopolistischen Märkten nicht mehr primär die Gewinnraten maximieren, sondern die Marktanteile. Dazu kommt noch, daß der Planungshorizont gewisser Unternehmen immer länger wird und Investitionsprojekte, sobald sie einmal in Angriff genommen wurden, unabhängig von konjunkturellen Abschwächungstendenzen durchgezogen werden. – Neben Gewinnen und Umsätzen stellt auch der Finanzierungsspielraum (i. w. S.) eine Investitionsdeterminante dar. Der Finanzierungsspielraum eines Unternehmens wird im wesentlichen durch den Liquiditätsstatus und die Möglichkeit, Forderungen zu monetarisieren, die Kreditmöglichkeit und die Abschreibungen bestimmt. Durch Leasing wird der Finanzierungsspielraum indirekt erweitert.

c) *Kapazitätsauslastung*
Neben den bisher genannten Determinanten wird die jeweilige positive Nettoinvestition auch von der Veränderungsrate des Ausstoßes bestimmt. Man bezeichnet diesen Zusammenhang als *Akzelerationsprinzip.* Es beschreibt – auf das wesentlichste reduziert – den Prozeß der Angleichung von Beständen (Kapitalstock) an Stromschrankungen (Nachfrageschwankungen). Siehe T 244 ff.
L R.G.D. *Allen.* Makroökonomische Theorie, Berlin 1972, S. 63–82.

7. T 40
8. Der Kapitalkoeffizient sinkt durch die Anwendung neuer technischer Verfahren und organisatorischer Verbesserungen (wenn bei gleichen Kosten mehr produziert werden kann oder wenn ein neues technisches Verfahren einen größeren zusätzlichen Output bewirkt als es an zusätzlichen Kosten verursacht). Der Kapitalkoeffizient steigt demgegenüber, wenn Arbeit durch Kapital substituiert wird. – T.28
9. K 78/6 und 7. – T 36 f.
10. T 9
11. Die *Grenzproduktivität* mißt als partieller Differenzialquotient die Veränderung des Produktionsvolumens, die bedingt ist durch die Veränderung der Einsatzmenge eines Faktors bei Konstanz aller übrigen Faktoreinsatzmengen, um auf diese Weise den zusätzlichen Output einem Faktor zurechnen zu können. Bei den *statistischen* Arbeits- bzw. Kapitalproduktivitäten handelt es sich hingegen um einfache Verhältniszahlen, bei denen Output und Input zueinander in Beziehung gesetzt werden, ohne daß damit Aussagen über die Qualität oder den mengenmäßigen Beitrag einzelner Faktoren zum Gesamtoutput verbunden sind.

12.1. T 27 f.
L 86/Helmstädter

12.2. T 31, T 38

13. Nach dem Kostenkonzept beträgt der Kapitalstock DM 200.000,–, nach dem Kapazitätskonzept DM 400.000,–.

14. Die Beantwortung der Frage, ob eine Ausgabe Konsum- oder Investitionscharakter hat, hängt im wesentlichen davon ab, welche Entscheidungs*kriterien* im Zuge der Entscheidung, die zu einer bestimmten Ausgabe geführt hat, zur Anwendung gelangten. Versucht man etwa

bestimmten staatlichen Ausgaben ein Bündel monetärer Werte (Nutzen) zuzuordnen, so liegt in der Regel eine Investition vor. Werden keine Anstrengungen unternommen, um bestimmten Kosten bestimmte Erträge zuzuordnen, so liegt (meist) Konsum vor. Bei der Operationalisierung dieses Konzepts treten in der Praxis nicht unbeträchtliche Schwierigkeiten auf. Als zusätzliche Schwierigkeit kommt hinzu, daß im Rahmen der Volkswirtschaftlichen Gesamtrechnung (zur Zeit noch) andere Begriffsinhalte dominieren.

15. Die Wahl einer bestimmten Unternehmensform beeinflußt insofern die Kosten- und Gewinnentwicklung eines Unternehmens, als oft gerade erst mit Hilfe einer bestimmten Unternehmensform (z. B. Aktiengesellschaft) eine effiziente Produktion und/oder starke Marktposition erreicht werden kann.

16.1. Es ist davon auszugehen, daß ein bestimmter Output grundsätzlich in verschiedenen Kombinationsverhältnissen (d. h. in verschiedenen Faktorintensitäten) erzeugt werden kann. Je nachdem, ob zwischen den zur Produktion eines bestimmten Outputs benötigten Faktormengen eine technisch bedingte fixe Koppelung der Faktoren besteht oder nicht, spricht man von limitationalen bzw. substitutionalen Produktionsbedingungen. (Details hierzu werden als bekannt vorausgesetzt, siehe allenfalls T 50 f.) Zu beachten ist: auch bei limitationalen Produktionsbedingungen kann sich das Einsatzverhältnis der Faktoren, und damit die von den einzelnen Faktoren benötigten Faktormengen, ändern. Dies ist jedoch nur möglich, wenn das Prozeßniveau (eine bestimmte Höhe der Produktion) geändert wird. Das Prozeßniveau hängt wieder sehr eng zusammen mit einem bestimmten technischen Niveau.
T 51 f. (Homogenität von Produktionsfunktionen; Skalenerträge)

16.2. Durch die Innovation technischer Verfahren ändern sich in der Regel auch die Produktionskoeffizienten. Gelangen faktorsparende technische Verfahren zur Anwendung, so kann – ceteris paribus – ein bestimmter Output mit geringeren Faktormengen erzeugt werden. Andere Verfahren lassen zwar die benötigten Faktormengen unverändert (bzw. erhöhen diese) bringen jedoch einen höheren Output. Wie bereits unter (16.1.) erwähnt, spielt auch das Prozeßniveau eine Rolle.
T 14 f., T 16 f., T 32

16.3. Der Output steigt mit steigendem Auslastungsgrad und sinkt bei fallendem Auslastungsgrad.

17. Kuppelproduktion ist Spezialfall der Komplementärproduktion. Sie ist dann gegeben, wenn zwei oder mehr Produkte in einem technisch vorgegebenem, mehr oder minder unveränderlichem Mengenverhältnis hergestellt werden müssen.
L Joachim Klaus, Produktions- und Kostentheorie, Stuttgart 1974, S. 112–142 (Theorie der Mehrprodukterzeugung)

18. Infolge der ständigen Notwendigkeit, die Produktionsbedingungen durch Innovation technischer Verfahren zu verändern, enthält die Gesamtmenge wirtschaftlicher Aktivität einen großen Anteil an *Me-*

taproduktion. Aufgabe der Metaproduktion ist die Erforschung und Entwicklung neuer Verfahren und Produkte (Zwischenprodukte), die die eigentliche *Produktion* anderer Güter erleichtern, verbessern bzw. deren Anwendungsbereich erweitern. Im allgemeinen sind Produktionsperioden im Metaproduktionssektor länger als im unmittelbaren Produktionsbereich. Produktionsperioden können in zweifacher Hinsicht interpretiert werden: *technisch* (als zeitlicher Abstand zwischen technischer Vorgabe von Inputs und dem Anfallen von Outputs) oder *ökonomisch* (als zeitlicher Abstand zwischen Kosten und Erträgen).
L 87/Weizsäcker / 1–23

19. T 9

20. Innerhalb der Produktionstheorie haben marginalanalytische Methoden insbesondere zur klaren Formulierung von Produktionsfunktionen beigetragen.
T 48 ff.
K 81/30, K 81/32

21. Siehe zunächst T 14 f.
Die besten Darstellungen des Komplexes „technischer Fortschritt" aus neuerer Zeit stammen von Eder und Fleck.
L 86/Eder – L 87/Fleck.
Will man sämtliche Wirkungen erfassen, die mit der Innovation technischer Verfahren verbunden sind, so stößt man auf beträchtliche analytische und statistische Schwierigkeiten. Von den in der Folge angeführten Wirkungen sind nur a), b) und f) einigermaßen präzise zu erfassen.
a) Veränderungen der Faktorintensitäten
b) Veränderungen des Outputs
c) Qualitätsveränderungen der Inputfaktoren
d) Qualitätsveränderungen der Produkte
e) Veränderungen der gesamten Produktionsorganisation
f) Verkürzung der Arbeitszeit
In der Regel beschränkt man sich auf die Messung der Wirkungen a) und b), indem man die Veränderungen des Outputs in Beziehung setzt zu den absoluten oder relativen Änderungen der Faktoreinsatzes (repräsentiert durch die beiden Faktoren Arbeit und Realkapital). Auf diese Weise ist es möglich, Maßgrößen des Produktivitätszuwachses zu gewinnen.

22. Funktionale, physischen, Output.

23. Dies kann dann eintreten, wenn die Innovationskosten der neuen Verfahren wesentlich über den Faktorkosten der alten Verfahren liegen und nur langfristig amortisiert werden können. Dies bedeutet u. U. auch eine wesentlich geringere Anpassungsfähigkeit gegenüber neuen Markterfordernissen.

24. Werden vorgenommene Abschreibungen laufend reinvestiert, so tritt ein Kapazitätserweiterungseffekt ein, ohne daß neue finanzielle Mittel von außen zugeführt werden müssen. Diesen Erweiterungseffekt im Anlagenbereich bezeichnet man als „Lohmann-Ruchti-Effekt".
T 44 ff.

25. Wegen der unterschiedlichen Begriffsinhalte. Der ökonomische Kapazitätsbegriff orientiert sich an den Produktionskosten, der technische K. bezieht sich auf die maximale Auslastung der vorhandenen Produktionsanlagen und der gesamtwirtschaftliche K. orientiert sich zwar an technischen, berücksichtigt aber auch soziale Faktoren, wie beispielsweise die begrenzte Bereitschaft zu Schichtarbeit und der Tendenz zur Verkürzung der Jahresarbeitszeit.

26. Unter Bruttoinvestitionen versteht man den Zuwachs an Realvermögen. Zieht man von den Bruttoinvestitionen die Abschreibungen ab, so erhält man die Nettoinvestition (sie kann positiv, negativ oder null sein). Unter Reinvestition versteht man Investitionen in gleicher Höhe mit den Abschreibungen.
T 19 f.

27. Unter Finanzierung versteht man die Beschaffung monetärer Mittel zur Erreichung bestimmter Zielsetzungen. Dabei kann man folgende Finanzierungsarten unterscheiden:
1) Eigenfinanzierung
2) Selbstfinanzierung
3) Fremdfinanzierung
Nähere Erläuterung der Finanzierungsarten T 36 f.

28. Das Konzept der Opportunitätskosten bzw. Alternativkosten geht auf Davenport (1908) zurück. Dem Konzept liegen folgende Überlegungen zugrunde: grundsätzlich konkurrieren die verschiedenen Outputs um begrenzt verfügbare Ressourcen. Der Einsatz dieser Ressourcen in einem Produktionsprozeß entzieht sie einer anderen Verwendungsart, in der sie einen bestimmten Nutzen (Erlös) erbracht hätten. Die eingesetzten Ressourcen könnten daher mit dem entgangenen Nutzen der besten alternativen Verwendungsmöglichkeit bewertet werden. Die Bewertung zu Opportunitätskosten erfolgt vor allem in jenen Fällen, in denen eindeutige Kriterien (wie etwa ein bestimmter Gewinn) hinsichtlich der Effizienz des Mitteleinsatzes fehlen. Im staatlichen Bereich stellt das beschriebene Konzept eine wertvolle Entscheidungshilfe zur Beurteilung der sog. Allokationseffizienz dar. – Während im Falle von *Opportunitätskosten* ein *entgangener Nutzen als Kosten* verrechnet wird, werden bei den sog. *Alternativkosten, nicht eingetretene Kosten* für die Bewertung des Nutzens herangezogen.

29.

29.1. Unter Produktivität versteht man grundsätzlich den Quotienten aus dem Output und dem Input ($\frac{O}{I}$), wobei der Output entweder zu einzelnen Inputfaktoren in Beziehung gesetzt werden kann (z. B. arbeitsbezogene Produktivitäten, kapitalbezogene Produktivitäten) oder aber zum gesamten Input. Die Produktivität ist eine Kennzahl der technischen Leistungsmessung; Zähler und Nenner sind benannte Zahlen.

29.2. Unter Wirtschaftlichkeit versteht man den Quotienten aus Ertrag und Aufwand bzw. Erlös und Kosten. Zähler und Nenner sind periodenbezogene Wertgrößen (wirtschaftliche Leistungsmessung). – T 34 f.

29.3. Unter Rentabilität versteht man den Quotienten aus wirtschaftlichem Erfolg (Gewinn) und Eigen- bzw. Gesamtkapital (Kennzahlen des betrieblichen Erfolges).
T 28 ff., 46 ff.

30. Die wichtigsten Prämissen des „Ertragsgesetzes" sind:
1) Konstanthaltung eines Faktorpaketes;
2) Nur ein variabler Faktor;
3) Substitutionalität der Produktionsfaktoren;
4) Unveränderlichkeit der Faktorqualitäten;
5) Herstellung nur eines Produktes;
6) Geltungsbereich ist der Gesamtbetrieb (die Betrachtung einzelner Aggregate ist im Rahmen des Ertragsgesetzes nicht möglich);
7) Produktionsdauer ist fest vorgegeben (zeitliche Anpassung also nicht möglich).

31. Alle Faktoren, die bei der Produktion mitwirken, können in einer Produktionsfunktion zwar nicht erfaßt werden und man wird sich auf die wichtigsten beschränken, trotzdem ist es von Vorteil, mit solchen „fiktiven" Produktionsfunktionen zu arbeiten. Die technischen Erfordernisse der Produktion werden dadurch überschaubar und leichter zu handhaben.

32. Skalenerträge zeigen das Ausmaß des Wachstums der Ausbringungsmenge im Verhältnis zur Steigerung des Inputs. Sie sind auf Variationen des Inputniveaus zurückzuführen.
L 87/Fleck/190–206

33. Unter „Lebenszyklus" eines Produktes versteht man den Sachverhalt, daß Güter in der Regel vier Entwicklungsphasen durchlaufen: Eine Experimentierungsphase, eine Expansionsphase, eine Reifephase und eine Stagnationsphase.

34. Die Standortwahl eines Unternehmens wird insbesondere von folgenden Faktoren beeinflußt:
a) von der Art und Menge der zur Produktion benötigten Roh- und Betriebsstoffe,
b) vom Produktionsverfahren und den damit unter Umständen verbundenen negativen externen Effekten (wie Lärmentwicklung, Luftverschmutzung, Gewässerverunreinigung und dgl. mehr),
c) von der Arbeitsintensität der Produktion und der jeweils benötigten Qualifikation der Arbeitskräfte (werden z. B. besonders qualifizierte Arbeitskräfte benötigt, so wird auch unter unternehmerischen Gesichtspunkten der Freizeitwert des betreffenden Standortes ins Kalkül gezogen werden müssen),
d) von der Möglichkeit positiver, interner Ersparnisse (Degression der durchschnittlichen Produktionskosten durch steigende Kapazität),
e) von Fühlungsvorteilen (Fühlungsvorteile durch örtliche Kontakte zu Zulieferern und Abnehmern und, was besonders wichtig ist, Fühlungsvorteile durch Versorgung mit zentral-örtlichen Dienstleistungen, wie beispielsweise Rechts- und Wirtschaftsberatung, Geld-,

Bank-, Börsenwesen usw. – Diese Art von Fühlungsvorteilen stellt einen der wichtigsten Anreize für ein Unternehmen dar, sich in einem Agglomerationsgebiet niederzulassen) und vom Ausmaß, in dem Infrastruktur zu bestimmten Preisen verfügbar ist,

f) von steuerlichen Gesichtspunkten,

g) sowie von der Lage der Absatzgebiete.

35. Grundsätzlich ist zwischen standortabhängigen und standortunabhängigen Unternehmen zu unterscheiden. Während standortunabhängige Unternehmen ihren Standort mehr oder minder „frei" wählen können, müssen standortabhängige Unternehmen, die Zulieferer standortunabhängiger Unternehmen sind, bei ihrer Standortwahl die gewählten Standorte der standortunabhängigen Unternehmen berücksichtigen. Sowohl bei standortabhängigen als auch bei standortunabhängigen Unternehmen ist wieder zu entscheiden, ob das Unternehmen einem "basic",oder einem "non-basic"-Sektor angehört. *"Basic"-Sektoren* sind solche Sektoren, die ihre Produkte zu einem überwiegenden Teil nicht am Produktionsort oder dessen Einzugsgebiet, sondern in einer gewissen Distanz davon (z. B. in einer anderen Region, einem anderen Bundesland oder im Ausland) absetzen. Zu den "basic"-Sektoren gehört der überwiegende Teil des primären Sektors, Teile des sekundären und tertiären Sektors (z. B. bestimmte staatliche Dienstleistungen, wie Verkehr, Fernsehen, Rundfunk usw.). – Zu den *"non-basic"-Sektoren* gehören hingegen jene Sektoren, deren Produkte überwiegend am Produktionsort und dessen Einzugsgebiet zum Absatz gelangen. Es sind dies insbesondere das Baugewerbe, das Handwerk sowie der überwiegende Teil des tertiären Sektors (also Dienstleistungsbetriebe, wie Einzelhandel, Banken, Versicherungen sowie ein Teil der staatlichen Dienstleistungen, wie Gerichte, Schulen usw.). – Für Unternehmen, die dem "non-basic"-Sektor angehören, ist das Absatzgebiet als Standortfaktor in verstärktem Maße zu berücksichtigen.

36. Technisch bindenden.

37. Ausgetauscht, mengenmäßige Output.

38. Output, Einsatzmenge, konstanten.

39. Beim "operate-leasing" trägt der Leasinggeber das Risiko der technischen Veralterung, beim "finance-leasing" hingegen der Leasingnehmer. – T 37

40. Totalen Kostenkurve.

41. Gutenberg unterscheidet folgende fünf Hauptkosteneinflußgrößen:
    1) Die Faktorqualitäten;
    2) Die Faktorpreise;
    3) Die Beschäftigung;
    4) Die Betriebsgröße;
    5) Das Fertigungsprogramm.

42. In der industriellen Produktion stehen der Betriebsleitung folgende Anpassungsformen zur Verfügung:

a) Die intensitätsmäßige Anpassung (Kapazität und Betriebszeit bleiben konstant, es wird lediglich die Geschwindigkeit der Leistungserstellung variiert);
b) Die zeitliche Anpassung (Kapazität und Kapazitätsausnutzung bleiben konstant, nur die Betriebszeit wird variiert, so z. B. durch Überstunden bzw. Kurzarbeit);
c) Die quantitative Anpassung (hier wird die Kapazität selbst verändert, während die Betriebszeit sowie die Leistungsabgabe der eingesetzten Kapazität konstant gehalten werden).

43. Bei der traditionellen Betrachtung der Kosten wird unterstellt, daß
a) zwischen der Entwicklung der Kosten und der Beschäftigung ein direkter (und mathematisch darstellbarer) Zusammenhang besteht;
b) der Betrieb eine technische Produktionseinheit bildet;
c) es durch wesentliche Vereinfachungen möglich ist, eine S-förmige Gesamtkostenkurve als typisch für den Kostenverlauf darzustellen;
d) Veränderungen des Beschäftigungsgrades unmittelbar mit den Kostenveränderungen in Beziehung gesetzt werden können;
e) mittels der Differentialrechnung insbesondere der Verlauf der Grenzkosten analysiert werden kann.

Die neuere Betrachtung der Kostentheorie
1) verzichtet auf Ansätze auf der Differentialrechnung und arbeitet statt dessen mit Verbrauchsfunktionen (bezüglich Verbrauchsfunktionen T 65 f.);
2) zerlegt den Betrieb in Teilkapazitäten;
3) stellt fest, daß die Beziehungen zwischen Kosten und Beschäftigungsgrad durch die von der Geschäftsleitung gewählten Anpassungsformen verschieden sind;
4) untersucht daher die Anpassungsformen und
5) arbeitet mit fünf Hauptkosteneinflußgrößen (zu Hauptkosteneinflußgrößen T 68 . . .);

44. Wissens.

45. Man versteht unter dem ‚Ausschlußprinzip' jenes grundlegende marktwirtschaftliche Prinzip, demzufolge derjenige vom Markt ausgeschlossen werden kann, der keine marktwerten Leistungen (wie beispielsweise Arbeitsleistungen, Kaufkraft) anzubieten hat. So muß z. B. ein Kunde in einem Geschäft für eine bestimmte Ware den Kaufpreis entrichten, ist er dazu nicht bereit, wird er vom Konsum dieses Gutes „ausgeschlossen".

Nach dem ‚Äquivalenzprinzip' ist für jede Leistungsinanspruchnahme ein äquivalentes (entsprechendes) Entgelt zu entrichten (Gegenseitigkeitsprinzip). Es ist naturgemäß nur dort anwendbar, wo auch das Ausschlußprinzip anwendbar ist.

46. Dies wäre dann der Fall, wenn die Ausbringungsmenge unabhängig vom Prozeß*niveau* wäre.
K 81/32

47.
47.1. Limitationale Produktionsfunktion,
47.2. durch eine gleichmäßige Erhöhung sämtlicher Produktionsfaktoren,
47.3. die Gestalt von rechtwinklig geknickten Geraden.
48. T 19
49. Die durch Abschreibungen gemessene Nutzung einer Maschine gehört nicht zu den Vorleistungen. Wird die Maschine hingegen gemietet (geleast), dann zählt der entsprechende Betrag beim Mieter zu den Vorleistungen.
50. Im Falle einer anhaltenden Nachfragelücke nach Automobilen besteht die Gefahr eines negativ kumulativen Prozesses. Die Nachfragelücke, die sich in hohen Outputlagern niederschlägt, zwingt die Unternehmen der Automobilbranche zur Produktionsdrosselungen. Die unmittelbare Folge sind Kurzarbeit, keine Neubesetzung frei werdender Stellen, Revidierung der Investitionspläne, Reduzierung der von anderen Sektoren bezogenen Vorleistungen. In dem Maße, in dem die Vorleistungen, die von anderen Sektoren (Eisen- und Stahlindustrie, Kunststoffindustrie, etc.) bezogen werden, abnehmen, kommt es auch in diesen Sektoren zu Nachfragelücken, Einkommensrückgängen und Produktionsdrosselungen, was in der weiteren Folge zu Rückwirkungen auf andere, vorgelagerte Unternehmen führt. Durch das sinkende Beschäftigungsniveau und die damit bei den Arbeitnehmern bestimmter Schichten verbundenen Einkommenseinbußen werden schließlich auch tertiäre Sektoren (Fremdenverkehr) betroffen, was seinerseits wieder Rückwirkungen auf die die Fremdenverkehrsunternehmen beliefernden Industrien hat.
T 244
51. Von den auf Seite 10 angeführten Unternehmenszielen stellen lediglich die Gruppe der Produktionsziele Instrumentvariable dar. Was für Unternehmen Daten bzw. Instrumentvariable sind, läßt sich jedoch vielfach nicht a priori fixieren. Zur Beurteilung dieser Fragen sind u. a. zu berücksichtigen: a) die Branche, in der das betreffende Unternehmen tätig ist, b) die konjunkturelle Situation der Branche bzw. der Gesamtwirtschaft, c) der Durchschlagskraft des betreffenden Unternehmerverbandes, d) regionale Gegebenheiten (z. B. Stellung auf dem lokalen Arbeitsmarkt etc.).
52. „Sprungfixe" Kosten sind jene Kosten, die nur für ein bestimmtes Intervall (Kapazität) fix verlaufen, sich aber von Intervall zu Intervall stufenförmig verändern (es muß z. B. eine zusätzliche Maschine eingesetzt werden).
53. „Fixe" Kosten sind jene Kosten, die für die Beschaffung, Bereithaltung und Unterhaltung der Kapazitäten und der Betriebsbereitschaft aufgewendet werden müssen; „variable" Kosten sind demgegenüber all jene Kosten, deren Höhe vom Beschäftigungsniveau abhängt.
54. Eine Einheit.
55. Ja. Wenn beispielsweise die Unternehmung Beteiligungsverluste zu tragen hat oder zu hohe Fremdkapitalzinsen zahlen muß.

56. Unter dem „Lundberg-Lag" versteht man die zeitliche Verzögerung zwischen einer Änderung der Nachfrage und der daraus resultierenden Änderung des Outputs. Er setzt sich im wesentlichen zusammen aus einem outside-Informationslag und den betrieblichen insidelags.

57. Die Produktionselastizität (Niveau-Grenzproduktivität) ist ein Ausdruck dafür, um welchen Betrag der Output zunimmt, wenn die variablen Inputfaktoren geringfügig variiert werden:

$$\epsilon_P = \frac{\frac{\Delta Q}{Q}}{\frac{\Delta V_1}{V_1}}.$$

58. Als wichtigste Abschreibungsverfahren sind anzuführen:
- die lineare Abschreibung,
- die degressive Abschreibung (arithmetisch und geometrisch)
- und schließlich die progressive Abschreibung (weniger gebräuchlich).

59. $d = \frac{75.000}{1+2+3+4+5} = \frac{75.000}{15} = 5.000.$

Abschreibungsquoten:

im 1. Jahr	=	DM 25.000,–
im 2. Jahr	=	DM 20.000,–
im 3. Jahr	=	DM 15.000,–
im 4. Jahr	=	DM 10.000,–
im 5. Jahr	=	DM 5.000,–
		DM 75.000,–

60. $p = 100 \cdot \left(1 - \sqrt[4]{\frac{10.000}{100.000}}\right) = 100 \cdot \left(1 - \sqrt[4]{0,1}\right) = 43,77$

61. Unter einer „Überlebensfunktion" im Rahmen der Produktionstheorie versteht man eine Funktion, die den Bestand eines Investitionsjahrganges im Zeitablauf zeigt.
T 23 f.

62. Der Unterscheidung kommt dann Bedeutung zu, wenn Produktivitätszuwächse aufgespalten werden sollen in solche Komponenten, die auf eine höhere Qualifikation (sei es durch Wanderungen oder Ausbildung) zurückzuführen sind und solche, die rein oder überwiegend nachfrageinduziert sind.

1. Unter rationalen Konsumhandlungen versteht man den bewußten und überlegten Einsatz von Mitteln zur Erreichung von Konsumzielen unter bestmöglicher Verwertung verfügbarer Information. Rationale Konsumhandlungen weisen vor allem eine starke Preis- und Einkommensabhängigkeit auf.

   Erörtern Sie im Zusammenhang mit dem Begriff „rational" die folgende Textstelle bei Lipsey.

   „Oft wird gesagt, die ökonomische Theorie basiere auf der Annahme rationalen Verhaltens. Drei Punkte müssen in diesem Zusammenhang herausgestellt werden: 1. Rationales Verhalten wird oft als eine Wertung benutzt, um zu sagen, daß gewisse Formen des Verhaltens (die man rationale nennt) besser sind als andere (die man ‚irrationale' nennt). 2. Wenn man rational mehr in einem positiven als in einem normativen Sinn auffaßt, dann ist es schwierig, durch Beobachtung von Fall zu Fall festzustellen, ob ein gewisses Verhalten nicht rational ist. 3. Wenn wir unter rational ein ‚folgerichtiges' Verhalten verstehen, dann ist eine solche Annahme nicht nur für die Ökonomie, sondern auch für jedes Gebiet notwendig, das versucht, über das menschliche Verhalten Theorien aufzustellen."

   L Richard G. Lipsey, Einführung in die Positive Ökonomie, Köln 1971, S. 208 f.

   Zur Einführung in die Grundbegriffe der Konsumtheorie L 110/Streissler/13–100.
2. Impuls- oder Affekthandlungen, Gewohnheitshandlungen, sozial abhängige Handlungen.

   T 90 f.
3. Nutzung.
4. Der Begriff der Konsumentensouveränität besagt im deskriptiven Sinn, daß in einer Marktwirtschaft die Produktion letztlich immer darauf gerichtet ist, den Wünschen der Konsumenten zu entsprechen.

   Im normativen Sinn besagt die Konsumentensouveränität, daß die Leistung einer Volkswirtschaft danach beurteilt werden sollte, bis zu welchem Grad sie die Wünsche der Konsumenten erfüllt.

   Die wichtigsten Einwände gegen die normative Verwendung des Begriffes der Konsumentensouveränität sind:

   a) Den Konsum als alleinigen Zweck allen Wirtschaftens hinzustellen ist unrichtig; jedes Wirtschaften hat vielmehr auch einen Selbstzweck, nämlich die Befriedigung des Menschen an seiner Leistung;
   b) In einer Marktwirtschaft werden die den Wirtschaftsprozeß bestimmenden Entscheidungen sowohl vom Konsumenten als auch von Unternehmern getroffen;
   c) Die Konsumenten bezwecken mit der Marktentnahme nur die Realisierung ihres Lebensstandards – und dafür genügt Konsumentenfreiheit.

5.
5.1. Die Preise der Güter, die nachgefragt werden,
5.2. die Preise anderer Güter,
5.3. die Präferenzen des Haushaltes,
5.4. die Zahl der in einem Haushalt lebenden Wirtschaftssubjekte,
5.5. die Art und Zusammensetzung der vorhandenen Konsumgüterbestände.
T 95 f.
6. Verringerung.
7. Komplementärgüter sind z. B. Ski-Skibindung, Schreibmaschine-Farbband, Auto-Treibstoff. Sinkt der Preis eines Komplementärgutes (z. B. Treibstoff), wo wird dies die Nachfrage nach dem anderen Gut(Auto) erhöhen: dadurch, daß die laufenden Kosten der Autonutzung geringer werden, entschließen sich Personen zum Kauf eines Autos; soll hingegen die Motorisierungswelle gedämpft werden, könnte dies auch durch eine Erhöhung des Treibstoffpreises erreicht werden – nur müßte diese Erhöhung, um zum gewünschten Erfolg zu führen, bestimmte Schwellenwerte übersteigen.
8. Nachfragesteigerung.
9. Als „Grenznutzen" bezeichnet man den Nutzenzuwachs pro Vermehrung der Gütermenge um eine Einheit. Die Grenznutzentheorie ist die älteste Theorie des Haushaltsverhaltens.
L Wilhelm Krelle, Präferenz- und Entscheidungstheorie, Tübingen 1968, S. 15 ff.
10. Ja, "economics of scale" gibt es auch in Haushalten. Durch steigende Haushaltsgröße wird beispielsweise beim Einkauf, bei der Lagerung und bei der Zubereitung bestimmter Güter (etwa Lebensmittel) ein anderes „Konsum(prozeß)niveau" erreicht. Damit ändern sich die Relationen zwischen "Input" und "Output" (im weiteren Sinn).
11. Mitläufereffekt.
12. Konsum, Preis.
13. Bei (13.1.) handelt es sich um eine Schlußfolgerung auf Grund bestimmter Modelldaten und der beiden Variablen Preis und Nachfragemenge (graphisch dargestellt ergäbe sich eine Bewegung entlang der Nachfragekurve); bei (13.2.) ist eine Änderung der Modelldaten eingetreten – die Nachfrage ist gestiegen, ohne daß sich vorerst der Preis verändert hätte (es erfolgte also eine Verschiebung der Nachfragekurve).
T 95 ff.
14. Mit dem Begriff Engelkurve bezeichnet man die graphische Darstellung des Verbrauches eines Gutes (oder einer Gütergruppe) bei unterschiedlich hohem Einkommen (bzw. Gesamtausgaben). Theoretisch lassen sich Engelkurven aus den Indifferenzkurven und Bilanzgeraden der Haushalte ableiten. Dahinter verbirgt sich die Vorstellung der Grenznutzentheorie vom rationalen Verbraucher, dessen Konsumentscheidungen ausschließlich von den ökonomischen Datenkonstellationen beeinflußt werden. Die Analyse des Verlaufes von Engelkurven erlaubt

die Beurteilung der Wirkung von Einkommensänderungen auf die Höhe der Nachfrage. Engelkurven beruhen auf Querschnittsdaten. Meist werden Engelkurven vor allem deshalb geschätzt, um aus ihrem Verlauf oder auf Grund von abgeleiteten Größen (Elastizitäten) Grundlagen für die Beurteilung zukünftiger Konsumprozesse zu gewinnen.

15. Die sogenannte „Permanent-Income-Hypothese" von Milton Friedmann geht davon aus, daß sich Konsumentscheidungen nicht nur vom gegenwärtigen Einkommen, sondern auch von den in der Zukunft erwarteten Einkommen leiten lassen. Kurzfristige Schwankungen des Einkommens beeinflussen demnach den Konsum nur insoweit, als sie das langfristige Einkommen beeinflussen.

Unter „permanenten Einkommen" versteht Friedmann ein Einkommen, das sich im Zeitablauf störungsfrei gemäß einem bestimmten Trend entwickelt. Das effektive Einkommen in einem Zeitpunkt setzt sich dann aus dem permanenten Einkommen und der Abweichung von diesem permanenten Einkommen, der sogenannten „transitorischen" Komponente zusammen. Der Gegenwartskonsum besteht aus dem permanenten Konsum, der direkt proportional zum permanenten Einkommen ist und einer zusätzlichen transitorischen Komponente, die aber eher zufälliger Natur ist, d. h. nicht etwa primär von der transitorischen Komponente des Einkommens abhängt.

Der permanente Konsum als Funktion des permanenten Einkommens ist damit eine Gerade durch den Ursprung des Koordinatensystems. Weicht das effektive vom permanenten Einkommen ab, so bleibt der effektive Konsum am permanenten Einkommen orientiert (geht also prozentual um weniger vom permanenten Konsum ab, als die prozentuale Abweichung des effektiven Einkommens vom permanenten Einkommen beträgt). Dies hat zur Folge, daß sich für künftige Einkommensschwankungen eine Konsumfunktion bildet, die die Ordinate in einem positiven Wert schneidet.

16.
16.1. U
16.2. U
16.3. H, U
16.4. U.
17. T 95
18. T 95
19. Mit steigendem Einkommen verändert sich auch die Struktur der Nachfrage, d. h. mit wachsendem Einkommen werden bestimmte Güter stärker und andere weniger stark nachgefragt. Güter, nach denen bei zunehmendem Einkommen die Nachfrage nur relativ schwach im Vergleich zu anderen Gütern zunimmt, bezeichnet man als *relativ inferiore Güter.* Sinkt die Nachfrage nach bestimmten Gütern sehr stark bzw. verlagert sich die Nachfrage überhaupt auf andere Güter, so spricht man von *absolut inferioren Gütern.*

20. Nach dem 1. Gossenschen Gesetz sinkt der Grenznutzen eines Gutes mit zunehmender Menge des betreffenden Gutes oder bleibt (im Grenzfall) teilweise linear. Unterstellt man eine Meßbarkeit des Nutzens, so läßt sich das 1. Gossensche Gesetz auch mit von Indifferenzkurven formulieren. (Grenzrate der Substitution) Das 2. Gossensche Gesetz besagt hingegen: Der Nutzen eines Gutes, mit dem verschiedene Bedürfnisse befriedigt werden können, ist dann am größten, wenn man das Gut auf die verschiedenen Verwendungsmöglichkeiten so verteilt, daß die Grenznutzen der Teilmengen gleich groß sind. Aus anderer Perspektive: das Nutzenmaximum ist für einen Konsumenten (mit "budget constraints") dann erreicht, wenn die Grenznutzen der einzelnen zu konsumierenden Güter proportional den jeweiligen Preisen sind.

21. Die Hypothese der bekundeten oder faktischen Präferenz stellt auf den Entscheidungsakt des Konsumenten ab. Sie ist gegenüber anderen Hypothesen wertfrei konzipiert. Die Meßbarkeit des Nutzens muß nicht unterstellt werden. Die Nachfrage der Konsumenten wird nicht (wie bei Indifferenzkurvenanalysen) aus seinen Nutzenvorstellungen aller möglichen Gütermengenkombinationen, sondern aus seinem beobachtbaren (faktischen) Verhalten abgeleitet. Die Hypothese der faktischen Präferenz genügt auch operationalen Kriterien bei der Trennung von Einkommens- und Substitutionseffekten. Beachten Sie jedoch die Annahmen, auf denen die Präferenzhypothese beruht:

1) Der Konsument verhält sich „konsistent", d. h., wenn in einer Situation A bei Existenz von B gewählt wurde, dann darf in einer anderen Situation nicht B gewählt werden, wenn A ebenfalls verfügbar ist.
2) Der Konsument muß „transitiv" handeln, d. h., wenn $A > B$ und $B > C$ vorgezogen wird, dann muß auch $A > C$ vorgezogen werden. Ist dies nicht der Fall, so liegen „zirkuläre" Präferenzen vor.
3) Der Konsument darf nie eine kleinere Gütermenge einer größeren vorziehen.

L Richard G. Lipsey, Einführung in die positive Ökonomie, Köln 1971, S. 202 f.

22. Unternehmungen versuchen, um den Absatz zu erhöhen, die Präferenzen der Konsumenten durch Werbung in ihrem Sinne zu beeinflussen. Vom einzelwirtschaftlichen Standpunkt wird die Werbung meistens als ein unentbehrliches Instrument der Absatzförderung angesehen; über ihre gesamtwirtschaftliche Bedeutung bestehen jedoch unterschiedliche Ansichten. So trägt die Werbung zwar grundsätzlich dazu bei, die Märkte transparenter zu machen, doch schafft sie gleichzeitig erst die Voraussetzungen für die oft übertriebene vertriebspolitische Produktdifferenzierung, die ihrerseits die Markttransparenz wieder erschwert. Außerdem wird durch die Kosten der Werbung eine Senkung der Preise erschwert. Umgekehrt wird durch die Werbung der technische Fortschritt gefördert, da sich neue Produktionsverfahren oft nur ein-

führen lassen, wenn durch die Werbung ein gewisser Absatz gesichert wird.

23. Da der Nutzen, den ein bestimmtes Gut stiftet, kardinal nicht gemessen werden kann, hat man versucht, mit Hilfe des Konzeptes der Indifferenzkurvenanalyse (ordinale Messung) das Haushaltsverhalten zu erklären. Als Indifferenzkurve bezeichnet man den geometrischen Ort aller Güterkombinationen, die für ein Wirtschaftssubjekt den gleichen Nutzen stiftet. Unter der (sehr rigorosen) Annahme, daß nur zwei Güter einer Konsumentscheidung zugrundeliegen, sind sämtliche Güterkombinationen auf derselben Indifferenzkurve nutzenmäßig gleichwertig. Gegen ein zu ausgiebiges Argumentieren mit Hilfe von Indifferenzkurven kann u. a. vorgebracht werden:
   a) Die Interdependenz der Bedarfsstrukturen wird nicht berücksichtigt (z. B. Mitläufereffekt, Snobeffekt),
   b) die Annahme vollständiger Information ist zu rigoros,
   c) der Konsument muß sich in den meisten Fällen zwischen mehr als zwei Gütern entscheiden,
   d) die Annahme des Rationalverhaltens ist bei gewissen Konsumgütern (z. B. Modeartikeln) besonders unrealistisch,
   e) die (realistische) Annahme von Schwellenwerten der Fühlbarkeit bedeutet – wie Krelle gezeigt hat – daß tatsächlichen Entscheidungen – wenn überhaupt – breite Indifferenz*bänder* und nicht Indifferenz*linien* zugrundeliegen.

III. Markt und Preistheorie

1. Unter einem Markt versteht man die Summe sämtlicher Tauschbeziehungen zwischen Anbietern und Nachfragern eines bestimmten Gutes oder einer Gruppe von Gütern innerhalb eines bestimmten Raumes zu einem bestimmten Zeitpunkt, wobei die Tauschbeziehungen zu einem bestimmten Preis abgewickelt werden.

2.

2.1. Unter der Preisbildungsfunktion von Märkten versteht man den Sachverhalt, daß durch den Austausch von Gütern sich auf Märkten Preise bilden, deren Höhe in der Regel durch die Knappheit und Nützlichkeit des betreffenden Gutes sowie durch die Marktstellung der Marktteilnehmer bestimmt wird.

2.2. Die Koordinierungsfunktion von Märkten ist dadurch gegeben, daß die von bestimmten Wirtschaftssubjekten (Unternehmer, Haushalte) aufgestellten Wirtschaftspläne über den Markt zur Abstimmung gebracht werden.

2.3. Märkte erfüllen aber auch eine sogenannte Allokationsfunktion, nämlich jene, die vorhandenen (knappen) Ressourcen so auf die produktiven und konsumptiven Zwecke zu verteilen, daß die Nutzenstiftung möglichst hoch ist.

3. Vollständige (vollkommene) Konkurrenz herrscht auf einem Markt dann, wenn die angebotenen Güter relativ homogen sind, die Zahl der Marktteilnehmer groß und deren Marktanteil gering ist, sowie Markttransparenz hinsichtlich Preis und Angebotsmenge gegeben ist und der Marktzugang keinen wesentlichen Beschränkungen unterliegt.
4. Wirkungsgröße, relativen, Ursache.
5. Eine Bewegung entlang der Nachfragekurve bzw. Angebotskurve ist die Folge von Änderungen der nachgefragten Gütermenge verursacht durch Preisänderungen bei gleichbleibenden Modelldaten; eine Verschiebung der Nachfragekurve erfolgt hingegen dann, wenn sich die Modelldaten verändern (wenn sich beispielsweise die Zahl der Konsumenten erhöht). Analoges gilt für die Angebotskurve.
6. Setzt der Staat einen Höchstpreis für ein Gut fest, der unter dem Gleichgewichtspreis liegt, so ist die nachgefragte Menge größer als die angebotene. Es wird sich ein Schwarzmarkt bilden und es werden vom Staat weitere Maßnahmen getroffen werden müssen, soll der Effekt des Eingriffes nicht zunichte gemacht werden (z. B. Rationierung).
7. Einkommens.
8. Nachfragesteigerung.
9. Der Grund für die Tendenz der Preis-Angebotselastizität, im Zeitablauf größer zu sein als im Augenblick, liegt in der Reaktionszeit des Angebots auf veränderte Preissituationen. Die Produktion jedes Gutes erfordert eine gewisse Zeit. Ein hoher Preis für ein bestimmtes Gut wird daher im Augenblick oft keine Angebotssteigerung bewirken, da ganz einfach nichts mehr angeboten werden kann (die Elastizität ist also gering). Der hohe Preis wird jedoch die Produzenten veranlassen, mehr zu produzieren, so daß im Zeitablauf die Preis-Angebotselastizität größer sein wird als in der Augenblickssituation.
10. Der wichtigste Grund für die Tatsache, daß Monopolisten auf die Dauer nur schwer ihre Marktstellung halten können, liegt in der Existenz bzw. Entwicklung von Substitutionsgütern (je fortgeschrittener die Technik, desto eher werden Substitutionsgüter entwickelt werden).
11. gegen 0.
12. unelastischer.
13. Der Gesamtgewinn und seine Verteilung wird beim Oligopol vom Verhalten der Oligopolisten bestimmt. Da nun die Anbieter wissen, daß sie voneinander abhängig sind, sind sie eher bereit, miteinander anstatt gegeneinander zu arbeiten. Durch Absprachen wird zu erreichen versucht, daß sich die Oligopolisten wie ein Angebotsmonopolist verhalten: dann ist ihr Gesamtgewinn maximal – sie betreiben also eine gemeinsame Gewinnmaximierung.
14. Bei einer Nachfragegeraden (von links oben nach rechts unten) nimmt die Preis-Nachfrageelastizität sämtliche Werte von 0 bis ∞ an. Beim Halbierungspunkt der Geraden hat sie den Wert 1.

15. Der Gesamtgewinn ist beim Monopol dann maximal, wenn die Grenzkosten gleich dem Grenzerlös sind.
16. Unter asymmetrischer Preisstarrheit bei Oligopolen versteht man die Tatsache, daß die Preise nach oben relativ elastisch, nach unten jedoch relativ starr sind (bei einer Preiserhöhung eines Oligopolisten ziehen die anderen Anbieter relativ oft mit, bei Preissenkungen jedoch selten).
17. Unter einer monopolistischen Konkurrenz versteht man die Konkurrenz zwischen mehr oder weniger unterschiedlichen Gütern gleichen Verwendungszweckes – bedingt durch räumliche, sachliche oder persönliche Präferenzen.
18. Parallel.
19. Gleichgewichtsprinzip.
20. Begrenzten Anzahl, Absatzbereich.
21. T 129
22. Der Endverbraucher kann viel eher auf Substitutionsgüter ausweichen als die Verbraucher vorgelagerter Stufen (der Endverbraucher kann z. B., wenn irgendein bestimmter Plastikartikel teurer wird, relativ leicht auf ein anderes ähnliches Produkt ausweichen, der Produzent hingegen kann dies bei einer Verteuerung des Erdöls nicht).
23. Grenzkosten, Grenzerlös; Tangente, Gesamterlöskurve (-gerade).
24. Die marktmäßige Nachfrage nach einem Gut wird beeinflußt von den eigenen Präferenzen, den Präferenzen anderer Wirtschaftssubjekte, dem Preis des betreffenden Gutes, den Preisen anderer vergleichbarer Produkte, dem Einkommensniveau, der Zahl der Anbieter und der Werbeintensität dieser Anbieter.
25. T 115
26. Indirekte Preiselastizitäten bezeichnen die Reaktion der Nachfrage nach einem bestimmten Gut auf Änderungen der Preise bei anderen Gütern.
27.
27.1. Je höher der Preis eines Gutes, desto geringer ist die Preis-Nachfrageelastizität,
27.2. je leichter ein Gut zu substituieren ist, desto größer ist die Preis-Nachfrageelastizität,
27.3. sogenannte Luxusgüter haben eine größere Preis-Nachfrageelastizität als lebensnotwendige Güter,
27.4. permanente Preissteigerungen bewirken eine Verringerung der Preis-Nachfrageelastizität, d. h., der Konsument kauft auch, wenn die Ware wieder teurer geworden ist.

1. T 179
2.
2.1. Unter dem Bruttoproduktionswert versteht man den gesamten Output an Gütern und Dienstleistungen in einer bestimmten Periode.
2.2. Vermindert man den Bruttoproduktionswert um die Vorleistungen, so erhält man den Nettoproduktionswert.
2.3. Bruttowertschöpfung = Nettoproduktionswert.
2.4. Zieht man von der Bruttowertschöpfung die Abschreibungen und die Position „indirekte Steuern abzüglich Subventionen" ab, dann erhält man die Nettowertschöpfung, meist nur kurz als *Wertschöpfung* bezeichnet.
3. Die Wertschöpfung kann nach der Entstehungs-, der Verwendungs- und der Verteilungsrechnung ermittelt werden.
4. Die rechte Seite des Einkommenskontos ergibt als die Summe das persönliche (Brutto)Einkommen. Reduziert man dieses um die direkten Steuern der privaten Haushalte, die gesamten Sozialversicherungsbeiträge und die laufenden Transferzahlungen der privaten Haushalte an das Ausland, so erhält man das verfügbare persönliche Einkommen. Letzteres kann jedoch auch über das Volkseinkommen berechnet werden.
   – Volkseinkommen
   – Einkommen der öffentlichen Verwaltung
   – unverteilte Gewinne der Kapitalgesellschaften
   – direkte Steuern der privaten Haushalte
   – Sozialversicherungsbeiträge
   + Transferzahlungen
   ____
   = verfügbares persönliches Einkommen
5. Sogenannte „In-Sich-Transaktionen" sind immer dann notwendig, wenn im Rahmen der volkswirtschaftlichen Gesamtrechnung Sachverhalte aufgezeichnet werden sollen, die keinen Strömungscharakter besitzen, z. B. Eigenverbrauch in der Landwirtschaft, Mietwert einer Eigentumswohnung.
6. Im Falle einer positiven Außeninvestition ist das Bruttonational(sozial)produkt größer als das verfügbare Güter- und Leistungsvolumen, die Exporte i. w. S. waren größer als die Importe i. w. S.
7. Unter Inländereinkommen versteht man das von Inländern (Wohnsitz im Inland) bezogene Einkommen einschließlich der Faktoreinkommen aus dem Ausland. Vom Inländereinkommen gelangt man zum Inlandseinkommen, indem man die Faktoreinkommen, die an das Ausland gehen, zum Inländereinkommen addiert.
8.

8.1.

	H	U	St	A	F
Reinvermögen	35,2	35,8	13,9	- 10,9	3,9
Finanzierungssaldo	35,2	- 23,0	- 4,1	- 10,9	2,3

8.2. Aus obiger Darstellung wird ersichtlich, daß die Haushalte und der Finanzierungssektor sich in einer Nettogläubigerposition befinden, während sich demgegenüber die Unternehmen und der Staat in einer Nettoschuldnerposition befinden. Diese Situation, die in den meisten Ländern anzutreffen ist, erklärt sich überwiegend daraus, daß sowohl private als auch öffentliche Investitionen mit Hilfe von Ersparnissen der privaten Haushalte finanziert werden. Ob gegenüber dem Ausland ein Finanzierungsüberschuß oder ein Defizit besteht, hängt vom jeweils speziellen Gegebenheiten ab, die nicht generalisiert werden können.

9. Die Grundgleichung der Vermögensrechnung lautet:
Reinvermögen = Sachvermögen (Realvermögen) + Geldvermögen.
(Geldvermögen = Forderungen – Verbindlichkeiten).

10.

10.1. DM 2.000,–. (Geldvermögen = Forderungen – Verbindlichkeiten)

10.2. DM 12.500,–. (Reinvermögen = Sachvermögen + Geldvermögen)

11. Eine negative Nettoposition bedeutet, daß die Verbindlichkeiten eines Wirtschaftssubjektes größer sind als dessen Forderungen.

12. Aufgabe der Kreislaufanalyse ist es, einzelwirtschaftliche Prozesse so darzustellen, daß die güterwirtschaftlichen und monetären Zusammenhänge in überschaubarer Form ersichtlich werden. Voraussetzung für eine derartige Darstellungsform ist die Zusammenfassung der einzelnen Handlungsträger zu Gruppen. Die gebräuchlichsten Gruppierungen sind die institutionelle Gliederung (Haushalte, Unternehmer, Staat) und die funktionelle Gliederung (Produktentstehung, Einkommensentstehung, Einkommensverwendung, Vermögensbildung). Die Kreislaufanalyse ist die Voraussetzung für die Durchführung von volkswirtschaftlichen Gesamtrechnungen (Volkseinkommensrechnung, Volksvermögensrechnung, Input-Output-Analyse, Finanzierungsrechnung).

L Rudolf Richter, Volkswirtschaftliche Gesamtrechnung, Volkswirtschaftliche Finanzierungsrechnung, Zahlungsbilanz – ein Grundriß, Wiesbaden 1966.

L Gunther Tichy, Einige Bemerkungen zur Geldstromrechnung – Gegenwärtiger Stand und künftige Möglichkeiten, in: G. Bombach (Hg.), Studien zur Geldtheorie und monetäre Ökonometrie, Berlin 1972, S. 181–197.

13. Im Rahmen der nominellen Berechnung des Bruttosozialprodukts wird der Output zu laufenden Preisen berechnet, im Rahmen der realen Berechnung hingegen zu Preisen eines bestimmten Basisjahres.
K 271/2

14. Im Rahmen der Entstehungsrechnung ergibt sich das Bruttosozialprodukt aus der Summe der gesamten Outputs an Gütern und Leistungen der letzten Verwendungsstufe, die in einem bestimmten Zeitraum von der Wohnbevölkerung eines Landes erzeugt wurden.

15. Geht man vom verfügbaren Güter- und Leistungsvolumen aus, dann kann man das Bruttosozialprodukt wie folgt ermitteln:

Verfügbares Güter- und Leistungsvolumen
\+ Exporte i. w. S.
– Importe i. w. S.
Bruttosozialprodukt

16. Der zu beurteilende Satz stimmt nicht, und zwar fehlt der Passus: – der letzten Verwendungsstufe – nach dem Satzteil . . . ist der Gesamtwert der Güter und Leistungen. Ohne diese Einschränkung wären im Bruttosozialprodukt Doppelzählungen enthalten.
17. Im Bruttosozialprodukt zu Marktpreisen sind die Positionen „Abschreibungen" und „indirekte Steuern abzüglich Subventionen" enthalten, im Nettosozialprodukt zu Faktorkosten hingegen nicht. Im Nettosozialprodukt zu Marktpreisen ist im Gegensatz zum Bruttosozialprodukt zu Marktpreisen die Position „Abschreibungen" nicht enthalten.
18. Direkte Steuern zählen deshalb zum Volkseinkommen, weil sie aus den Einkommen bezahlt werden müssen, während indirekte Steuern durch Berücksichtigung in den Preisen auf die Käufer überwälzt werden und dadurch Preise, aber nicht die Einkommen berühren und folglich nicht zum Volkseinkommen zählen.
19. Der Fall einer Überschuldung liegt dann vor, wenn die Nettoposition eines Wirtschaftssubjektes negativ und betragsmäßig größer ist als dessen Realvermögen.
20.

20.1. Die Forderungen des Bankensektors gegenüber den anderen Sektoren.
20.2. 100
20.3. – 15

21. Die Volksvermögensrechnung ist eine Bestandsrechnung, die Volkseinkommensrechnung eine Strömungsrechnung. Bei der Bestandsrechnung können keine Dienstleistungen erfaßt werden.

V. Geld- und Kredittheorie

1. Unter Zentralbankgeld versteht man Banknoten, Münzen und Sichteinlagen der Geschäftsbanken und der Nichtbanken bei der Zentralbank.
2. T 175
3. Zentralbankgeld in Form von Banknoten und Münzen (Münzen jedoch nur bis zu den gesetzlich festgelegten Höchstbeträgen) muß zur Tilgung einer Schuld akzeptiert werden, Giralgeld jedoch nicht.

4. Geld

Zentralbankgeld — Giralgeld der Geschäftsbanken

Bargeld — Sichtguthaben bei der Zentralbank

Banknoten — Münzen

5. Unter der Mindestreserve versteht man jenes Ausmaß an Zentralbankgeld, das die Geschäftsbanken bei der Zentralbank halten müssen.
6. Stimmt nicht. Die Barreserve der Geschäftsbanken setzt sich zusammen aus Münzen, Banknoten *und* ihren Sichteinlagen bei der Zentralbank.
7. Ja.
8. Ja, weil es sich bei den Begriffen Liquiditätssaldo und Nettoposition um zwei gleiche definierte Größen handelt; nur richtet sich beim Liquiditätssaldo die Betrachtung auf den *Bankensektor* und bei der Nettoposition auf den *Nichtbankensektor*.
9. Die Geldmenge des Nichtbankensektors setzt sich zusammen aus:
   1. in Österreich:
      a) Banknoten
      b) Münzen
      c) Sichtguthaben der Nichtbanken bei den Geschäftsbanken
      d) Sichtguthaben der Nichtbanken bei der Zentralbank
      e) Sichtguthaben des Staates bei der Zentralbank
   2. in Deutschland:
      a) bis d), die Sichtguthaben des Staates bei der Zentralbank werden also nicht zur Geldmenge gerechnet.
10. Bei Devisen handelt es sich um Kreditbeziehungen in ausländischer Währung, zahlbar im Ausland.
11. Die Zunahme des bargeldlosen Zahlungsverkehrs.
12. Nur Banknoten sind in unbeschränkter Höhe gesetzliches Zahlungsmittel, Münzen müssen jedoch nur bis zum gesetzlich festgelegten Höchstbetrag zur Tilgung einer Schuld angenommen werden (merke: Giralgeld muß zur Tilgung einer Schuld nicht akzeptiert werden, da Giralgeld kein gesetzliches Zahlungsmittel darstellt).

    Gesetzliche Zahlungsmittel sind Zahlungsmittel, mit denen ein Zahlungspflichtiger dem Zahlungsempfänger gegenüber seine Verpflichtung rechtskräftig zu tilgen vermag und für die Annahmezwang besteht; sie setzen sich zusammen aus Banknoten und Münzen (bis zum gesetzlich festgelegten Höchstbetrag).
13. . . . im Besitz von Inländern.
14. Ja, da auch bei Wertpapieren die beiden Grundmerkmale von ökonomischen Gütern, die Knappheit und die Nützlichkeit, vorliegen. Dies deckt sich im wesentlichen mit der Meinung, die Otto Veit in seinem Buch „Reale Theorie des Geldes" vertritt und für den Geld das liquideste Gut darstellt. Anderer Meinung ist Alfred Stobbe („Volkswirtschaftliches Rechnungswesen"), der nur solche Güter als ökonomische Güter gelten läßt, deren Verbrauch oder Nutzung die menschliche Wohlfahrt erhöht.

15. Unter der sogenannten primären Geldschöpfung versteht man die Geldschöpfung durch die Zentralbank.
16. Zentralbankgeldschöpfung (16.1.)
17. Nein (es ändert sich ja dadurch nicht die Geldmenge im Nichtbankensektor; siehe Definition der Geldmenge).
18. Es sinkt die Geldmenge (18.1.).
19. Aktive Giralgeldschöpfung ist die Monetisierung einer Forderung eines Wirtschaftssubjektes des Nichtbankensektors durch eine Geschäftsbank (entweder durch den Erwerb eines primären oder sekundären Aktivums).
20. Gestiegen (20.1.).
21. Keine.
22. Der Geldschöpfungsmultiplikator wäre 10. ($\frac{1}{r} = \frac{1}{0,1} = 10$).
23. Mindestreservesatzes.
24. Überschußreserve.
25. Weder noch (25.3.).
26. Weder noch (26.3.).
27. Im Rahmen der Portfoliotheorie geht es um die Frage der optimalen Zusammensetzung der finanziellen Vermögensteile bei risikobehafteten Entscheidungen.
28. T 196 f.
    L 202/Westphal
    L Volker Bergen, Über den Einfluß des Vermögens auf die längerfristige Geldanlage, in: G. Bombach (Hrsg.), Studien zur Geldtheorie und monetäre Ökonometrie, Berlin 1972. S. 83–102.
    L Fritz Schebeck, Die Komponenten des Geldmengenwachstums, in: Monatsberichte des Österr. Instituts für Wirtschaftsforschung, April 1971, S. 140–160.
    L Gunther Tichy, Bestimmungsgründe und Probleme des Geldangebotes in Österreich, in: Monatsberichte . . ., Oktober 1967, S. 344–358.
29. Der Liquiditätssaldo und die Zentralbankgeldmenge umfassen – das ist beiden Größen gemeinsam – die Guthaben der Geschäftsbanken bei der Zentralbank (Überschußreserven und Mindestreserven). Der Liquiditätssaldo enthält aber im Gegensatz zur Zentralbankgeldmenge neben den Guthaben bei der Zentralbank (= ***aktuelles Zentralbankgeld*** der Geschäftsbanken) auch noch ***potentielles Zentralbankgeld*** (inländische Geldmarktpapiere, Geldmarktanlagen im Ausland, unausgesetzte Rediskontkontingente, also Forderungen, die von den Geschäftsbanken grundsätzlich jederzeit in Zentralbankgeld umgewandelt werden können). Diese Anlageformen wurden geschaffen, um den Geschäftsbanken eine verzinsliche und liquide Anlage von Zentralbankgeld zu ermöglichen.
30. Günther Jahr hat in einem Sondergutachten für den deutschen Sachverständigenrat die Implikationen systematisiert. Siehe dort.
    L Jahresgutachten 1966/67 des Sachverständigenrates Drucksache V/1160, S. 178–186.

1. Unter Faktoreinkommen versteht man die Entgelte, die den Produktionsfaktoren für ihre Mitwirkung an Produktionsprozessen zufließen.
   Bei der Analyse von Verteilungsstrukturen sind immer die Zusammenhänge zu den jeweiligen Produktionsstrukturen zu berücksichtigen. Bereits Joseph Schumpeter hat darauf hingewiesen, daß Produktion und Verteilung nicht zwei unterscheidbare reale Prozesse, sondern zwei Aspekte eines einheitlichen Prozesses darstellen. In der Lehrbuchliteratur kommt dies nicht immer deutlich genug zum Tragen.
   Eine gelungene Synthese beider Aspekte findet sich u. a. bei Schmitt-Rink.
   L 227/Schmitt/Rink.
   Aus neuerer Zeit: Gottfried Bombach, Bruno S. Frey, Bernhard Gahlen (Hrsg.), Neue Aspekte der Verteilungstheorie, Band 2 der Schriftenreihe des Wirtschaftswissenschaftlichen Seminars Ottobeuren, Tübingen 1974.
2. Man muß folgende Übertragungseinkommen unterscheiden:
   a) Übertragungen des Staates an Haushalte,
   b) Übertragungen von Schadensversicherungen an Haushalte und Unternehmen,
   c) Übertragungen von Haushalten an Haushalte,
   d) Übertragungen an das Ausland bzw. aus dem Ausland.
3. Übertragungseinkommen zählen nicht zum Volkseinkommen, da sie *kein* Leistungsentgelt für die Mitwirkung im Rahmen von Produktionsprozessen darstellen.

4.

4.1. Die Primärverteilung gibt die funktionelle Einkommensverteilung vor Umverteilungsmaßnahmen durch den Staat wieder, die Sekundärverteilung jene nach staatlichen Umverteilungsmaßnahmen.

4.2. Nominelle Verteilung ist die Verteilung ohne Berücksichtigung von Geldwertveränderungen. Bei der Realverteilung wird jeweils auf das Ausmaß an Geldentwertung Rücksicht genommen.

5. Unter Lohndrift versteht man die Erhöhung des Effektivverdienstes, die über tarif-(kollektiv-)vertragliche Vereinbarungen hinausgeht. Die Lohndrift ist eine Prozeßgröße, die den Wachstumsunterschied zwischen Effektiv- und Tariflohnsätzen aufzeigt. Sie darf nicht verwechselt werden mit der Niveauspanne (oder Überzahlung), d. i. der absolute (oder relative) Abstand der Ist- und Mindestlöhne.
   Meist wird die Lohndrift als Differenz der jährlichen Veränderungsraten der Ist- und Mindestlohnsätze errechnet. Erfolgt die Berechnung als Quotient beider Veränderungsraten, so ist die Lohndrift identisch mit der Veränderung der relativen Niveauspanne. Bei internationalen Vergleichen ist jeweils zu prüfen, ob und inwieweit gleiche Berechnungsmethoden angewandt wurden.

Die *Bruttolohndrift* wird durch Gegenüberstellung von Effektiv- und Tariflohn-(Kollektivlohn)indizes ermittelt. Zur *Nettodrift* oder *echten Drift* gelangt man, indem man die Bruttodrift von Einflußfaktoren bereinigt. Dies sind u. a.: Überstunden, Sonderzahlungen, echte Produktivitätssteigerungen, Auswirkungen von Verschiebungen der Beschäftigungsstruktur auf das Lohnniveau.

L Bent Hansen und Gösta Rehn, Über die Lohndrift – ein Problem der Geldlohndynamik. In: B. Külp und W. Schreiber (Hrsg.) Arbeitsökonomik, Köln 1972, S. 52–80.

L Harald Gerfin, Ausmaß und Wirkung der Lohndrift. In: Lohnpolitik und Einkommensverteilung, hg. von H. Arndt, Schriften des Vereins für Socialpolitik, Berlin 1969.

L Hannes Suppanz, Die Lohndrift in Österreich. In: Monatsberichte des Österr. Institutes für Wirtschaftsforschung, Juli 1972, S. 290–319.

L Jahresgutachten 1966/67 des Sachverständigenrates (Heger-Ausgabe), S. 160 ff.

6. Stobbe unterscheidet zwei Arten der Querverteilung: Querverteilung I liegt vor, wenn eine Person unselbständig erwerbstätig ist und neben den Einkünften aus unselbständiger Tätigkeit auch Einkommen aus Real- oder Geldvermögen bezieht.

   Querverteilung II liegt dann vor, wenn der Besitzer eines Unternehmens gleichzeitig in diesen Unternehmen mitarbeitet.

   L 226/Stobbe

7. Der funktionelle Ansatz zur Ermittlung der Einkommensverteilung weist im wesentlichen folgende Nachteile auf:
   a) eine wissenschaftlich fundierte Zurechnung des Produktionsfaktors Arbeit an der Wertschöpfung ist nicht möglich;
   b) die Verteilung der Einkommen auf bestimmte Personen oder Personengruppen bleibt völlig offen, da über das Gesamteinkommen keine Aussagen gemacht werden;
   c) die üblicherweise vorgenommene Aufteilung des Volkseinkommens in kontraktbestimmte und nicht kontraktbestimmte Einkommen (residualbestimmte Einkommen) ist wegen der mangelhaften Abgrenzungsmöglichkeiten problematisch.

8. $$\text{Arbeitnehmerquote} = \frac{\text{Arbeitnehmer}}{\text{Erwerbstätige}}.$$

   $$\text{Lohn-Einkommensrelation} = \frac{\text{Lohnquote}}{\text{Arbeitnehmerquote}}.$$

9. Lohnquoten sind keine aussagefähigen Kennzahlen, da relativ komplexe Sachverhalte, wie die Einkommensverteilung auf bestimmte Gruppen von Wirtschaftssubjekten, auf einen einzigen Parameter reduziert werden.

10. Das funktionelle und das personelle Konzept der Einkommensverteilung wären nur dann identisch, wenn die Sparneigung der Arbeitnehmer Null wäre und auch sonst keine Einkommensquerverteilungen bestünden.

11. Persönlich verfügbares Einkommen = Volkseinkommen
- Einkommen der öffentl. Verwaltung
- unverteilte Gewinne der Kapitalgesellschaften
- direkte Steuern der priv. Haushalte
- Sozialversicherungsbeiträge
+ Transferzahlungen.

12. Faßt man die verschiedenen Einkommen nach ihrer Höhe in Klassen oder Schichten zusammen und ordnet diese der jeweiligen Zahl der Einkommensempfänger zu, dann erhält man die sog. *Einkommensschichtung.*

13. T 215

14. Lorenzkurven sind – ebenso wie Einkommenspyramiden – graphische Darstellungen der Einkommensschichtung in einem bestimmten Zeitpunkt. Ihre Aussagefähigkeit – insbesondere bei zeitlichen Vergleichen – ist begrenzt.
L Jan Pen, Das politische Element in unseren grafischen Darstellungsweisen, in: G. Bombach u. a. (Hrsg.), Neue Aspekte der Verteilungstheorie, Tübingen 1974, S. 3–31.

15. Arbeitsmärkte sind unvollkommene Märkte mit monopolistischen Angebots- und Nachfragestrukturen. Man könnte von einem bilateralen Monopol bei (mehr oder minder) fest gegebener Arbeitsmenge sprechen. Die Lohnbildung wird immer mehr zu einer reinen Machtfrage zwischen Arbeitgeber- und Arbeitnehmerverbänden. Infolge der unterschiedlichen Machtstrukturen sind viele Lohnhypothesen nur für das Land anwendbar, für das sie entwickelt wurden.
L Jahresgutachten 1972/73 des Sachverständigengutachten, Drucksache 612/72 (Heger-Ausgabe), S. 141 ff. (Grundprobleme der Einkommensverteilung)
L 226/Rothschild 1969
T 219

16. Die Bemessung der Höhe der Faktoreinkommen erfolgt im wesentlichen auf Grund folgender Kriterien:
a) Qualifikationskriterien,
b) Leistungskriterien,
c) Mühe differentiale,
d) soziale Kriterien,
e) Marktkriterien,
f) Machtkriterien und
g) Kreislaufkriterien.
T 220

17. In der Regel bedeutet eine höhere Kapitalintensität über die damit verbundene gestiegene Arbeitsproduktivität auch einen Einkommenszuwachs, wenngleich häufig dieser Einkommenszuwachs erst nach einem gewissen time-lag eintritt. Der Umstand, daß die gestiegene Arbeitsproduktivität durch einen vermehrten Einsatz von Kapital ermöglicht wurde, bedeutet letzten Endes, daß die Rechtfertigung für er-

höhte Einkommen nur kreislaufmäßig gegeben ist bzw. auf den Einfluß von pressure groups und nicht auf den Faktor Arbeit zurückzuführen ist. Dies ist auch der Grund, warum die Bedeutung der Grenzproduktivitätstheorie im Abnehmen begriffen ist.
T 221

18. T 222
19. Die Arbeitsquote ist eine Einkommensquote, die sowohl selbständig als auch unselbständige Einkommen enthält. Sie ist wie folgt definiert: Bruttoarbeitseinkommen der Arbeitnehmer plus Arbeitseinkommen der Selbständigen (unter der Annahme gleichen durchschnittlichen Arbeitseinkommens wie der Arbeitnehmer) in % des Volkseinkommens.
Siehe hierzu auch das Jahresgutachten 1972/73, Drucksache 612/72 S. 146 (Heger-Ausgabe).
20. Die friktionelle unterscheidet sich von der strukturellen Arbeitslosigkeit dadurch, daß erstere die Arbeitslosigkeit zwischen dem Verlassen des alten Arbeitsplatzes und dem Antritt einer neuen Stelle in der gleichen Branche aufzeigt, während bei der strukturellen Arbeitslosigkeit Angebotslücken an Arbeitskräften Nachfragelücken nach solchen in anderen Sektoren gegenüber stehen.
21. Es handelt sich bei diesen drei Berechnungsarten des Volkseinkommens um *saldenlose Bilanzen,* d. h., da die Begriffe in sämtlichen Berechnungsarten des Volkseinkommens gleich definiert sind, kann kein Saldo entstehen. Dies gilt allerdings nur dann, wenn man von der außenwirtschaftlichen Verflechtung abstrahiert.
22. Bei der sektoriellen Einkommensverteilung wird das Nettosozialprodukt zu Faktorkosten (= Volkseinkommen) auf Sektoren aufgeteilt, wobei die Entscheidung, welche Sektoren gebildet werden, von der Zielsetzung der betreffenden Analyse abhängt. Im Rahmen der funktionellen Einkommensverteilung versucht man hingegen, die anfallenden Einkommen jenen Produktionsfaktoren zuzuordnen, die im wesentlichen zur Entstehung der betreffenden Einkommen beigetragen haben.
23. Das Wesen der Tarifautonomie besteht darin, daß jede Gruppe von Wirtschaftssubjekten – also sowohl Unternehmer- als auch Arbeitnehmergruppen – berechtigt ist, an der Festlegung der Einkommen, die eine Entschädigung für die Mitwirkung an Produktionsprozessen darstellen, mitzuwirken.
24. K 223/5
25.
25.1. Strömungsgröße.
25.2. Bestandsgröße.
25.3. Strömungsgröße.
25.4. Strömungsgröße.
25.5. Bestandsgröße.
25.6. Strömungsgröße.

26. Mit Hilfe von Einkommenspyramiden läßt sich die Einkommensschichtung darstellen.

27. Das Ausmaß an Lohndrift wird insbesondere von folgenden Faktoren beeinflußt:
   a) von der Knappheit der Arbeitskräfte,
   b) von der Stärke der Strukturwandlungen auf den partiellen Arbeitsmärkten,
   c) vom Verhalten der Gewerkschaften (je mehr diese bestrebt sind bei alljährlichen Tariflohnverhandlungen das Maximum herauszuholen, desto geringer wird die Lohndrift sein können).

   K 223/5

28. T 220 f.

VII. Entwicklungstheorie

1. Von *exponentiellem Wachstum* spricht man dann, wenn eine Größe in jeweils gleichen Abständen um einen bestimmten Prozentsatz der jeweils vorangegangenen Größe zunimmt (wie bei einer Zinseszinsrechnung). Wächst das Nationalprodukt einer Volkswirtschaft z. B. um 4 % jährlich, dann verdoppelt sich das Nationalprodukt in 17,5 Jahren.

2. Bezeichnet man das Nationalprodukt mit Y, so erhält man die prozentuelle *Wachstumsrate* von Periode t zu Periode t + 1 wie folgt:

$$w_{t+1} = \frac{Y_{t+1} - Y_t}{Y_t} 100.$$

Berechnet man die Wachstumsraten *nominell,* so liegen der Berechnung die jeweils geltenden („laufenden") Preise zugrunde. Schwierigkeiten ergeben sich hier bei Zeitvergleichen, da die nominellen Preise sowohl Strukturwandlungen als auch Preisänderungen in unterschiedlicher Intensität enthalten. Bei Preisänderungen ergibt sich z. B. die Frage, welcher Anteil innerhalb der Preisänderung auf die Änderung der Qualität bzw. auf sonstige Ursachen (z. B. gestiegenen Lohnkosten, die zu Preissteigerungen führen) zurückzuführen sind. Auf zwei Arten versucht man, Preisschwankungen, die bei nomineller Rechnung mit erfaßt werden, zu eliminieren: (a) durch *reale Rechnung,* (b) durch *Deflationierung* mit Hilfe von *Indices.*

ad (a) Bei *realer Rechnung* erfolgt die Berechnung zu gleichen Preisen, d. h. die jeweiligen Größen werden auf ein bestimmtes Jahr („Basisjahr") bezogen. Dadurch wird zwar ein Zeitvergleich möglich, die Berechnung sagt aber nicht aus, wie groß die Wachstumsrate in einem bestimmten Jahr tatsächlich war, sondern bringt nur zum Ausdruck, wie groß sie gewesen *wäre,* wenn in dem betreffenden Jahr die Daten des Basisjahres gegolten hätten.

ad (b) In diesem Fall werden die nominellen Wachstumsraten mit Hilfe eines *Index* „deflationiert".

3. Ob eine ökonomische Größe konjunkturanfällig ist oder nicht, zeigt sich an der *Schwankungsbreite* (Amplitude) dieser Größe im Zeitablauf. Je stärker die Ausschläge nach oben oder nach unten sind, desto konjunkturanfälliger ist die betreffende ökonomische Größe.

4. In Kontraktionsphasen bilden sich in einer Volkswirtschaft *Einnahmenüberschußbereiche* (die laufenden Einnahmen sind größer als die laufenden Ausgaben) und *Ausgabenüberschußbereiche.* Um ihre Liquidität (Zahlungsfähigkeit) aufrechtzuerhalten, sind die Ausgabenüberschußbereiche vielfach gezwungen, sich in stärkerem Umfang zu verschulden. Wie groß nun das Ausmaß der Differenzierung zwischen Einnahmen- und Ausgabenüberschußbereichen ist, sieht man, wenn man den jährlichen Zuwachs der Nettoverschuldung des gesamten Unternehmenssektors mit dem Zuwachs der Gesamtverschuldung des Unternehmenssektors vergleicht. Den Quotient aus „Zunahme der Gesamtverschuldung aller Unternehmen" und „Zunahme der Nettoverschuldung des Unternehmensbereiches gegenüber Dritten" bezeichnet man als *„Spreizeffekt".*
   T 254

5. Folgende Arten von *Entwicklungsprozessen* sind zu unterscheiden:
   a) Positiv-evulotorische Prozesse (Wachstumsprozesse),
   b) Negativ-evulotorische Prozesse (Schrumpfungsprozesse),
   c) stationäre Prozesse.

6. Die Hauptursache von konjunkturellen Schwankungen liegt darin, daß die einzelnen Gruppen von Wirtschaftssubjekten (Unternehmen, Haushalte, Staat) ihre wirtschaftlichen Pläne nicht zur Gänze realisieren können, Soll- und Ist-Werte also voneinander abweichen. Dadurch treten auf den verschiedenen Märkten Lücken bzw. Überschüsse auf, die dann zu konjunkturellen Schwankungen führen.
   T 237 ff.

7. a) Es ist zwar üblich, mit *makroökonomischen Produktionsfunktionen* zu operieren, doch steht die Häufigkeit der (akademischen) Behandlung derartiger Produktionsfunktionen in der Literatur im Gegensatz zur empirischen Relevanz derselben. Setzen Sie sich kritisch mit dem gegenständlichen Konzept anhand der von Heyke aufgestellten Kriterien auseinander!
   L 86/Heyke/ S. 153–170.
   Ferner: L 86/Helmstädter/S. 234;
   L 86/Weizsäcker/S. 52;
   L J. Kromphardt, Zur makroökonomischen Produktionsfunktion, in: Jahrbücher für Nationalökonomie und Statistik, Band 185, S. 1–12.

   b) T 237
   Ausführlicher zum Begriff *„Produktionspotential"* siehe die Gutachten des Sachverständigenrates, z. B. Jahresgutachten 1973/74, Stuttgart und München 1973, S. 184 f. (Kohlhammer-Ausgabe).

c) Der Begriff des durchschnittlichen gesamtwirtschaftlichen Kapitalkoeffizienten wird hier als bekannt vorausgesetzt (S. 27 f.). Beim gesamtwirtschaftlichen ***marginalen Kapitalkoeffizienten*** sind zwei grundlegende Bemerkungen erforderlich: Marginal bedeutet hier, daß die jeweils im betreffenden Jahr getätigten Bruttoinvestitionen dem Jahreszuwachs des Outputs gegenübergestellt werden. Dies ist insofern aussagefähiger, als in Teilbereichen ein Zusammenhang zwischen Einsatz und Ausstoß hergestellt wird, setzt aber voraus, daß die Outputwirkungen in einer bestimmten Periode lokalisiert werden können; gesamtwirtschaftlich deshalb, weil hier die zusätzlichen Investitionen, d. h. die Investitionsquote eines Jahres in Beziehung gesetzt wird zur Zuwachsrate des Sozialproduktes des gleichen Jahres.

L 86/Helmstädter/S. 36.

8. Beim *Multiplikator-Akzelerator-Modell* von Samuelson wird nach Schwankungen des Volkseinkommens als Folge von zusätzlichen sog. „autonomen" Ausgaben bzw. Investitionen gefragt (Multiplikator-Prinzip). Diese Investitionen lassen bei den Produktionsfaktoren im Zeitpunkt t – 1 Einkommen in gleicher Höhe entstehen. In der nächsten Periode, also im Zeitpunkt t, wird dann von diesen Einkommen der der marginalen Konsumneigung entsprechende Teil ausgegeben. Diese Zunahme der Konsumausgaben wird nach dem Akzeleratorprinzip eine neuerliche Investition „induzieren", die wiederum Einkommen entstehen läßt. Von diesen Einkommen werden in der nächsten Periode wiederum Ausgaben getätigt (entsprechend der marginalen Konsumneigung), die ihrerseits wieder Investitionen induzieren, wodurch entsprechende Einkommen entstehen usw. Samuelson wies nun nach, daß die Volkseinkommensänderungen einen schwingenden Verlauf zeigen, wobei die Schwingungstendenz von der Wahl des Verhältnisses von marginaler Konsumquote zu Akzelerator bestimmt wird.

L P. A. Samuelson, Wechselwirkungen zwischen der Multiplikatoranalyse und dem Akzelerationsprinzip, in: W. Weber (Hrsg.), Konjunktur- und Beschäftigungstheorie, Köln-Berlin 1969, S. 235–241.

9. a) Unter dem sog. ***Lundberg-Lag*** versteht man den Zeitabstand zwischen einer Änderung der Nachfrage und einer daraus resultierenden Änderung des Outputs.

b) Unter einem ***Lohn-Lag*** kann man verstehen:

ba) den zeitlichen Abstand zwischen den jeweiligen oberen bzw. unteren Wendepunkten in den Veränderungsraten der Arbeitsproduktivität und des Tariflohn- und Gehaltsniveaus,

bb) das Nachhinken der Lohnentwicklung hinter der Preisentwicklung,

bc) das Nachhinken der Arbeitnehmereinkommen hinter den Bruttoeinkommen aus Unternehmertätigkeit.

T 254 f.

10. Lohn- und Gehaltserhöhungen der Beschäftigten im öffentlichen Dienst

wirken nicht wie bei Privatbeschäftigten über die Angebots- und Nachfrageseite, sondern nur über die *Nachfrageseite* auf die Preisentwicklung ein.

11. Grundsätzlich ist davon auszugehen, daß jede Produktion von Gütern erst auf Grund einer Kombination von Produktionsfaktoren möglich ist. Kommt es nun, wie etwa beim Faktor Arbeit, zu einer echten Verknappung – d. h. eine Substitution des Faktors Arbeit durch einen anderen Faktor ist nicht möglich – und können auch keine entsprechenden Arbeitskräfte „importiert" werden (z. B. Erhöhung des Gastarbeiterkontingents) so hat dies letzten Endes zur Folge, daß geplante Investitionen nicht in dem Umfang realisiert werden können, wie dies bei entsprechendem Arbeitskräfteangebot der Fall gewesen wäre. Dies äußert sich darin, daß sowohl die Investitions- als auch die Konsumkomponenten des Sozialproduktes (Verwendungsseite) in gleichem Umfang stagnieren.

12. Daß die Wachstumsrate des Nationalproduktes umso höher, je höher die gesamtwirtschaftliche Investitionsquote ist, stimmt nur dann, wenn man gewisse Annahmen im Hinblick auf die anderen Komponenten der Verwendungsseite des Bruttosozialproduktes trifft. Eine allgemein gültige Aussage der obigen Art ist jedoch nicht möglich, d. h. es besteht kein unbedingter funktionaler Zusammenhang zwischen der Wachstumsrate des Nationalproduktes und der gesamtwirtschaftlichen Investitionsquote (zeitraumbezogen). So sagen vorgenommene Investitionen beispielsweise noch nichts darüber aus, ob sie auch tatsächlich zum Wachstum beitragen.
    L Karl-Heinrich Oppenländer, Wachstum und Investition, in: Bernhard Gahlen, Alfred E. Ott (Hrsg.), Probleme der Wachstumstheorie, Tübingen 1972, S. 241–284.

13. Die Länge eines Konjunkturzyklus mißt man entweder zwischen den beiden oberen oder den beiden unteren Wendepunkten einer ökonomischen Zeitreihe.

14. Zur Operationalisierung des Begriffes *wirtschaftliches Wachstum* bieten sich die folgenden drei Kriterien an:
    a) die jährlichen Zuwachsraten des realen Bruttosozialprodukts,
    b) das Wachstum des Produktionspotentials und
    c) die Veränderung des sog. Vollausnutzungssozialproduktes.
    T 234 ff.

15. T 236

16. T 256 ff.

17. Die wichtigsten Prämissen der *neoklassischen Wachstumstheorie* lauten:
    1) Es wird nur die Angebotsseite betrachtet, die Nachfrageseite wird außer Betracht gelassen (ebenso wird der monetäre Sektor der Wirtschaft nicht berücksichtigt);
    2) es gilt das Gesetz des abnehmenden, aber stets positiven Grenzertrages eines Faktors bei Konstanz der anderen Faktoren;
    3) Arbeit und Kapital sind stets vollbeschäftigt und sämtliche produzierten Güter werden laufend abgesetzt;

4) sämtliche realen Ersparnisse werden investiert;
5) die Substitutionselastizitäten von Arbeit, Kapital und technischem Wissen werden meist als konstant angenommen.

18. Gegen die *Domar'sche Wachstumstheorie* ist vor allem folgendes vorzubringen:
1) Das Wachstum wird lediglich aus dem Zusammenwirken von Kapitalkoeffizient und Sparquote erklärt. Technischer Fortschritt und Bevölkerungswachstum bleiben unberücksichtigt.
2) Das Modell hat keine theoretisch fundierte Produktionsfunktion. Der konstante Kapitalkoeffizient ist eine zu einfache produktionstheoretische Annahme.
3) Der Faktor Arbeit erscheint überhaupt nicht explizit im Modell.
4) Die Entwicklung von Lohn, Zins und Einkommensverteilung in der wachsenden Wirtschaft bleibt unberücksichtigt.

19. Darunter versteht man eine Klassifikation von *Indikatoren* nach der Tatsache, daß die einzelnen ökonomischen Zeitreihen zu verschiedenen Zeitpunkten den oberen bzw. unteren Wendepunkt erreichen. (Siehe Abb. 98, S. 235)

20. Ohne eine entsprechende Ausstattung mit Infrastruktur kann das Wachstum des Bruttosozialprodukts einer Volkswirtschaft nicht in dem Ausmaß zunehmen, wie bei entsprechender Bereitstellung von nötiger Infrastruktur.

21. L Gottfried Bombach, Konsum oder Investition für die Zukunft, in: Qualität des Lebens, Band 7, Frankfurt 1972, S. 38–73.

22. Dies ist deshalb notwendig, da die Wirkungen sowohl einzelwirtschaftlicher als auch gesamtwirtschaftlicher Maßnahmen erst mit einer bestimmten zeitlichen Verzögerung eintreten bzw. erkannt werden. Spricht man nun nur von einer Expansions- oder Kontraktionsphase, so ist dies ein zu grober analytischer Raster, da beispielsweise Maßnahmen, die zu Beginn einer Expansionsphase getroffen werden, zum Teil sofort, zum Teil etwas später und zum Teil sogar erst in der Kontraktionsphase wirksam werden.

23. Der „Club of Rome" geht in seinen Publikationen davon aus, daß bestimmte negativ zu beurteilende Sachverhalte wie z. B. immer stärkere Verknappung knapper Ressourcen, Umweltschäden usw. verhindert werden müßten, soll es nicht zu weltweiten Krisenerscheinungen kommen, die über das Ökonomische hinaus auch die Gesellschaftssysteme in Frage stellen können. Die Forderung nach einer „Stabilisierung des gesamtwirtschaftlichen Kapitalstocks durch Gleichsetzung von Investitions- und Abnützungsraten" ist nur ein Vorschlag in dieser Richtung. Recycling, Entwicklung ressourcensparender Verfahren und Bevölkerungsstabilisierung wären andere Maßnahmen in dieser Richtung. Freilich muß berücksichtigt werden, daß – sieht man von der Frage ab, wer die Erreichung des Zieles „Nullwachstum" koordinieren sollte – mit der Erreichung eines Nullwachstums des Sozialprodukts gleichzeitig auch Konsequenzen verbunden wären, die möglicherweise als nicht er-

wünschte Zustände angesehen würden, wie etwa Zunahme der sozialen Konflikte, Einfrieren der bestehenden Einkommensstruktur sowie Auswirkungen auf den Umfang und die Form der Entwicklungshilfe.

24. Da der private Konsum in den meisten Volkswirtschaften bereits zwei Drittel des Bruttosozialproduktes ausmacht, kann es vorkommen, daß schon relativ geringe Veränderungen der Konsumgüternachfrage relativ stark in den konjunkturellen Zyklen durchschlagen.

25. 239 f.

26. Der Sachverhalt, daß die Konsumausgaben im Falle eines Rückganges des Einkommens zunächst unterproportional abnehmen findet seine Erklärung darin, daß einerseits jeder Konsument bestrebt ist, seinen Konsumstandard zu halten und zu diesem Zweck dann entweder Erspartes verbraucht oder sich verschuldet, andererseits in gewissem Umfang mehr oder weniger gezwungen ist, seine Ausgaben gleich hoch zu halten (z. B. Mieten, Versicherungen und dgl. mehr), zumindest so lange, wie noch mit einer Besserung der Einkommensverhältnisse gerechnet werden kann.

27. T 248 f. – Wesentlich ist dabei die Überlegung, daß diese Preis- und Mengenschwankungen vor allem deshalb auftreten, weil die Produktion der betreffenden Güter eine bestimmte Zeit in Anspruch nimmt, das Angebot also nicht sofort auf eine gestiegene Nachfrage reagieren kann bzw. umgekehrt ein Nachfragerückgang das Angebot nicht sofort, sondern erst mit einem bestimmten time-lag reduziert.

28. Je höher das Niveau der wirtschaftlichen Entwicklung einer Volkswirtschaft, desto größer ist der Anteil des tertiären Sektors.

29. 1) Verlagerung der Kosten von privaten auf kommunale Handlungsträger.
    2) Es kommt zu einer Verschwendung von natürlichen Ressourcen, da die für die Verpackung verwendeten Rohstoffe (z. B. Glas) nur einmal genutzt werden.

30. In einer wachsenden Volkswirtschaft übersteigen die Abschreibungsmöglichkeiten die Reinvestitionserfordernisse.
    T 44 ff.

31. Die Beziehung $I^n = S$ ist eine Identität. Sie gilt nur ex post. In einer geschlossenen Wirtschaft ohne staatliche Aktivität gelten hinsichtlich der Verwendung und Aufteilung des Gesamteinkommens folgende Gleichungen:

$$Y = C + I^n$$
$$Y = C + S$$
$$I^n = S$$

T 180 ff.
T 238 ff.

32. Während bei der Gleichung $I^n = S$ nach Stützel eine trivial-arithmetische Beziehung vorliegt, handelt es sich bei der in Frage 32 formulierten Aussage um eine nomologische Hypothese, d. h. um eine Verknüpfung von Einflußfaktoren, die in einer Objektsprache formuliert sind.

33. Zu positiven Akzeleratorwirkungen wird es dann kommen, wenn die gestiegene Konsumgüternachfrage nicht aus Lagerbeständen befriedigt werden kann und/oder ein relativ hoher Auslastungsgrad der Produktionsanlagen erreicht ist.
Weitere Zusammenhänge T 245 ff.

34. Der Zusammenhang zwischen Arbeitslosigkeit und Outputentwicklung ist besonders in den USA erforscht worden. Arthur *Okun* hat festgestellt, daß bei einer Zunahme der Arbeitslosigkeit um ein Prozent, der Output um etwa drei Prozent sinkt. Der Zusammenhang läßt sich auch umgekehrt formulieren: Bei Variationen des Output reagiert die Beschäftigung nur mit geringer Elastizität. Als *mögliche Ursachen* für diese Inflexibilität kommen in Frage: Variationen der Überstunden, versteckte Arbeitslosigkeit, Änderung der Relation Arbeiter/Angestellter. Das Nichtentlassen von Arbeitskräften in Kontraktionsphasen kann auch durch die Laufzeit von Verträgen bzw. gewerkschaftliche Restriktionen bedingt sein oder aber vom Arbeitgeber beabsichtigt sein (Erwartungen eines baldigen Wiederaufschwunges, Notwendigkeit der Amortisation von Humankapitalinvestitionen usw.).

35. T 251

36. Unter *Robertson-Lag* versteht man das Intervall zwischen der Erzielung des Einkommens und der Verwendung des Einkommens für Konsumgüterkäufe.

Gegen den Robertson-Lag kann eingewandt werden, daß sehr viele Einkommen unmittelbar in der Periode, in der sie erzielt werden, auch wieder verausgabt werden. Ob und in welchem Umfang dies geschieht, hängt vor allem von der Höhe des Einkommens und der Dringlichkeit der Bedürfnisse ab. Ein konstanter „lag" würde überdies konstante Anpassungsgeschwindigkeit des Konsumenten – sowohl bei steigenden als auch bei fallenden Einkommen – implizieren, was aber reichlich unwahrscheinlich ist. L. Metzler kam auf Grund von ökonometrischen Untersuchungen zu der Auffassung, daß der „Robertson-Lag" – wenn er überhaupt existiert – sehr kurz sein müsse. Der Umstand, daß der Konsum in der gegenwärtigen Periode auch von weiter zurückliegenden Einkommen beeinflußt werden könnte, führt zur Annahme komplizierterer Lag-Strukturen ("distributed lags"). – Auch könnte der lag unter Umständen negativ werden, d. h. es könnte aus einem *Lag* sehr leicht ein *Lead* werden.

Eine geringe Höhe des Einkommens kann nämlich auch dazu führen, daß es zunächst zu einem Kauf von Gütern kommt, der auf dem Kreditwege finanziert wird und erst dann die Einkommen verdient werden, die zur Zurückzahlung des Kredites notwendig sind. Im übrigen hängt die Realitätsbezogenheit der Annahme des Robertson-Lags von der Definition, d. h. der Länge der Periode, ab.

1. Unter der ***statistischen Zahlungsbilanz*** versteht man die systematische Aufzeichnung aller ökonomischen Transaktionen, die in einer bestimmten Periode zwischen In- und Ausland stattgefunden haben.

   Sie setzt sich aus folgenden Teilbilanzen zusammen: Handelsbilanz, Dienstleistungsbilanz, Übertragungsbilanz, Bilanz des langfristigen Kapitalverkehrs, Bilanz des kurzfristigen Kapitalverkehrs, Gold- und Devisenbilanz und den statistischen Restposten.

   Von der statistischen (oder buchhalterischen) Zahlungsbilanz ist die ***Zahlungsbilanz im Marktsinn*** zu unterscheiden. Unter letzterer versteht man die Angebots- und Nachfragekonstellation auf einem Devisenmarkt an einem bestimmten Tag.

2.

2.1. ja
2.2. ja
2.3. nein
2.4. nein
2.5. ja

3. Unter Direktinvestitionen versteht man alle Investitionen im Ausland (z. B. Errichtung von Zweigniederlassungen, Beteiligung an Unternehmen usw.).

4.

4.1. nein
4.2. ja
4.3. ja
4.4. nein

L Robert Widmer, Der Euromarkt, Frankfurt 1969.

5. Euro-Dollars sind Dollars im Besitz von Nicht-Amerikanern. Der Begriff „Euro-Dollar-Markt" ist ein Sammelbegriff für internationale, kurzfristige Geldmarktgeschäfte, wobei der Begriff insofern unpassend ist, als diese Geschäfte weder nur auf Europa beschränkt sind, noch ausschließlich in Dollars abgewickelt werden. Die Bezeichnung leitet sich von der Kabeladresse einer sowjetischen Bank in London her, die als eine der ersten derartige Geldmarktgeschäfte betrieb.
   T 288

6. Die Zusammenfassung der Handelsbilanz, Dienstleistungsbilanz, Übertragungsbilanz und der Bilanz des langfristigen Kapitalverkehrs ergibt die sogenannte Grundbilanz. Die Darstellung der Außenhandelsbeziehungen eines Landes in Form der Grundbilanz hat im wesentlichen folgende Vorteile:
   - Es werden die langfristigen stabilen Transaktionen (wie Investitionen im Ausland) und die kurzfristigen verhältnismäßig stabilen (z. B. Warenverkehr) von jenen Transaktionen getrennt, die zum Teil sehr starken Schwankungen unterliegen und unvorhergesehen eintreten können (wie hot-money-Bewegungen).

– Sie trennt Transaktionen, die nur durch vorübergehende Umstände verursacht werden von solchen, die durch mehr oder weniger fundamentale Kräfte in einer Volkswirtschaft ausgelöst werden.
– Sie eignet sich gut für Zahlungsbilanzprognosen.

7. Die Interdependenz der einzelnen Teilbilanzen kommt nicht genügend zum Ausdruck.
T 284
8. Im Rahmen der Zahlungsbilanz kommt es deshalb zu einer statistischen Differenz (Restgröße), weil die Aufzeichnungen, die der Zahlungsbilanz zugrunde liegen, unvollständig sind und die Statistik in den meisten Fällen darauf angewiesen ist, mehr oder weniger Schätzgrößen zu verwenden (Ermittlungsfehler gleichen sich jedoch zum Teil aus, nämlich dadurch, daß sie sowohl auf der Haben- wie auch auf der Sollseite der Zahlungsbilanz auftreten). Durch Eintragen der statistischen Differenz in die Zahlungsbilanz ist diese immer ausgeglichen.
9. Durch einströmendes ausländisches Kapital werden die Kapitalverkehrsbilanz und die Devisenbilanz berührt. Die Zahlungsbilanzsituation des betreffenden Landes wird dadurch positiv beeinflußt, obwohl eigentlich keine Besserung der Situation eingetreten ist. Ob dieser positive Einfluß auf die Zahlungsbilanz allerdings gewünscht ist, ist eine andere Frage (z. B. BRD).
10. Zahlungsbilanz.
11. Zentralbank, Zahlungsbilanzausgleich.
12. T 293
13. Die große Schwierigkeit bei der Festsetzung fester Wechselkurse besteht darin, die Paritäten insofern „richtig" zu ermitteln, daß sie das Wirtschaftspotential der jeweiligen Länder widerspiegeln. Völlig richtig kann man sie jedoch nie ermitteln, da man auch das Wirtschaftspotential der verschiedenen Länder nicht exakt ermitteln kann.
14. Unter Bandbreite versteht man den Spielraum, innerhalb dessen die Kurse um die fixe Parität nach oben und unten schwanken können.
15. Kann ohne Zustimmung des IWF durchgeführt werden (15.1.).
16. T 298
17. Aufwertungen fördern deshalb die internationale Arbeitsteilung, da sie Importe begünstigen und somit die gleiche Wirkung wie Zollsenkungen haben.
18. Werden ansonst fixe Wechselkurse nur vorübergehend freigegeben, werden also Wechselkursschwankungen zugelassen, die über die entsprechende Bandbreite hinausgehen, so spricht man von "floaten".
19. Mitgliedsquoten, wirtschaftliche Stärke.
20. Für Ziehungen beim IWF bis zur Höhe der Goldtranche sind deshalb keine Genehmigungen erforderlich, da es sich ja dabei um die eigenen Währungsreserven des betreffenden Landes handelt.
21. Ja, sie können jedoch nur zwischen den Notenbanken der einzelnen Länder zur Verrechnung gelangen.

22.

22.1. Beruht ausschließlich auf der Annahmebereitschaft der beteiligten Staaten.

23. An der Zuteilung von Sonderziehungsrechten sind nur Mitglieder des IWF berechtigt.

24. Der Ministerrat der EWG beschloß im März 1972, mit Wirkung vom 1. Juli 1973 die maximale Bandbreite zwischen den Mitgliedswährungen auf 2,25 % („Schlange") zu verengen. Gleichzeitig wurde festgestellt, daß die Ausnutzung der ganzen Bandbreite von 4,5 % („Tunnel") gegenüber der Interventionswährung (US-Dollar) erlaubt sein solle.

Die „Wände" des Tunnels werden von der höchstmöglichen Abweichung von der in US-Dollar ausgedrückten Parität gebildet, die „Haut" der Schlange wird durch die Dollar-Notierungen der stärksten und schwächsten Gemeinschaftswährung gebildet. Die Lage und die Breite der Schlange im Tunnel wird ohne Dollar-Interventionen innerhalb des Bandes durch Marktkräfte bestimmt. Die Abweichung der stärksten und der schwächsten Gemeinschaftswährung kann je nach der Stärke der Nachfrage nach den einzelnen Währungen kleiner oder größer werden, und die Schlange kann im Tunnel eine beliebige Lage haben. Diese Lage der Schlange wird sich so lange nicht ändern, wie Marktkräfte von annähernd gleicher Stärke in entgegengesetzte Richtungen wirken. Wenn die Marktkräfte jedoch stärker in eine Richtung tendieren (nach oben oder unten), so wird sich die Schlange in eben diese Richtung bewegen. Wird der Druck in eine Richtung zu stark – wären also, um die Schlange im Tunnel zu halten, zu umfangreiche Interventionen nötig – (wie beispielsweise im Juni 1972, als die britische Regierung beschloß, die Stützung der Wechselkurse vorübergehend aufzugeben) – so läßt man die betreffende Währung "floaten".

Seit dem 19. März 1973 floaten jedoch alle Mitgliedsländer der Europäischen Gemeinschaft gegenüber dem US-Dollar, während die Bandbreite von 2,25 % zwischen ihren Währungen beibehalten wurde (Frankreich ist jedoch im Januar 1974 von dieser Bindung ausgetreten, es läßt seine Währung generell floaten). Damit existiert zwar die „Schlange" weiter, nicht jedoch der „Tunnel".

T 298 f.

25. Die Außenhandelsverflechtung eines Landes hängt im wesentlichen von der Größe des Wirtschaftsgebietes, dem Wirtschaftssystem, der Zugehörigkeit zu supranationalen Organisationen, der Entwicklung des Volkseinkommens, den terms of trade sowie der Art und Qualität der Produkte ab.

26. Unter terms of trade versteht man den in Einheiten anderer Güter ausgedrückten Preis eines international gehandelten Gutes auf dem Weltmarkt. Es gibt jedoch verschiedene Fassungen des Begriffs term of trade. Der am meisten gebräuchliche ist definiert als das prozentuale Verhältnis aus Export – (P_X) und Importgüterpreisniveau (P_M):

$$TT = \frac{P_X}{P_m} \cdot 100.$$

Die Terms of Trade zeigen auch an, ob und inwieweit der Außenhandel einen *verteilbaren Einkommensvorteil* erbracht hat. In den Gutachten des Deutschen Sachverständigenrates wird der Term-of-Trade-Effekt berechnet als Differenz (in Prozentpunkten) zwischen den Zuwachsraten des realen Bruttoinlandsprodukts und des "Gross-National-Income". Letzteres wird ermittelt, indem vom realen Bruttoinlandsprodukt der Außenbeitrag in Preisen von 1962 abgezogen und der Außenbeitrag zu Importpreisen von 1962 hinzugerechnet wird. Der Außenbeitrag zu Importpreisen von 1962 werden ihrerseits errechnet, indem der nominale Außenbeitrag mit dem Preisindex der Einfuhr (1962 = 100) deflationiert wird. – Siehe etwa Jahresgutachten 1972/73, S. 60 f. (Drucksache 612/72, Heger-Ausgabe).

27. Die wichtigsten – nicht immer explizit angegebenen – Annahmen der Theorie der komparativen Kosten sind:
    1) Völlige Mobilität der Produktionsfaktoren innerhalb einer Volkswirtschaft;
    2) Völliges Fehlen von Produktionsfaktorbewegungen zwischen den Volkswirtschaften;
    3) Die Bedarfsstruktur ist in den einzelnen Volkswirtschaften gegeben und ändert sich nicht;
    4) Die Überwindung des Raumes erfordert keine Kosten;
    5) Es gibt keinen technischen Fortschritt und die Faktorausstattung bleibt gleich;
    6) Es bestehen keinerlei Handelsschranken (wie Zölle oder Mengenkontingente);
    7) Es herrscht vollkommener Wettbewerb auf allen Märkten ohne staatliche Intervention und
    8) Es besteht Naturaltauschwirtschaft.

28. Die Ableitung des sog. Preisniveaumechanismus basiert auf der Hypothese, daß für die Entwicklung der Zahlungsbilanz das Verhältnis des in- und ausländischen Preisniveaus entscheidend sei. Das würde bedeuten: Die inländische Zahlungsbilanz neigt zu einer Aktivierung (bzw. es werden Zahlungsbilanzdefizite abgebaut), wenn das Auslandspreisniveau steigt, die Inlandswährung abgewertet wird oder wenn das inländische Preisniveau sinkt. Umgekehrt kann eine aktive Zahlungsbilanz durch Preissteigerungen im Inland, durch Preissenkungen des Auslands oder durch eine Aufwertung der Inlandswährung beseitigt werden.

29.

29.1. Zölle sind ein klassisches Instrument der Außenhandelspolitik zur Beeinflussung von Volumen und Struktur des Außenhandels. Sie sind Abgaben, die bei der Einfuhr – seltener bei der Durch- bzw. Ausfuhr – aus fiskalischen und/oder nichtfiskalischen Gründen eingehoben werden. Zur Ermittlung der *durchschnittlichen Zollbelastung* werden vom GATT (General Agreements on Tarifs and Trade) vier verschiedene Berechnungsverfahren verwendet:

a) Einfaches (ungewogenes) arithmetisches Mittel aus den einzelnen Zolltarifpositionen.
b) Arithmetisches Mittel für einzelne Warengruppen, zusammengewogen mit dem Anteil am Welthandel, der auf die jeweilige Warengruppe entfällt.
c) Zollsätze für die einzelnen Tarifpositionen, gewogen mit dem Importanteil, der im jeweiligen Land auf die Tarifposition entfällt.
d) Für einzelne Warengruppen gewogener Durchschnitt wie unter C, jeweils zusammengewogen mit dem Anteil am Welthandel, der auf die jeweilige Warengruppe entfällt.

29.2. Um den *tatsächlichen Protektionsgrad* eines Landes gegenüber dem Ausland zu ermitteln, müssen anstelle der *Nominalzollsätze* die *Effektivzollsätze* herangezogen werden. Während der *Nominalzoll* den Schutz angibt, den die Bruttowertschöpfung bei inländischer Produktion gegenüber importierten Konkurrenzgütern erfährt, läßt der *Effektivzoll* den Protektionsgrad zugunsten der inländischen Nettowertschöpfung (Bruttowertschöpfung minus importierte Vorprodukte) erkennen.

30. Der „Preis" einer internationalen Arbeitsteilung ist insbesondere die größere gegenseitige Abhängigkeit der verschiedenen Länder.

31. Opportunity-Cost.

32. Im Falle einer positiven Außeninvestition ist das Bruttosozialprodukt größer als das verfügbare Güter- und Leistungsvolumen (die Importe i. w. S. sind kleiner als die Exporte i. w. S.).
T 165

33. Unter Devisenbewirtschaftung versteht man ein zentralverwaltungswirtschaftlich geartetes Lenkungssystem zum Ausgleich der Zahlungsbilanz in marktwirtschaftlich orientierten Volkswirtschaften. Je nachdem, ob eine direkte materielle Einwirkung auf Art, Umfang und Richtung des Außenwirtschaftsverkehrs bezüglich der Ein- und Ausfuhr von Waren, Dienstleistungen und Kapital ausgeübt wird, oder ob nur in einzelne Bereiche eingegriffen wird, spricht man von totaler bzw. partieller Devisenbewirtschaftung. Die Einführung einer Devisenbewirtschaftung soll die Voraussetzungen für eine autonome Wirtschaftspolitik schaffen, die bei freier Konvertibilität der Währung nicht gegeben wären. Hand in Hand damit treten meistens stärkere Autarkiebestrebungen auf, die zum Teil auch auf Exportschwierigkeiten wegen der meistens überbewerteten eigenen Währung zurückgehen.

34. Der sog. Goldwährungsautomatismus (als historisches Denkschema) funktionierte folgendermaßen:

In jedem Land wird ein Goldpreis in heimischer Währung festgesetzt, zu dem die Notenbanken Gold ankaufen oder verkaufen müssen. Damit ist automatisch das Verhältnis der verschiedenen Währungen zueinander festgelegt. Beträgt beispielsweise der Preis für eine Feinunze Gold in den USA 150 Dollar und in der BRD 450 DM, dann ist das Verhältnis der beiden Währungen zueinander 1 : 3. Der tatsächliche Wechselkurs kann bei solchen Goldparitäten nur in relativ geringem Umfang um diese schwanken. Steigt nämlich der Wechselkurs einer ausländischen Währung zu stark an (nämlich so stark, daß die Kosten einer Übersendung von Gold in das Ausland geringer wären als die Kosten durch den höheren Wechselkurs), dann wird es beispielsweise für einen Importeur günstiger, in Gold zu bezahlen statt in ausländischer Währung. Durch den Goldexport verringert sich wiederum die Nachfrage nach der betreffenden ausländischen Währung, der Wechselkurs derselben wird wieder unter den sog. Goldexportpunkt sinken (gleichzeitig wird durch die Goldexporte ein Druck auf das inländische Preisniveau ausgeübt, und zwar auf Grund der Verpflichtung der Zentralbank, zwischen umlaufender Geldmenge und Goldbeständen eine feste Relation zu halten). Die tatsächlichen Wechselkurse können also nur bis zu den oben angeführten Grenzen um die Goldparität schwanken.

Die Goldwährung hat jedoch nie so funktioniert, wie es oben dargestellt wurde; die Zentralbanken spielten immer eine wesentlich unabhängigere Rolle als ihnen theoretisch zugestanden wurde. Außerdem tendierten die Wirkungen des Goldwährungsautomatismus dazu, ein Zahlungsbilanzdefizit auf Kosten der Beschäftigung auszugleichen (Deflationstendenz durch Verringerung der Geldmenge bei Goldexporten).

Eine allgemeine Rückkehr zur reinen Goldwährung bzw. zum Goldwährungsautomatismus ist äußerst unwahrscheinlich und so gut wie ausgeschlossen. Sie war nämlich mit einer beträchtlichen allgemeinen Erhöhung des Goldpreises und mit einer Beseitigung aller Devisenreserven (durch ihre Einlösung in Gold) verbunden. Diese Einlösung der Devisenbestände in Gold könnte jedoch nur zum alten Goldpreis vorgenommen werden, und es ist sehr zu bezweifeln, ob sich Länder mit einer Golddevisenwährung auf diese für sie so unvorteilhafte Regelung einlassen würden.

Siehe in diesem Zusammenhang die sehr ausführliche Darstellung von G. N. *Halm*, Geld, Außenhandel und Beschäftigung, 4. Aufl., Berlin 1966, Kapitel 19.

35. Setzen Sie sich im Zusammenhang mit dieser Frage mit den bei *Lipsey* angeführten drei Argumenten auseinander.

L Richard G. *Lipsey*, Einführung in die positive Ökonomie, 1. Aufl., Köln 1971, S. 759–767.

36. Dienstleistungsbilanz und Bilanz des langfristigen Kapitalverkehrs. Die Wohnungsnutzung stellt einen Dienstleistungsimport dar. Der Kauf der Zweitwohnung wird als Erwerb einer langfristigen Forderung interpretiert.

37. Seit der OECD-Tagung in Frascati (1964) bezeichnet man die Bilanz der Patent- und Lizenzzahlungen auch als technologische Zahlungsbilanz. Diese Bilanz kann nur in sehr eingeschränktem Maße als Gradmesser des Standes an technischem Wissen eines Landes herangezogen werden, und zwar u. a. aus folgenden Gründen:

a) Bestimmte grenzüberschreitende technische Verfahren stellen keine ökonomische Transaktion im Sinne der Zahlungsbilanzsystematik dar.
b) Bestimmte Verfahren sind in bestimmten ökonomischen Transaktionen enthalten und können nicht exakt – ja manchmal nicht einmal nur annäherungsweise – erfaßt werden.
c) Eine Reihe von Patenten und Lizenzen werden über die Grenzen hinweg zwischen verschiedenen Unternehmen und/oder innerhalb des gleichen multinationalen Unternehmens unentgeltlich ausgetauscht (z. B. Patentpools, joint-venture-Verträge usw.).
d) Verfälschungen entstehen auch dadurch, daß vielfach multinationale Unternehmen bestrebt sind, ihre Gewinne in einem Steueroasenland (z. B. Liechtenstein) zu konzentrieren: die Einnahmen scheinen dann nicht auf der Exportseite der technologischen Zahlungsbilanz jenes Landes, in dem die betreffenden Verfahren entwickelt wurden, sondern auf der Exportseite des Steueroasenlandes auf.

38. Der Begriff „Saldenmechanik" stammt von Wolfgang Stützel und charakterisiert innerhalb der Geldtheorie den trivial-arithmetischen Sachverhalt, daß jede Transaktion, die für den einen Transaktionspartner eine Einnahme (= Forderung) für den anderen eine Ausgabe (Verbindlichkeit) darstellt. Die Geldvermögensveränderung ist daher in einer geschlossenen Volkswirtschaft (ohne Leistungstransaktionen zwischen In- und Ausland) stets gleich Null. Aus der Sicht der Spieltheorie liegt ein Nullsummenspiel vor: Die Gewinne des einen sind die Verluste des anderen. Über die Analyse rein monetärer Zusammenhänge haben sich saldenmechanische Kriterien auch in der Außenwirtschaftstheorie zur Überprüfung von Hypothesen zur „importierten Inflation" bewährt.
T 305
Zur Unterscheidung zwischen „trivial-arithmetischen Aussagen" und „Verhaltensaussagen" sowie die Unterscheidung zwischen „Partialsätzen" und „Globalsätzen" siehe Wolfgang Stützel, Volkswirtschaftliche Saldenmechanik. Ein Beitrag zur Geldtheorie, Tübingen 1958, S. 20 ff.

39. $\frac{110}{95} \cdot 100 = 115{,}8$

40. T 305 f.

Autorenregister

Sachregister

Relationenregister

LITERATURNETZPLAN A

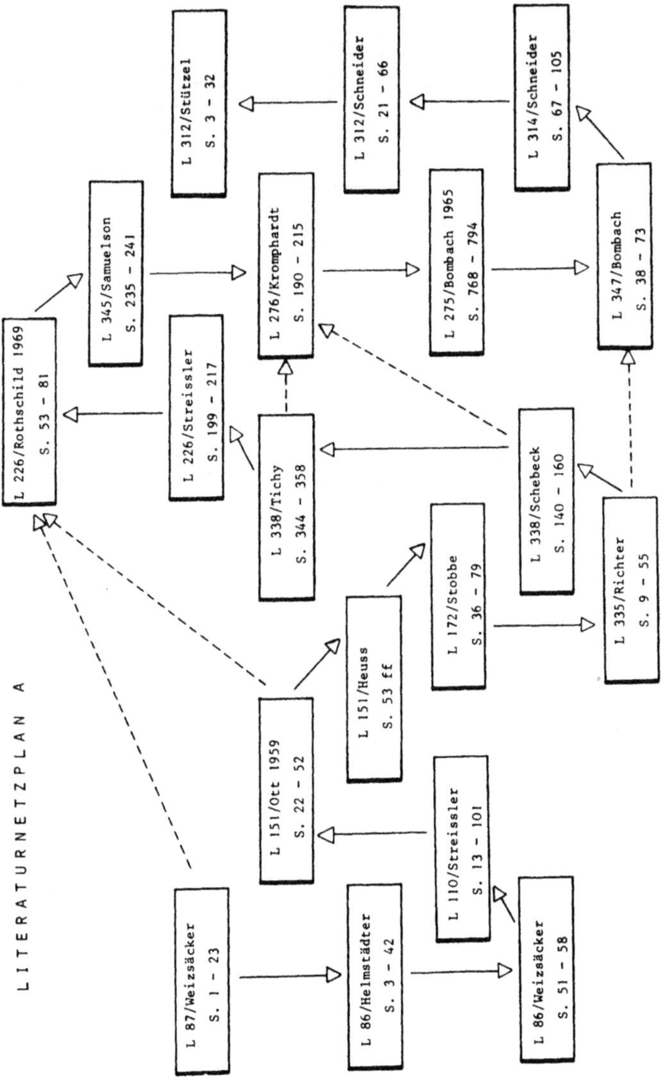

LITERATURNETZPLAN B

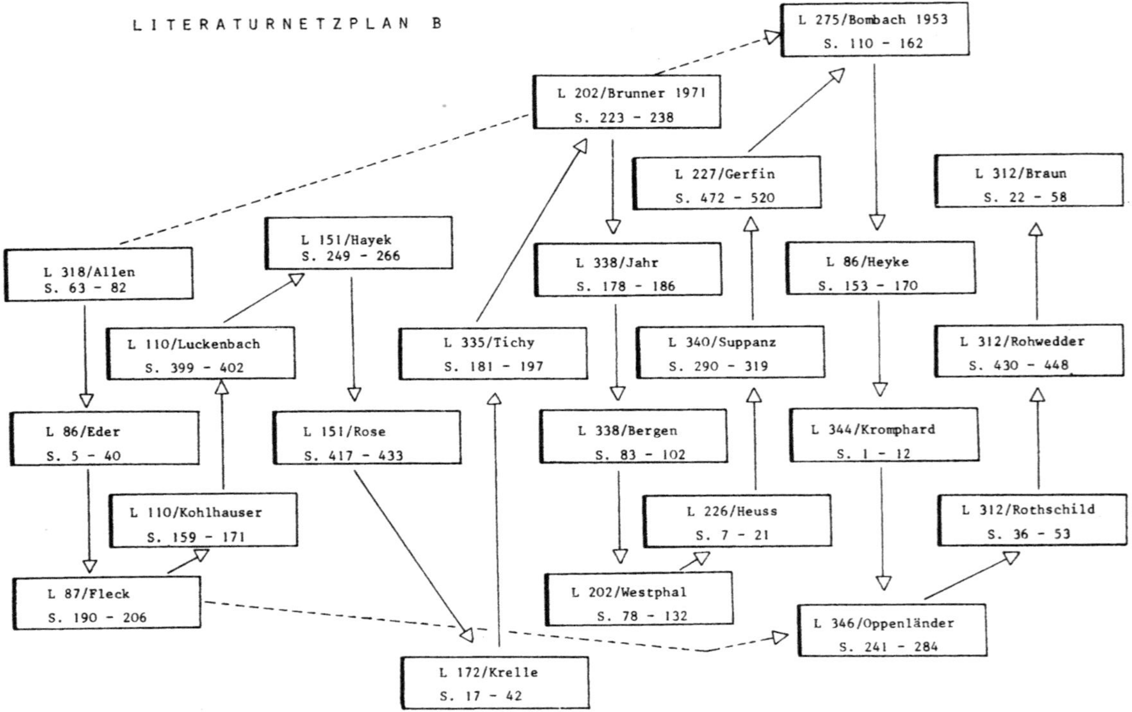

GPSR Compliance

The European Union's (EU) General Product Safety Regulation (GPSR) is a set of rules that requires consumer products to be safe and our obligations to ensure this.

If you have any concerns about our products, you can contact us on ProductSafety@springernature.com

In case Publisher is established outside the EU, the EU authorized representative is:

Springer Nature Customer Service Center GmbH
Europaplatz 3
69115 Heidelberg, Germany

Batch number: 10809464

Printed by Printforce, the Netherlands